档案文献·甲

国民政府抗战时期厂企内迁档案选辑（上）

中国第二历史档案馆 ● 编

国民政府抗战时期档案选辑编委会名单

主任委员：马振犊

委　　员：王俊明　文俊雄　孙秋浦　任　荣
　　　　　　刘　冰　刘鼎铭　杨　斌　杨智友
　　　　　　郭必强　胡震亚　张开森　曹必宏
　　　　　　戚如高　蒋　耘　虞亚梅　戴　雄

本辑编委会名单

主　　编：曹必宏
副 主 编：胡震亚　蒋　梅
编　　辑：蒋　梅　刘楠楠　胡震亚　杨　斌
　　　　　　魏振民　张士杰　张有高　郭必强

重庆出版集团　重庆出版社

图书在版编目(CIP)数据

国民政府抗战时期厂企内迁档案选辑 / 中国第二历史档案馆编. —重庆：重庆出版社，2016.11
ISBN 978-7-229-10438-2

Ⅰ．国… Ⅱ．①中… Ⅲ．①工业企业—迁移—史料—中国—1937~1945 Ⅳ．①F429·06

中国版本图书馆 CIP 数据核字(2016)第 176914 号

国民政府抗战时期厂企内迁档案选辑
GUOMIN ZHENGFU KANGZHAN SHIQI CHANGQI NEIQIAN DANG'AN XUANJI
中国第二历史档案馆 编

责任编辑：曾海龙
责任校对：夏　宇
装帧设计：陈　永　吴庆渝

重庆出版集团
重庆出版社 出版

重庆市南岸区南滨路162号1幢　邮政编码：400061　http://www.cqph.com
重庆出版社艺术设计有限公司制版
自贡兴华印务有限公司印刷
重庆出版集团图书发行有限公司发行
E-MAIL:fxchu@cqph.com　邮购电话:023-61520546
全国新华书店经销

开本：740mm×1030mm　1/16　印张：95　字数：1402 千
2016 年 11 月第 1 版　2016 年 11 月第 1 次印刷
ISBN 978-7-229-10438-2
定价：190.00 元（上、中、下）

如有印装质量问题，请向本集团图书发行有限公司调换：023-61520678

版权所有　侵权必究

《中国抗战大后方历史文化丛书》

编纂委员会

总 主 编：章开沅
副总主编：周　勇

编　　委：（以姓氏笔画为序）
山田辰雄　日本庆应义塾大学教授
马 振 犊　中国第二历史档案馆馆长、研究馆员
王 川 平　重庆中国三峡博物馆名誉馆长、研究员
王 建 朗　中国社科院近代史研究所副所长、研究员
方 德 万　英国剑桥大学东亚研究中心主任、教授
巴 斯 蒂　法国国家科学研究中心教授
西村成雄　日本放送大学教授
朱 汉 国　北京师范大学历史学院教授
任　　竞　重庆图书馆馆长、研究馆员
任 贵 祥　中共中央党史研究室研究员、《中共党史研究》主编
齐 世 荣　首都师范大学历史学院教授
刘 庭 华　中国人民解放军军事科学院研究员
汤 重 南　中国社科院世界历史研究所研究员
步　　平　中国社科院近代史研究所所长、研究员
何　　理　中国抗日战争史学会会长、国防大学教授
麦 金 农　美国亚利桑那州立大学教授

玛玛耶娃	俄罗斯科学院东方研究所教授
陆大钺	重庆市档案馆原馆长、中国档案学会常务理事
李红岩	中国社会科学杂志社研究员、《历史研究》副主编
李忠杰	中共中央党史研究室副主任、研究员
李学通	中国社会科学院近代史研究所研究员、《近代史资料》主编
杨天石	中国社科院学部委员、近代史研究所研究员
杨天宏	四川大学历史文化学院教授
杨奎松	华东师范大学历史系教授
杨瑞广	中共中央文献研究室研究员
吴景平	复旦大学历史系教授
汪朝光	中国社科院近代史研究所副所长、研究员
张国祚	国家社科基金规划办公室原主任、教授
张宪文	南京大学中华民国史研究中心主任、教授
张海鹏	中国史学会会长,中国社科院学部委员、近代史研究所研究员
陈晋	中共中央文献研究室副主任、研究员
陈廷湘	四川大学历史文化学院教授
陈兴芜	重庆出版集团总编辑、编审
陈谦平	南京大学中华民国史研究中心副主任、教授
陈鹏仁	台湾中正文教基金会董事长、中国文化大学教授
邵铭煌	中国国民党文化传播委员会党史馆主任
罗小卫	重庆出版集团董事长、编审
周永林	重庆市政协原副秘书长、重庆市地方史研究会名誉会长
金冲及	中共中央文献研究室原常务副主任、研究员
荣维木	《抗日战争研究》主编、中国社科院近代史研究所研究员
徐勇	北京大学历史系教授
徐秀丽	《近代史研究》主编、中国社科院近代史研究所研究员
郭德宏	中国现代史学会会长、中共中央党校教授
章百家	中共中央党史研究室副主任、研究员
彭南生	华中师范大学历史文化学院教授

傅高义　美国哈佛大学费正清东亚研究中心前主任、教授
温贤美　四川省社科院研究员
谢本书　云南民族大学人文学院教授
简笙簧　台湾国史馆纂修
廖心文　中共中央文献研究室研究员
熊宗仁　贵州省社科院研究员
潘　洵　西南大学历史文化学院教授
魏宏运　南开大学历史学院教授

编辑部成员（按姓氏笔画为序）

朱高建　刘志平　吴　畏　别必亮　何　林　黄晓东　曾海龙　曾维伦

总　序

章开沅

我对四川、对重庆常怀感恩之心，那里是我的第二故乡。因为从1937年冬到1946年夏前后将近9年的时间里，我在重庆江津国立九中学习5年，在铜梁201师603团当兵一年半，其间曾在川江木船上打工，最远到过今天四川的泸州，而启程与陆上栖息地则是重庆的朝天门码头。

回想在那国破家亡之际，是当地老百姓满腔热情接纳了我们这批流离失所的小难民，他们把最尊贵的宗祠建筑提供给我们作为校舍，他们从来没有与沦陷区学生争夺升学机会，并且把最优秀的教学骨干稳定在国立中学。这是多么宽阔的胸怀，多么真挚的爱心！2006年暮春，我在57年后重访江津德感坝国立九中旧址，附近居民闻风聚集，纷纷前来看望我这个"安徽学生"（当年民间昵称），执手畅叙半个世纪以前往事情缘。我也是在川江的水、巴蜀的粮和四川、重庆老百姓大爱的哺育下长大的啊！这是我终生难忘的记忆。

当然，这八九年更为重要的记忆是抗战，抗战是这个历史时期出现频率最高的词语。抗战涵盖一切，渗透到社会生活的各个层面。记得在重庆大轰炸最频繁的那些岁月，连许多餐馆都不失"川味幽默"，推出一道"炸弹汤"，即榨菜鸡蛋汤。……历史是记忆组成的，个人的记忆汇聚成为群体的记忆，群体的记忆会汇聚成为民族的乃至人类的记忆。记忆不仅由文字语言承载，也保存于各种有形的与无形的、物质的与非物质的文化遗产之中。历史学者应该是文化遗产的守望者，但这绝非是历史学者单独承担的责任，而应是全社会的共同责任。因此，我对《中国抗战大后方历史文化丛书》编纂出版寄予厚望。

抗日战争是整个中华民族(包括海外侨胞与华人)反抗日本侵略的正义战争。自从19世纪30年代以来,中国历次反侵略战争都是政府主导的片面战争,由于反动统治者的软弱媚外,不敢也不能充分发动广大人民群众,所以每次都惨遭失败的结局。只有1937年到1945年的抗日战争,由于在抗日民族统一战线的旗帜下,长期内战的国共两大政党终于经由反复协商达成第二次合作,这才能够实现史无前例的全民抗战,既有正面战场的坚守严拒,又有敌后抗日根据地的英勇杀敌,经过长达8年艰苦卓绝的壮烈抗争,终于赢得近代中国第一次民族解放战争的胜利。我完全同意《中国抗战大后方历史文化丛书》的评价:"抗日战争的胜利成为了中华民族由衰败走向振兴的重大转折点,为国家的独立,民族的解放奠定了基础。"

中国的抗战,不仅是反抗日本侵华战争,而且还是世界反法西斯战争的重要组成部分。

日本明治维新以后,在"脱亚入欧"方针的误导下,逐步走上军国主义侵略道路,而首当其冲的便是中国。经过甲午战争,日本首先占领中国的台湾省,随后又于1931年根据其既定国策,侵占中国东北三省,野心勃勃地以"满蒙"为政治军事基地妄图灭亡中国,独霸亚洲,并且与德、意法西斯共同征服世界。日本是法西斯国家中最早在亚洲发起大规模侵略战争的国家,而中国则是最早投入反法西斯战争的先驱。及至1935年日本军国主义者通过政变使日本正式成为法西斯国家,两年以后更疯狂发动全面侵华战争。由于日本已经与德、意法西斯建立"柏林—罗马—东京"轴心,所以中国的全面抗战实际上揭开了世界反法西斯战争(第二次世界大战)的序幕,并且曾经是亚洲主战场的唯一主力军。正如1938年7月中共中央《致西班牙人民电》所说:"我们与你们都是站在全世界反法西斯的最前线上。"即使在"二战"全面爆发以后,反法西斯战争延展形成东西两大战场,中国依然是亚洲的主要战场,依然是长期有效抗击日本侵略的主力军之一,并且为世界反法西斯战争的胜利作出了极其重要的贡献。2002年夏天,我在巴黎凯旋门正好碰见"二战"老兵举行盛大游行庆祝法国光复。经过接待人员介绍,他们知道我也曾在1944年志愿从军,便热情邀请我与他们合影,因为大家都曾是反法西斯的战士。我虽感光荣,但却受之有愧，因为作为现役军人，未能决胜于疆场，日本就宣布投降了。但是法国老兵非常尊重中国，这是由于他们曾经投降并且亡国，而中国则始终坚持英勇抗战，并主要依靠自己的力量赢得最后胜利。尽管都是"二战"的主要战胜国，毕竟分量与地位有所区别，我们千万不可低估自己的抗战。

重庆在抗战期间是中国的战时首都，也是中共中央南方局与第二次国共合作的所在地，"二战"全面爆发以后更成为世界反法西斯战争远东指挥中心，因而具有多方面的重要贡献与历史地位。然而由于大家都能理解的原因，对于抗战期间重庆与大后方的历史研究长期存在许多不足之处，至少是难以客观公正地反映当时完整的社会历史原貌。现在经由重庆学术界倡议，并且与全国各地学者密切合作，同时还有日本、美国、英国、法国、俄罗斯等外国学者的关怀与支持，共同编辑出版《中国抗战大后方历史文化丛书》，堪称学术研究与图书出版的盛事壮举。我为此感到极大欣慰，并且期望有更多中外学者投入此项大型文化工程，以求无愧于当年的历史辉煌，也无愧于后世对于我们这代人的期盼。

在民族自卫战争期间，作为现役军人而未能亲赴战场，是我的终生遗憾，因此一直不好意思说曾经是抗战老兵。然而，我毕竟是这段历史的参与者、亲历者、见证者，仍愿追随众多中外才俊之士，为《中国抗战大后方历史文化丛书》的编纂略尽绵薄并乐观其成。如果说当年守土有责未能如愿，而晚年却能躬逢抗战修史大成，岂非塞翁失马，未必非福？

2010年已经是抗战胜利65周年，我仍然难忘1945年8月15日山城狂欢之夜，数十万人涌上街头，那鞭炮焰火，那欢声笑语，还有许多人心头默诵的杜老夫子那首著名的诗："剑外忽传收蓟北，初闻涕泪满衣裳！却看妻子愁何在？漫卷诗书喜欲狂。白日放歌须纵酒，青春作伴好还乡。即从巴峡穿巫峡，便下襄阳向洛阳。"

即以此为序。

庚寅盛暑于实斋

（章开沅，著名历史学家、教育家，现任华中师范大学东西方文化交流研究中心主任）

编辑说明

　　1937年"七七"卢沟桥事变和上海"八一三"事变爆发后,8月14日,国民政府发表自卫抗战声明书,表示"中国决不放弃领土之任何部分,遇有侵略,惟有实行天赋之自卫权以应付之"。1937年11月,在上海淞沪抗战失败已成定局,首都南京遭受巨大威胁的形势下,国民党中央和国民政府自料南京无法坚守,为坚持长期抗战,遂决定依照既定方针,作出了迁国民政府于重庆办公的重大决定。12日,国民政府军事委员会委员长、行政院院长蒋介石与国民政府主席林森会商,决定迁都重庆;15日,作为当时国家最高决策机关的国防最高会议常务会议正式决定:"国民政府及中央党部迁重庆。"自此,拉开了依托陪都重庆为中心的大后方,全国、全民族的全面、持久的中国人民抗日战争的历史。

　　早在1935年,随着中国四川和西南各主要省份的统一问题渐趋解决,南京国民政府逐渐将国防中心转向西南,转向中国四川。其时四川人口众多,物产丰富,在人力、物力、财力上都能长期支撑。1935年3月2日,蒋介石由汉口飞抵重庆;1935年3月4日,他在讲演时称:"就四川地位而言,不仅是我们革命的一个重要地方,尤其是我们中华民族立国的根据地。"同年7月,蒋介石面对即将到来的中日战争再次指出:"对倭应以长江以南与平汉线以西地区为主要线,而以川、黔、陕三省为核心,甘、滇为后方。"1935年10月6日,蒋介石在成都的一次讲演中又指出:"四川在天时、地利、人文各方面,实在不愧为中国的首省,天然是民族复兴最好的根据地。"而在四川,当时最重要的城市首选重庆。因为重庆为西南最大的工商业城市和经济中心,与西南各省联系密切,且有四川天险为屏障,有西南、西北两大国际交通线为依托。

11月20日，国民政府发表移驻重庆宣言："国民政府兹为适应战况，统筹全局，长期抗战起见，本日移驻重庆。此后将以最广大之规模，从事更持久之战斗。"之后，国民党中央党部迁渝。到1938年1月11日国民政府机关均由南京迁到重庆。12月蒋介石由桂林飞抵重庆，随后国民政府军事委员会亦移渝办公。至此，重庆成为中国的战时首都，成为中国抗战时期大后方的政治、军事、经济、文化中心。

与国民党党、政、军各中央机关纷纷迁驻重庆的同时，以周恩来为首的中共中央代表团也迁抵重庆并在重庆相继成立了"中共中央南方局"和"八路军驻重庆办事处"（同时兼新四军驻重庆办事处）；战前不同政见、不同治国主张的各民主党派中央机关及其主要领导人也纷纷聚集重庆，先前来往、散居于全国各地大批俊士豪杰和社会名流，也如百川归海似的荟萃重庆。

国民政府迁都重庆，重庆由此成为战时首都，这使重庆成为全国性的政治大舞台，对整个中国抗战有着重要的意义。重庆战时首都地位的确立，奠定了重庆作为大后方抗战中心的物质基础。抗战爆发后，东部地区大量工矿企业迁往内地，重庆成为中国抗战时期大后方的工业中心。同时，重庆还是中国抗战时期大后方的金融中心。中央银行、中国银行、交通银行、农民银行四家银行的总行迁到重庆，并准许各省地方银行在重庆设立分支机构，中央信托局等也迁到重庆，这使重庆金融业获得空前发展。工业中心和金融中心的形成及大量人口迁渝，促使重庆在抗战时期商业极为繁荣，商业门类齐全，经营品种繁多，并形成以重庆为中心，辐射到四川及西南、西北各省的庞大商业网络，从而确立了重庆作为中国抗战时期大后方商业中心的地位。重庆战时首都地位的确立，使重庆成为大后方的文化中心。国民政府迁都重庆后，大量文化机构和学校迁至重庆，东部地区大量优秀人才也随之而来，人才荟萃，文化教育事业迅速发展。

整整8年，中国人民全面、持久的抗日战争史，波澜壮阔，艰苦卓绝。中国第二历史档案馆是典藏抗日战争历史档案最为丰富的国家档案馆，为全面展示与反映中国人民抗日战争的历史，我们特别选取了全面抗战时期的政治、军事、外交、财政、金融、经济、文化、教育等方面的国家历史档案编辑成册，以期从国家层面公布与展示中国人民抗日战争之历史。恰逢《中国抗战大后方历史文化丛书》编委会组织编辑与出版抗战历史资料，于是才有此次全面反映抗战历史档案的编辑出版。

编　例

一、本档案资料为国民政府抗战时期档案选辑,尽选中国第二历史档案馆馆藏抗战时期(1937—1945)国民政府中央暨西南、西北13省(区)市档案文献,分为政治、军事、外交、文化、教育、财政、金融、经济等若干专题,以50万字左右为一基本单位独立成册,单独题名为《国民政府抗战时期政治档案选辑》,并依次类推政治、军事、外交、文化、教育、财政、金融、经济各册。字数超过者则依字数编辑,另分上、下或上、中、下册。

二、本档案辑录所选资料,一般以一件为一题。凡同属一事彼此间又有直接联系的成组资料,以一事为一题。排列按类项并依文件形成时间先后顺序,但凡有起止时间的,以起时为第一排序,以止时为第二排序。凡属综合性或追述性的资料,按其内容,酌加调整。

三、本档案辑录所选资料,标题拟定需包括发文者、收文者、事由、文种、时间5大要素。时间置于括号内。标题一般为编者所拟。原标题可以沿用者,则保留。

四、本档案辑录所选资料,为保存原貌,一般原文照录。其中间有内容重复及与主题无关部分,则略加删节。资料出处,在资料后说明,以〔　〕注明所选出自馆藏档案保管单位。

五、本档案辑录所选资料,一般由编者另拟标题并另加标点。沿用原标题、原标点者,加注说明。所选档案资料,在排印时一般用简体字,遇有可能引起文义歧异之处,保留原有的繁体字。

六、本档案辑录所选资料，遇有缺漏损坏或字迹不清者，以□号代之。错字、别字和衍文的校勘以及其他简单注释，均加在正文之内以［ ］号标明。较长的注释列在正文之后。增补的字以【 】号标明。全段删节者，以……号标明。段内部分删节者，以……号标明。

编　者

2015 年 1 月

目 录

总序 ……………………………………………… 章开沅 1
编辑说明 …………………………………………………… 1
编例 ……………………………………………………… 1

国民政府筹办厂企内迁

一、内迁案的酝酿与筹划 ………………………………… 3

1. 资源委员会机械化学组第四次会议纪录(1937年8月6日) ………… 3
2. 资源委员会关于补助上海各工厂迁移内地工作专供充实军备以增厚长期抵抗外侮之力量案与行政院往来函(1937年8月9—12日) ……… 4
3. 上海市商会与实业部关于电器制造业工厂内迁的往来代电(1937年8月27日—9月11日) ……………………………………… 7
4. 国家总动员设计委员会抄送军务司非常时期迁移工厂办法提案函(1937年9月5日) ……………………………………… 8
5. 上海市政府与实业部关于迁移民用品工厂的往来咨(1937年9月18日—10月9日) …………………………………… 13
6. 资源委员会抄送上海工厂迁移内地扩充范围请增经费案密函稿(1937年9月20日) ……………………………………… 14
7. 资源委员会秘书厅抄发行政院关于上海各工厂迁移内地工作函及工厂名单代电(1937年9月23日) ……………………………… 15
8. 国民政府各部委关于迁移工厂的会议纪录(1937年9月27日) …… 18
9. 军委会第四部拟定迁移各类工厂厂址分配表(1937年10月7日)

.... 20

10. 公路处请将承造油池各厂商列入迁移内地工作之内并酌予补助迁移费密函(1937年10月7日) 24

11. 宜昌县商会为工厂尽量迁设宜市从事生产代电(1937年10月15日) 24

12. 上海国货联合会等请求迁移上海民生日用之轻工业致工矿调整委员会公函(1937年10月26日) 25

13. 贸易调整委员会主任委员陈光甫与翁文灏关于迁移丝厂至养蚕区的往来文(1937年11月1—10日) 27

14. 工矿调整委员会为派员监督厂矿内迁致各省政府及有关单位文电(1937年11月15—25日) 28

15. 资源委员会关于工厂迁移事项历次谈话会纪要(1937年11月29日—12月8日) 30

16. 何应钦请令饬民营纱布工厂内迁致蒋介石呈(1937年12月25日) 34

17. 高惜冰关于河南及武汉纱厂迁移意见致翁文灏函(1937年12月30日) 34

18. 吴承洛对于工厂迁移意见书(1938年2月4日) 35

二、内迁领导机构 43

1. 资源委员会为上海各工厂迁移内地组织监督委员会密函稿(1937年8月11日) 43

2. 上海工厂迁移监督委员会历次会议录(1937年8—10月) 43

3. 厂矿迁移监督委员会组织章程(1937年11月) 47

4. 工矿调整委员会实施办法(1937年11月6日) 49

5. 军委会工矿调整委员会附送厂矿迁移监督委员会名单公函稿(1937年11月12日) 50

6. 孔祥熙关于内迁各厂之善后事宜统归工矿调整委员会主持函(1937年11月15日) 51

7. 翁文灏附送工矿调整委员会调整工作及资金运用计划书与财政部的往

来公函(1937年11月30日—1938年1月5日)·················· 51

8. 军委会关于工矿调整委员会改隶经济部的训令(1938年1月26日)
·· 59

9. 经济部抄发工矿调整委员会规程的训令(1938年2月28日)······ 59

10. 翁文灏关于由工矿调整处接办迁移事宜函(1938年3月4日)······ 60

11. 工矿调整处报送工作大纲与经济部往来文件(1938年3月14—16日)
·· 61

三、迁移原则办法 ·· 66

1. 实业部工业司司长刘荫茀关于工厂迁移及管制等问题并检送战时后方工厂生产管理办法的签呈(1937年9月14日)·················· 66

2. 上海工厂联合迁移委员会订迁移须知(1937年9月28日)······ 68

3. 军事委员会货运特种护照发给办法(1937年10月)·············· 71

4. 军委会第三部请派定厂矿迁移监督委员会委员及附送厂矿迁移原则和监督厂矿迁移办法函(1937年10月30日)·················· 73

5. 林继庸在沪与工矿调整委员会接洽厂矿迁移办法经过致翁文灏等签呈(1937年11月3日)·· 76

6. 工矿调整委员会工厂迁移协助办法(1937年11月)·············· 77

7. 厂矿迁移工作大纲(1937年)·· 79

8. 军委会工矿贸易农产调整委员会运输联合办事处施政纲要(1938年3月14日)·· 81

9. 林继庸拟送迁川厂矿须知函(1938年3月19日)·················· 86

10. 林继庸拟修正协助内迁工厂招募技工暂行办法意见及介绍各厂利用铁路机厂技工呈(1939年3月)·· 88

国民政府组织实施厂企迁移概况

一、上海工厂的迁移 95

1. 林继庸赴沪接洽办理迁厂经过情形致翁文灏签呈(1937年8月6日)
 95

2. 资源委员会秘书厅关于上海运送工人及机件应注意事项密函稿(1937年8月12日) 97

3. 林继庸陈述对上海工厂迁移意见与钱昌照往来密电(1937年8月13—14日) 98

4. 林继庸陈报上海迁厂进行事宜致钱昌照密电(1937年8月16日—9月19日) 98

5. 林继庸陈报上海各工厂迁移事项并附送上海工厂联合迁移委员会议决条文密呈(1937年8月23日) 99

6. 上海工厂迁移监督委员会林继庸关于在沪办理工厂迁移历次工作报告(1937年8月30日—11月19日) 102

7. 林继庸为沪八家造船厂迁移事致钱昌照密电(1937年9月7日)
 135

8. 林继庸编制上海工业迁移状态表(1937年9月) 135

9. 林继庸等请示关于上海文化印刷事业工厂等迁移事宜密电(1937年9月15日) 140

10. 军政部请设法将沪各大罐头饼干厂及大华利酵母厂等即日迁汉以增军需公函(1937年9月22日) 141

11. 汤仲明为迁移工厂请求事项节略(1937年9月27日) 141

12. 林继庸关于在汉口办厂矿内迁历次工作报告(1937年10月19日—1938年1月18日) 142

13. 资委会关于上海有关电信制造各厂迁移地点及迁移各厂名单复函稿(1937年10月25日) 162

14. 军事委员会第三部关于迁移上海浦东各电厂致工矿调整委员会公函

(1937年11月2日) ………………………………………… 163

15. 军事委员会第四部抄附上海五洲大药房固本皂药厂迁移计划致工矿调整委员会函(1937年11月10日) ………………………………… 163

16. 军事委员会第四部转陈关于上海各厂迁移困难情形致工矿调整委员会公函(1937年11月14日) ………………………………… 167

17. 陶寿康等陈报在镇江主持迁厂现状并附送迁厂一览表致翁文灏签呈(1937年11月30日) ………………………………… 169

18. 上海工厂迁移委员会核准迁移工厂名单(1937年12月) ……… 176

19. 聂光堉等关于棉纺织染实验馆拆运设备及桂省合办纺织厂有关文件(1938年5—9月) ………………………………… 180

20. 顺昌铁工厂迁川经过(1940年9月) ……………………… 189

21. 林继庸谈上海民营厂三家迁移前的想法(1942年) ………… 189

22. 余名钰关于大鑫钢铁厂拆迁前的回忆(1946年) …………… 192

23. 重庆中法制药厂内迁设厂纪略(1949年9月13日) ………… 193

二、苏皖鲁豫等地厂企的内迁 ………………………………… 194

1. 庆丰纺织染公司为迁移机件请援照上海工厂迁移成例给予便利呈(1937年11月6日) ………………………………… 194

2. 工矿调整委员会陈报协助江苏办理迁移工厂情形致军委会呈(1937年12月1日) ………………………………… 195

3. 陆之顺陈述陆大工厂迁移情形并附送由济南运出机器物料单呈(1937年12月6日) ………………………………… 195

4. 沈鸿烈为青岛市内迁工厂运输事宜与翁文灏往来密电(1937年12月12—21日) ………………………………… 199

5. 高惜冰督办九江芜湖各工厂迁移事宜报告(1937年12月17日) ………………………………… 200

6. 九江光大瓷业公司总经理杜重远为迁移工厂保存生产能力请求协助函呈(1937年12月) ………………………………… 201

7. 陈世桢商办河南各厂迁移情形报告(1938年1月1日) ……… 203

8. 工矿调整委员会督促郑州豫丰纱厂从速内迁有关文件(1938年1月30

日—2月17日) …………………………………………………… 205

9. 郑州豫丰纱厂陈历次拆迁情形呈(1938年3月5日—4月27日)
   …………………………………………………………………… 206

10. 河南省农工器械制造厂内迁有关文电(1938年3月9日—7月20日)
    ………………………………………………………………… 209

11. 工矿调整处抄送战区各矿局内迁表公函稿(1938年6月7日) … 211

12. 大新面粉公司陈报迁厂经过恳请维护呈(1938年11月18日) … 211

13. 经济部为第二战区经委会统筹郑洛一带工厂迁陕饬查核办理训令
    (1941年3月6日) …………………………………………… 212

14. 允利实业公司迁川纪略(1938年) ……………………………… 212

15. 无锡豫康纱厂机器迁沪经过的呈(1939年6月27日) ………… 213

16. 经济部关于拟议郑州一带工厂迁移有关文件(1941年3月28日—12月27日) ……………………………………………………… 214

17. 经济部与工矿调整处关于第三战区经委会电告办理迁移浙闽沿海工厂情形往来文电(1941年1月16日—4月29日) ……………… 217

三、广东和在港工厂的内迁 ………………………………………… 219

1. 翁文灏为筹划广东省工厂内迁与广东省银行行长顾翊群往来函(1938年2月8日—3月23日) ………………………………… 219

2. 经济部等筹划广东省工厂内迁有关文电(1938年3月2—7日) … 222

3. 吴铁城与翁文灏等商讨迁移粤省工厂有关文电(1938年4月6—9日)
   …………………………………………………………………… 223

4. 林继庸关于在港粤与各方商洽工厂保全办法致翁文灏等第一号报告
   (1938年4月16日) …………………………………………… 225

5. 林继庸请饬令各厂从速拆迁并附送迁厂办法大纲草案等件致粤省营工业管理处组长伍琚华函(1938年4月19日) ………………… 226

6. 林继庸关于与广东省方协商三化学工厂出让予中央事宜致翁文灏等第三号报告(1938年4月23日) …………………………… 231

7. 经济部审核广东省迁移邻近战区生产机器实施办法的有关文件(1939年8月2日—12月28日) ……………………………… 231

8. 陈光甫为商谈香港宝山造纸厂、精益制革厂迁汉事宜与翁文灏往来函(1938年4月4—6日) ………………………………………………… 234

9. 督促香港华商厂内迁有关文件(1939年10月9日—1940年5月15日) ……………………………………………………………………………… 235

10. 香港永华贸易公司陈述在重庆厂房被炸经济困难宣告终止有关文件(1940年9月25日—10月28日) ……………………………… 238

11. 经济部为协助香港新中汽车配件制造厂来内地设厂等训令(1941年3月26日) …………………………………………………………… 240

四、迁汉工厂的复工 ………………………………………………… 242

1. 上海工厂联合迁移委员会请派林继庸赴汉主持设厂复工事宜有关文件(1937年10月4—15日) ……………………………… 242

2. 王宠佑抄送方子重关于大冶窒碍甚多不适于建厂报告致翁文灏等函(1937年10月12日) ………………………………………… 243

3. 新民机器厂已迁汉复工函(1937年10月14日) ………… 244

4. 上海工厂迁移监督委员会订上海工厂迁移武汉厂基分配办法(1937年10月16日) ……………………………………………… 244

5. 资源委员会请向银行商借二百万元备各工厂迁往武汉建厂复工之需函稿(1937年10月23日) ………………………………… 246

6. 吴葆元缴还征用土地清册及征用地图密呈(1937年10月25日) ……………………………………………………………………… 246

7. 李荃孙等报告半月来办理武汉工作进行情形致翁文灏等函(1937年11月2日) ……………………………………………………… 250

8. 林继庸关于迁移工厂在汉征地借款事项签呈(1937年11月6日) …………………………………………………………………………… 252

9. 李荃孙等陈报在汉办理迁厂情形函(1937年11月11日) …… 253

10. 翁文灏等关于征用建厂地价密电稿(1937年11月14日) … 255

11. 翁文灏等为征用建厂地价请早日核定公布致何成濬代电稿(1937年11月14日) ………………………………………………… 255

12. 何成濬关于播箕山等地业民征地纠纷致资源委员会密电(1937年11月

13. 中国蓄电池厂等陈迁汉以来遭遇请继续维护呈(1937年11月) ·················· 256

14. 孔祥熙关于迁汉工厂借款事已商由工矿调整委员会统筹办理密函(1937年12月6日) ·················· 258

15. 大鑫钢铁厂陈述迁汉迁渝前后经过及今后困难情形恳缓办迁移补助造报手续函(1937年12月20日) ·················· 259

16. 厂矿迁移监督委员会附送迁鄂工厂购地补助办法函稿(1938年1月3日) ·················· 261

17. 徐新六等为沪迁汉工厂进退维谷请协助继续内迁致翁文灏函(1938年1月12日) ·················· 263

18. 工矿调整委员会等关于中兴赛璐珞厂材料滞留汉口拟拨交二十三兵工厂以资利用的有关文件(1938年1月20日—7月7日) ·················· 264

19. 厂矿迁移监督委员会编到汉之工厂及物资表(1938年1月) ·················· 265

20. 林继庸等编迁鄂工厂购地补助费表(1938年3月15日) ·················· 266

21. 上海姜孚制造厂陈述工厂迁川及在汉复工意见呈(1938年3月25日) ·················· 266

五、武汉暨迁汉工厂的迁移 ·················· 269

1. 厂矿迁移监督委员会召集武汉各纱厂代表谈话纪要(1937年12月—1938年1月) ·················· 269

2. 军委会工矿调整委员会饬迁武汉区域纱厂设备训令稿(1938年1月5日) ·················· 271

3. 李贻棠:工厂二次迁移内地(1938年2月1日) ·················· 272

4. 湖南省政府等关于中国工商谊记橡胶厂再迁湘省事宜有关文件(1938年2月24日—3月21日) ·················· 276

5. 工矿调整委员会编已经内迁之工厂一览表(1938年2月) ·················· 278

6. 工矿调整委员会编各业工厂迁移统计表(1938年2月) ·················· 281

7. 工矿调整委员会编工厂迁移内地统计表(1938年2月) ·················· 283

8. 工矿调整处为武汉民营工厂再行内迁陈报办理情形呈稿(1938年6月

11 日) ………………………………………………………………… 284

9. 刘益远报告裕华、震寰纱厂迁移机器状况呈(1938 年 6 月 14 日)
…………………………………………………………………………… 284

10. 工矿处业务组副组长李景潞报告参加历次武汉工人疏散问题谈话会经过签呈(1938 年 6 月) ………………………………………… 286

11. 刘益远报告申新第四厂迁移拆机进行状况签呈(1938 年 6 月 22 日)
…………………………………………………………………………… 291

12. 拆迁大冶石灰窑工厂第一次会议纪录(1938 年 6 月 28 日) … 291

13. 拆迁大冶石灰窑工厂第二次会议纪录(1938 年 6 月 30 日) … 294

14. 翁文灏关于纺织工业内迁困难情形致蒋介石呈稿(1938 年 6 月)
…………………………………………………………………………… 296

15. 李景潞检送大冶各厂矿拆迁联合办事处历次谈话纪要报告(1938 年 7 月 2 日—8 月 13 日) …………………………………………… 298

16. 经济部抄发关于蒋作宾转达处置湖北石灰窑各厂工人意见致工矿调整处训令(1938 年 7 月 28 日) ………………………………… 324

17. 汉口市政府召集各机关及各工人代表讨论工厂迁移安全地点办法谈话会纪录(1938 年 8 月 5 日) ……………………………………… 325

18. 福新第五厂申新第四厂迁厂节略(1938 年 8 月 6 日) ……… 326

19. 汉口南洋烟草公司等陈报内迁准备工作与困难情形有关文件(1938 年 8 月 6—9 日) ………………………………………………… 327

20. 迁移武汉各纱厂谈话会纪录(1938 年 8 月 7 日) …………… 331

21. 翁文灏陈报商定武汉迁移各纱厂办法情形呈稿(1938 年 8 月 8 日)
…………………………………………………………………………… 332

22. 工矿调整处通知武汉各工厂迁往陕西训令稿(1938 年 8 月 11 日)
…………………………………………………………………………… 335

23. 张兹闿报告办理武汉各工厂迁移情况致翁文灏密电稿(1938 年 8 月 13 日) ……………………………………………………………… 336

24. 王海清等为请令武昌复兴第一纱厂按政府计划迁厂工人随厂搬迁并明令发给工人疏散费呈(1938 年 8 月 14 日) ……………………… 336

25. 张兹闿等关于汉口第一纱厂迁移及其债权问题致翁文灏函及有关文件(1938年8月19日—10月1日) ……… 337

26. 美亚织绸厂再迁困难与协助搬迁事宜有关文件(1938年8—9月) ……… 343

27. 汉市机器厂之调查(1938年8月23日) ……… 347

28. 经济部陈述办理武汉纱厂迁移情形报告(1938年10月) ……… 348

29. 工矿处等关于令迁沙市纱厂暨调查迁奉节后情形有关文件(1938年8月—1939年11月) ……… 348

30. 翁文灏报告武汉各厂拆迁情形代电稿(1938年8月26日) ……… 351

31. 工矿处等关于英商沙逊、安利等洋行以债权作梗阻止武昌第一纱厂拆迁有关文件(1938年8—10月) ……… 351

32. 关于拆迁谌家矶财政部造纸厂部分设备有关文电(1938年9月4—29日) ……… 356

33. 工矿调整处迁运沙市信义面粉厂的有关文电(1938年9月7日—1939年8月23日) ……… 359

34. 翁文灏与英国驻汉总领事惠达默交涉武汉第一纱厂迁移事宜来往函(1938年9月15日—10月17日) ……… 362

35. 翁文灏陈送武汉工厂迁移状况表等件代电稿(1938年9月24日) ……… 364

36. 工矿调整处业务组制武汉纺织染工厂迁移概况表(1938年9月) ……… 366

37. 工矿调整处业务组制武汉机器五金电气无线电业工厂迁移概况表(1938年9月) ……… 372

38. 工矿调整处业务组制武汉化学暨其他业工厂迁移概况表(1938年9月) ……… 379

39. 汉口市机器米业同业公会等关于停歇米厂拟迁鄂西事宜有关文件(1938年10月) ……… 384

40. 工矿调整处关于拆迁沙市电气公司电机有关文件(1938年12月17日—1939年3月27日) ……… 387

41. 王野白陈报萍乡煤矿职工矿警处置情形密电(1939年4月27日)
 ………………………………………………………………………… 388
42. 工矿调整处等关于沙市各机厂迁移事宜有关文件(1939年4月27日—5月10日) ………………………………………………………………………… 389
43. 荆州警备司令部检送拆运各米厂机器讨论会议纪录函(1939年5月11日) ………………………………………………………………………… 392
44. 军政部军需署等办理沙市各业工厂内迁有关文件(1939年5月11—23日) ………………………………………………………………………… 395
45. 湖北省政府秘书处编制湖北省抗战期间各工厂拆迁概况表(1940年4月10日) ……………………………………………………………… 396
46. 中国战时生产促进会转陈泰记机器营造厂迁存鄂西川东器材经过拟运渝复工请免税放行公函(1942年6月6日) ……………………………… 403
47. 章剑慧拟申新第四纺织公司重庆分厂迁川记 ……………………… 404
48. 鸿昌机器厂创立及迁川经过略述(1948年11月10日) …………… 405
49. 武汉地区内迁工厂统计(1948年5月) ……………………………… 406
50. 资源委员会关于港九技工迁渝的公报(1942年10月) …………… 406
51. 民生公司1939年止运输器材数量统计(1940年) ………………… 407

六、湖南暨迁湘工厂的迁移 ……………………………………………… 408
1. 姚文林陈报湖南省各工厂现状及迁移意见致张兹闿等函(1938年7月28日) ……………………………………………………………… 408
2. 工矿调整处办理长沙电厂等迁移有关文电(1939年3月10日—5月24日) ………………………………………………………………… 410
3. 工矿调整处办理五丰面粉厂迁移有关文电(1939年3月21日—) ………………………………………………………………………… 413
4. 军需署抄发薛岳关于将长沙碾米磨粉机器运往后方工作函(1939年6月18日) …………………………………………………………… 416
5. 工矿调整处等协商常德鼎新电灯公司拆迁有关文电(1939年6月20日—11月12日) ………………………………………………… 416
6. 经济部关于迁移湖南省重要工厂有关文书(1939年7月28日—8月8

日)……………………………………………………………………… 420

7. 中国建设工程公司为已迁长沙请予保障的有关函(1938年4—5月)
 ……………………………………………………………………… 423

8. 中国工商谊记橡胶厂为再迁柳州呈(1938年7月24日) ……… 424

9. 钱贯之陈述精益铁工厂拟先行在常开工暂不往沅陵稍缓改迁辰溪理由呈(1938年9月26日) …………………………………………… 424

10. 袁子英办理常德迁移工作情形致翁文灏报告(1938年10月7日)
 ……………………………………………………………………… 426

11. 张传琦为在常务厂再迁沅长附送汉口市五金机器同业公会在常德会员工厂调查表呈(1939年1月5日) ………………………………… 428

12. 陈惠卿等为常德五十七家机厂迁移辰溪请协助搬运有关文件(1940年6—7月) ………………………………………………………… 430

13. 姚文林陈复为湘南吃紧预筹衡阳各厂再迁事宜(1941年10月3日)
 ……………………………………………………………………… 434

七、国营厂企的迁移与交通运输 …………………………………… 436

1. 兵工署促速迁汉与上海炼钢厂往来电(1937年8月) …………… 436

2. 兵工署关于各兵工厂不作迁移暂维持工作问题的训令(1937年10月17日) ……………………………………………………………… 437

3. 军政部制呢厂关于机件运渝经过给军需署的呈稿(1938年1月25日)
 ……………………………………………………………………… 437

4. 军政部制呢厂由武昌运输机器数量表(1939年12月2日) ……… 442

5. 兵工署炮兵技术处关于枪炮两厂运渝分配任务办法呈稿(1938年5月8日) ………………………………………………………………… 443

6. 经济部转达蒋介石对汉冶萍公司等处置意见致工矿调整处训令(1938年6月27日) …………………………………………………………… 444

7. 兵工署炮兵技术研究处迁移运输情形报告表(1939年8月14日)
 ……………………………………………………………………… 445

8. 中国植物油料厂为拆迁机器到达南沱请拨木船装运入川呈(1938年12月2日) ……………………………………………………………… 446

9. 兵工署第二十工厂1938年器材迁运统计表(1938年) ………… 446

10. 兵工署第五十工厂1938年下半年器材迁运统计表(1939年) …… 447

11. 钢铁厂迁建委员会1938年迁运器材数量表(1939年1月12日)
…………………………………………………………………… 447

12. 兵工署第五十工厂迁移经过(1939年) ………………………… 448

13. 重庆炼铜厂总务课长王钤关于长沙冶金室运渝器材情况的说明(1939年2月6日) ……………………………………………… 449

14. 兵工署炮兵技术关于迁移经过的报告(1939年3月17日) …… 449

15. 钢铁厂迁建委员会迁移经过(1939年) ………………………… 450

16. 翁文灏等为萍乡煤矿拆迁请密令江西省府等预作必要准备致蒋介石代电稿(1939年3月27日) …………………………………… 452

17. 经济部等关于迁移萍乡煤矿处置办法有关文件(1939年4月8—10日) …………………………………………………………… 452

18. 王野白陈报萍乡煤矿整理局撤迁经过情形及有关文件(1939年4月26日—6月30日) ………………………………………………… 453

19. 王野白陈报安源煤矿机件迁运情形密电(1939年5月12日) …… 459

20. 资源委员会所属企业因战时迁移及空袭损失简表(1945年) …… 460

21. 为筹建钢铁厂拆迁六合沟炼铁等厂概况报告(1942年) ……… 462

22. 兵工署驻宜昌办事处、钢铁厂迁建委员会拟定运费解决办法(1939年7月3日) ……………………………………………………… 463

23. 第二十三兵工厂迁建经过概述(1948年6月) ………………… 464

24. 军事委员会水道运输管理处关于在万县以木船接运器材问题函(1938年2月17日) ………………………………………………… 465

25. 兵工署关于兵工器材迁运办法并检发运输合同的训令(1938年5月19日) ……………………………………………………………… 465

26. 军事委员会委员长行营召集运输会议记录摘要(1938年8月25日)
…………………………………………………………………… 468

27. 兵工署驻重庆办事处关于统一征船事宜函(1938年12月5日)
…………………………………………………………………… 473

28. 兵工署炮兵技术处关于迁移经过的报告(1939年3月17日) ⋯⋯ 473

八、民营工厂的拆迁运输 ⋯⋯⋯⋯⋯⋯⋯⋯⋯⋯⋯⋯⋯⋯⋯ 475

1. 关于分拨运输工具以备上海工厂内迁应用有关文书(1937年8月26日—9月8日) ⋯⋯⋯⋯⋯⋯⋯⋯⋯⋯⋯⋯⋯⋯⋯⋯⋯⋯⋯⋯⋯⋯ 475

2. 关于天原、天利等厂运输机件受阻情形有关文件(1937年10月6日—11月9日) ⋯⋯⋯⋯⋯⋯⋯⋯⋯⋯⋯⋯⋯⋯⋯⋯⋯⋯⋯⋯⋯⋯ 477

3. 吴葆元等为请发迁移费用陈述天原等三厂拆卸机器途中遭遇及从欧美补充机件情形呈(1937年11月—1938年6月) ⋯⋯⋯⋯⋯ 479

4. 关于解决豫丰纱厂机料运输问题有关文件(1938年2月19—23日) ⋯⋯⋯⋯⋯⋯⋯⋯⋯⋯⋯⋯⋯⋯⋯⋯⋯⋯⋯⋯⋯⋯⋯⋯⋯⋯⋯⋯ 481

5. 关于减半核收郑州豫丰纱厂内迁运费有关文电(1938年2月22—28日) ⋯⋯⋯⋯⋯⋯⋯⋯⋯⋯⋯⋯⋯⋯⋯⋯⋯⋯⋯⋯⋯⋯⋯ 482

6. 工矿调整处关于迁川保险费训令(1938年4月10日) ⋯⋯⋯ 483

7. 宋明德关于中国实业机器厂迁川物资遇险请出示证明借款呈(1938年4月20日) ⋯⋯⋯⋯⋯⋯⋯⋯⋯⋯⋯⋯⋯⋯⋯⋯⋯⋯⋯⋯⋯ 484

8. 颜耀秋关于迁川物资保险费呈(1938年5月20日) ⋯⋯⋯⋯ 485

9. 庞赞臣关于迁川物资保险事呈(1938年5—6月) ⋯⋯⋯⋯⋯ 485

10. 工矿调整处为武汉尚未迁移各厂再请拨让部分华轮运输迁厂器材公函稿(1938年6月16日) ⋯⋯⋯⋯⋯⋯⋯⋯⋯⋯⋯⋯⋯⋯ 486

11. 上海龙章造纸公司为恳请临时借款陈机器转辗运输困难船只遇险情形呈(1938年6月30日) ⋯⋯⋯⋯⋯⋯⋯⋯⋯⋯⋯⋯⋯ 487

12. 华成电器制造厂陈述迁湘途中被敌机轰炸致遭损失等情呈(1938年12月3日) ⋯⋯⋯⋯⋯⋯⋯⋯⋯⋯⋯⋯⋯⋯⋯⋯⋯⋯⋯⋯ 488

13. 吕焕廷等陈述船户黎元顺由渝放空来宜装运器材途中遭遇情形请免予缴还津贴的报告(1939年1月4日) ⋯⋯⋯⋯⋯⋯⋯⋯ 488

14. 永利电机厂陈报迁移途中经过情形函(1939年1月10日) ⋯⋯ 489

15. 船户贺福顺等陈述载运内迁机料被炸等情请求善后解决办法致工矿调整处呈(1939年5月20日) ⋯⋯⋯⋯⋯⋯⋯⋯⋯⋯⋯⋯ 489

16. 南京美兴印务局经理邹宝璋陈述迁川过程遭遇函(1939年6月24日) ………………………………………………………… 491

17. 工矿调整处驻陕办事处为大新面粉公司迁厂运费请咨商交通部转饬平汉路减半收费呈(1939年8月31日) ……………… 491

18. 经济部为交通部咨复关于大新面粉公司请退半价运费案俟查明后核办仰即转知的训令(1939年11月30日) …………… 492

19. 资源委员会为补助上海各工厂迁移费请迅拨配用密函稿(1937年8月23日) ……………………………………………… 493

20. 财政部关于上海工厂迁移经费与资源委员会往来函(1937年8月26—31日) …………………………………………… 494

21. 林继庸请准拨各费以资吴蕴初迁厂内地而应国防之需密电(1937年9月5日) ……………………………………………… 495

22. 钱昌照为沪物资迁汉管置与行政院议决原案外各厂迁移经费问题致林继庸密电(1937年9月10—13日) ……………… 495

23. 钱昌照关于迁厂用款问题致林继庸密电稿(1937年9月13日) ………………………………………………………… 496

24. 实业部工业司司长刘荫茀提请补助迁移经费致实业部部次长签呈(1937年9月18日) ………………………………… 496

25. 上海市各界抗敌后援会为非国防工厂迁移请酌予补助呈(1937年10月17日) …………………………………………… 497

26. 关于院议通过之天利等四厂内迁补助费商洽中国银行垫借办理证明手续有关密电(1937年10月21—22日) …………… 497

27. 林继庸等请对内迁各工厂予以金融救济并附送流动资金调济办法等件有关呈函(1937年11月1—5日) ……………… 498

28. 资源委员会请依决议照拨上海工厂迁移补助费以便转发密函(1937年11月7日) …………………………………… 502

29. 翁文灏等为内迁厂筹划复工准备请中国银行汉分行照商定数额借拨至王佐臣密电稿(1937年11月10日) ……………… 503

30. 苏锡常工厂内迁经费问题的有关文件(1937年11月11—15日)

31. 孔祥熙关于内迁各厂之补助费与挪借款项之办理经过密函(1937年11月15日) …… 504

32. 林继庸为大鑫钢铁厂所领迁移费请俟搬抵重庆后专案造报与资源委员会来往文件(1937年12月24—28日) …… 505

33. 林继庸办理上海各工厂迁移支付经费情形致翁文灏钱昌照签呈(1938年1月18日) …… 508

34. 上海达昌铁工厂陈述迁渝困难情形请增借运费呈(1938年10月20日) …… 508

35. 申新第四纺织厂为存宜机件急须转运西上恳请拨借运费呈(1938年11月17日) …… 510

36. 经济部关于上海工厂迁移补助费照实支数核定的训令(1939年4月26日) …… 510

37. 工矿处驻陕办事处等关于申新四厂及福新面厂请求展缓还款期限有关呈(1939年11—12月) …… 511

38. 工矿调整处列报第二次上海迁厂补助费呈稿(1940年7月1日) …… 512

39. 工矿调整处编1941年6月底止迁移放款表(1941年9月11日) …… 513

40. 林继庸拟停迁厂登记增加经费致翁文灏密电(1927年9月23日) …… 517

41. 商务印书馆重庆分厂迁建经过概述(1942年2月) …… 517

国民政府对内迁厂企的扶持

一、政策与措施 …… 523

1. 工矿调整处技术人员调整办法(1938年3月12日) …… 523

2. 工矿调整处购备材料工具借给各工厂办法节略(1938年3月16日) …… 524

3. 迁川工厂用地评价委员会拟订评价施行办法与标准致李宏锟公函(1938年7月6日)···525

4. 经济部工矿调整处核定厂矿请求协助借款原则(1938年9月10日)···528

5. 工矿调整处内迁厂矿复工办法(1938年10月4日)·············530

6. 经济部谈对厂矿迁移复工有关协助事项的抉择标准(1938年10月)···532

7. 国民政府非常时期工矿业奖励暂行条例(1938年12月1日)······533

8. 经济部为指拨扩充营运资金等事致工矿调整处训令(1939年2月21日)···535

9. 经济部转饬关于厂矿用地变通办理的训令(1940年3月16日)···537

10. 经济部抄发民营厂矿请求代办征地手续应注意事项清本指令(1940年6月15日)···538

11. 工矿调整处检发四行协助民营工业借款原则训令稿(1940年8月20日)···540

12. 工矿调整处制定战时国防军需工矿业技术员工缓服兵役暂行办法(1941年4月14日)···541

13. 经济部附发督促奖励在沪商店工厂银钱行庄资金内移办法的训令(1941年7月14日)···543

14. 经济部、四联总处监督工矿贷款办法(1944年)·············544

15. 工矿调整处检发协助湘桂工厂复工办法训令(1944年12月16日)···545

16. 林继庸等拟具修正《协助内迁各厂招募技工暂行办法》之签呈(1939年4月6日)···546

二、实施概况···549

1. 翁文灏等抄送赣鄂湘川电力容量表盼与迁移各厂通盘筹划设厂地点密函稿(1937年9月18日)···549

2. 工矿调整处关于电厂移设情形及资委会川黔滇电厂表(1938年3月16日)···550

3. 工矿调整处为各内迁工厂单独需要机械材料事宜仰转饬各厂自行购备的训令(1938年4月9日) ………… 551

4. 经济部关于适应战时生产需要发展动力设施情况报告(1938年10月) ………… 551

5. 迁川工厂联合会陈复各厂讨论议定招收技工各项条件函(1938年12月15日) ………… 553

6. 经济部工矿调整处第一次全年工作报告(1938年12月) ………… 554

7. 迁陕工厂联合会等为取消燃料统制减轻各厂运煤费用有关文件(1939年3—4月) ………… 567

8. 工矿调整处陈述招募失业技术人员与技工办理经过情形笺函稿(1939年4月4日) ………… 570

9. 新中工程公司祁阳分厂等关于防止工厂职工擅自离职他就条陈技工培养办法的有关文件(1939年12月—1940年2月) ………… 571

10. 经济部陈述报公私各工业部门现状及促进计划(1939年) ………… 577

11. 经济部工矿调整处关于招募香港技工及培训技工的简报(1941年1月) ………… 582

12. 中央银行经济研究处关于战时劳工迁动的情况统计(1941年) ………… 582

13. 工矿调整处检送三年来工作概况函(1941年3月24日) ………… 582

14. 工矿调整处扶持内迁厂矿工作范围(1941年6月) ………… 585

15. 工矿调整处1941年度上半年对民营工厂生产的督导与扶持(1941年) ………… 588

16. 矿工调整处关于1941年度下半年工业出品产销救济(1942年) ………… 598

17. 工矿调整处关于1941年度下半年工矿材料供应情况报告 ………… 599

18. 工矿调整处关于1941年度下半年民营工厂电力分配报告(1942年) ………… 602

19. 经济部关于奖助民营事业(1942年5月) ………… 603

20. 资源委员会关于粤桂技工运送来渝的公报(1942年9月) ………… 607

21. 经济部报告关于民营事业奖助(1943年7月) ………… 607

22. 经济部六年来奖助民营实业(1943年) ……………………… 611
23. 国民党第六次全国代表大会政治报告关于厂矿内迁发展工业开发矿产部分(1945年5月) ……………………… 619

三、工贷与税收 ……………………… 642

1. 周景白陈述工矿处对龙章造纸厂投资及贷款赊借材料情形并拟准予展期归还到期借款签呈(1941年5月2日) ……………………… 642
2. 华中水泥厂为迭遭轰炸损失綦重遵令增资改组将借款改充投资等情呈(1941年6月14日) ……………………… 643
3. 四联总处刁民仁附送工贷原则提案致张兹闿函(1941年6月20日) ……………………… 644
4. 工矿调整处编至1941年6月底止各种放款明细表(1941年9月11日) ……………………… 647
5. 免征内迁工矿企业转口税等问题有关文件(1937年10月4日—11月30日) ……………………… 661
6. 沈鸿烈关于青岛市工厂内迁请免关税同免运费与工矿调整委员会往来密电(1937年11月13—15日) ……………………… 663
7. 迁鄂工厂联合会为华成等五十余家工厂请免征营业税呈(1938年5月21日) ……………………… 663
8. 工矿调整处陈叙理由请免征承造军用品各迁汉工厂营业税有关文件(1938年5—6月) ……………………… 664
9. 广西省政府陈复迁川工厂运输队为各厂运输自用器材准予免征饷捐的代电(1939年2月3日) ……………………… 668
10. 重庆市财政局关于减征迁川工厂契税附加额问题给迁川工厂联合会指令(1940年5月22日) ……………………… 668
11. 迁川工厂联合会主席委员章剑慧为请求暂免征收非常时期过分利得税重申理由呈(1941年7月23日) ……………………… 669
12. 财政部为迁川工厂联合会呈请准免缴利得税案拟仍维持原颁处理标准咨(1941年8月7日) ……………………… 673
13. 迁川工厂联合会为请求暂免缴纳过分利得税重申理由呈(1941年10月

28日) ··· 675

14. 经济部抄发迁川工厂联合会吁请改善工贷办法并恳免过分利得税呈暨四联总处意见函的训令(1942年1—5月) ·················· 680

15. 瑞华企业公司陈迁厂经历请按迁川工厂成案仍照资本额征一至三月分税收呈(1943年11月16日) ·································· 683

四、内迁厂矿的困境 ·· 685

1. 工矿调整处技术员曾广韬为迁川工厂复工后所生困难各情缕陈意见的签呈(1938年11月26日) ······························ 685

2. 上海中法药房重庆制造分厂陈叙原料药品等项来源不易部分机器暂难一律运用呈(1938年12月19日) ····················· 687

3. 裕华庆新等纺织公司沥陈棉纱成本高昂维持困难请求免予统制呈(1939年8月) ································ 688

4. 经济部抄发中华工业总联合会等吁请给予工厂内迁及沪工业品内销以助力与便利函的训令(1940年1月23日) ············· 692

5. 迁川工厂联合会为非常时期渝市房屋租赁暂行办法第十一条规定有碍工厂生产恳酌予修改呈(1940年6月22日) ············· 694

6. 工矿调整处陈复继续促迁上海工厂困难情形函稿(1941年3月27日) ··· 695

7. 朱鸿炳为常德迁移到辰各厂经济困难拟准贷予建筑费呈(1940年9月7日) ··· 696

8. 申新第四纺织公司宝鸡分厂沥陈灾后经济困难情形请求建筑贷款呈(1940年10月17日) ·································· 697

9. 工矿调整处驻陕办事处陈报申新宝鸡分厂经济窘困情形及请借款呈(1940年10月20日) ······························· 698

10. 福裕钢铁厂经理陈子山为工厂受工料涨价被迫歇业事致工矿调整处函(1941年1月31日) ·································· 699

11. 财政部秘书处检送迁川工厂联合会关于工业界之困难与期望稿函(1942年6月8日) ··· 699

12. 慎昌铸铁厂陈述简史及目前困难处境等情拟具救济办法呈(1944年2

月16日) ··· 704
13. 经济部关于应付后方工业危机经采取对策情形答参政员许德珩等询问案(1944年9月) ·· 706
14. 迁沅陵工厂联合会理事长萧松青转陈迁沅陵各业工厂实际痛苦情形设法救助呈(1944年12月4日) ······································· 708
15. 重庆商务日报关于湘桂工厂再迁后状况讯(1945年3月23日) ··· 709

内迁厂企的复工与经营

一、建厂复工概况 ·· 713

1. 林美衍为复工借款附送大公铁工厂临时工厂复工计划书呈(1938年5月) ··· 713
2. 上海中法药房制药厂重庆分厂陈述迁川后临时复工及今后正式复工困难函(1938年7月19日) ····································· 715
3. 重庆行营为第三工厂征用刘家祠等处厂房给胡霨的指令(1938年7月30日) ··· 716
4. 汪泰经转报豫丰纱厂在渝租买土地筹备厂房情形呈(1938年8月4日) ··· 716
5. 张传琦陈报常德各厂迁移及沅辰两处筹备复工情形呈(1938年10月20日) ··· 717
6. 曾广韬附送迁川复工各厂现状简表呈(1938年11月30日) ········ 718
7. 李荃孙陈报视察庆新纱厂筹备情形签呈(1938年12月2日) ······ 722
8. 工矿处编迁川工厂复工生产能力一览表(1938年12月10日) ···· 723
9. 陆之顺附送陆大工厂计划书呈(1939年5月9日) ·················· 728
10. 工矿调整处陈报办理各纱厂复工及其困难情形呈(1939年5月24日) ··· 737
11. 范众渠等关于拟将迁渝机件合组筹建汉华机器厂请求扶助有关呈(1939年8—9月) ··· 739

12. 吴至信等陈述厂矿用地征购困难并筹拟办法有关呈(1939 年 11—12 月) ………………………………………………………………… 741
13. 经济部关于纺织工业建厂复工情况报告(1939 年) ……………… 742
14. 经济部关于油料制纸火柴水泥等二十种工业筹备复工生产情况报告 (1939 年) ………………………………………………………… 745
15. 天原、天利、天厨、天盛四厂内迁经过及筹设渝厂概述 ………… 750
16. 重庆商务日报关于华北强身制球厂迁渝复工讯(1940 年 6 月 2 日) … ……………………………………………………………………… 753
17. 重庆商务日报关于中国汽车制造厂华西分厂成立讯(1940 年 6 月 19 日) ……………………………………………………………… 753
18. 工矿调整处编制内迁工厂厂名地址及复工情形一览表(1939 年 8 月) ……………………………………………………………… 754
19. 工矿调整处专员宋毓华陈报龙章纸厂建设厂房设备装置进展情形呈 (1940 年 2 月 17 日) …………………………………………… 769
20. 何应钦为海运封锁军需纱线布匹不敷请饬迁川陕各厂未装设备限期装配开工的代电(1942 年 3—4 月) …………………………… 771
21. 工矿调整处等陈报裕华申新豫丰等纱厂残存织布机数量及筹划装配开工情形呈(1942 年 5—7 月) …………………………………… 772
22. 工矿调整处陈报沙市纱厂增装纱锭情形呈(1942 年 9 月 2 日) … 775
23. 工矿调整处关于 1941 年度下半年推进工厂疏建工程情况报告(1942 年) ……………………………………………………………… 776
24. 经济部为奉节县商会呈请令饬沙市纱厂将存奉机件就地筹备开工仰查明核办的训令(1944 年 4 月 20 日) …………………………… 779
25. 工矿处中南区办事处转达中国全国工业协会中南分会请拨款救济内迁各厂复工呈(1944 年 9 月 20 日) ………………………………… 780
26. 资委会关于中央电工器材厂桂林二、四厂迁渝筑复工经费签呈稿 (1945 年 3 月 1 日) …………………………………………… 781
27. 胡厥文附送中南区疏迁各厂复厂概况一览代电(1945 年 5 月 17 日) ……………………………………………………………… 781

二、国营厂企的经营 …… 784

1. 兵工署各厂新拟名称表(1938年2月12日) …… 784
2. 兵工署重庆办事处关于川区兵工厂制造能力及存料情形的说明书(1938年3月18日) …… 785
3. 钢铁厂迁建委员会1939年度事业报告书(1940年) …… 789
4. 川康经济建设委员会编制钢迁会綦江铁矿调查表(1941年6月27日) …… 795
5. 资委会重庆炼铜厂固定资产目录表(1941年6月30日) …… 797
6. 川康经济建设委员会编制钢迁会南桐煤矿调查表(1941年6月) …… 799
7. 工矿调整处陈复谌家矶纸厂拨交建国造纸厂利用情形函稿(1942年6月19日) …… 800
8. 交通部材料司编制电信机料修造厂一九四一年度工作概况(1942年8月6日) …… 801
9. 第二十三兵工厂情形(1942年10月—1947年8月) …… 804
10. 吴光大拟钢铁厂迁建委员会概况(1942年) …… 810
11. 1942年钢铁厂迁建委员会编各属厂成立日期及人数表(1942年) …… 820
12. 第五十兵工厂厂情概况(1942年) …… 821
13. 第五十兵工厂一九三九、一九四〇年度各种出品缴欠表(1941年) …… 822
14. 兵工署各属技术人员编制实有及悬缺人数一览表(1943年1月31日) …… 823
15. 四联总处秘书处编:湖南第一纺织厂(1943年9月23日) …… 824
16. 资源委员会电化冶炼厂沿革概况(1943年9月) …… 827
17. 兵工署第二工厂一九四三年度设施及制造情形报告书(1943年10月) …… 830
18. 兵工署第二工厂业务情况表(1943年10月) …… 832
19. 天府矿业公司概况(1944年1月) …… 833

20. 资委会重庆炼铜厂历年销售状况表(1944年1月) ……… 836
21. 资委会电化冶炼厂第一厂填工业技术进步调查表(1944年6月15日) ……… 837
22. 军政部电信机械修造厂概况(1944年8月31日) ……… 838
23. 嘉阳煤矿公司填报有关资本产量设备等状况调查表(1945年1月15日) ……… 843
24. 第二十兵工厂填报工矿事业机关之产量与成本调查表(1945年3月) ……… 845
25. 汪公旭填报建国造纸公司经营事业概况报告呈(1945年5月28日) ……… 848
26. 华新水泥公司填送经营事业概况报告(1945年6月13日) ……… 850
27. 资委会昆明电冶厂填送经营事业概况报告(1945年6月13日) ……… 857
28. 资委会中央机器厂填送经营事业概况报告(1945年6月13日) ……… 859
29. 资委会中央电工器材厂填送经营事业概况报告(1945年6月13日) ……… 866
30. 中央无线电器材厂昆明分厂填送经营事业概况报告(1945年6月13日) ……… 872
31. 嘉阳煤矿公司成立经过(1945年11月29日) ……… 878
32. 军政部军需署第一纺织厂沿革(1946年1月31日) ……… 878
33. 中央造纸厂重庆工厂沿革概况(1946年8月31日) ……… 879
34. 刘曾篯拟军需署第一制呢厂沿革(1946年10月31日) ……… 882
35. 军政部第一被服厂重庆分厂沿革及业务概况(1946年10月31日) ……… 884
36. 孙自舸报军政部第三被服厂沿革(1946年10月31日) ……… 886
37. 中国汽车制造公司华西分厂填报筹建迁移业务有关事项调查表(1947年5月1日) ……… 887
38. 中国植物油料厂股份有限公司抗战十年经过(1947年) ……… 889

39. 兵工署汽车制造厂沿革(1947年11月) ……………………… 899
40. 第二十五兵工厂成立及其历年业务概况(1948年2月17日)…… 901
41. 第二十五兵工厂历年出品数量表(1947年) ………………… 904
42. 第二十一兵工厂简史稿(1948年2月) ……………………… 904
43. 第二十一兵工厂綦江分厂概况稿(1948年2月26日) ……… 909
44. 第十兵工厂迁并成立经过及其生产状况概况(1948年3月23日)
    ……………………………………………………………… 911
45. 兵工署第四十一厂概况(1948年上半年) ………………… 916
46. 钢迁会历年实际产量表(1948年11月) …………………… 918
47. 第二十兵工厂一九三七年九月至一九四八年底止各种出品数量统计表
    (1949年) ………………………………………………… 920

三、民营厂企的经营 …………………………………………… 923

1. 苏州实业社陈述苏纶纺织厂内迁复工生产呈(1938年6月14日)
   ……………………………………………………………… 923
2. 刘铮陈报大公铁工厂迁川后生产情况呈(1939年3月1日) … 924
3. 允利化学工业公司为请求援助陈报人才设备产品情形呈(1939年3月4
   日) ………………………………………………………… 925
4. 申新四厂宝鸡分厂章剑慧陈报目前生产与艰困情形及全部复工步骤函
   (1939年10月30日) ……………………………………… 928
5. 上海机器厂总经理颜耀秋拟具自"七七"事变起至一九三九年度止厂务
   报告(1940年2月) ……………………………………… 929
6. 渝鑫钢铁厂股份有限公司略历(1940年4月11日) ………… 938
7. 豫丰和记纱厂资料(1940年) ……………………………… 940
8. 上海龙章造纸股份有限公司迁川经过及重庆工厂建厂略历(1940年5
   月) ………………………………………………………… 950
9. 天厨味精厂资料(1941年3月—1944年) ………………… 951
10. 中国标准国货铅笔厂填报有关设备业务状况表(1941年4月2日)
    ……………………………………………………………… 957
11. 中国标准国货铅笔厂一九四一年度营业报告书(1942年) ……… 958

12. 杨靖宇撰拟关于大新面粉公司过去及现在事实(1941年5月21日) ·················· 959
13. 胡厥文等设立新民机器厂湘厂陈报进展情形请拨付借款呈(1941年5—12月) ·················· 960
14. 新民机器厂湘厂一九四三年度扩充计划书(1943年2月13日) ·················· 962
15. 中中交农四联总处关于永新化学工业公司资本生产情况调查报告(1941年9月9日) ·················· 964
16. 工矿调整处关于后方纱厂生产及营业情形致经济部农本局公函稿(1941年9月25日) ·················· 970
17. 沙市纺织公司资料(1941年11月—1942年2月) ·················· 972
18. 江西光大瓷业公司临时股东会议记录暨印发迁厂报告书(1941年12月10日) ·················· 975
19. 建华电器厂资料(1941—1942年) ·················· 989
20. 中国植物油料厂关于江南皂烛厂的业务报告(1942年1月12日) ·················· 992
21. 南方印书馆迁建经过与业务简介(1942年1月) ·················· 996
22. 中国亚浦耳电器厂简史(1942年2月1日) ·················· 997
23. 大华电器厂迁川设厂经过(1942年2月) ·················· 998
24. 华生电器厂资料(1942年2月) ·················· 998
25. 瑞华玻璃厂资料(1942年2月—1943年) ·················· 1001
26. 久大盐业公司沿革简述(1942年2月) ·················· 1003
27. 冠生园食品公司迁川经过(1942年2月) ·················· 1005
28. 四联总处秘书处编中国毛纺织厂(1942年3月14日) ·················· 1005
29. 工矿调整处编制内地民营棉毛纺织及染织工厂调查表(1942年4—5月) ·················· 1007
30. 四联总处秘书处编民治纺织染厂(1942年6月20日) ·················· 1015
31. 裕华纺织公司资料(1942年) ·················· 1018
32. 申新第四纺织公司资料(1943年) ·················· 1022

33. 工矿处中南办事处等为华成电器厂扩充产量筹设分厂征购土地转辗往来文件(1943年3—7月) …………………………………………… 1027
34. 天原电化厂资料(1941—1943年) ………………………………… 1030
35. 永利化学工业公司资料(1943—1944年) ………………………… 1036
36. 汉中制革厂股份有限公司填报关于设备生产能力调查表(1943年) …………………………………………………………………… 1043
37. 福新第五面粉公司重庆分厂概况表(1943年) …………………… 1044
38. 商务日报有关华业和记火柴公司的介绍(1944年2月2日) …… 1045
39. 中元造纸厂填报工厂调查表(1944年12月24日) ……………… 1046
40. 四联总处关于利华橡胶厂概况调查(1947年2月2日) ………… 1048
41. 亚东祥记电机织造厂陈述历来情况呈(1947年2月3日) ……… 1049
42. 交通银行关于西南化学工业制造厂概况调查(1947年3月31日) …………………………………………………………………… 1050
43. 陈祖光拟中国建设工程公司迁川经过与战时历程(1948年11月8日) …………………………………………………………………… 1050
44. 苏州实业社迁川述略(1948年11月) …………………………… 1051

内迁厂企对抗战的贡献

一、概况 ………………………………………………………………… 1055
 1. 经济部关于建设内地农业及建立工矿基础计划业已实施部分报告(1938年10月) ……………………………………………………… 1055
 2. 工矿调整处编核迁厂数及物资吨位统计表(1938年12月) …… 1058
 3. 经济部关于后方工业发展报告(1941年3月) …………………… 1059
 4. 后方各省纱厂资本额及工人数统计表(1941年4月) …………… 1061
 5. 方崇森报送厂矿迁建统计及内迁工厂复工后产品价值统计呈(1941年6月2日) ……………………………………………………… 1062

二、迁川工厂与四川开发 ……………………………………………… 1085
 1. 四川省政府主席刘湘为予迁川厂以便利事致四川省政府电(1937年10

月)………………………………………………………………… 1085

2. 四川省政府建设厅长何北衡关于津贴迁川运输保险提案(1938年3月)
   ………………………………………………………………… 1085

3. 军委会工矿调整委员会附送与川省商定之迁移工厂合作办法及决定入川工厂表的公函稿(1938年1月15日)………………… 1086

4. 林继庸呈报厂矿迁移监督委员会驻渝办事处办理工厂迁移工作一至十二号报告(1938年1月24日—3月5日)……………… 1089

5. 迁川工厂联合会临时委员会会议纪录(1938年1月)………… 1106

6. 迁川工厂联合会史料(1938年1月—1945年3月)…………… 1107

7. 林继庸在川工作情形及开发川资源意见签呈(1938年3月15日)……
   ………………………………………………………………… 1117

8. 筹设北碚工业区有关材料(1938年3月27日—4月23日)…… 1119

9. 工矿调整处重庆办事处办理迁川工厂有关事宜一至十三号报告(1938年4—9月)……………………………………………… 1126

10. 汪泰经检送迁川工厂联合会委员名册会员名单等件致翁文灏呈(1938年5月4日)……………………………………………… 1168

11. 工矿处重庆办事处编制：迁川机器工厂机器设备及生产能力一览表(1938年6月日)……………………………………………… 1170

12. 兵工署关于在渝兵工厂勘定厂址问题与重庆办事处的往来文件(1938年6月22日—7月15日)……………………………… 1172

13. 重庆市政府等筹划武汉迁渝女工处置办法有关函呈(1938年8—10月)………………………………………………………… 1173

14. 工矿调整处陈报迁川工厂概况及协助川省原有厂矿情形呈稿(1938年8月20日)……………………………………………… 1178

15. 工矿调整处附送到川工厂一览表呈稿(1938年9月7日)…… 1181

16. 工矿调整处重庆办事处工作报告(1938年9月15日)………… 1184

17. 颜耀秋等陈述迁川工厂联合会第二届会员大会情形检送修订章程等件呈(1939年4月28日)………………………………… 1205

18. 工矿调整处为工厂迁渝疏散用地统筹圈购李家沱土地有关文件(1939

年8—9月) …………………………………………………………… 1211

19. 美亚织绸厂华西管理处陈报迁川后设备及产量函(1939年10月27日) ……………………………………………………………………… 1214

20. 经济部工矿调整处关于李家沱工业区建设的有关文件(1940年1月23日—2月23日) ………………………………………………………… 1214

21. 工矿调整处抄送李子坝等地厂基议价经过节略请定期召集有关方面共同评价公函稿(1940年1月10日) …………………………… 1225

22. 工矿调整处编制内迁四川厂矿一览表(1940年3月) ………… 1228

23. 渝市纱厂近况(1941年1月) ………………………………… 1237

24. 迁川工厂联合会第四届全体会员大会纪录(1941年4月17日) … 1238

25. 商务日报关于七家内迁及新设民营工厂正式开工讯(1941年10月23日) ……………………………………………………………… 1243

26. 工矿调整处为转送重庆附近内迁工厂概况致重庆市财政局笺函(1941年12月11日) ………………………………………………… 1244

27. 各界人士给迁川工厂出品展览会的题词(1942年2月) ……… 1246

28. 林继庸谈迁川民营厂矿的厂址选择与购地问题(1942年4月) …………………………………………………………………… 1248

29. 迁川工厂数量、复工、材料及技工统计(1945年) …………… 1250

三、迁湘工厂与湖南开发 ……………………………………… 1253

1. 工矿调整委员会请协助迁湘上海工厂致湖南建设厅函稿(1938年3月2日) ……………………………………………………………… 1253

2. 张鹄臣与工矿调整处办理汉口市五金机器业各工厂迁沅陵的往来文书(1938年6月28日—7月7日) ………………………………… 1254

3. 迁湘西工厂联合会简章 ………………………………………… 1256

4. 工矿调整处驻湘办事处编制一九三九年度湖南各厂推进状况报告书(1939年12月21日) ………………………………………………… 1259

5. 工矿调整处驻湘办事处一九四〇年度工作报告(1940年12月) …………………………………………………………………… 1266

6. 迁湘西工厂联合会筹委会为请驻湘办事处暂免迁衡阳事宜的代电(1942

年4月14日） ·············· 1284

四、迁陕工厂与陕西开发 ·············· 1286

1. 工矿调整处陈报办理申新纱厂暂缓再迁经过及其筹备建厂复工困难情形呈（1938年12月—1939年1月） ·············· 1286

2. 陕西建设厅厅长雷宝华筹划安排迁陕女工电（1938年8月23日） ·············· 1287

3. 经济部与工矿调整处关于震寰迁宝鸡纱锭运西安与大华纱厂合作事宜往来文件（1939年1月7—14日） ·············· 1287

4. 工矿调整处驻陕办事处刘益远陈济南成通纱厂迁运机件情形致张兹闿函（1939年10月11日） ·············· 1288

5. 工矿调整处驻陕办事处制一九三九年下半年度工作报告（1940年 月 日） ·············· 1289

6. 工矿调整处驻陕办事处一九四〇年度一至三月工作报告（1940年4月8日） ·············· 1292

7. 经济部工矿调整处等筹设秦宝工业区有关文电（1941年2月18日—9月20日） ·············· 1295

8. 工矿调整处抄送西北纱厂现状表及大华纱厂增开布机困难情形致经济部呈（1942年7月29日） ·············· 1304

五、迁滇桂工厂与滇桂开发 ·············· 1308

1. 工矿调整处关于合作五金公司在桂林筹设分厂的简报（1941年2月） ·············· 1308

2. 林继庸拟迁移工厂发展云南工业筹划进行经过稿（1938年1月19日） ·············· 1308

3. 翁文灏为中国建设工程公司等迁桂各公司请予协助有关函令稿（1938年4月） ·············· 1311

4. 工矿处广西办事处抄中国兴业铸铁厂等十七户内迁地点及到达日期调查表呈（1940年11月9日） ·············· 1312

六、军需民用品的生产 ·············· 1314

1. 工矿调整处要求各厂以国家利益为重辅助生产军需品函（1938年2月

2. 工矿调整处编制内迁工厂工人、机料及产品率一览表(1938年3月16日) ……………………………………………………………… 1315
3. 工矿调整处陈送《各工厂承造军用品调查报告》呈稿(1938年5月13日) ……………………………………………………………… 1324
4. 翁文灏陈送内迁工厂复工生产及承造军需品状况、统计各表致蒋介石呈(1938年5月20日) ………………………………………… 1330
5. 汪泰经检送迁川工厂承造军需品一览表呈(1938年7月23日) …………………………………………………………………… 1343
6. 工矿调整处附送内地各面粉厂生产能力一览表公函稿(1938年9月13日) ……………………………………………………………… 1346
7. 经济部编内迁工厂承造军用品一览表(1938年11月) …… 1347
8. 工矿调整处编迁川工厂复工后经常产品目录(1938年12月) …… 1358
9. 经济部关于国营民营机电工业复工及产品产量情况报告(1939年) ………………………………………………………………… 1361
10. 主计处统计局有关内迁工厂复工后产品价值统计(1940年9月) ……………………………………………………………… 1366
11. 工矿调整处编制后方开工纱厂现在生产能力及炸后疏建复工情形表(1940年10月1日) ………………………………………… 1367
12. 工矿调整处编制一九四一年七至十二月重庆附近豫丰等四厂棉纱产量表(1942年 月 日) …………………………………………… 1368
13. 工矿处关于一九四一年上半年民营机械工业生产概况(1941年) ……………………………………………………………… 1369
14. 工矿调整处关于一九四一年度下半年民营工矿业生产进度概况(1942年) ………………………………………………………… 1374
15. 恽震附送卅年度及卅一年度中央电工器材厂与后方民营工厂电工器材产量比较等文函(1943年7月5日) ………………………… 1414
16. 国家总动员会议秘书厅查询鄂省省营万县机械厂等产销情况与工矿调整处往来代电(1944年12月—1945年1月) ……………… 1417

七、战后复员声中的内迁厂企 ·· 1419

1. 经济部工矿调整处编后方国营民营工矿业调整计划(1945 年　月)
   ··· 1419

2. 萧伯修拟利华橡胶厂复员计划大纲(1945 年 3 月 26 日) ············ 1463

3. 商务日报有关亚浦耳电器厂复员计划的访问记(1945 年 8 月 30 日)
   ··· 1465

4. 渝鑫钢铁厂复员计划调查表(1945 年 9 月) ································ 1466

5. 迁川桂工厂联合会到沪会员名单(1946 年 2 月 20 日) ················ 1466

6. 商务日报有关战后迁川工厂停业留川的数量报道(1946 年 6 月 14 日)
   ··· 1470

7. 资源委员会电化冶炼厂结束计划(1946 年 8 月) ························ 1471

8. 新华日报有关迁川工厂倒闭情况的报道(1946 年 12 月) ············ 1471

国民政府筹办厂企内迁

一、内迁案的酝酿与筹划

1. 资源委员会机械化学组第四次会议纪录(1937年8月6日)

  日　　期:廿二年八月六日下午三时

  会　　址:资源委员会礼堂

  出席者:军政部:杨继曾　实业部:熊傅飞　交通部:舒震东

  　　　　铁道部:杨毅　资源委员会:林继庸

  列席者:上海市机器同业公会代表颜耀秋、胡厥文

  主　　席:杨继曾

  纪　　录:林继庸

  报告事项:

  (一)林委员继庸报告赴上海接洽机器厂家迁移内地经过情形,并介绍厂方代表胡、颜两君加入讨论。决议:(1)机器工厂迁移种类,须包含有翻砂、打铁、冲压、电气及各种五金机器工厂。(2)机器数目约计2,000部,另加工具生材。(3)各厂之迁移者,联合组织一个团体,政府只认此整个团体为对象,该团体内部组织如何,由各厂自行办理。(4)政府拨款40万元,以为各厂之机械生材搬迁及装箱费用,并津贴因工厂迁移而致失业之技术工人。(5)政府设法商由银行借给各厂200万元,以为购地及建筑之用,分十年清还,其利息由厂方负担。(6)政府每年拨奖励金20万元,以奖励厂方,以10年为期。(7)厂地设于武昌,其地位由政府圈定。(8)各款项支付均实报实销,由政府派员监督并管理之。(9)各机械生材,依次迁入内地之免税护照,由本组代办。(10)运输工具由厂方设法租赁,并由政府尽量帮助。(11)由资源委员会即派员前赴武昌,勘察设厂地点。(12)在非常时期,各厂尽量作军需品之制造,在承单时政府仍应尽量帮助,给予工作,如在特殊情形,工作不能继续时,则可任各厂自由搬迁。(13)前所允许之搬运等费用40万元,应由政府预

存于上海银行,以便厂方即将机器生材装箱搬运,并应预储款项于武昌银行,以便厂方购地建筑。(14)厂内所用水电,由政府保证充分供给,酌收最低费用。(15)政府定贷时,先付总价百分之五十,交货时由政府即行审验,验收后即将货价十足发给。(16)制造材料倘有缺乏政府用保护工业新方法免险或偿还之。(17)由政府在工业区附近设立金融机关,予各厂以便利。(18)所订各项,由政府以公函致同业公会,以便即行着手,征集机器。

列席人员退。

[经济部工矿调整处档案]

2. 资源委员会关于补助上海各工厂迁移内地工作专供充实军备以增厚长期抵抗外侮之力量案与行政院往来函(1937年8月9—12日)

(1)资源委员会致行政院密函稿(8月9日)

现值时局紧张,为应国防上急需起见,上海各工厂实有迁移内地之必要。爰就各工厂接洽情形,特拟补助上海各工厂迁移内地工作专供充实军备以增厚长期抵抗外侮之力量案提案一件,相应随函送请查照,提付会议为荷。此致

行政院

附:提案一件

补助上海各工厂迁移内地工作专供充实军备

以增厚长期抵抗外侮之力量案

资源委员会提

查上海市区,为我国各工厂集中之处,现值时局不靖,御侮吃紧关头,市区内各工厂都愿迁移内地,为政府效力,以充实军备,俾长期抵抗之力量得以增厚。兹将接洽情形,分述于后:

一、上海机器同业公会代表颜耀秋、胡厥文等来会声称:上海机器厂家,感于国难严重,自愿将各厂机器迁移内地,以应军事制造之需。各工厂种类为:翻砂、打铁、冲压、电器及各种五金机器之属。其机器数目约有2,000部,

连同工具等项,可值400万元,并表示各工厂之技术工人,亦不难设法随同机器前往工作。本会以事关重要,爰与该代表等商拟下列办法:

(1)装箱搬运及津贴此次因机器工厂迁移而致暂时停业之工人等费用,约需40万元,拟由政府拨给,交该同业工会领用,并派员监督发放,实报实销。

(2)政府每年拨给奖励金20万元,以十年为限,藉示鼓励之意。

(3)购地、建筑等费约需200万元,拟请政府商由银行以低息借给于各厂家,视机器之多寡,为比例之分配,按十年清还,息金归厂方自付。

(4)建厂需地约500亩,估值5万元,拟由政府拨给。

二、上海大鑫钢铁工厂来呈称:现存有废钢铁原料约2,000吨,其所处地点,适在日人势力范围之内,厂中设备有炼钢电炉4只,每日能出各种钢在20吨以上。现该厂愿将上项原料2,000吨及其设备3/4,先行移至内地,请补助搬运费10万元,并供给购地建筑等费20万元,以便即日迁往政府所指定之地点。

三、中国炼气公司,愿将制造氧气机械之半数迁移内地,每小时约可产氧气30立方公尺,另备钢瓶1,000只,运往政府指定之地点,希望补助搬运费1万元,并请政府商由银行借给购地建筑等费4万元。该厂所出之氧气,于机械电焊及医院救护,均甚需要。际此国防紧急时期,诚属亟应办理之事。

四、大中华橡胶厂,愿将厂内机器一部分,足供每日生产汽车内外胎150套,飞机内外胎20套及军用胶底布鞋2万双之设备,迁往政府所指定之地点,其地点须能提供给该厂1,200匹马力之电力。希望政府商由银行借给搬运、购地、建筑等费65万元,息金归厂方自付,分十年清还。并请政府每年拨给奖励金5万元,以十年为限。所借之款,均由政府派员监督支用。四个月后即可陆续出品。现在我国内地,尚无橡胶厂之设立,该厂为国内最大之橡胶工厂,若能迁入内地,则对于各种橡胶用品及防毒面具之供给,当有补益。

五、康元制罐厂为国内最大之制罐工厂,其设备有印刷机9部、制罐机器约200部,每日能出各种罐头5万只。厂址在日人势力范围下之虹口华德路,现愿迁往政府所指定之地点,希望拨给迁移费用5万元,及商由银行挪借建筑费30万元,息金归厂方自付,分十年清还,四个月后即可陆续出口。此项工厂,可制造干粮罐、防毒罐及代做各种冲压工作。

六、民营化学工业社,专制防毒面具,每日可产金陵兵工厂式之防毒面具约500具,拟迁往内地,并希望政府商由银行借给搬运建筑设备各项费用10万元,分十年清还,息金归社方自付。

右列各厂社所拟迁移之机器及工具均与国防攸关,接洽时实业部、铁道部、交通部及军政部兵工署均有负责人员参与。以上所提办法,实在刻不容缓,是否有当,敬候公决。

[资源委会员档案]

(2)行政院致资源委员会函(8月10日)

行政院公函　字第3410号

案准贵会本年八月九日(二六)密字第五二八九号公函:以现值时局紧张,为应国防上急需起见,上海各工厂实有迁移内地之必要,爰就各工厂接洽情形,草拟补助上海各工厂迁移内地工作专供充实军备,以增厚长期抵抗外侮之力量案,送请查照提付会议,等由。准此。经提本院第三二四次会议决议:奖金暂从缓议,余通过,由资源委员会、财政部、军政部、实业部组织监督委员会,以资源委员会为主办机关,严密监督,克日迁移。关于印刷业之迁移,由教育部参加监督。除照案分令财政、军政、实业、教育四部遵照办理外,相应函复查照办理。此致

资源委员会

中华民国二十六年八月十日

院长　蒋中正

[资源委员会档案]

(3)资源委员会致行政院密函稿(8月12日)

接准贵院本年八月十日第三四一○号函:以补助上海各工厂迁移内地工作,专供充实军备,以期增厚长期抵抗外侮之力量案,经第三二四次会议决议:奖金暂从缓议,余通过,由资源委员会、财政部、军政部、实业部组织监督

委员会,以资源委员会为主办机关,严密监督,克日迁移。关于印刷业之迁移,由教育部参加监督。已照案分令财政、军政、实业、教育四部遵照办理,并嘱查照办理。等因到会。此事本会经于本月十日(星期二)下午五时,召集有关各机关代表开会讨论。当晚即派林专门委员会继庸,会同财政部会计司庞司长松舟、军政部整备科王上校科长祄、实业部工业司欧阳代理司长苍赴沪,与各工厂接洽办理。同时并另函财政、军政、实业三部派定委员,以便组织监督委员会,克期成立,相应函复,即希查照为荷。此致
行政院

[资源委员会档案]

3. 上海市商会与实业部关于电器制造业工厂内迁的往来代电(1937年8月27日—9月11日)

(1)上海市商会致实业部代电(8月27日)

南京实业部钧鉴:据本市电器制造业同业公会函称:案据敝会会员公记电池厂函称:此次沪战爆发,恐非短时间内可以结束。关于移动工业材料,敝厂兹提议请贵会迅予设法将电池组所用主要原料铅皮、锌皮、盐脑等料,速即运离战区或转至内地,以免损耗实力,而供急切生产之需要。等由到会。据此。查该会员所陈颇有见地,沪上厂商具是种见解者当不乏其人。用特录函奉达,至希贵会将移工业材料整个计划予厘订办法,俾使通告同业,以资遵循,至纫公谊。等语到会。查迁厂迁料至安全区域,应有整个计划,近闻钧部对于此事已设置委员会从事研究。兹据前情,理合电呈钧部部鉴核,俯赐将此事并案讨论,核示遵行,实为公便。上海市商会。叩。感。

民国二十六年八月二十七日

(2)实业部复上海市商会代电(9月11日)

实业部快邮代电

上海。上海市商会览:八月感代电及微电均悉。查迁移与军用有直接关系之工厂前往内地经营,业经饬主知办理,其较次各厂,亦经咨请上海市政府

饬知主管官署妥筹办法,转饬各厂迁移在案。据陈各情,仰即转知各业径向上海市社会局商洽办理。至迁移时需用车辆船只,可呈由本部转商主管机关予以便利,并仰知照。实业部。印。

[实业部档案]

4. 国家总动员设计委员会抄送军务司非常时期迁移工厂办法提案函(1937年9月5日)

准军各司:函送非常时期迁移工厂办法一件,来会。并请转送资源组核办。等由。查本案业由资委员会积极办理,该办法所举各项颇有可采之处,相应检附原件,函请登阅,转请资委会参考是荷。此致

资源组

附:军务司提案一件

国家总动员设计委员会秘书组启

九月五日

军务司提案

案由:

为拟非常时期迁移工厂办法请交资源组核办由。

理由:

查我国各种工业,多聚集沿海少数都市之中。考其原意,在易获得外国之机械原料或半成品,以利经营。近年以来,国人渐知利用本国原料,改良国货出品,且国内交通以及各种建设,亦日趋发达,工厂迁移内地,已属可能。尤要者,为战事爆发,沿海各市,俱有遭受毁损之虞。即使暂在租界开工,亦以内外隔绝,原料产品交易为难,商民两困,势必时作时停,终归倒闭,不特影响于国计民生之损失,抑且有委弃国防经济资源,以资敌用,因而致使军事失败之危险。津沪工厂未能早迁,致沦于敌,即其明例。今者亡羊补牢,允宜急将上海尚能运出之工业资源、各厂店,尽量设法迅速搬出,并将京沪杭甬沿线及其他各地重要工业,悉移内地,以树工业基础,而保国防资源。庶经济永固,商民称便,持久抗战,胜利可期。换言之,消极方面,避免仅有之民族工业

毁于敌人炮火之下；积极方面，虽在战争中仍能努力建设，俾战时军需民用两无缺乏，以符长期应战之旨。

目的：

（一）奠定国防民生工业之基础，于无外货倾销之时。

（二）于战时仍保税源之不断。

（三）谋内地原料之销售，及生活必需品之获得。

（四）俾厂家能于战时，仍可生产谋利。

办法：

如附件。

工厂迁移办法

Ⅰ.迁移种类及其限制

（一）暂定移厂种类如左：

1. 属于基本工业者　专指生产各工业所需之原料及机械等厂。如钢铁厂、机械厂及其他原料厂。

2. 属于军需工业者　专指生产或修理主要军需品之工厂及能转用于此等工业之工厂。如制造交通、通信、卫生等器材厂以及军用器具、机械、工具、物品等厂。

3. 属于民生工业者　专指生产或修理基本生活必需品之工厂。如制造食品、被服、用具、日用品及建筑材料等厂。

（二）凡前列工厂，有左列限制之一者，暂不迁移。

1. 凡与主要军需及基本生活无关或有碍之工厂。

2. 虽与主要军需及基本生活有关而原料无法解决之工厂。但原料已有储存或能设法补充者，不在此例，仍须迁移。

Ⅱ.移厂准备

（一）政府准备

中央政府迁移工厂时，应准备事项如左：

1. 选择厂址条件：

（甲）地带安全。

(乙)交通便利。

(丙)原料丰富。

(丁)分布均匀。

(戊)力求分散。

(己)适应动力及燃料之供给。

(庚)顾及工业间之互连性。

2. 决定分配办法：

(甲)凡于前列诸条件具备之点，即移厂最佳之地。

(乙)为吸收或选择佳料计，设厂于各区原料出口之要道上。

(丙)凡适合某种工厂之迁移，只有一区者，则选定之，如各种特产工业。

(丁)凡适合某种工厂之迁移，有两区或两区以上者，则按原料之供给与市场之需求状况，分为主要和次要中心。

(戊)为收互惠之效而易发展计，于每一区内，除设中心工业外，将有互连性之工业尽量迁入。

(己)凡原料现无产量或产量不足而有储存或能设法补充之工厂，则移至交通便利且无悖于将来发展之地区。

3. 准备津贴贷款　准备款项、津贴或贷与商家，以便其设备迁移之用。

(二)厂方准备

政府除发给迁移证以利运输外，通令厂方准备下列事项：

1. 派员前往指定迁移地带，与地方政府洽商厂址。

2. 自拟迁移程序。

甲、正常程序　以分期为原则，其方式有二：

(子)以生产过程分期　如纺织工业：先移纺纱部分，继迁织布部分。造纸工业：先移制造纸浆部分，继移造纸部分。

(丑)以迁移数量分期　如有纺纱机一百部之厂，先移三十部或五十部，如设分厂然，随后按情况陆续迁移。

乙、紧急程序　专用于险境内工厂之迁移：

(子)凡属主要之机件，价格昂贵之机件，制造需时之机件，及不能自制之机件,首先起运。

（丑）凡能就地制配之物件,价廉易得之物件,有代用品之物件,最后装运或竟不运。

（寅）将应运机件,列成简表,分类注明件数、重量和体积,并同迁移证送往运输机关,分配起运。

（三）地方准备

地方政府奉到中央准备迁移工厂令后,应准备事项如左：

1. 调查该区燃料及动力之供给量,暨平时之用途及消费量,以便测知转用于工厂动力之能率。

2. 劝导电灯用户,改用油灯（最好采用最近发明之植物油灯）,以省电力而供工厂之动力。

3. 调查该区所有之宽大房屋,如庙宇、会馆以及类似场所,现作何用,能否充作临时厂址,并须分别注明地点、面积、间数以及每间之容积,以便厂方派员前去接洽。

4. 凡厂方认为可用之房屋,即通知原有住户移住较远之小屋,以便附近之小屋,供厂中员工寄居或安装机器。

Ⅲ. 移厂实施

（一）规定迁移程序

1. 正常程序　当以运输机关接到迁移证和运件简表之先后为序。

2. 紧急程序　于必要时始得采用之,可不受前条之限制。

（甲）先移险境内或与战区相近之厂。

（乙）次移需要孔急之厂。

（丙）其他仍如常轨。

（二）起运法

1. 凡在迁移途中所有中外运输工具,悉数征发,以供执有迁移证之厂商运输,并予以免税缓验之便利。

2. 凡在险境内之机件,则由各运输机关分运,务使敌人不觉而机件已全数移去。

3. 如在险境内之机件过多,不及全数运输,则以命令指定顺序。

4. 运输机关将派定之顺序,起运之时间,指定之起迄地点,密告厂商准备。

5. 厂商得报后,即时包装,届时送往起运地点,不得预先送往,以免机件齐集,一时无法起运,而遭奸人破坏。

6. 为策安全计,令厂商一律保险,以防不测。

试拟移厂地带分配简明表

工业类别	移厂地带	理由	备注
电器	湘潭附近	资源委员会拟设电料器材厂于该地,足证该区之需要与移置之可能	可沿粤汉线移置
车胎	南昌 长沙	两处俱为汽车零件制造厂之所在地,择一设厂,可收联络之效	
造船	湖南 岳州	因该地位于长江及洞庭湖之间,地面广大便于制造或修理船只之用	
西药	分散 川赣	可就各原料、产区设提炼厂制成精品	包含纱布、药棉、防毒药品或其他常用药品如硫磺、薄荷、樟脑、麻黄、甘草、大黄、回香、丁香、碱等
罐头	分散	吸收廉价物品,不致扰乱各地民食	可采手工业
搪瓷	江西 浮梁	因该地区盛产长石及黏土,但须化验其成分合否	可制军用饭盒茶杯
水泥	大冶 太原	可以分散南北之需	
钢铁	汉阳 湘潭	两处俱近矿区和市场	
机械	分散或以湘鄂为中心	修械厂须应各业修械,遍移各区内,至机械制造厂除须接近各业之中心外尚须顾及采购原料之便利	制造厂包含纺织机、榨油机、造纸机、农用机及其他各种工作机之制造厂
造纸	南昌 川湘	南昌拟设竹浆造厂,为经委会纸业报告书中之建议其优点甚多,可参考原书82页	纸浆定须机制,造纸暂可采手工
榨油	分散	榨油主要中心设于河南,因其本省产量既丰,又可吸收邻省原料,川湘赣可为采油中心	可采手工业

续表

工业类别	移厂地带	理由	备注
棉纺	豫之陇海沿线	因其位于产棉中心,易获原料且交通四达,市场自产	纺纱定须机制,织布可暂采手工
毛纺	潼关	因其现可利用黄河,获得原料,将来陇海路线延至青海新疆,则可突飞猛进矣	毛织兼采手工业与机制业
针织	分散		可采手工业
漂染印花	分散	因与棉纺毛纺针织有关,须分设备各区内,以应需要	可采手工业
日用品	分散		全采手工业,包含肥皂、牙粉、牙刷、毛巾等
皮革	分散		可采手工业

[资料委员会档案]

5. 上海市政府与实业部关于迁移民用品工厂的往来咨(1937年9月18日—10月9日)

(1) 上海市政府致实业部咨(9月18日)

上海市政府咨　特字第1113号

案据本市社会局呈称:查淞沪抗战以来迄今月余,所有战区工厂均已陷于停顿状态。特区工厂亦因原料与运销困难,工人又多离散,继续开工者为数甚少。本局以此次长期抗战,工业关系甚大,特制就非常时期工厂调查表,分发本市各厂商填报,以明真相。截至九月十二日止,计发出表格1,000余份,现已填报者计有89厂,其中关于各业分类、资本总额、迁移地点与迁移费约数等项,均经分别统计列表备览。其工厂迁移问题,据闻军事委员会在沪设有工厂迁移委员会,本局业经派员前往接洽,据称该会负责所迁之工厂,仅限于与军事有关者,其他如纺织工业、饮食品工厂等等,该会未便办理。等语。查军用工业战时固属重要,而有关民生日用之工业,在长期抗战中亦不可缺少,况我国工业基础原极脆弱,而各种工厂又多集中于上海一隅,倘不设法予以迁至后方地带,则其未来直接间接之损失,实堪隐忧。兹谨将第一次工厂调查情形,检同填表89份、统计表二纸备文呈报,仰祈鉴,赐咨商实业部迅予统筹办理,实为公便。等情。附呈调查统计各表共 91 份到府。据此。查各项工业攸系民生,际兹非常时期,直接鼓励生产,间接巩固国防。本市工厂,除有关军事工业者,已由军事委员会等专项机关办理外,其余有关民生日用者,似应设法迁移,俾免损失。据呈前情,除指令外,相应咨送,即希查照核办,并盼见复为荷。此咨
实业部

市长　俞鸿钧

中华民国二十六年九月十八日

(2) 实业部复上海市政府咨(10 月 9 日)

　　实业部密咨　工字第　　号
　　案准贵市政府二十六年九月十八日特字第 1113 号咨,以据社会局呈报战时第一次工厂调查情形,关于民生日用各工厂似应设法迁移,请查照核办见复。等由。准此。查沿海各重要工厂迁移内地经营办法,现由军事委员会设立工矿调整委员会统筹办理,可将方案送部核行。其关于民生日用各工厂,自饬令早日自动迁移为宜,至关于迁移时,水陆运输事项,如有困难,当由本部咨请各主管机关予以便利。准咨前由,相应咨请查照转饬知照为荷。此咨
上海市政府

[实业部档案]

6. 资源委员会抄送上海工厂迁移内地扩充范围请增经费案密函稿 (1937 年 9 月 20 日)

　　兹有上海工厂迁移内地扩充范围增经费案提案一件,相应随函附奉,即希查照提交会议讨论为荷。此致
行政院
　　附送提案一件

上海工厂迁移内地扩充范围请增经费案

查现在上海工厂补请迁移内地者甚多，经本会严加审查，以为关系重要亟应迁移者有以下三种工厂：

一、吴蕴初所办天利氮气厂、天盛陶瓷厂、天原电化厂及天厨味精厂，拟补助迁移费65.6万元，拨厂地370亩，并商银行息借建筑费、流动金共170万元。

二、三北、公茂、和兴、中华、恒昌祥、华工、鸿祥兴、鸿昌八家造船厂，拟补助7.6万元，另拨江边地皮60亩，并商银行息借迁移费23万元。

三、文化印刷业，包括商务印书馆、中华书局、大东书局、开明书局、新闻报、时务新报、中华科学图书仪器公司、中国标准铅笔厂及印刷厂多家，拟补助迁移费五万元。再贵院第三二四次会议议决由本会主办监督迁移之上海工厂，因战事骤作，原定迁移计划不免发生变化，有原案所有未及迁移者；有因时局急迫，关系重要，不能不变通许可者。截至九月十五日止，已迁出之工厂34家。此外，已报关或接洽妥帖待船运出者，尚有89家。由上海工厂迁移监督委员会，就原有经费范围变通节支配，将来另具详细报告。以上提案是否有当，尚希公决。

[资源委员会档案]

7. 资源委员会秘书厅抄发行政院关于上海各工厂迁移内地工作函及工厂名单代电(1937年9月23日)

代电　密发　6267

上海马浪路四十一号林专门委员继庸鉴：接准行政院本年九月十六日第三七一二号函：以据荣宗敬等代电：请政府力助各厂，设法迁移安全地带，照常工作。等因到会。合将原函及名单抄发参考。资源委员会秘书厅。漾。

附抄函及名单各一件

行政院公函　字第3712号

案据荣宗敬等代电称：全面抗战应有长期计画，以便与敌持久周旋。在此进行总动员计画时,首在恢复一般生产事业,以蓄国家实力。工厂为生产事业之基础,目前尤应加紧制造,设法流通,以应全国需要。可迁移者,固应从速迁移;可复工者,更当迅予复工。惟自抗战以来,言经济,则以金融停滞,工商因款,同受限制,各厂无法调度,大都处于停顿。言交通,则军运频繁,各路阻塞,原料货物无从运输。值此棉稻秋收,内外隔绝,影响农工,尤非浅鲜。长此生产机能听令断绝,每一念及,辄用痛心,同人利害切身,公私交顾。因于今日集议,认为政府自应力助各厂设法迁移安全地带,照常工作。输运务求灵活,捐税或减或免。又念目前惟一生路,尤望增发法币,扩充放款,以通工业上生产之资金;减低利息,以轻工业上生产之担负。实施中央储备银行法,采用货物准备,以固工业之基础。同时发展交通工具,使工农生产能动能流,以沟通内外之机能,适应供求之需要。凡此,实为国力生死所系。在总动员计画中,各部职责所在应首先施行,倘酌召实业界同人切实商决,迅予实施,尤所企盼。等情。据此,查补助上海各工厂迁移内地工作一案,前经本院第三二四次会议决定办法:由贵会及财政部、军政部、实业部组织监督委员会,以贵会为主办机关,严密监督,克日迁移。关于印刷业之迁移,由教育部参加监督。并照案分行在案。兹据前情,相应抄同原附名单,函达查照办理。此致

资源委员会

　　计抄送原名单一件

中华民国廿六年九月十六日
院长　蒋中正

名　单

　　荣宗敬　　申新纱厂、福新面粉厂、茂新面粉厂

　　刘鸿生　　大中华火柴厂、上海水泥厂、章华毛织厂、华丰搪瓷厂

　　郭　顺　　永安纺织厂

　　王云五　　商务印书馆

　　陆伯鸿　　华商电气公司、闸北水电公司

　　林康侯　　民丰纺织厂、美龙酒精香料厂、大中华橡胶厂

严裕棠　苏纶纱厂、仁德纱厂、大隆铁工厂

严庆祥　民丰纺织厂、通成纺织厂、大同纱厂

蔡声白　美亚织绸厂、铸亚铁工厂、美丰纺织厂、美恒纺织厂

吴蕴初　天原电化厂、天利淡气厂、天厨味精厂、天盛陶瓷厂、炽昌新制胶厂

王启宇　振泰纱厂、达丰染织厂

王尔绚　新和兴钢铁厂

张禹九　中国植物油料厂

项康原　康元制罐厂

胡厥文　新民机器厂、合作五金厂、长城砖瓦厂

叶友才　华生电气厂、华成马达厂

胡西园　中国亚浦耳电器厂、中国窑业公司

张惠康　亚光电木厂、东方年红公司

许冠群　新亚化学制药厂

吴哲生　大中华橡胶厂

李祖范　中国化学工业社、晶明玻璃厂、中国胶木厂

方剑阁　中华珐琅厂

陈小蝶　家庭工业社

卢志学　五洲固本皂药厂

陈吉乡　华福制帽厂

计健南　三友实业社

任士刚　五和织造厂

朱赓陶　仁丰染织厂

许晓初　中法制药厂

秦竟成　振华油漆厂

王性尧　中国国货联营公司

潘仰尧　中华珐琅厂、中华铁工厂

[资源委员会档案]

8. 国民政府各部委关于迁移工厂的会议纪录(1937年9月27日)

关于迁移工厂会议纪录

会议日期:民国廿六年九月廿七日下午五时至七时

会议地址:资源委员会会议厅

主席:翁文灏

出席人员及代表机关:翁文灏(工矿调整委员会)、李倜、王焜(财政部)、李景潞(军政部)、刘荫茀(实业部)、顾树森(教育部)、孙拯(资源委员会)、李景潞(第三部兼)、高惜冰、顾毓瑔、张文潜、陈世桢(第四部)、韦以黻(后方勤务部)。

决议事项:

一、关于资源委员会提议上海工厂迁移内地扩充范围请增经费案决议

原案所提议吴蕴初主办各厂,及三北等八造船厂与文化印刷工厂,均系与国防有关,应行迁移之工厂所请补助各款。除吴蕴初所办各厂迁移补助费应减为40万元外,其余应予通过。惟如将来各厂有不能全部迁移者,得由上海工厂迁移监督委员会按其实际迁移程度,酌量核减其息,借款项原则上亦予通过,惟其数额得由工矿调整委员会视实际需要情形,酌量变通之。工厂基地可按实际需要照拨。

二、关于以后工厂迁移原则决议

上海工厂迁移条件,系沪战以前所定,当时厂家多怀观望,为奖励迁移起见,不得不较从优厚现在工厂愿迁者,众如均援例办理,不独财政上负担太重,且各厂竞争迁移而无安插办法,将来亦必发生不良影响。为便于一般适用计,对于上海现行迁移工厂办法,拟即行截止,重订迁移工厂之原则如下:

(一)迁移之工厂分为两种:一为指定军需工厂,二为普通工厂。

(二)指定军需工厂,系指国防上必需该厂之助,由政府令其迁移。政府机关有确实分配工作,或定制货物之计划,而该厂于迁移后确能担任此项工作,并在原料、动力、人工等方面均可有供给办法者而言。此等工厂之迁移,得由政府按其个别情形酌予补助。

(三)指定军需工厂之范围,以下列各种工厂为主:

1. 兵工需要之机器工厂、化学工厂、冶炼工厂。

2. 动力及燃料工厂及矿工。

3. 交通器材制造工厂。

4. 医药品工厂。

5. 其他军用必需品工厂。

（四）关于以上各种工厂，应请兵工署、军需署、后方勤务部（交通器材工厂由后方勤务部提出）、第三部、第四部提出工厂种类，及名单与所需制造货物之种类、数量，及分配工作计划，交由主持迁移之机关根据需要缓急、原料、动力、人工、供给情形，迁移后开工所需时期，及经费限度。斟酌选定，与各关系机关分别商洽，或开会共同决定之。

选择工厂时，凡上海已经迁出或即将迁出之工厂宜尽先选择。

（五）迁移各厂之补助办法，由主持机关斟酌各厂情形，与各关系机关分别商洽，拟具意见，呈请军事委员会委员长核定。全国各地补助总额暂定500万元。

（六）普通工厂，为指定军需工厂以外之工厂。凡愿迁移，呈经政府核准者，得予以免税、免验、减免运费，便利运输，或征收地亩等之援助。惟因财政所限，不补助迁移费。关于迁移后之安插及工作问题，亦以由厂家自行筹划为原则。

普通工厂具有精巧技术制造能力，经主持机关认为有特别援助之必要者，得筹定息借办法办理之。

（七）上海工厂迁移现行办法，即可告一段落。为对于金融情形与工业需要能兼筹并顾计，所有上海工厂迁移善后与以后工厂迁移事宜，应由工矿调整委员会主持。在工矿调整委员会组织尚未完备以前，由第三部暂行负责。遇有关问题时与第四部或其他主管机关会同办理。

（八）关于筹划监督工厂迁移之经费，除尽量由已有机关借调人员及担任经费外，其不足之费用得由迁移工厂费用项下开支。

三、关于便利工厂迁移运输决议

请后方勤务部，将凡由政府补助迁移之工厂，作为国防物资予以优先运输,并请代商铁道、交通两部,用国有铁路、船舶运输时,经主持机关之请求,得减免运费。

[实业部档案]

9. 军委会第四部拟定迁移各类工厂厂址分配表(1937年10月7日)①

拟定迁移各类工厂厂址之说明

一、轻工业网暂划分为四:(一)武汉区,(二)株洲区,(三)西安区,(四)四川区。

凡在轻工业网600里以内某地点设工厂时,须有铁路或轮船可以通达。

凡在轻工业网400里以内某地点设工厂时,须有公共汽车可以通达。

凡在轻工业网200里以内任何地点,交通必较为方便,设立工厂时,则无厂址之限制。

二、限于长江轮船运输之困难,所有各工厂不拟迁往四川区内。

三、山东省内除三五特殊工厂外,一律迁往西安区,至于上海及江浙闽区内各工厂,则分别迁往武汉及株洲区。

四、凡制造同类成品之工厂,按区平均分配。

五、凡属化学性质之工厂,均迁往水量充足之地带。

六、凡用输入品为原料之工厂,一律迁至通都大埠,而用农产品为原料之工厂,尽可迁至公共汽车通达之地带。

七、凡划归某区之工厂,乃指该区范围以内而言,各表中所填迁往汉口之某工厂,意即凡距离汉口十里左右者,皆填注汉口字样。

八、各处电灯厂,须按某发电容量,节用二分之一,以便举办各类轻工业。

九、实施迁移时,关于厂址问题须由政府支配,但各厂家表示充足理由,得予采择。

---

①此件为军委会第四部所拟《第四部工作计划》之附件五,日期为第四部送该计划到第二部之日期。

拟迁往西安区各类工厂厂址之分配

地点	西安	咸阳	华阴	渭南	凤翔	陕州	三原	邠州	平凉	宝鸡	大荔	鄜县
发电容量（千瓦）	708.6											
剩余电力												
供给马力												
交通状况	陇海沿线	公共汽车	陇海	陇海			公共汽车	公共汽车	公共汽车	公共汽车	公共汽车	
厂名	振华总公司（济南）、山东华兴造纸公司（济南）、和记印刷局（潍县）、中国颜料公司（青岛）、德丰恳记（青岛）、东亚罐头公司（烟台）、福兴公司（烟台）、永康造钉工厂（青岛）、烟台永叶工厂（烟台）、冀鲁制钉工厂（济南）、中东合记制钉工厂（青岛）、利民工厂（青岛）、溥益实业公司（济南）、中国山东烟草公司（青岛）	元隆砂子工厂（青岛）、真老雅美工厂（济南）、齐美工厂（济南）	裕鲁公司（潍县）			黄盛工厂（青岛）、明华工厂（青岛）						

拟迁往武汉区各类工厂厂址之分配

地点	汉口	武昌	汉阳	沙市	宜昌	沔阳新堤	荆门沙洋	应城	襄阳樊城	黄石港大冶	汉阳蔡甸	郾城漯河	信阳（停）	孝感	浮梁（景德镇）
发电容量（千瓦）	12,000	8,460	208	400	1,240	112	66	80	67	30	36	90	75	125	
剩余电力	2,000	2,800	104	100	500	56	33	40	35.5	15	18	45		62	

续表

地点	汉口	武昌	汉阳	沙市	宜昌	沔阳新堤	荆门沙洋	应城	襄阳樊城	黄石港大冶	汉阳蔡甸	郾城漯河	信阳(停)	孝感	浮梁(景德镇)
供给马力	2,681	3,753	139	134	670	75	44	53	45	20	25	60		83	
交通状况	粤汉轮船	粤汉轮船	粤汉轮船	轮船	轮船	水路	水路公路	公路	水路	轮船	公路	平汉	平汉	公路平汉	水路公路
厂名	大中华公司、荧昌厂(闸北、南汇)、华中工厂(上海)、东亚颜料公司(上海)、新亚药厂(上海)、中威记橡胶(上海)、大中兴记制造(上海)、慈北酒精厂(上海)、济南印刷局(济南)、山东印刷公司(济南)、中国腊纸厂(上海)、上海造纸厂(上海)、秦康制造厂(上海)、振华纺织木管工厂(青岛)、中国炼气公司(上海)、大中华橡胶制造厂(上海)、池山制冰厂(烟台)、捷敏冰厂(烟台)	中华机械酒精公司(上海)、永固制铸字所(上海)、华丰印刷料行(上海)、五洲固本皂药厂(上海)、中华铝笔厂(上海)、大达钢丝厂(上海)、永康钢记制造厂(上海)、亚光照相卡纸厂(上海)、粤兴造纸厂(上海)、龙章造纸厂(上海)、大中华橡胶总厂(上海)、大星糖厂(上海)、公勤铁厂(上海)、大上海机发刀剪厂(上海)、文新实业社(上海)、大中华搪瓷器制造厂(上海)、中国化学工业社(上海)、华北火柴工厂(青岛)	振华油漆工厂(上海)、新丰腊纸工厂(上海)、大华红丹公司(上海)、大利制造袜针厂(上海)、亨大救火车制造厂(济南)、北洋印刷公司(临清)、工利制造厂(上海)、中国纽扣厂(上海)、大昌皂油工厂(上海)、生行上海制造厂(济南)、福星颜料公司(济南)、德顺兴造钟工厂(潍县)、日新制钉工厂(烟台)、兴华实业工厂(青岛)、上海烟草工厂(潍县)、中威橡皮工厂(威海卫)		上海造纸厂(上海)、信谊制药厂(上海)	大陵药厂(上海)		华大钉针制造厂(上海)	利用造纸公司(无锡)	九成五金(上海)	万里公司(上海)、耀华薄荷制造厂(上海)	华丰织针制造厂(上海)	协和(上海)		

拟迁往株洲区各类工厂厂址之分配

地点	长沙	岳阳	株洲	萍乡	益阳	醴陵	常德	衡阳	湘乡	邵阳（宝庆）	澧县津市	吉安	清江樟树	南昌
发电千瓦容量	12,000	95	2,000（廿七年发电）			80	691	180	30	344	74	80	68	5,000
剩余电力	2,000（日夜）	47	1,000		100	48	345	90	15	172	37	40	34	2,000（日夜）
供给马力	2,681	63	1,340		50	53	462	120	21	230	50	54	45	2,681
交通状况	粤汉	粤汉轮船	南浔、粤汉	南浔	水路公路	南浔	水路公路	粤汉	公路	公路	水路公路	公路	南浔	南浔、浙赣
厂名	大中华公司（苏州、镇江）、开林公司（上海）、中西大药房（上海）、大上海橡胶厂（上海）、正泰信记橡胶厂（上海）、德胜制造厂（上海）、宝山造纸厂（上海）、家庭工业社（上海）、马宝山饼干公司（上海）、五福制卡片公司（上海）、大同机器制造厂（上海）、肇新化学工业公司（上海）、中兴铸器公司（上海）、山东丰年制针厂（济南）、青岛中华制针工厂	元丰厂（上海）、上海薄荷制造厂（上海）、龙章造纸厂（上海）、永大实业照相卡片公司（上海）、麥鸽牌光造纸厂（上海）、义源橡皮制造厂（上海）、大东橡皮制造厂（上海）	美龙公司（上海）、光陆漆厂（上海）、九福制药公司（上海）、义生裕制钉厂（上海）、中国制钉厂（上海）、华文铅笔厂（上海）		永华公司（上海）、裕生钉厂（上海）	南华橡胶制造厂（上海）	福建造纸厂（福州）、中英药房香皂糖果公司（上海）、中英制药厂（上海）	义和橡胶（上海）、汇丰面包饼干厂（上海）					光华厂（杭州）、中国食品公司（上海）、中国霉林制油厂（上海）	华丰造纸公司（杭州）、民生造纸公司（嘉兴）、大中染料厂（上海）、中信药房药厂（上海）、协康橡皮（上海）、冠生园总厂（上海）、厦门大同实业橡胶公司（宁波、永嘉、成都）、中国震华制酸工厂（上海）、织袜针工厂（青岛）、中国制链工厂（青岛）、双盛铁工厂（青岛）、全盛弓子工厂（青岛）、立中华煤工厂（烟台）、上海厂、煤铁铁工厂（烟台）、轮昌机器厂（潍县）

[军事委员会档案]

10. 公路处请将承造油池各厂商列入迁移内地工作之内并酌予补助迁移费密函(1937年10月7日)

全国经济委员会公路处公函　字第20477号

　　查储油设备各省建设油池一案,前经本会在沪召集葆兴铁工厂、新民机器厂、上海实业公司、中国联合公司、华一造船厂各家,包工承建。适值沪战发生,各包商工作场所,均在战区之内,一切进行,遂形停顿。嗣以是项工程,未便久搁,复经本会商请中央信托局召集各该商讨论将工厂迁移汉口,以便开工在□。查各厂商承建油池,关系国防至巨,迁汉之后,将来是项包工完竣,尚可继续其他重要工作。为谋永久迁移起见,拟请将前开各厂家,准予列入迁移内地工厂之内,所有迁移费用,按照行政院规定办法,并请酌量予以补助。兹派本处工程司同玉虹赍函趋洽,即希查照赐予洽商,并将补助在沪工厂迁移内地办法,检惠一份,以资参考,仍盼见复为荷。此致

资源委员会秘书处

处长　陈体诚
副处长　赵祖康
中华民国廿六年十月七日

[资源委员会档案]

11. 宜昌县商会为工厂尽量迁设宜市从事生产代电(1937年10月15日)

　　国民政府军事委员会资源委员会钧鉴:窃宜昌地处渝汉中心,行川轮船以此为起点。昔年外人拟在此开设船坞,修理轮船,因恐利权外溢,地方官绅反对,致工程中止。现时遗址尚存,再加建修即堪作用。再宜昌附近县邑素产桐油、棉花、柏油、土敏土,可设炼油、纱布、洋烛、洋灰等工厂。值此日本封锁我沿海岸战区,工厂停工,重要工业品外洋难于接济。宜昌四周多山,足资屏障,地位安全,拟祈钧会将战区此类船坞及工厂尽量迁设宜市,从事生产建设,藉以充实国防而利民生。无任待命之至。宜昌县商会

主席蔡云程叩。

[资源委员会档案]

12. 上海国货联合会等请求迁移上海民生日用之轻工业致工矿调整委员会公函(1937年10月26日)

窃查沪上自八一三抗战以还,所有工厂几乎全部停工,月前除少数重工业工厂已在政府指导协助之下移往内地工作外,而占全沪工厂大多数之轻工业工厂迄今尚滞留于停顿状态,无法生产。在工厂本身之损失固不待论,而军事时期之后方供应以及一切日用民生所需,均感缺乏,实足影响长期抗战力量。最近各厂虽有移地生产之议,而以凋敝之余,力有未胜。金融界在战局扩张之际,放款又复不易,且内地情形各异,顾虑孔多,正在彷徨间。忻闻贵会业经成立,仰见政府对于全国各业已有统盘筹划,至深感奋。敝会等会员工厂中,以经营轻工业制造者为多,昨经开会研讨结果,拟向贵会贡献意见,及提出请求数点,兹谨略陈于左,敬祈察核:

(一)划拨专款:拟请贵会划拨专款,指定为办理轻工业工厂迁厂用途。依照目前实际需要,至少亦须指拨400万元方可勉敷应用,至此项专款之用途,约分左列四种:

(甲)信用放款:迁入以前拟请予各厂以信用放款,备充迁移时之运费及迁移后之各项设备费。前项信用放款之标准,拟照移运机器总值,以十分之一至十分之三为限,放款利率请特别减低,期限特别放长,以分期五年至十年偿还为宜。

(乙)旧机器押款:迁厂以后得以机器押借八折款项,又甲地工厂拟于乙地另设新厂时,亦得在甲地以机器押借款项。

(丙)新机器借款:迁移后如旧机器不敷应用,须添置新机器时,应请予以借款购置或作为政府投资。

(丁)新厂投资:如能利用当地原料,或有其他切实计划,及具有办厂经验者,拟在内地创设新厂时,虽非由他处迁入之工厂,并无机器者,亦请政府予以投资创立。

（二）指定区区域：拟请由贵会指定迁厂区域，如武汉、长沙、株洲、重庆、南昌、昆明、梧州等地，以及其他适宜地点，在指定之工业区域内所有治安防护公共交通，以及原动力之供给等等，均请政府妥为设备。

（三）运输优待：迁厂时凡机件、原料、员工等移运所需护照、船车，应请政府尽量予以协助保护，如需迁移大批员工时，所乘船车应请按照半价优待。

（四）减免捐税：迁厂时所有机件、原料、半制品以及本厂所用建筑材料，应请免纳转口税及一切地方捐税。迁厂后所需制造原料，如由外埠运达内地应用时，应请地方政府豁免地方税，并予以运输上之便利。如制造原料必需外货时，应请政府设法调济之。关于原料免税待遇，以由工厂负责证明确系自用为限。

在内地制造成品运由口岸销售者，应请免纳转口税。其经由国营机关运输者，应予减等运费。

前项免税待遇，如实施之际感觉不便时，拟请改按记账方法或其他方式，由各厂每年年终结算盈余内扣还之。

（五）供给基地：工厂所需基地，应请政府备价收买民地转租各厂，由领用工厂年缴最低租金。将来各厂并得向政府购置，其价格以不超过租金二十倍为限，由政府立案公布。

前项基地以一近水路，二高燥，三相当距离市区，四水电供给便利为合格。

上列各项意见，仅系撮述纲要，至如何促进办法，日内拟推派代表蔡声白、叶友才两人赴京面陈一切，尚祈鉴察赐洽为荷。此致
工矿调整委员会

上海市国货运动联合会
中华工业总联合会
中华民国二十六年十月二十六日

13. 贸易调整委员会主任委员陈光甫与翁文灏关于迁移丝厂至养蚕区的往来文(1937年11月1—10日)

(1)陈光甫致翁文灏函(11月1日)

咏霓我兄勋鉴:敬启者:江浙两省为著名产丝区域,每年出口运销外洋,为数至厚。本年自八一三战争爆发以还,江浙丝厂以地处危险,多相率停工,平时赖以生活之数百男女工人,顿失凭依。而干茧积滞,蚕户、茧商受创更巨,长此以往,海外生丝市场,以前我国所有之销数行,将为他国攫夺。此后再图恢复,其势难若登天。况际兹抗战时期,经济势力直接影响于作战之力量。以弟之愚,以为救济丝厂,只须从安全着想,欲谋安全,只须从将厂迁至养蚕之乡区,则缫丝工作,自能继续进行,积滞之春茧、秋茧不难于相当期间内,悉数缫成生丝,运销外洋,易国外汇,以裕我经济,而工人生活以及蚕户、茧商之经济胥于是焉昭苏。惟兹事体大,断不能一任各丝厂自谋解决,必须由贵会尽筹硕划,并于必要时贷以迁移费,乃能措置得当。谫陋敢效,野人献曝之诚,是否有当,敬乞高明教正,专此。祇清勋安

          弟 陈辉德 谨启

中华民国二十六年十一月一日

(2)翁文灏复陈光甫函稿(11月10日)

光甫我兄勋鉴:昨奉大示。以移厂停工,干茧积滞,亟待救济,而欲谋复工,须从安全着想,欲谋安全,须将丝厂迁至养蚕乡区,则缫丝工作仍可进行。以之输出,既可维持国有市场,并可易回外汇,于战时经济不无裨益。嘱统筹设法,并于必要时贷以迁移费各节,至佩荩筹。本会近奉到军事委员会准定迁移厂矿原则及迁移厂矿办法大纲,已遵照设置厂矿迁移委员会,兹附上原则及大纲各一份,藉作参考。丝厂迁移事亦已交该会加以研究。惟弟意生丝输出与丝厂复工势成一贯,如输出可有途径,则复工自较易着手,而迁移乡区亦即易于办到。此事可否请贵会先从贸易方面,示以南鍼,并由两会共同筹创,俾加工与输出可以呵成一气,而迁移与援助不致流于零星片断。又上海为丝业中心,见闻较确,虑最近战局展开之下,各丝厂尚能否迁移与其呈迁

办法。凡尊见所及,务请不分畛域,不吝见示,俾得指针为祷。专复。祗颂勋安。

弟翁○○谨启
中华民国廿六年十一月十日

[经济部工矿调整处档案]

14. 工矿调整委员会为派员监督厂矿内迁致各省政府及有关单位文电①(1937年11月15—25日)

(1)工矿调整委员会致中国银行公函(11月15日)

径启者:本会现派顾毓瑔、林继庸赴苏,陈世桢、欧阳仑赴鲁,朱谦、金开英、陈良辅赴浙,监督各省迁移工厂事宜。望(一)电告贵行镇江分行,准顾毓瑔、林继庸在20万元限度内支取备用。(二)电告贵行青岛分行,准陈世桢、欧阳仑在20万元限度内支取备用。(三)电告贵行杭州分行,准朱谦、金开英、陈良辅在10万元限度内支取备用。以三上项,共计洋50万元,即请在本会资金内拨付,并希查照办理见复。

又顾毓瑔等分向各行领款,应办何种手续?兹派本会组员周景白前来面商,望即赐予接洽为荷。此致
南京中国银行

(2)翁文灏致陈果夫密电(11月16日)

镇江省政府陈主席果夫兄勋鉴:密。兹派第三部组长林继庸、第四部专员顾毓瑔监督苏省工厂迁移事宜,希即协助指导为荷。翁文灏。印。

(3)翁文灏致朱家骅密电(11月16日)

杭州省政府朱主席骝先兄勋鉴:密。本会设厂矿迁移监督委员会,监督危险区域厂矿迁移事宜。兹派第三部副组长金开英、陈良辅,第四部专员朱

---
①此组文电日期均见事由纸。

谦前赴贵省监督工厂迁移。电厂及大同电化厂尤为重要,惟巩前线经行不易,请贵省政府先行派员督促,从速迁至江西,万一有必要时亦宜设法破毁,以免资敌。翁文灏。印。

(4)翁文灏致韩复榘密电(11月16日)

济南山东省政府韩主席向方兄勋鉴:密。兹派第四部副组长陈世桢等前赴贵省督促工厂迁移,希即协助及指导为荷。工矿调整会主席委员翁文灏。印。

(5)翁文灏致沈鸿烈密电稿(11月16日)

限即刻到。青岛市沈市长成章兄勋鉴:○密。兹派青岛商品检验局长王百雷就近督促贵市工厂迁移,希协助及指导为荷。工矿调整会主任委员翁○○。印。

(6)翁文灏致商震密电稿(11月25日)

开封省政府商主席启予兄勋鉴:设密。中央为保全生产力量,决将邻近战区各厂矿迁移后方,上海已移100余厂,河北煤矿设备亦经酌为移汉,无锡、济南、青岛等处亦正在继续办理,贵省地近战线,为未雨绸缪计,所有重要工厂亦当即行迁移。兹派陈世桢前来办理工厂迁移事宜,望与以协助,并督促厂方,即行照办为荷。工矿调整委员会主任委员翁○○。有。

(7)翁文灏致熊式辉密电稿(11月25日)

南昌省政府熊主席天翼兄勋鉴:○密。中央为保全生产力量,……①所有重要工厂亦当即行迁移。兹派商惜冰前来办理工厂迁移事宜,望与以协助并督促厂方即将行照办为荷。工矿调整委员会主任委员翁○○。有。

---

①内容同本页(6)。

(8)翁文灏致蒋作宾密电稿(11月25日)

安庆省政府蒋主席雨严兄勋鉴:○密。中央为保全生产力量,……①所有重要工厂亦当即行迁移。兹派高惜冰前来办理工厂迁移事宜,望与以协助并督促厂方即行照办为荷。工厂调整委员会主任委员翁○○。

[经济部工矿调整处档案]

15. 资源委员会关于工厂迁移事项历次谈话会纪要(1937年11月29日—12月8日)

(1)11月29日纪要

十一月廿九日第一次谈话会纪要

一、孙顾问报告迁移上海各工厂之经过情形,并提出下列两项办法:

(甲)根据行政院第三二四次会议议决,息借上海工厂建筑费329万元项内先借200万元一案,由资源委员会复文财政部将该案移交工厂矿调整委员会接办。

(乙)第二次迁移补助费根据52.6万元系国库支出性质,应由工矿调整委员会函请财政部拨发,如须由工矿调整委员会垫拨,亦须由财政部正式函答,以资根据。

二、关于大鑫厂呈请拨借迁渝建筑等款案。

结论:签请核示,计分下列五项:

(甲)拟函川省政府照办。

(乙)拟函运输办事处迅速接洽。

(丙)拟由会函四行联合办事处接洽借款,以该厂现存在汉之材料及将建房屋作抵押。

(丁)拟准核办。

(戊)拟函兵工署办理。

三、林主任报告主任委员修改武汉办事处组织规程之经过。

---

①内容同上页(6)。

结论:由萧组长整理后明日继续讨论。

出席人员[原件略]

(2)11月30日纪要

十一月卅日第二次谈话纪要

一、林主任报告各迁汉工厂征收厂地经过。

二、讨论迁汉工厂之复工问题。

甲、以时局变化,是否仍须集中武汉,似应加以考虑,宜择其与国防民生有关之工厂,促其再迁至川湘一带,以免受损失,其详细办法交由林、孙、李三君会商后禀陈主任委员核办之。

乙、迁移费用得用借款办法与四行商办之。

丙、迁移原则决定后,即应派员分往川湘二地准备一切。

三、讨论办事处组织规程。

除原文第十条修改,第三条文字稍有变更外,余照旧,并补充第八条派充临时技术员一节。

四、讨论工厂迁移委员会呈请迅予组织购料委员会案。

由萧组长将草案拟就后再行讨论。

主席人[原件略]

(3)12月1日纪要

十二月一日谈话纪要

一、大鑫钢铁工厂经理余名钰出席报告迁渝之困难。

甲、运输往渝民生之公司船只被扣,须延至十号左右方可启运。

乙、20万元借款一事抵押问题颇有困难。

丙、迁渝后成本较昂,希望保障工作。

经讨论结果:

甲、速与卢作孚接洽。

乙、由该厂抄送现在之各种材料,以便抵押。

丙、如遇有困难,可随时呈请核办。

二、孙顾问报告与周介春、庞松舟接洽52.6万元迁移补助费事。

略谓:庞君已允代向国库司催复。

三、孙顾问报告与何崇善讨论征地之法律根据,查征收土地计有两种办法:

(一)根据土地法。

(二)军事征用法。(先行协议,如不成则以三年以内平均地价为标准)

结论:查以上二种办法对于此次征收土地均有困难,不如采用航委会办法(军委会航空委员会以前在武昌南湖征收地每亩30元),若不可能,亦以采用军事征用法较佳。

出席人[原件略]

(4)12月3日纪要

十二月三日谈话会纪要(第四次)

一、孙顾问报告52.6万元接洽经过,将由财□□来函由在矿会垫拨。

二、200万借款案请林主任将档案交张组长办理。

三、收地案据武昌县杨县长告翁主任委员言每方地最高价4元一方,低则一、二元一方不等。又林主任报告见民厅向秘书,向意:一、武汉不安;二、民众不赞成征地,此次难办。经解释后,向谓须呈何主任核办。

四、孙主任报告签呈数事。

(5)12月4日纪要

十二月四日谈话会纪要(第五次)

一、林主任报告接洽征收厂基事项。

二、报告办理工厂迁渝、湘两地之经过。

甲、愿迁工厂:申新机器厂、中华铁工厂、顺昌铁工厂、永利铁工厂、启文机器厂、大公职业学校机器厂,以上为第一批计六家。

乙、宜昌、重庆二处已有厂基,颇可利用。

丙、迁移各厂请求协助之事项。

三、关于筹备重庆、万县、秭归等处设厂事,应否请派干员前往接洽办理案。

结论:请示主任委员办理。

四、张组长报告与各厂家商讨息借保证办法。

由各厂家将拟借数额及所希望还本期限、利率若干,于下星期一以前书面提案本会,以便与银行接洽。

(6) 12月6日纪要

十二月六日谈话会纪要(第六次)

审查新中公司息借临时建筑费肆千元案。

结论:照借。

商讨征收厂址问题。

结论:先与地主关系人接洽平均价格,然后函请鄂省府饬属办理。至于各厂需用之面积,应以其机械设备数量为标准。地价除政府补助五百元外,余不敷之数应由各厂家按亩补充。各厂圈定之亩数,本会应加以审核。

(7) 12月8日纪要

十二月八日谈话会纪要(第七次)

一、报告办理征收厂地经过,奉谕由资委会函请行政院命令鄂省府执行,毋得延误。

二、报告接洽予各迁汉机器工厂工作之经过。

三、调查下列各工厂现在情形,设法利用。

甲、阜成炼灰轧石厂

乙、谌家矶造纸厂

丙、汉阳麻布厂

丁、茶砖厂

戊、毡呢厂

四、报告本会营运资金业已拨到。

五、报告本会新办事处于十一日以前可以布置完竣。

[资源委员会档案]

16. 何应钦请令饬民营纱布工厂内迁致蒋介石呈（1937年12月25日）

查各地纱布工厂，关系军民被服资源，异常重要。往昔北战区之石家庄、安阳，东战区之上海、无锡、常州各地工厂，或因时期仓猝，主持者未能充分顾虑，或因厂商自相因循，以致十九未能迁移，有毁于兵火，有沦于敌手，国力因以减耗，资源因以缺乏，影响抗战前途，至重且大。今者转入抗战第二阶段，武汉已为各项中心，自为敌所注目，所有武汉官营民营各厂，已如硕果仅存，不容再遭意外，纵使此后局势如恒，而敌机空袭，势亦难免，职工不能安定工作，事属无疑。除本部所设各厂场库局已令分迁川湘各较安全地区，加强工作以供军用外，所有武汉民营纱布各厂以及手工织机，似宜一并迁移，以策安全而资生产。拟请钧座迅饬资源委员会或农产工矿调整委员会，详密计划，剀切劝导，确实协助，俾令全部迁移，以免重蹈东北两战区各厂之覆辙。惟商人重利，每易因循，尤非强制执行，不易收效，似宜明令规定，倘有不遵迁移，从严制裁，庶有所畏而不敢迟延，令一下而事易集。事关军民被服资源，管见所及，理合具文呈请钧裁。谨呈军事委员会委员长蒋

军政部部长何应钦
中华民国二十六年十二月二十五日
[经济部工矿调整处档案]

17. 高惜冰关于河南及武汉纱厂迁移意见致翁文灏函（1937年12月30日）

咏霓部长先生钧鉴：日昨工矿调委会召集武汉纱厂经理人谈话，意在促令一部分迁移重庆，藉以保全生产力量，实属当务之急。此事果能实现，则私意以为目前最重要之工作即尽量将汴省各纱厂之机器零件扫数运出，以防万一。至武汉各厂，则应择较新之机器尽先迁移，就中似应格外侧重申新第四

厂,而该厂债务关系,更当特别注意。如实有困难,则在万不得已时可以申新四厂为主,再由其他各厂抽迁若干纱锭,合组公司经理之。谨贡刍荛,幸垂察焉。专此,肃颂勋安。不备。

高惜冰谨启
十二月三十日

[经济部工矿调整处档案]

18. 吴承洛对于工厂迁移意见书①(1938 年 2 月 4 日)

查上海工厂迁移内地,以创设新工业区之基础,实为本部工业建设最重要之工作。兹根据工矿调整委员会送来下列文件,即:

(1)上海工厂迁移状况表(截至上年十一月十日止,已有报告者为限)。计19页。

(2)已经内迁之工厂一览表(截至本年一月底止)。计3页。

(3)各业工厂迁移统计表(第五次修正)。计1页。

(4)工厂迁移内地统计表(第五次修正)。计1页。

试作一个比较简单之分析研究并统计,以期求得有益之结论,作为调整工作之参考。

上海工厂迁移状况表中所列各工厂迁移状况,分为已经运出,已经报关及正在报关之三项,统计如左:

工厂类别	已经运出数	已经报关数	已进行报关数	共 计
钢铁五金机器类	60	12	5	77
造船类	5	1	0	6
制罐类	3	0	1	4
电器类	21	5	1	27
化学工业类	23	11	1	35
制药类	5	1	0	6
建筑工程及材料类	4	1	1	6

---

①作者吴承洛系经济部司长。

续表

工厂类别	已经运出数	已经报关数	已进行报关数	共计
纺织类	14	5	4	23
文化及印刷类	16	7	2	25
其他及商号类	8	10	2	20
合计	159	53	17	229

以上迁移工厂计229家,其已经运出者,占159家,已报关者53家,进行报关者17家。兹假定凡报关者,均有运出之可能,故本统计系假定上表所列之厂数,均可为我新工业区之构成分子。

已经内迁之工厂一览表,分为:

(1)到汉重迁之工厂　计39家

(2)过汉未停之工厂　计4家

(3)原设武汉之工厂　计3家

(4)一月内到汉之工厂　计8家

(5)受工整会协助迁运之国营工厂及机关　计6家

除上海外,尚有由南京之工厂及机关,与由无锡之工厂及武汉内迁之工厂,但南京与无锡只各二家民营工厂,而武汉亦只三家。兹所统计系将国营工厂及机关与上海以外之工厂,均一并计入可为新工业区之构成分子。

各业工厂迁移统计表,分工厂为到汉工厂、准备内迁工厂及已迁工厂之三项,而准备内迁工厂,又分为别地到汉者与原设武汉者之两目。统计如左:

工厂类别	到汉工厂	准备内迁工厂		已迁工厂
		别地到汉	原设武汉	
机器五金类	55	22	1	14
制罐类	2	1	0	1
造船类	4	1	0	1
电器及无线电类	2	9	1	8
玻璃陶瓷类	5	5	0	4
印刷文具类	12	9	0	4

续表

工厂类别	到汉工厂	准备内迁工厂		已迁工厂
		别地到汉	原设武汉	
纺织类	6	2	3	3
化学工业类	20	11	1	10
其他	3	0	0	0
合计	129	60	6	45

就上表观察,已到汉之工厂计129家,与上海已运出之工厂计159家比较,尚有30家未到,与上海迁移总数比较,尚有100家未到。或在途中,或已被炸,或尚未运出,其中有可由海道运出者,或竟未能运出者,或有运到而未报告到会者。若与上海工厂迁移状况表中之工厂类别比较,则电器一类大多尚未曾运到,而纺织类亦然。内迁工厂45家,已占到汉工厂1/3强,又已内迁之吨数计6,400,为准备内迁吨数计10,300之一半有奇。其已内迁厂数与准备内迁厂数比较为1与1.5之比。

工厂迁移内地统计表,列内迁目的地,可再加统计如左:

省别	目的地	准备内迁厂数	已内迁厂数
湖北	岳口	1	1
	宜昌	3	3
四川	万县	0	0
	重庆	46	30
	北碚	2	1
	自流井	1	1
湖南	长沙	5	4
	湘潭	1	1
	湘乡	1	0
	常德	0	0
广西	桂林	2	1
贵州	贵阳	2	1
云南	昆明	1	1
陕西	西安	1	1

就上表而观察,则岳口至宜昌,似为鄂西之一个可能之工业区。万县至自流井,连重庆在内,为四川之一个工业区。长沙、湘乡、湘潭、常德,为湖南

之一个工业【区】。贵阳则为贵州可能之工业区。桂林则为广西可能之工业区。而昆明为云南可能之工业区,西安为陕西可能之工业区。但就地方情况而详加研究,则以上各该省之工业区,又不仅已迁往工厂之目的地能完全代表,而上列目的地中之万县及常德,尚无有准备迁往之工厂。

关于研究该会所送来四种迁厂表内工业种类,曾经综合而为下列之统计,以应用金属材料之工厂与应用非金属材料之工厂,作为两大类而约分之:

(第一)应用金属材料之工厂

翻砂	8	尚嫌不足。
铁	4	尚无真炼铁厂。
铁工	16	尚缺大铁工厂。
钢铁	3	大鑫有价值,尚无大炼钢厂,应暂充电钢厂。
钢器	1	尚有数家未拟迁运。
钢轴	1	似有价值,系钢珠轴领。
辗铜	1	有价值,中华厂。
铸铜	1	
铜器	2	似不只此。
五金	10	
机器	33	其中颇有价值者。
仪器	2	似尚有数家。
钟	2	有价值。希孟、昌时。
造船	5	尚有价值。三北、大公、和兴、茂昌、华丰。
飞机	1	应有价值。海军,但海军造船厂何以未运。
制罐	4	有价值。
桅灯	1	尚有多家。
灯头	1	
钉	1	尚有别家否。但无针厂。
刀	1	
电焊	3	
电机	5	有价值,惜多未运到,未知何故。
电器	8	有价值,惜多未运到,未知何故。
电池	5	似缺大蓄电池厂。
无线电	6	
计	125 厂	

（第二）应用非金属材料之工厂

化学	3	尚有多家未加入。
香糖	2	尚有多家未加入。
制药	6	有价值。新亚、信谊、五洲、中法、海普、万国。
染料	2	有价值。大中、华美。
颜料	1	
红丹	2	有价值。
油漆	3	有价值。喷漆、振华、万里外，应尚有数家。
油墨	1	所缺甚多。
橡胶	4	有价值。中华、工商、大新荣。
面具	1	有价值。
稀珞	1	有价值。电木厂何均未迁。
皮带	2	有价值。兄弟、源大。
耐酸陶器	1	有价值。耐火坩埚均未迁。
搏瓷	1	益丰。尚有多家。
窑业	1	
瓷砖	1	
玻璃	2	中央有价值。
火柴	3	大中华在内。
糖	2	四川重要。
酱油	1	无价值。
洋酒	1	非工厂。
味精	1	天厨。
电化	4	永利、天原、天利最有价值。
炼气	1	有价值。
造纸	2	龙章、上海有价值，似尚不足。
纸版	1	尚有数厂。
卡片	2	
原料	1	有多家，惜未迁。
石粉	1	似有价值。
炭精	1	似有价值。
淀粉	1	
焦煤	1	未知何以迁。
铅笔	1	特种。
文具	1	有重要数家未迁。
印刷	4	应有价值。
报馆	2	应是机器。
铸字	1	
图书	10	有价值。希望迁出者为机器。

印刷材料	1	系印刷材料机器厂,应有价值。
牙刷	2	
黄□	3	多未迁出。
美术	1	
大学	2	系清华、山东设备。大学仪器、机器应多迁。
中学	2	附设工厂。
银行	1	多已自己设法迁移。
纱	4	似尚可多迁。
纺织	3	似尚可多迁。
棉织	3	厂数似均不足。
布	3	厂数似均不足。
染织	4	厂数似均不足。
针织	3	厂数似均不足。
织□□	2	
防水布	1	应有价值。
鞋带	1	特种。
帆篷	1	应有价值。
织绸	2	美亚、纬业。似尚可多迁数家。
其他不明	9	

以上计139厂,两共合计264厂,其中有若干特殊之工业与工厂,为不可多得,亦有若干种特殊之工厂与工业,未得加入迁移。或上海所无之特殊工业,应从他处设法者,如制碱、接触硫酸等,但亦颇有重要而普通必需之工业,上海颇多而未加入者。总之,此次以沪战最紧急之时,而能得此成绩,真属不易。兹细读各统计表之后,对于工厂调整,有左列各点之意见,想办理其事者早已胸有成竹,或正在进行,然不妨姑作切磋耳。

(第一)属于旧工业区者

(1)上海已运出之厂,如有未到,有无方法可以调查其行踪。

(2)上海已报关及准备报关之厂,究竟是否已交运或尚未交运,能否设法在上海调查。

(3)上海出口检查,渐趋严密,应尚有可以接洽由海道运出之工厂机件,应如何设法限期办理,愈迅速愈好,迟缓则恐不易运出。

(4)沿海口岸邻近地方之工厂机件,尚有何处可以接洽搬运者,应如何及早办理,迟恐踏上海之覆辙。

(5)早迟必难免沦为战区各地方,如有重要工厂机件,应如何即时办理,迟恐踏无锡、常州、济南、青岛不及迁移之覆辙。

（6）即不致沦为战区或失陷之地方，如有重要工厂机件，为新工业区所需要，应如何使地方人士及政府明了迁移之真正意义，不致阻挠迁移，而协助新工业区之早日完成。

（第二）属于新工业区者

（1）在西南之川、黔、滇与西北之甘、青、新，如选择为新工业区，应如何详为勘定可以设立工厂之地方与区域，就远大之眼光着想，而不为现在环境所限。

（2）已经迁出之工厂，如其自身之机械设备有不完全，应如何令其详为设计补充，并协助之。

（3）凡工厂之不能自身完成其设备者，应如何设法令其与其他相同之工厂，图谋合作，成立联合工厂，并协助其联合。

（4）电动力之供给，固应由部设法统筹支配，但离城市较远地方，如有人愿设工厂，关于煤气动力之供给设备，应如何责成专门煤气动力机制造工厂，为之早日准备。

（5）工厂于再内迁时，其工厂制造能力，出品产量，原料需要，发动马力，工厂图样，工人数额，工匠种类，工资预计，成本概算等，应如何责令先行切实准备，送会核定。

（6）工厂常时应补充之材料及设备，与原料或半制品之须由国外或远处设法者，应如何令于内迁时即有切实数额填具代购书，由会统筹代办。此宜及早迅速进行，以免运输迟缓之延误。

以上就今晚详阅工整会送来最近油印统计报告，偶得属于迁厂以前在旧工业区地方，与属于迁厂以后在新工业区地方，各应注意及办理之点，计共十二项，聊供参照。

此外尚有一点，即在抗战开始以前或在开始以后，各地方政府、各地方工厂向外国所定购之机械设备，以供设厂或补充之需要者，应请其于设厂地点，重新加以考虑。办理迁移人员，平时与人接触之处甚多，可特别注意此项消息，或由会通知适当机关、团体或个人，量为报告，以便调整。此为日来对于

迁厂及初步调整工作之感想，信笔书之，未知果有足供参照或提醒之处否也。敬祈钧鉴。谨呈

部长

次长

              职吴承洛谨呈

              廿七·三·四晚留呈

[经济部工矿调整处档案]

二、内迁领导机构

1. 资源委员会为上海各工厂迁移内地组织监督委员会密函稿（1937年8月11日）

关于上海各工厂迁移内地事,业经行政院决定:由资源委员会、财政部、军政部、实业部组织监督委员会,以资源委员会为主办机关,严密监督,克日迁移。当于本月十日(星期二)下午五时,由会召集上列有关各机关开会讨论,并承贵部指派会计司庞司长松舟、整备科王上校科长祈、工业司欧阳司长仑出席会议。是晚本会林专门委员继庸已会同与会各员赴沪接洽。此项监督委员会,不日即可组织成立。相应函达,即希查照正式派定委员见复为何。
此致
财政部
军政部
实业部

[资源委员会档案]

2. 上海工厂迁移监督委员会历次会议录（1937年8—10月）

（1）第一次会议录（8月12日）

上海工厂迁移监督委员会第一次会议录

日　　期:廿六年八月十二日下午三时

地　　址:上海斜桥街四十二号

出席者：欧阳仑　庞松舟　王祃　林继庸

主　席：林继庸

纪　录：欧阳仑

报告事项：

庞委员报告关于免税护照事与关务署郑署长接洽经过，略谓：（1）请资源委员会行文财政部，饬江海关凭本会主任委员林继庸签字之出口机件清单，免税免验放行，俟到达江汉关后，再行查验。（2）由厂方填具机件清单七张，送呈本会主任委员签字。

决议事项：

（一）免税护照事电请资源委员会迅予办理。

（二）为便利进行起见，由各工厂组织工厂联合迁移委员会，即日成立。委员名额规定十一人，由各厂推举，送呈本会认可。

（三）工厂联合迁移委员会应推定主任委员一人，副主任委员二人。

（四）工厂联合迁移委员会办公地点由该会自行择定，报告本会，以便接洽。

（五）工厂联合迁移委员会得酌雇临时职员。

（六）工厂联合迁移委员会所需费用，由核准之迁移费内拨付。

（七）本会以后一切应办事宜，公推林主任委员继庸全权办理。

（八）工厂迁移费支配办法，由工厂联合迁移委员会拟具方案，送本会核准拨付。

（九）各工厂如有托词规避迁移情事，得由工厂联合迁移委员会报告本会转呈政府，予以严厉处分。

（十）散会。

　　　　　　　　　　　　　　　　　　欧阳仑　八、十二

　　　　　　　　　　　　　　　　　　林继庸　八、十二

　　　　　　　　　　　　　　　　王　祃　八、十一（原文如此）

　　　　　　　　　　　　　　　　　　　庞松舟

(2) 第二次会议录(10月9日)

上海工厂迁移监督委员会第二次会议案

时　间:十月九日下午三时

地　点:【南京】三元巷二号大礼堂

出席者:庞松舟　郭莲峰(代表教育部列席)

　　　　林继庸　涂治平(代表军政部)

　　　　欧阳仑

主　席:林继庸

纪　录:欧阳仑

报告事项:主席报告办理上海工厂迁移经过情形。

决议事项:

一、新请求迁移之厂,本会不再接受,已批准迁移者,继续办理,俟工矿调整委员会主办之工厂迁移机关成立后,再将本会未办结事件移交该机关接收办理,以资结束。但在本会未结束以前,如有工厂自愿出资迁移者,本会仍予以行政上之协助。

二、经办迁移事务及收款项,俟本会结束时,编造报告呈送审核。

三、上海工厂联合迁移委员会主席委员颜耀秋呈请根据八月六日机械化学组第四次会议议决案,迅予实行。及保障迁移内地工厂予以协助并求免税两案,应一并移送工矿调整委员会核办。

欧阳仑
庞松舟
林继庸

上海机器业联合会临时委员会委员履历表

姓名	年龄	籍贯	代表厂名	厂址	通讯处
胡厥文(副主席)	四二	江苏嘉定	新民机厂	塘山路七九六号	本厂
颜耀秋(主席)	四三	浙江桐乡	上海机厂	丹阳路六十号	本厂
支秉渊(副主席)	四一	浙江嵊县	新中工程公司	闸北严家角	江西路工程处
叶友才	四九	浙江定海	华生电机厂	周家嘴路	福建路事务所

续表

姓名	年龄	籍贯	代表厂名	厂址	通讯处
赵孝林	五九	浙江镇海	万昌机厂	通州路三三一号	本厂
王佐才	三七	江苏松江	中华铁工厂	小西门陆家浜路	江西路事务所
吕时新	四一	浙江定海	中新工厂	华德路月华坊	江西路事务所
严裕棠	五八	江苏上海	大隆机厂	小沙渡	江西路事务所
余名钰	四一	浙江镇海	大鑫钢铁厂	齐物浦路	本厂
钱祥标		浙江镇海	中国制钉厂	杨树浦福宁路	本厂
项康原		江苏上海	康元制罐厂	沪东华德路	本厂

(3) 第三次会议录(10月30日)

上海工厂迁移监督委员会第三次会议纪录

地　点：本京上海路九号

时　间：十月三十日下午三时

出席人：朱其骧　林继庸　庞松舟(曹树藩　王耀代)　欧阳仑

主　席：林继庸

纪　录：欧阳仑

主席报告赴议办理厂地分配及二次赴沪办理迁厂经过情形。

讨论事项：

一、上海工厂联合迁移委员会请求从速协助借款购地建厂俾得早日开工制造案。

决议：呈请资源委员会函请财政部转商银行切实洽办。

(一)分配办法：请资源委员会或工矿调整委员会派员赴议，就各厂实际情形酌量分配数目，通知银行照借。

(二)担保办法：(1)以在汉新购厂地、新建厂屋及新置设备等，由各厂分组联合担保。(2)除(1)款各项外，再加每年生产总值内提成摊还。

二、所有在迁移工厂期间各地办公费用，由迁移费项下支付，实报实销。

［下缺］

［资源委员会档案］

3.厂矿迁移监督委员会组织章程[①](1937年11月)

一、本会依照军事委员会所核定工矿调整委员会及关系机关议定之原则,并秉承工矿调整委员会之指导,办理厂矿迁移事宜。其任务为:

1. 审定各厂矿应否迁移。

2. 审定应迁各厂矿补助迁移费之数目及其他援助办法。

3. 审定应迁各厂矿之迁移部分。

4. 拟具迁移费之预算案,呈由工矿调整委员会呈请军事委员会委员长核定,由财政部核发。

5. 监督及指导各厂矿之迁移事宜,并给予运输上之方便。

6. 指定或商定各厂矿应迁地点,并划定建厂地段。

7. 审定各厂矿建筑设备之设计及规定其补助,或息借经费。

8. 接收上海工厂迁移监督委员会案件及完成其未毕工作。

二、本会设主任委员一人,由工矿调整委员会派任;设委员六人,由军政部、财政部、实业部、军事委员会第三部、第四部及资源委员会各派一人组织之。委员会有必要时,得由工矿调整委员会邀请其他关系机关派员参加。

三、关于左列各事项,由本会委员议决后,呈由工矿调整委员会核定之。

1. 应迁移厂矿之审定事项。

2. 厂矿迁移补助办法之审定事项。

3. 厂矿迁移息借办法之审定事项。

4. 各地办事处之设立及其主持人选之审定事项。

5. 工矿调整委员会交议事项。

6. 其他由主任委员或委员提议事项。

四、全体委员会议每月开常会两次,由主任委员召集之。必要时得由主任委员或委员一人以上之提议,召集临时会议。

五、本会设左列各组,每组设主任一人,副主任一人,均由委员兼任,并由工矿调整委员会指定之。

----
① 翁文灏批:"照办"。

1. 审查组　掌应迁厂矿之初步审查事项。

2. 执行组　掌监督指导厂矿之迁移及其安插事项。

3. 财务组　掌补助费及息借款项等之初步审查、经费之筹划接洽及拨付事项。

各组认为有必要时，得随时约他组委员或其他关系机关人员参加工作。

六、本会设主任委员办公室，掌处理文电，保管印信及办理会内其他事务。

关于本会会计及庶务事项，由工矿调整委员会会计庶务人员兼代处理。

七、本会办事人员尽量由工矿调整委员会其他部分及其他关系机关调用，必要时得聘雇专任人员，其人数及待遇由主任委员随时呈请工矿调整委员会主任委员核定之。

八、本会地址设于工矿调整委员会内，得于下列各处酌量设立办事处。

1. 上海及其附近。

2. 镇江兼管苏、锡、常、通各处。

3. 青岛及其附近。

4. 杭州兼管浙江各地。

5. 武汉兼管宜昌、沙市、襄阳、老河口各地。

6. 长沙兼管岳阳、株洲、湘潭、常德各地。

7. 南昌兼管九江、萍乡、芜湖、安定各地。

8. 西安。

9. 重庆。

10. 广州。

11. 其他经本会认为必要之地点。

九、本会除委员及调用人员薪俸由原机关照常开支外，其不足之数由迁移厂矿经费内支用，实报实销。

十、本章程由工矿调整委员会核定后施行。

[经济部工矿调整处档案]

4. 工矿调整委员会实施办法①(1937年11月6日)

总　　则

第一条　本会承军事委员会委员长之命,并受主管部之指导,对于全国工矿事业负促进、调整之责,并予以资金、运输之协助及补助其亏损。

第二条　凡工矿产品之主要市场在国内者,由本会负调整之责,其主要市场在国外者,由贸易调整委员会负调整之责,其产品不能以国内外划分市场者,得会同贸易调整委员会共同负责办理。又本会协助事业涉及农产者,得与农产调整委员会协商办理。

资　　金

第三条　凡原有国营厂矿资本不足运用,或新设国营厂矿资本尚待筹措,说明事实,送请本会查核认为应予协助者,本会当拟具办法与财政部及中中交农四行洽定,呈请军事委员会委员长核定后,由财政部知照中中交农四行照数拨助。

第四条　凡原有民营厂矿资本不足运用,或新设民营厂矿资本尚待筹措,说明事实,送请本会查核认为应予协助者,本会当拟具办法与财政部及四行洽定,呈请委员长核准后,由财政部知照四行贷与资金之全部或一部,其订立之借贷条件或合同应送本会备案。

第五条　凡原有或新设之民营厂矿必须由政府统筹办理,或共同经营者,本会当拟具接管或加入政府股份办法,与财政部及四行洽定,呈请委员长核准后,由财政部知照四行拨发资金。

第六条　国营或民营重要厂矿之设立或扩充,本会认为必要时,得拟具计划与财政部及四行洽定,呈请委员长核准施行,其资金亦参照第三条及第四条之规定办理。

第七条　本会对政府指定或核定迁移之厂矿,当依本会所定办法,分别性质予以补助或便利,此项厂矿在新地点复工营业所需之资金,本会可代向四行接洽,予以押款、押汇或其他适宜之协助。

---

①此件系1938年1月29日工矿调整委员会致经济部呈之附件,文后注有"二十六年十一月六日印"字样。

第八条 国营或民营厂矿需要流动资金,说明事实,请本会查核认为应予协助者,本会可代向四行接洽,予以押款、押汇或其他适宜之协助。

第九条 本会对于受协助之事业有检查业务及稽核账目之权。

运　　输

第十条 国营或民营工矿事业运输时,如遇有困难情形,得声明事实,送请本会请求协助,经本会调查属实后,由本会交运办理联合办事处协助之。

附　　则

第十一条 本办法如有未尽事宜,本会得随时呈请修正。

第十二条 本办法自呈奉委员会核准之日施行。

[经济部所属单位档案]

5. 军委会工矿调整委员会附送厂矿迁移监督委员会名单公函稿（1937年11月12日）

公函　矿整字第66号

案查本会依照监督厂矿迁移办法,筹设厂矿迁移监督委员会。除由本会派孙拯为主任委员外,并由军政、财政、实业及其他各部会各派委员一人,参加组织。兹开列各委员名单一纸,函请贵厅查照,转陈备案,并希见复为荷。此致

军事委员会秘书厅

附厂矿迁移监督委员会委员名单一纸

中华民国廿六年十一月十二日

厂矿迁移监督委员会委员名单

主任委员	孙拯	工矿调整委员会派
委员	彭熙同	军政部派
	周介春	财政部派
	刘荫茀	实业部派
	恽震	第三部派
	高惜冰	第四部派
	林继庸	资源委员会派

[经济部工矿调整处档案]

6. 孔祥熙关于内迁各厂之善后事宜统归工矿调整委员会主持函
（1937年11月15日）

财政部公函　税字第35150号

案准贵会二十六年十一月七日（二六）密字第七一五号函开：案查本会前向行政院提议上海工厂迁移内地扩充范围请增经费一案，经行政部第三三零次决议，请工矿调整委员会召集军政、财政、实业、教育四部及资源委员会审定办理。旋经工矿调整委员会于九月二十七日召集会议，议决原提议所请补助各款，除吴蕴初所办各厂迁移补助费应减为40万元外，其余应予通过，即共补助移迁费52.6万元。最近此项议决，已奉军事委员会核定。且吴蕴初所办各厂，及各造船厂与文化印刷工厂，已在迁移，经向江海关填具报关单，由海关审核免税免验放行在案。现此项迁移费，亟待应用，且以后迁移厂矿，已经军事委员会核定由工矿调整委员会设置厂矿迁移监督委员会主持办理。本会主办上海工厂迁移一案，亦待早日结束。相应函请贵部根据决议，将迁移补助费，全部52.6万元，扫数提交本会，转交上海工厂迁移监督委员会，发给各厂，实报实销，以清手续。等由。准此。查上海工厂迁移善后及以后工厂迁移事宜，业经工矿调整委员会依照院议召集会议议决，统归该会主持办理。此项迁移补助费，事关工厂迁移善后，似应根据决议，由工矿调整委员会统筹酌拨。准函前由，相应复请查照为荷！此致
国民政府军事委员会资源委员会

财政部长孔祥熙
中华民国二十六年十一月十五日

［资源委员会档案］

7. 翁文灏附送工矿调整委员会调整工作及资金运用计划书与财政部的往来公函（1937年11月30日—1938年1月5日）

（1）翁文灏致财政部等公函稿（1937年11月30日）

兹拟就本会调整工作及资金运用计划书，根据资金拨付办法第一条之规

定,相应检同一份函送贵部、贵行,尚希迅予合同○○○○○○等工行洽定见复,以便呈请委员长核准,早日施行,以应事机,至纫公谊。此致

财政部　中央银行　中国银行

交通银行　中国农民银行

附本会调整工作及资金运用计划书一份

工矿调整委员会调整工作及资金运用计划书[①]

我国工矿事业多尚未臻基础健全之地步。平时遇有困难,或尚可徐图救济。迩自全面抗战以还,其在后方者,因交通阻隔,或则原料不给,无法生产,或则销路断绝,周转不灵,其在战区者,甚至遭受兵燹,完全破坏。而军事民生之所需,又复刻不容缓,故工矿事业之调整,实为要图。现在三调整委员会组织大纲,及拨款办法,暨本会实施办法,均经先后奉军事委员会委员长明令颁布,所有本会营运基金1,000万元,亦经中中交农四行分别拨交各在案。惟关于本会工作之范围,及资金运用之方法,均应早定方法,以策进行。兹特拟定办法,分段说明如下:

(一)工矿调整之原则

(甲)应加调整各厂矿,应尽先由军事民生所需之产品,工业交通所需之动力,以及对外输出之重要物品入手。例如:化学五金机械之与军事有关者,纺织食料之为生活必需者,动力必需之燃料电力,出口有关之金锡钨锑等。

(乙)现因海运受阻,机器入口较难,且新设工厂,需时较久,缓不济急。自应先就国内已有厂矿,及在国内能自制机器之工业办理。所有在附近战区危险地带之工厂,应向后迁移。其在内地已停工之厂矿,应斟酌实况,设法复工。其设备较大之工厂,出品尚未满量者,应设法增加生产。其有新设厂矿之可能者,再设法从速办理。

(丙)工厂迁移,及新设厂矿之地点,均应就原料动力之供给量,酌为分配。

(丁)各厂矿请求资金之协助,除专案另有规定者外,概由本会代向四行

[①]此件沿用原标点。

洽定借款，各按其本身能力及性质，个别磋商条件，由本会依据军事委员会颁布之拨款办法第三条，及下列本会基金运用方法，与四行洽定办理之。

（戊）其有因需量增加，供给不足，而能用土法制造之物品，应加以提倡。如土法制造，成本较高，不易得利，本会得酌予给以资金之协助，或设法维持其价格，俾得持久。

（二）本会工作之范围

（甲）从事调查集中资料　本会为明了国内工矿事业之实况，俾为调整工作之根据起见，编就各矿详细调查表，由各厂矿填报本会。无论国营民营，现在开工，或在停顿之中者，均一律办理。凡请求协助者，必须本会对于内容完全明了，条件符合认为应予协助者，始予协助。

（乙）附近战区厂矿之迁移　附近战区之厂矿。既不能继续工作。值此长期抗战，仅赖内地厂矿生产之供给，实有不足之虞。而兵燹之余，厂矿之被破毁，尤难幸免。不惟国力受损，即在厂家本身，亦时虞血本之损失。是以附近战区之厂矿，亟须向内迁移。业经本会设立厂矿迁移监督委员会，负责进行。其厂矿需要资金之协助者，得由该会审核转陈本会酌予代商借款办理之。

（丙）协助物料之供给　各厂矿必需之原料燃料，在平日市场照常流通，供求两方，较易适应。至在战时或因交通困难，或因产量减少，售主难免居奇；又因战时金融趋紧，售主对于赊账，不肯通融，深虞厂家所需物料，不能供给足量，以致影响生产。本会对于厂家，设法予以协助。其方法如下：（一）联合同业厂家办理采购；（二）与农产及贸易两调整委员会合作，向国内外协助采购；（三）沟通售主购户之意见，促成购料合同；（四）代向四行洽办购料借款或押汇。

（丁）协助运输　本会会同农产、贸易两调整委员会，组织运输联合办事处。各厂矿如需运输上之协助者，得呈请本会审核，交该处办理。如遇运量过巨，运费较多，周转为难，并代向银行洽商押汇，以资便利厂家。

（戊）辅助推销　工矿事业最患销路不定，出品堆集，资金呆搁。本会设法代各厂矿推广销路，将其出品种类，与其生产能力，由本会审核，或商诸主管机关核定,随时按照公私方面之实际需要,要为支配,规定标准数量,委托制造,限期交货,协助各厂矿设立售货合同,或指定商店特约代销。

（己）协助增加建筑设备　新设各厂矿,或原有厂矿拟加扩充,所需建筑房屋,或增加机器设备等费用,本会得代向四行洽商借款,其办法详见资金运用之方法节内。

综上所述各节,可使各厂矿照常生产,进行无疑。其原料之采购,订立合同,本会当予协助。如需资金,以付价款,可由本会代向四行商洽押汇。其制成品出厂,即可以承兑汇票,或期票贴现,或押汇押款。似此辗转流通,极为方便。各厂家自购料以至出品,各级制造过程,均可得本会协助,本会并可加以监督。各银行押汇押款,货不落空,有利可图,自然乐于垫款。而在生产者,只需有厂房机械等固定资产,及经常开支与制造费,即能专心制造。

（三）资金运用之方法

工矿事业之调整,在财务上,既需购料及出品之押款押汇,以资短期周转;复需房厂机器之借款,为长期之投资。本会营运基金,应如何分配,以期对于厂矿之需要,及金融市场之周转,均可兼顾,亟应决定方针。兹特拟就方案如下：

（甲）固定资金,暂定300万元,专为借与各厂矿增加设备建筑房屋等费用之垫头,向四行按八五折借款。其限期首次三年,期满如须转期,第二期转两年,届时如再转期,得延长一年,前后三次,不得超过六年。还款时先付四行放款利息,次付本会垫款利息。还本时亦同。倘有损失,就本会代垫款头,尽先担负。如此以300万元,即可运用银行款项约1,000万元至1,500万元。

（乙）流运资金,分为左列数种：

（1）信用及票据担保基金暂定100万元,专为各厂矿向四行开立信用状信用提货及票据贴现等项,而须本会担保,经本会审查合格,认为有扶助必要者。由本会在四行开一担保基金户,遇有必须担保,送存相当基金。以100万元之基金担保总额,以1,000万元为度。至各厂矿请求者,本身须筹款半成，本会垫借半成，合共一成，如此担保基金100万元，加各厂矿自筹者，假定100万元，共200万元，即可运用2,000万元。

（2）购料垫款基金暂定200万元，运用专为各厂矿购进原料借款垫头之用。各厂矿定购时，自筹一成，假设400万元，本会垫半成，暂定为200万元，向四行八五折押汇，即可运用至4,000万元。倘该项原料，四行不允按八五折作押者，其应增垫头，由厂家自筹。

（3）货物押款垫款基金暂定400万元。如各厂矿出品积存，一时无法销售，须向四行八五折押款者，本会可代垫半成，各厂矿即可九折用款。400万基金，可运用至8,000万元，如四行不允按八五折作押者，厂矿只好少用。

所有本会代向四行洽定之借款押款，其本会所付垫头之款，得用与四行合同放款之方式，或用另与厂矿订立借款合同之方式办理之。惟所有利率及其他条件，除关于还本付息优先权一节，上文另定有办法外，其余均与四行放款相同。其由本会担保者，应给与银行同样之手续费。本会运用基金所得收入，除拨充运费外，余额应拨设准备金，以备抵不虞之损失。

各业请求协助时，应经过之程序，与填具报告格式；及各厂矿之监督管理，稽核账目等方案，均应另行详细拟定，于最近期内颁布，以便遵守办理。

（2）财政部复工矿调整委员会公函（1938年1月5日）

财政部公函　资字第35471号

案准矿整字112号。大函附送工矿调整委员会调整工作及资金运用计划书一件，嘱为洽定见复等由。查原计划书第一款工矿调整原则，第二款调整工作范围，规划详密，统筹兼顾，颇切目前需要。惟第三款资金运用方法，事实上似不无窒碍难行之点，除关于银行部分，经四行联合办事总处签送意见过部一并抄送圈阅外，兹就原计划书资金分配及抵借办法，参酌四行主张拟具补充意见，以供采择，准函前由，相应复请查照办理为荷。此致

军事委员会工矿调整委员会

附四行联合办事总处对于工矿调整委员会调整工作及资金运用计划书之意见一份、财政部对于工矿调整委员会调整工作及资金运用计划书之补充

意见一份。

财政部长孔祥熙

中华民国二十七年一月五日

对于工矿调整委员会调整工作及资金运用计划书之意见

工矿调整委员会所拟调整工作及资金运用计划书分为：一、工矿调整之原则；二、本会工作范围；三、资金运用之方法三大段，其一二两段属于调整工作之进行，必经专家详细研讨，无待置词。兹仅就与银行部分有关之第三段资金运用之方法，签具意见如左：

一、甲项固定资金300万元，专为借与各厂矿增加设备、建筑房屋等费用之垫头，向四行按八五折借款，期限不得超过六年，付息还本四行有优先权。倘有损失就该会代垫垫头，尽先担负，如此即可运用银行款项约1,000万至1,500万元。意见：房屋设备等押款属于不动产抵押性质，其期限折扣自与货物押款不同，该会所定押款期限得展至六年，而抵押折扣仍照货押以八五折为准，似嫌过高。盖不动产价格时有变动，且使用折旧尚须历年递减。现在交通阻滞，购置机器房屋均较平时高昂。倘于此际照原价八五折受押，将来借款到期借额势必超过实值以上。故此项借款折扣宜酌予捺低借款数额，亦宜分年摊还。

二、乙项流通资金：（一）信用及票据担保基金暂定100万元，专为各厂矿向四行开立信用状、信用提货及票据贴现等项。而须调委会担保者，由会在四行开一担保基金户，以100万元之基金担保总额1,000万元为度。至各厂矿请求者，本身须筹款半成，由会垫借半成，则担保基金100万元，加各厂自筹之100万元，即可运用至2,000万元。意见：所谓向银行开立信用状、信用提货者，银行必须取得同等价值或相当之保证，方能办理。否则，乃属于信用放款性质。在各厂只须自筹半成，即可周转九成半之款项，今以100万元基金可担保1,000万元总额，且可达2,000万元，是已超过该会全部基金数目。此于该会保证责任及银行投资安全似均有考量之必要。至于票据贴现，经银行审查后，倘有银行背书或妥具保证，尚可承做。

三、乙项：（二）购料垫款基金200万元，专为各厂矿购进原料借款垫头之用,各厂矿定购时自筹一成,假定400万元,由会垫半成,暂定为200万元,向四行八五折押汇,即可运用至4,000万元。意见:各厂矿定购原料以八五折押汇,自可承做。惟原料进口提取时,即须清偿,否则,成为动产抵押借款。各厂矿对于所定原料既须提取应用,自不能以此作质向银行借款也。

四、乙项流通资金:(三)货物押款、垫款基金暂定400万元,如各厂矿出品积存,无法销售,须向四行八五折押款者,由会代垫半成,各厂矿即可九成用款,400万元基金可运用至8,000万元。意见:厂矿出品无法销售,向银行八五折押款,由会代垫半成,折扣不免太高。盖货价涨落靡定,相差10%事属常有。设超过10%或15%时,调委会之垫头及银行之放款,皆发生危险。最好折扣减低并以货物工料之成本为限,不能加入其他费用,或照卖价计算较为可靠。

查原计划书,该会所有营运资金1,000万元,悉用于向银行借款之垫头,而于战区厂矿之迁移费用尚未计算在内。倘遭损失,恐收回不易。在银行方面,对工矿素乏研究,贷款相济,尤感隔阂。兹经该会居间绍介,且事前经专家严密审核,必于军事民生所需之原则无背。是银行对于厂矿之技术营运一层,已可信任,无须过虑。此实足以减少银行之责任,增加贷款之保障。至于原计划书所载固定资金与流动资金两项,若充分运用,则银行须供给15,500万元之借款,为数甚巨。四行固有权酌量承做,究不能不预为筹计,及之至于拨用基金,一切手续应照三调委会拨款办法办理。惟农产调委会拨交垫头,系以自身收购之货物押款为限。而工矿调委会则拨交厂矿为主,此者调整工作不同,固之银行放款对象随之有别也。

财政部对于工矿调整委员会调整工作及资金运用计划书之补充意见

(一)固定资金 按照三调整委员会资金拨付办法,各委员会虽得将收购物产及所办事业之财产,按八五折向四行押借或押汇。惟工矿委员会协助各厂矿增加建筑设备,介绍向四行以八五折径行押借,究属不动产抵押性质,与农产委员会纯以收购物资抵借者,其变价难易,与周转灵钝迥然不同。四行总认为八五折标准过高,自属意中之事。窃以各厂矿固定资金之借贷方法,关于分年摊还本息一点,应采四行意见。关于折扣高低,宜按各项事宜性质,分别洽定条件。除工矿委员会一律筹拨一成半垫头外，凡四行不允照八五折作押时，其应增垫头，应由厂矿自身担负。

(二)流动资金　本节第一项信用及票据担保基金，与矿产营业关系颇巨。关于信用提货，四行在可能范围内自当尽力协助。惟实际承做时，仍由银行考量贷户信用及能力，以酌定折扣高低，俾可减轻保证责任，而保障投资安全。至票所贴现，在我国银行承兑业尚未发达之际，如经工矿会或各厂矿提供相当保证，即无其他银行背书，四行似亦应酌量办理，以促进资金之流通。

第二项购料垫款基金为各厂矿生产程序上应有之准备，四行虽允照八五折承做押汇，惟限定原料进口提取时，即须清偿。查厂矿采购原料，并非随提随销，每有乘市价低廉，大批购进以供长期销用者，当其储藏期间，资金即陷于呆滞。故工矿委员会似应与四行洽定，除购料押汇外，并请照农产委员会抵押仓储农产之例，在适当条件下兼做原料抵押借款，庶厂矿于购进原料后，仍得腾出资金以供其他用途。

第三项货物押垫基金，以积存货品照八五折向银行押款，四行认为折扣过高，且受押货品须照工料成本计价。若纯为银行业务设想，自亦未可厚非，惟如估价过低，折扣太小，致使出品滞积，无法销售，似又有失政府调整工商之本旨。故凡工矿产品偶有滞销情形，工矿委员会即应仿照农产委员会收购农产办法，先就产品成本及市场状况酌定公允标准价格，由会拨款收购。俟积有成数，再就标准价格以八五折请做押款，藉资周转。四行为调整工作起见，亦无妨按产品性质，分别缓急，尽量承做。

(三)准备金　查原计划书各项资金之分配，尚属允当，惟货物押垫基金，原列400万元，似嫌过多，盖工矿委员会既负指导生产之责，将各厂矿出品种类与其生产能力随时加以审核，按照公私方面之实际需要，妥为支配，规定标准数量。其于市场供求，早有适当估计，各厂矿出品当不致累积过多，所需货物押垫基金，亦非甚巨，似可由该项下腾出100万元，连同营运基金全部利息，划为准备金。备供上述各项资金以外之用途，及规定各项基金发生不足时之挹注。该会经临各费，应摊还运输联合办事处经费，及其他应有开支。

凡经呈奉军委会核准者,亦由准备金项下支付。

[经济部所属单位档案]

8. 军委会关于工矿调整委员会改隶经济部的训令(1938年1月26日)

国民政府军事委员会训令　秘机字第227

令工矿调整委员会

兹依照中央调整机构案,决定该会改隶经济部。又三调整委员会所设之运输联合办事处改隶交通部。除分令经济部、交通部、农产、工矿、贸易调整委会运输联合办事处外,仰即遵照,并将办理情形具极为要。此令。

委员长蒋中正

中华民国廿七年一月廿六日

[经济部所属单位档案]

9. 经济部抄发工矿调整委员会规程的训令(1938年2月28日)

经济部训令　汉总字第470号

令工矿调整委员会

案奉行政院本年二月廿五日汉字第1017号训令开:查工矿调整委员会组织规程草案,前经本院第350次会议决议,饬交该部及财政部会同本院秘书处重行审查。兹据报告,工矿调整委员会应改为工矿调整处直隶经济部,由经济部长兼充处长,处内人员设置不定,官等一律由经济部长派充。并拟具修正草案,经提出本院第351次会议决议:修正通过并改称经济部工矿调整处规程,除呈报国民政府备案外,合行抄发规程,令仰遵照。此令,等因,奉此。除另令公布施行暨分行外,合行抄发规程一份,令仰遵照。此令。

计抄发经济部工矿调整处规程一份。

部长翁文灏

中华民国廿七年二月廿八日

经济部工矿调整处规程

第一条　经济部为办理非常时期工矿调整事务起见,设立工矿调整处。

第二条　工矿调整处之职掌如左：

一、关于工矿资金之筹措协助事项。

二、关于工矿材料之供需调剂事项。

三、关于工矿设备之迁移补充事项。

四、关于工矿建筑之规划协助事项。

五、关于工矿动力之调剂供应事项。

六、关于工矿物品之运销分配事项。

七、关于工矿调整之其他事项。

第三条　工矿调整处设处长、副处长各1人，处长由经济部部长兼任，副处长由经济部派充。

第四条　工矿调整处设总务组、业务组、财务组、会计室，分掌本处事务。

第五条　工矿调整处遇必要时，得在国内各重要地点设置办事处。

第六条　工矿调整处设主任秘书1人，秘书2人，组长3人，会计主任1人，专员4人，组员20人至30人，助理员若干人，由经济部派充之。

第七条　工矿调整处得聘用顾问及专门委员。

第八条　工矿调整处办事细则另订之。

第九条　本规程自公布之日起施行。

[经济部所属单位档案]

10. 翁文灏关于由工矿调整处接办迁移事宜函（1938年3月4日）

经济部工矿调整处公函　矿整字第435号

案查本会现已奉令改为工矿调整处，兹为调整机构起见，业将所属厂矿迁移监督委员会停办，所有该会应办事宜，统由本处直接办理。相应函达查照，并转贵会指派委员知照为荷。此致

资源委员会

处长翁文灏

中华民国廿七年三月四日

[资源委员会档案]

11. 工矿调整处报送工作大纲与经济部往来文件(1938年3月14—16日)

(1)工矿调整处致翁文灏呈(3月14日)

矿整发文第460号

案查属处职掌前经奉颁规程第二条详细规定,已有确实之范围,窃维工矿调整,必先有生产,然后始及运销,步骤较繁,过程亦久。兹就职掌之范围,参酌事实之需要,拟定属处工作大纲,共十二条,以便实施,是否有当,理合检同属处工作大纲一份呈请鉴核,指令祗遵,谨呈

部长翁

附属处工作大纲乙份

中华民国廿七年三月十四日

经济部工矿调整处工作大纲草案

第一条　本处依据奉颁规程第二条之规定,秉承经济部之命,对于工矿业负促进调整之责,并予以资金、运输、购料等项之协助。

说明:规程第二条规定本处职掌,为工矿资金之筹措、协助,材料之供需调剂,设备之迁移补充,建筑之规划协助,动力之调剂供应,及物品运销分配,及其他工矿调整事项。根据此项规定,本处一部分负促进及调整之责,一部分应予以资金、运输、购料等项实质上之协助。

第二条　本处为执行规程所赋予之职掌,主办下列各项事项:

(甲)原有厂矿之迁移与合并。

(乙)新设厂矿之筹划与协助。

(丙)物料原料之供给。

(丁)制成物品之运销。

(戊)厂矿向银行借款之审议与协商。

(己)厂矿设备及生产各事项之考察及稽核。

(庚)厂矿技术人员之协助。

说明:本处职掌既经规程规定范围,自应在此范围内就事实上之需要,首

重生产，次及运销，决定业务之步骤，以便实施。

第三条 凡原有国营或民营之厂矿，如须由原来地点迁移安全地带，以重生产，经本处审查核准后，按事实上之需要，由本处按章予以运输及借款之协助。如有必要时，本处亦可令饬迁移。

说明：邻近战区之厂矿，因时时被毁之虞，而原料运输困难，工人不能安心工作，生产必受影响。况目前海运艰难，机器不易入口，新设厂矿殊感轻缓不能济急。故原有厂矿之迁入安全地域，继续生产，实为保全国力之要图。前经资委会及工矿调整委员会先后主持迁厂事宜，已有成规详见报告，足资参证，自应继续办理，以竟全功。关于迁移厂矿之选择标准，协助借款及运输等办法，均可参照原案，酌为规定，以为办理之依据。

第四条 为应非常时期之需要，新设国营或民营之厂矿，资本尚待筹措或购置，与运输尚需协助，得说明事实送请本处审核，认为应予协助时，经核定办法，酌贷资金，并对于所需机器设备之购置及运输予以协助。

说明：吾国工业之经营，矿业之开发，均尚未充分发展，原有厂矿之迁移，自尚不足应事实之需要，如经国营事业机关或个人拟有计划，经本处认为可行者，由本处予以协助。关于此项新设厂矿之筹划，本处自应充分与各有关部分切实取得联络，以谋得事实上、技术上审慎之考虑，而利事业之推进。

第五条 为供给各厂矿物料、原料之需要，本处得运用基金，将各种材料、原料预购，存储指定地点，各厂矿得将所需物料、原料之名称、数量、用途详细说明备价，或向本处请求借款领购应用。

说明：查以后工矿事业之设置，注重西南各省为已定之方针，惟内地运输自较困难，所需物料、原料必须预为存储。又物料、原料之应自关外采购者，目前仅有粤汉一路可通，际此长期抗战，货运拥挤，亦应早为预筹。兹拟先将与军事及工业制造有关之材料、原料，着手购储，指定地点，为必要时组织材料库，专责管理。其储存管理及各厂矿备价，或作为借款领购之办法，均另行规定。

第六条 为调整工矿业产制物品之销场，本处得运用基金，办理物品押款及物品收购运销等业务。

说明：各工矿事业，其产制之物品，自应力谋畅销，俾生产与销场互相适应。各厂矿得运用其流动资金，周而复始，惟因内地运输迟缓，或季节变动等关系，短期间产销或有一时不能适应，以致厂矿周转困难之情形，本处应予以协助，运用基金办理押款，必要时得设立运销机关办理收购物品运销事宜。

第七条　国营或民营新设之厂矿或原有厂矿为扩充设备及业务，或便利运销等用途，需用资金得由各厂矿拟具办法，送由本处审查，认为事实上确切可行，代向中中交农四行商订借款或办理押汇。

说明：本处基金已分配用途，如各厂矿有规模较大之扩充，需用资金自不在小数。又各厂矿或距本处设在地较远时，对于所请求协助事项，办理难期便利，经本处认为所请求协助之必要，而为银行业务范围所许可者，得援前工矿调整委员会原案，代向四行洽商借款或押汇。

第八条　本处为明了国内工矿业之实在情形，以为调整工作进行之依据，应汇集各项统计，并拟定调查表格及填报办法，交由各工矿业按期或随时填具，送处以备存查，必要时并派员前往实地视察。凡受本处协助之工矿业，除对前项调查事项应负责答复外，本处并有稽核账目之权。

说明：本处对工矿业实在情形必须明了，始能定调整之方针。对于一般市场之状况自可利用各方发表之统计，指定人员汇集编整，以资参考。对于某一厂矿之实况，可拟就调查表，由该厂矿填送，其时间上常有变动之事项应按期填送，其临时发生之事项，可随时报送，如有必要时得派员前往实地调察，报告本处。至于受本处协助之工矿业，有本处或四行借款之关系，本处自应有稽核账目之权，以资监督，而昭郑重，其详细办法另定之。

第九条　本处为利用战时技术人员开发内地，得设立预算，规定标准，分类选拔。派在与本处有关之事业，担任技术工作，以资协助，其详细办法另定之。

说明：查自抗战以来，战区内各业停顿，专门人员诸多流散，若不设法救济，非特有关前此政府培养人才之本意，即将来一旦战事终止，百业俱兴,一班专门技术人员势必有匮乏之虞。本处为利用该项人员前往开发内地起见,特拟定技术人员调整办法,征集冶矿、机械、电机、化工、土木、纺织等六项技术人员,按其学历、经历情形,分为甲乙两级,酌给生活费,派往各国营厂矿及与本处有关之事业,担任工作,如此办理,则不仅厂矿方面得有技术上之援助,即一般失业技术人员与战时经济建设,均可收调整之实效。

第十条 本处协助厂矿暂以左列为限:(子)燃料,(丑)金属原料及机械,(寅)酸碱及其化合品,(卯)水泥,(辰)酒精及其他溶剂,(巳)交通及电力器材,(午)棉毛织品,(未)糖,(申)纸,(酉)皮革,(戌)橡胶,(亥)其他必须协助之事业。

说明:工矿之范围极大,为应付非常时期之需要,暂以上开各项为限,其选择标准有:

(一)与军事有关。

(二)为民生所必需。

(三)可增加出口或减少入口之数量。

(四)可增加内地生产及制造能力。

第十一条 本处审定关于协助运输之事项,应转送运输联合办事处办理。

说明:前经贸易、农产、工矿三调整委员会合组运输联合办事处,嗣经奉令将该办事处移归交通部管辖,惟仍负本处协助运输之责,本处应与切实取得联络,以便随时商请办理。

第十二条 本处经办事项收支账目,应按月编制报告,呈报经济部查核,并转送财政部。

(2)经济部致工矿调整处训令(3月16日)

经济部指令　汉总字第628号

令工矿调整处

二十七年三月十四日矿整字第460号呈一件,为呈送本处工作大纲,请鉴核由。呈暨大纲均悉。应准备案,大纲存。此令。

中华民国二十七年三月十六日

[经济部所属单位档案]

三、迁移原则办法

1. 实业部工业司司长刘荫茀关于工厂迁移及管制等问题并检送战时后方工厂生产管理办法的签呈(1937年9月14日)

谨签呈者：查工业生产为抗战时期亟关重要事项，故对于工厂之安全、工厂之管制及工业之推进等，均应有整个办法，订立条文，俾克按照进行。(一)关于工厂安全问题，其最切要事项首在将战区及战区附近各重要工厂迁至安全地带，俾得安全工作，以充裕军实及民用。前于八月廿日间曾由行政院指拨专款，并令饬资源委员会，财政、军政及本部等会同组织监督委员会，将沪上各重要工厂迁移武长一带。不意沪战突发，致迁移工作遭受阻滞。现全面抗战业已开始，我沿海各重要城市处处有被敌人侵扰之虞，所有各该地工厂如不设法饬令迁移，一旦为敌人损毁，于军事民生影响极大，迭经中华国产厂商联合会、上海市商会、中国窑业公司等先后呈请统筹迁移办法来部。业经通咨冀、鲁、苏、浙、闽、粤及青、沪等沿海各省市政府，请饬令主管官署从速筹划，设法迁移。惟中央如无法规制定，统筹办理，颇难期有实效。拟由本部制定沿海各重要城市工厂迁移办法，呈院通令遵行。谨先拟具该办法大纲，俟核定后再行草拟条文，呈核施行。(二)关于工厂管制问题，其最切要者，在强制各厂工作，盖人民当战时多有过度恐慌，罔知工业与战争之关系，随意停工，匪特使产品短少，致军事民用感受恐慌。而多数工人失业，足为后方之隐忧。前准陆海空军大本营第一部函请，饬令各工厂加工大量生产，非万不得已时，不可停工。经已训令各省、市建设厅、社会局督饬遵照。又准军事委员会函请饬令吴县、无锡各面粉厂恢复工作,亦经咨请江苏省政府派员来京商洽各在案。惟此等事项应有整个办法,并订立条文,方克执行,以收强制工作之效。谨将大纲拟定呈核。(三)关于工业之改变推行者,拟将数种重要制品,除一面督饬各工厂加工制造外,并推行手工业制造,以增加产品,如棉纺织、造纸等。该项工业,迁移旧厂不易办到,增设新厂非短期间所能成就,而此等物品又为军民所急需,非急行设法制造,不足供用。查棉纺织、造纸等,我国原有手工制造,拟组织手工业推进委员会,择重要各手工业如纺织、造纸等,将研究改良所得之制造方法,推行乡村,从事制造,以供急用。上列各项办法,是否有当,理合检同所拟各大纲,呈请鉴核示遵,谨呈

部长

次长

附呈沿海各省市工厂迁移内地制造办法大纲[缺]、战时工厂生产管理办法大纲、推进手工纺织及造纸问题[缺]

职刘荫茀谨呈

二十六、九、十四

战时后方工厂生产管理办法

第一条 战时后方工厂之生产,依本办法管理之。

第二条 后方各地工厂应加工大量生产,非至不得已时,不准停工。

第三条 已经停工之工厂应从速设法复工,其与军事有直接关系,有复工之价值者,得由政府斟酌情形,酌予办理。

第四条 已经复工及加工大量生产之工厂,有下列问题发生时得据实呈明,由实业部设法予以充分之便利:

一、金融周转。

二、工人雇用。

三、原料及成品之运输。

四、原料、燃料或动力之供给。

第五条 新筹设及迁移之工厂,应由实业部及当地主管机关尽力协助,促其成立。

第六条 各工厂应自动设法改进工厂管理,撙节事务费用,以减轻成本。

第七条 为增进生产效率起见,实业部及当地主管机关得指派专门技术人员,前往各工厂考查并指导其经济及技术事项。各工厂不得拒绝。

第八条 各工厂之成品尽先供给军用,其售价应受限制,以年利不超过一分为标准,必要时得由实业部或当地主管机关指派会计人员,稽核其账据。如发现有过分抬高之情事时,得勒令减低。

第九条 各工厂应将生产及营业情形按月列表,呈报当地主管机关、实业部备查。

第十条 擅自停工,延不复工,私自减工以及故抬物价,希图非法利润之工厂,除由实业部及当地主管机关限令依本办法各条规定办理外,并得斟酌情节之轻重,将厂主拘送军法执行机关,依军法处罚。

第十一条 本办法自公布之日起施行。

[实业部档案]

2. 上海工厂联合迁移委员会订迁移须知①(1937年9月28日)

一、凡中国国民所投资之工厂,均可一律迁移。

二、迁移目的地为武昌,如有相当理由,经监督委员会核准,亦得迁入其他内地。

三、各种工厂迁移内地,由政府给予相当津贴,此项津贴数量,根据该厂性质及机件而定,下列办法为政府津贴迁移费用之最高额,迁移工厂经监督委员会批准照给者即可享受,但监委会得视各厂性质机件有权酌量核减停给一部分。

甲、装箱费

(子)机件装箱费,各种机件无论装箱与否,概发给装箱费。

(丑)装箱费之计算,装箱者以箱子之立方尺。不装箱者以机件之立方尺(长、阔、高)为单位,每一立方尺可领津贴费0.35元正。

---

①此件沿用原标题。

（寅）半成品、已成品及工具除生铁毛坯及原料外，均有装箱费，其办法与子丑两项同。

乙、运输费

（子）机件、材料、半成品、已成品、工具之运费，自本埠出发至武昌，暂定每吨津贴洋53元，至镇江12元，惟须实支实报。如有余应退还。如不足再补偿，惟须照本会所付每吨之最大数。

（丑）职工之去武昌者，每名津贴旅费廿元，第一职员每月津贴生活费30元，工友每名15元，至开工日为止，起程前支款2个月，如1个月内即行开工，则多领之1个月生活费，由所属厂主负责退还。

丙、建筑费

到达武昌后，各厂应得地皮及建筑费，以机器为分配单位，每座机器应得地皮15方，建筑费875元（建房屋3方半每方250元），翻砂及冷作厂，应得地皮照原有房屋五倍划给，建筑费照原有房屋加二成借给。

（子）武昌厂地免费供给。

（丑）建筑费分10年拨还本息。

四、各厂迁武后，在非常时期尽量作军需品之制造，在承平时政府仍将保证给予工作。

五、迁移手续。

甲、来会填具志愿单一式两份，交本会登记，并须备函说明该厂所制之出品及希望之津贴，愿迁之地点，一并送交本会。

填写应注意之点：

（子）须将一、机械，二、材料，三、半成品及已成品分别填写，不可互相混杂。

（丑）须填写最近详细地址及电话，并须经理签字盖章，及加盖厂章。

（寅）尺码以英尺计算，重量以吨计算。

乙、俟机件等装箱后，再填具装箱单一式七份，送交本会以待本会派员检查。

填写应注意之点：

(子)机械工具材料半成品、已成品须分类填写。

(丑)须注明每箱箱号、尺码、重量、内装货品。

(寅)所填尺码重量到汉后,复验如有错误,由该呈报之厂自行负责。

(卯)存货地点须详细注明。

(辰)尺码以英尺计算,重量以吨数计算。

丙、在货品已经检查之后,即可填具报关单一式九份,送交本会,其中二份在开船之前由本会盖章发迁该厂,随船携带,以供沿途关卡查验。

填写应注意之点:

(子)各件数及尺码均须与已检查改正之装箱单相符。

(丑)须用中英文填写。

丁、职工之去武昌者,须备二寸半身照相三张,附贴于本会发给之登记卡内,计一式三份,一份由本会盖章发回。

戊、在各种货品上船之后,职工离沪之前,即可填具支款单一式二份,向本会支取运输费及装箱费、生活费、旅费,收到此项费用之后,须出正式收据。

填写注意之点:

(子)运输费、装箱费、生活费及旅费,须分三单填写。

(丑)须该厂经理签字盖章,并加盖厂章。

己、在船只启碇之前,并须备函向本会领取舟用通行证,每舟一张,护照一纸,如工厂在南市或闸北,不便进内装箱及起运者,在志愿单送到后,可即向本会领取人用通行证(每人一张)及车用通行证(每车一张)以便前往领工作。

领用通行证应注意之点:

(子)来信须说明需要通行证及护照实在张数。

(丑)该信须由本会委员证明,或由该申请领证工厂之同业公会,及该会之负责人证明。

(寅)来会领取凭证之时,须带经理图章及厂章,在凭证上当面盖章,使用完毕,须立即退回。

庚、在船只决定启碇之前,须填写启碇报告一式二份,送交本会,同时向本会领取驻苏、驻镇、驻汉及事务处之介绍函件,以便沿途可予洽助。

辛、关于船只车辆方面,各厂如无法找觅,亦可备函向本会申请协助,但该函须说明需要舟车若干,及该货存放地点。

六、本会沿途均设有办事处,协助各厂办理迁运事宜。

驻苏办事处干事李若膺,

地点在苏州阊门外大东旅社140号。

驻镇办事处干事金履端、邹友仁,

地点镇江大华饭店16号。

驻汉办事处委员支秉渊,干事李守中,

地点暂定汉口江汉路慈德里锦记电料行内。

七、各厂机械如在危险地带,可径自装船运出,其装箱费及运输费,经殷实厂商作保,再经本会委员一人证明后,可先支付六成。

(注)各种单子可向本会索取

(附注)(1)自九月十一日起各厂之原料及制成品,只津贴半费,运至镇江,关于制成品之运费并须严加限制。

(2)关于化学等工厂不能以机器为标准者,另定补助办法。

[实业部档案]

3. 军事委员会货运特种护照发给办法(1937年10月)

军事委员会货运特种护照发给办法

廿六年十月廿九日前第四部呈奉军事委员会核准

一、军事委员会(以下简称本会)货运特种护照依本办法发给之。

二、本会指定第四部为承办给照事宜之机关。

三、凡合于左列规定之一,运输货物经过戒严区域者,得请求本会发给货运特种护照。

(一)国营事业机关或政府特许设立之营业机关。

(二)业经依法向地方主管官署呈请备案注册或登记有案之殷实商业团体、机关、行号,经本会第四部呈奉特许,得以适用货运特种护照者。

四、凡请领货运特种护照者，须开具货运清单并备具请求书载明左列事项：

（一）机关、团体、厂商、行号之名称及地址。

（二）负责人及押运人之姓名住址。

（三）运输货物种类数量及包装方式。

（四）起运地点、到达地点、经过路线及预计运输所需时日。

五、凡领货运特种护照者，不得夹带违禁物品及中途卸载。

六、凡领货运特种护照者，一切应缴运费税捐，应遵章缴纳，并应服从沿途军警之检查与指示。

七、第四部应将本办法全文录印于货运特种护照之背面，并应于奉准发给货运特种护照时，将本办法第四项所列各款事项及发给时日缴销限期及编列字号填入护照。

八、凡领货运特种护照者，于限期满后三日内应将护照向原领机关缴销。

九、凡领货运特种护照者，如查有请求书填报不实、货照不符、限期已过或夹带违禁物品情事，得由有权机关予以必要之处置，并得将负责人或押运人移送军法机关惩处，但须立即呈报本会候核。

十、本办法自核准日施行。

（附注）

依照本办法之规定承办给照机关原为军事委员会第四部，嗣奉委员长谕：凡各厂矿公司机关，因运输原料或机器通行戒严区域，准予向第三部声请核发。比及第三、第四部两部，奉令归并经济部后，则由经济部核发。兹将前工矿调整委员会与经济部间，关于此案之来往函件照录于后。

（一）工矿调整委员会为护照事致经济部函

案查货运特种护照，前经军事委员会第四部拟具发给办法及护照式样，呈奉委座核准，并指定该部为承办给照事宜之机关。嗣于二十六年十月二十八日准军事委员会秘书厅函：以奉谕：嗣后凡各厂矿公司机关，因运输原料或机器通行戒严区域，准予适用本会前颁之货运特种护照发给办法，向本会第三部声[申]请核发护照。等因。并于同年十一月十一日准行政院函：以本院第三三七次会议实业部吴部长提议，拟请对于由战区或邻近战区迁移内地之工厂，其机器原料及半制品等经过各地关卡，一律免征转口税，以轻厂商担负一案，经决议通过。由军事委员会工矿调整委员会证明后，填发军事委员会货运特种护照者，概由财政部通饬各关卡免税放行。此项护照附有清单，单上钤盖军事委员会第三部印信，以资信守。函达查照办理各在案。所有本会办理厂矿迁移运输原料机器，领发货运特种护照，均系遵照上开办法办理。施行以来，尚称便利。兹第三、第四部两部即已明令归并贵部，而厂矿迁移正在继续，办理前项护照仍属必要。嗣后本会所需货运特种护照，是否应向贵部请领，护照所附清单是否钤盖贵部印信，以及如何函令有关各机关查照之处。相应函请查核办理见复为荷。
此致
经济部

（二）经济部为护照事复工矿调整委员会函

案准贵会二十七年一月十八日矿整字第二八二号公函：以嗣后领用军事委员会货运特种护照及护照清单盖印应如何办理，并如何函令有关各机关查照之处，嘱查核见复。等由。查军事委员会第三部第四部业经并入本部，关于货运特种护照发给事宜，自应由本部赓续办理。贵会嗣后如需该项护照，仍请径函本部领用。至厂矿迁移领用该项护照所附清单则改盖本部部印，以符原案而资信守。除呈请行政院转呈军事委员会鉴核备案，并分令关系各机关知照外，相应函复查照办理为荷。此致
工矿调整委员会

[资源委员会档案]

4. 军委会第三部请派定厂矿迁移监督委员会委员及附送厂矿迁移原则和监督厂矿迁移办法函(1937年10月30日)

国民政府军事委员会第三部公函　矿整字第6号

径启者：厂矿迁移原则及监督厂矿迁移办法，业经军委会第三、四两部会呈委座核准，按照监督厂矿迁移办法第一条规定：厂矿迁移由工矿调整委员

会设厂矿迁移监督委员会办理,由军政部、财政部、实业部、军事委员会、第三部、第四部及资源委员会各派委员一人,工矿调整委员会派主任委员一人组织之;有必要时,得邀请其他关系机关派员参加。本会根据上项规定,筹设厂矿迁移监督委员会,相应函请贵会,即日派定委员见复到会,以便该委员会早日成立,至纫公谊。此致

资源委员会

附:厂矿迁移原则及监督厂矿迁移办法各一份

中华民国二十六年十月三十日

修正迁移厂矿原则

一、迁移之工厂矿厂分为两种:一为军需厂矿,二为普通厂矿。

二、军需厂矿:指国防上必需该厂矿之助,由政府令其迁移,政府机关有确实分配工作或定制货物之计划,而该厂矿于迁移后确能担任此项工作,并在原料、动力、人工等方面,均可有供给办法者而言。此类厂矿之迁移,得由政府斟酌情形予以补助或奖励。

三、军需厂矿之范围以下列各种厂矿为主:

(1)兵工所需之机械化学冶炼工厂及矿厂。

(2)动力及燃料工厂及矿厂。

(3)交通器材制造工厂。

(4)粮食及被服工厂。

(5)医药品工厂。

(6)其他军用必需品工厂。

四、关于以上各种厂矿,应由兵工署、军需署、后方勤务部、卫生勤务部、第三部、第四部提出厂矿种类及名单与所需定制货物之种类数量或分配工作计划,交由主持迁移之机关,根据需要、缓急、原料、动力、人工等供给情形与其他有关条件及经费限度,斟酌造定之。

选择厂矿时,凡上海已经迁出或即将迁出之厂矿,先尽先选择。

五、军需厂矿迁移之补助奖励办法,包括以下诸项:

(1)补助迁移费。

（2）迁移时免征各种转口及落地捐税，并得按军用品减收迁费及优先运输。

（3）拨给建厂地亩。

（4）由政府担保或介绍银行息借低利款项。

（5）发给奖励金。

六、普通厂矿为军需工厂以外之厂矿，凡自愿迁移，经主持迁移之机关核准者，得予以免税免验，便利运输，代征地亩等之便利或援助，惟不补助迁移费，关于迁移后之安插及工作问题，亦以由厂家自行筹划为原则。

普通工厂具有精巧技术制造能力，经主持迁移之机关认为有特别援助之必要者，得筹设息借办法。

七、为国防上之必要，政府得强制迁移并收用厂矿之全部及一部设备，其补偿或利用办法，由主持迁移之机关根据军事征用法另定之。

监督厂矿迁移办法

一、厂矿迁移由工矿调整委员会设厂矿迁移监督委员会办理，由军政部、财政部、实业部、军事委员会第三部、第四部及资源委员会各派委员一人，工矿调整委员会派主任委员一人组织之，有必要时，得邀请其他关系机关派员参加。

二、应迁厂矿，由厂矿迁移监督委员会依照工矿调整委员会及关系机关设定之迁移原则，指定或核定，并予以指导、补助及督察。

三、厂矿设备迁置之地点，由厂矿迁移监督委员会指定或商定之，在此等地点，厂矿迁移监督委员会得设立办事处。

四、厂矿迁移费用，由厂矿迁移监督委员会就实际需要拟具预算，呈由工矿调整委员会呈请军事委员会委员长核定，由财政部拨发。

五、厂矿迁移监督委员会，除委员及调用人员薪俸由原机关照常开支外，其不足之数，由迁移厂矿经费内支用。

[资源委员会档案]

5. 林继庸在沪与工矿调整委员会接洽厂矿迁移办法经过致翁文灏等签呈(1937年11月3日)

签呈　廿六年十一月三日

奉钧电饬：在沪往谒工矿调整委员会霍亚民、钱新之、徐新六诸常务委员，征询对于以后工厂迁移办法意见事。遵即于十月二十六日往见霍、徐两委员，蒙约于即日下午四时在国际饭店顾委员湛然寓所谈话。届时，霍、徐、钱、顾四委员均到。兹谨将各委员意见报告如下：

一、关于矿迁问题

（甲）霍委员以为矿之重要在井不在机器，不若使现有之矿尽量生产多得资财以购新机。且目前需要煤能不多，内地尽可供给。迁移机件需时，购运机件亦需时，不如购机为便云。

（乙）钱委员以为迁矿有碍现时生产，以不迁为佳。

（丙）顾委员以为现在迁矿者只闻有井陉一处，其他各矿尚未有闻拟迁者。

（丁）众意以为关于迁矿问题，翁主任委员是矿学专家，研究有素，仍请翁主任委员酌量办理云。

二、关于迁厂问题

（甲）组织方面，请翁主任委员酌量办理；但工厂分配以汉口、长沙、株洲、南昌等处为宜，安庆、九江等处似无设办事处必要。

（乙）迁厂种类及分配方面，众意以为有各专家计划进行，当必妥当。

（丙）经济方面：(1)霍、钱两委员意见，关于各厂将来经济活动办法，各厂仍向原来交易之银行进行借款为佳。如不足，则由四行援助。如所迁之地未有原来交易之银行之分行者，则可由本会致函介绍工厂于该地之商业银行，或其他银行。(2)工厂将来购料问题：霍、钱两委员意见，以为请贸易调整委员会设购料组办理较为省事。但顾委员以为此举恐有旷日持久，且有不适用不经济之弊，不如仍由工厂同业自行组织购料机关，由政府监督，由银行帮助为佳。徐委员亦赞成顾委员之议。(3)霍委员以为各厂家之生产及售货一事,可由银行代为押款及兜销。政府以一定款项存于银行,作为工业流动资金,用统制办法管理其生产销售及定价。

（丁）顾委员最后发表意见,以为迁厂不是经济办法,如非军需急用者,以少迁为佳云。

右各委员对工厂迁移办法意见,理合具极。谨呈

秘书长

副秘书长

职林继庸

[资源委员会档案]

6. 工矿调整委员会工厂迁移协助办法(1937年11月)

工厂迁移协助办法

廿六年十一月十六日前,工矿调整委员会军事委员会核准(自工矿调整委员会奉令经济部工矿调整处后,迁移事宜即由该经济部工矿调整处工作大纲继续办理)。

一、迁移工厂之种类及选择之标准：

甲、机械工业类　以能制造工具机器及精者为限。

乙、电气工业类　以能制造各种马达、通讯器材以及电气用品者为限。

丙、化学工业类　以能制造军用化学品原料及其有关化学品者为限。

丁、特种工业类　凡不属于上列三项及有独立性质而为各种工业或民生必需者,如制钉、炼气、玻璃、造纸及制药厂等。

戊、以上各种工业必需之材料等项。

二、凡各种同类迁移之工厂,应联合组织负责机关,办理该机关之设计工作分配及成品检验等事宜。

三、先行开始登记计算迁移之吨位,以便接洽运输事宜,如遇必要时,先将各项机件货物运至宜昌或岳州,并由本会派员前往各该处设立分站以资照料。

四、迁移吨位暂以壹万吨为限,其运费之估计如下：

甲、由汉运湘约四千吨　每吨25元，共计10万元。

乙、由汉运宜约六千吨　每吨20元，共计12万元。

丙、由宜运渝约三千吨　每吨80元，共计24万元。

丁、工人约1,000名（500人至湘至宜、500人至渝），每人旅费30元、50元，共计4万元。

以上四项约共50万元，此款应由本会向四行担保息借予各厂家。

五、各厂家凡欲本会代向银行息借此项迁移费用者，应备具下列各种手续：

甲、来会填具志愿单一式二份，送交本会登记，并须注明机器材料种类、数量、尽码（以立方英尺计算）、吨位、运往地点、工人名数及所运机件能制造之物品与在可能范围内改造其他不同物品之种类及最高之产量等等。

乙、迁移物件经本会审查后，即可来会领取报关单，依照格式填写一式四份，加盖经理图章，并送会盖印。

丙、如系半成品或已成品，均须分别填写，不得互相混杂。

丁、拟借迁移款数及工人旅费须备函说明，并须备具工人之半身相片，以便核借。

戊、各厂家迁移需要在目的地之地亩、电力数量均须加以注明。

六、在各种货品上船之后，工人启行之前，各厂家即可备具殷实保证按照工厂迁移借款办法之手续，申请领取借款。

七、在船只启碇之前，各厂家得备函向本会领取护照及工人通行证各一纸。

八、本办法自奉准日起实行，暂限一星期内将登记手续办妥，逾期如不来登记者，本会得不受理。

[资源委员会档案]

7. 厂矿迁移工作大纲(1937年)

一、工作系统：

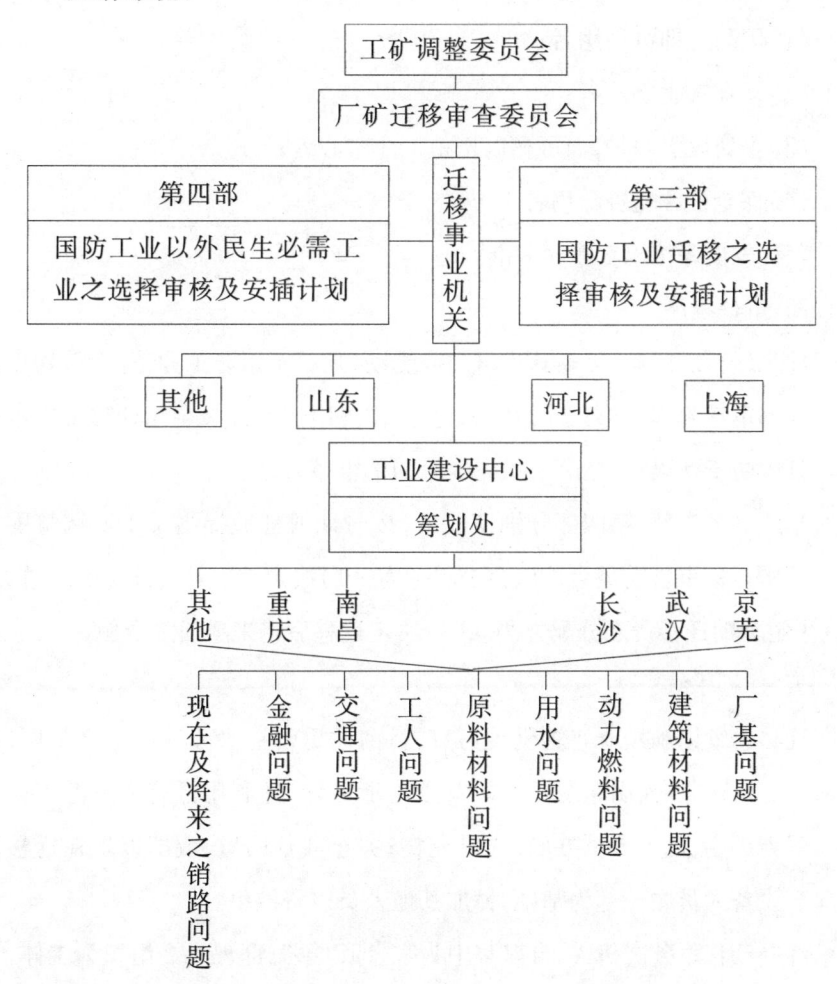

```
                    工矿调整委员会
                         │
                　厂矿迁移审查委员会
                         │
    ┌────────────────────┼────────────────────┐
   第四部              迁移事业            第三部
国防工业以外民生必需工业  机关       国防工业迁移之选
之选择审核及安插计划              择审核及安插计划
                         │
        ┌────────┬───────┴────────┬────────┐
       其他     山东            河北      上海
                         │
                    工业建设中心
                      筹划处
                         │
   ┌────┬────┬────┬────┬────┬────┬────┐
  其他  重庆  南昌              长沙  武汉  京芜
   │    │    │    │    │    │    │    │
  现在  金融  交通  工人  原料  用水  动力  建筑  厂基
  及将  问题  问题  问题  材料  问题  燃料  材料  问题
  来之              问题        问题  问题
  销路
  问题
```

二、迁移根据：

迁移工厂除自动者外，尚有国策上须强制迁移之矿厂。如最近河北省重要煤矿设备暂行迁移办法，即为强制性质。以军事委员会命令临时规定固无不可，惟最好根据国家总动员法或军事征用法，设较概括之规定，以期法律上有所根据。

关于迁移之范围，不妨规定较广，包括全部或一部之设备、原料及材料，甚至工人在内。

三、迁移目的：

关于迁移之目的约可分为以下诸类：

(1)国防上即可利用者；

(2)现在民生必需者；

(3)本属以上两种，而可藉以培植工业中心者；

(4)保全资源免资敌用者。

其优先次序按以上顺序为准。

四、审核程序：

1.凡迁移之厂矿，无论其为自动或受动，凡属于国防工业范围者，均先经由第三部审核筹划。第三部为便利起见，由各组主要人员合组迁移工厂审议会。其国防工业以外之工厂，均先经第四部审核筹划。

2.经过第三部、第四部分别审核后，按时期或地域提出于工矿调整委员会之厂矿迁移审核委员会。该会之职务为：(1)决定该次补助迁移费之总数。(2)决定补助迁移费之分配方法。(3)决定迁移后将来融通之金额。

五、迁移手续：

迁移手续以利用既有之机关为宜，目前注重者一为苏浙一带之工厂，二为河北之厂矿，三为山东之厂矿。关于苏浙区域，即利用已有之上海工厂迁移监督委员会，对于人员方面，加以充实；关于冀鲁两省，或即以现在迁移河北煤矿设备人员之一部为基础，另加其他人员以资熟手。

经办迁移事务之机关，自以集中为宜，即以第三部现有之组织为主体，参加第四部人员经费薪俸部分由调用机关担任，其他费用，由第三部设立工厂迁移执行处，别具预算，呈请核定。

六、安插与建设：

厂矿迁移后，须安插于适当地点，此事自应由第三、四部审核时预为策划，又迁移厂矿虽为临时之举，然将来建设内地工业中心之计划，最好能兼筹并顾。此种筹划一方面自可利用已有之调查材料，惟为切实明了当地情形与布置安插各迁移之厂矿起见，自须有就地筹划之机关。拟以武汉为主，并在其他迁移中心各设筹划机关,最好由政府与厂家方面合组,注意厂地、建筑、材料、用水、动力及燃料、原料及材料、工人、交通、金融与一般经济及将来销路之问题。各地组织亦仍以第三部为主体,参加第四部人员,其经费列于厂矿迁移执行处预算之内(数当无多),特殊经费由迁移工厂经费项下开支。

七、关于各地工业材料之汇集整理及补充调查,如能利用国民经济研究所,似可稍省经费。

[资源委员会档案]

8. 军委会工矿贸易农产调整委员会运输联合办事处施政纲要 (1938年3月14日)

甲、第一期

由军事委员会农产、工矿、贸易三调整委员会联合设立,直隶于军事委员会。

子、初成立于南京时(自廿六年十一月初旬至是月下旬)

(一)协助出口货运

当时淞沪作战,江阴封锁,本处协助贸易调整委员会由汉口、九江等处运输出口货物,在镇江下游口岸地方用小轮转由内河拖往南通,再交大轮运到上海出口。本处之工作可简述如次:

1. 为请军事委员会令知各当地驻军,凡遇出口货物,免予扣留。

2. 为商请财政部令知内河沿途统税局,免予查验,并拟定天生港口岸间水程货运查验临时办法大项,请由财政部查照,令饬海关及统税局各验□遵办。

3. 为规定内河轮驳旗帜及船员证章,并为请由交通部发给执照。

4. 为设法调集轮驳,增加进出口运输量,特设办事处于镇江,并派专员驻于南通,担任各种接洽事宜。

5. 除协助北岸内河联运外,同时联络长江航业联合办事处,推动南岸内河联运,期于加大运量,并减低运费。惜方着手调集轮驳,而战线后移,致未实现全部计划。

(二)协助工厂迁移

当淞沪战争开始时,本处协助工矿调整委员会,协助上海各工厂迁移,由内河小轮拖运各厂机器材料到镇江,再由民生、太古、怡和等公司之轮船运到上游。及至淞沪战争变易防线时,本处复协助工矿调整委员会迁移无锡、常州一带工厂。此项工作可约述如次:

1. 为寻觅拖驳、木驳,分别驶往无锡、常州一带,抢运移厂机材。

2. 为协助厂商请准政府对于机器、原料、半制品之运输概予免税。

3. 为协助厂商请准江苏省保安司令部及当地驻军派兵随船押运,以资保护。

丑、迁移到汉口以后(廿六年十一月廿三日起至廿七年一月廿六日止)

(一)协助移厂及疏散公物

当时由上海、无锡、常州抢运移厂机件器材,多半在镇江及南京一带,尚未运抵汉口,本处到汉继续执行此项工作。各厂及各机关之已到汉口者,复须向上游疏散,本处亦复竭力助之。略述如次:

1. 为协助厂商寻觅拖轮、木驳,开往下游接运各厂抢出机材,并代觅其他各厂器材停滞在南京、芜湖一带者。

2. 为协助厂商请准加派宪警,随船押往下游护运。

3. 为协助工矿调整委员会派员参加移厂登记工作。

4. 为协助政府军政机关及厂商代向轮船公司订立承运合同,分批配运机材,由汉赴渝。

5. 为协助在渝放大批木船,加运机材,以补轮运之不足。

6. 全部人员义务参加水道运输管理处工作,协助疏散公务人员公物及器材。

7. 协助承运公物各轮船公司解决燃料问题,一面派员到郑州、徐州一带洽运煤斤来汉接济,一面加拨车辆,自粤装运柴油来汉接济。

(二)协助出口货运

1. 粤汉

本处移汉以后,因长江下游出口货运无复办法,遂向粤汉方面积极商讨

车运办法。一以奖励出口,补外汇之困穷,一以输入国防交通材料及日用必需品物,藉以增加抗战之资源。其工作略述如次:

(1) 为呈准军事委员会,并偕贸易调整委员会商请铁道运输司令部拨借中兴车辆,分组货运列车,计自廿七年一月一日起至三月五日,已开出南下货运专车19列,并开到北上货运专车8列。

(2) 为虑粤港间水运梗阻,曾竭力设法打通粤汉、广九直达联运车。

(3) 除于南下货运专车之车辆什九装运桐油出口外,并为协助油商向美孚行洽借油罐车,装运桐油出口,柴油进口。

(4) 为协助油商向铁道运输司令部及路局商调津浦、陇海各路油罐车过江,专供装运桐油出口,柴油进口。

(5) 为协助油商解决油罐车保险问题,代向中央信托局投保。

(6) 为增加进出口货运,特再商准铁道运输司令部加拨车辆,连前有中兴车辆共组十二列,期在短期内,每日武昌、广州对开一次。

(7) 为避免进口货运专车在武昌站拆散,特商路局改在鲇鱼套站装卸。

(8) 为全国经济委员会拨专车一列,由九龙运大批汽油到长沙,利用回空,由长沙装运资源委员会之纯锑、钨砂、锌、锡等矿产至九龙出口。

(9) 为便利进出口货运在港粤接洽,特设立驻广州办事处,并派员到港随时与各方接洽。

(10) 为便利推动出口货运在长沙登记事项,特津贴出口货运管理处长沙办事处一部分款项,请其积极办理长沙出口运输事务。

2. 川黔滇

本处鉴于川黔滇出口货运之日渐重要,特积极筹划车运及人力运输。略述如次:

(1) 为请全国经济委员会于廿六年十二月派工程师罗世菜飞渝,偕同本处专员刘吉甫转往叙昆视察人行道计划改善工作,并请四川省政府建设厅、贸易局、公路局派员随同罗工程师、刘吉甫等沿途视察,并约滇省府建设厅派技正蒲光宗在叙府会晤后同行。

(2) 为请财政部先拨考察及改善工程费4万元。

（3）为请财政部准予豁免川黔滇出口货转口税，藉以减轻货商担负，奖励由该路出口。

（4）为请经济部颁发货运特种护照，以为财政部免征转口税之凭证，而利进出口货运。

（5）为呈准军事委员会分电川黔滇三省政府查照，转饬豁免沿途一切捐税。

（6）为便利策动川黔滇车运，特设分办事处于重庆，并筹设分办事处于昆明。

（7）为在渝登报招商承办车运，所有招标办法及投标计划书、表格等件，正在送请交通部公路管理处核定中。

（8）为避免奢侈品由川黔滇车运进口，正在拟具限制进口货办法。

3. 陕甘

查陕甘公路系以咸阳为起点，经平凉直达兰州，与兰哈公路相衔接，全线计长 2,253 公里，所有苏联载重货车（羊毛车）均经此线而入陕甘，惟空车回程，以运输成本计，每吨需洋 1,000 元，殊不合算。本处拟利用此项回空羊毛车，增加我国对苏出口贸易，曾派员前往陕甘调查货物出口路线，并与陕甘运输管理局商洽货物出口办法，利用回空之羊毛车，装运我国羊毛、茶叶等货出口，以货物售价除去货物成本，所得之数即为应付之运费。促成并协助贸易调整委员会在兰州设立分办事处，与甘省政府合资收买羊毛及茶叶。顷已开始运输茶砖约 100 吨。

（三）协助运输农产

（1）棉花

本处迭准农产调整委员会、农本局及农产调整委员会棉业联合办事处函电，催运农产调整委员会及农本局在郑州、徐州一带棉花两万数千担，先后曾派员前往郑州、徐州一带协助催请运输当局——铁道运输司令部线区司令部路局请迅拨车辆，一面催促交运人员赶紧打包报运。

（2）棉籽

四川省政府建设厅曾委托湖北棉业改良委员会派钱技士卓到豫采购足

棉籽,在灵宝、洛阳、郑州等地购棉籽5,000市担,本处特派员前往催请拨车起运。并函电商省政府建设厅,建议此项棉籽由陇海运至宝鸡,然后再转由公路运川,藉以减少运输时日,俾免误播种期。复函电催钱卓速将此项棉籽交运,并请川建厅派员到宝鸡接运。

(3)其他农产品

本处准廿六年十二月农业调整委员会函知郑州中中交农四行贴放会,在郑州贴押值廿余万元之农产品,亟待车运,特为与平汉铁路管理局接洽,电令郑州车站拨车备运。复经调查此项农产品尚未报运,特复请农产调整委员会转电四行贴放会从速报运。

(四)协助运盐

本处准两淮盐务官运办事处之委托,一面为在粤汉货运专车中酌配车辆,装运粤盐来汉接济,并一面饬在川江轮船于由渝开汉各段,酌量配运川盐来汉接济。

乙、第二期

本处奉廿七年一月廿六日军事委员秘机字229号训令改隶交通部,仰即遵照等因,现正拟具预算及组织规程,送部核定中,故尚未拟定今后工作之详细计划,谨能提出几大纲要如次:

一、联络贸易调整委员会、资源委员会及农本局之农产调整处,使所有桐油、茶叶、猪鬃、药材、矿砂及其他农产品,得尽量输出,或转输于国内各埠。

二、联络西南运输总经理处、资源委员会及与国防民生有关之工厂,使所需要之机器、材料及燃料,得尽量输入,或转输于内地各处。

三、联络粤汉、平汉、浙赣等路,加多货车,加大进出口货物之运输量。联络西南、西北两运输管理局,增加货运汽车,增加进出口货及转输内地之货运。

四、联络汉口、广州两舰政局及联络长江、珠江流域各轮船公司,调配适当之轮船于各航线,增加航运力量,使于疏散军品之外,兼顾到进出口货运。

五、联络汉口、广州两舰政局及广东、广西、湖南、四川各省政府,尽量调集木船于极感需要之航线,以加大轮船以外之水运量。

[经济部档案]

9. 林继庸拟送迁川厂矿须知函(1938年3月19日)

兹接迁川工厂联合会由重庆寄来迁川厂矿须知,特检出两份,用备参考,敬祈验收为荷。此致

资源委员会

　　　　　　　　　　　　　　　　　　　　　林继庸
　　　　　　　　　　　　　　　　　　　　　三、十九

迁川厂矿须知

一、各厂矿人员到宜昌后,须立即到宜昌怀远路民生公司内厂矿迁移监督委员会驻宜昌代表钱文达、施才先生处登记,并询问应办各项手续。

二、到重庆后,须即到新街口曹家巷五十四号本会及监督委员会报到,并请求协助一切手续(电话:四六二号,电报挂号:四一四八重庆)。

三、如有在上海领有津贴而尚未报销者,须即行报销,否则林委员将拒绝一切经济上援助。

四、木船问题。

1. 由宜运渝木船,经已在重庆约定三批。第一批20艘,经已到达宜昌;第二批33艘,经已由重庆装煤下驶;第三批140艘,亦已开始出动(50艘约于三月底到宜昌,50艘约于四月五号左右可到,其余40艘约于四月十二、三号可到)。

2. 各批木船均立有详略合约,其副本可到汉口或宜昌、重庆办事处查阅。

3. 如欲附载木船者,须即到或函知宜昌办事处登记吨位,一经登记后,即按照先后次序装运,非得厂矿迁移监督委员会允可,不能退出。

4. 木船装载大者,切勿过30吨,小者,切勿过25吨,越少越佳,免生危险。

5. 随船保护之官兵,不负押运之责,各厂须各派人员押运。每4船为一组,每组派兵四名,官长一名,其伙食费由厂家支给,官长每名每日四角,士兵每名每日二角,每隔三四日一付,每次切勿多过此数,宁可抵达后酌给茶资。

6. 各厂物资如直往北碚或磁器口或其他各处者,可不必在重庆过船,其运价经已核定可详阅合约。

五、木船运货保险问题。

1. 由中央信托局代理人重庆兴华保险公司保险,其宜昌办公处设于宜昌聚兴诚银行内。

2. 此次保险,连同兵险、水险两项,每值千元收费二十元,厂家付四元,□□□其余由四川省政府津贴,每船总共保险额不得超过三万元,数家合装一船者,其保额之比率由投保人自行支配。

3. 保险期限规定自投保日起卅五天为限,逾限须加付保费千分之二点五。林委员因限期太短,现正设法与中央信托局核议中,如有办法再行公告。

4. 投保者须持厂矿迁移监督委员会武汉办事处所颁之军委会特种货运护照,向宜昌兴华办事处领要保书及请领津贴申请书。填具后,并请厂矿迁移监督委员会驻宜办事处在申请书上盖章作证,一并缴与兴华办事处,俟航务处检验船只、保险公司估计价值等手续竣事后,再填具领津贴正副收据,连同应付保费付缴兴华办事处换取保险单。

其余详细情形询问施才、钱文达先生。

六、到重庆后,可即请迁监委员会重庆办事处派员点检。在重庆起卸者,可将货物存于四川省政府在南岸盖搭之棚篷内。其在北碚卸货者,可在东阳镇之棚篷存储,随行工人亦可暂住在棚篷内,但须先得监委会办事处核准。

七、在宜昌报关时,须将报关附单带来,以免起货时为海关留难,其军委会之货运护照则可暂留宜昌,继续应用。俟完毕时,带交办事处备函向海关证明,否则须要押税方能起货也。

八、此间购地问题已由省政府组织用地评价委员会,林委员亦为委员之一,各厂所选地段须先得监委会办事处核准,并代函官厅协助。

九、重庆地皮极少可合厂用,购地困难,现由林委员圈定重庆附近之北碚为工业区。该处有平地二千余亩,地价甚廉,原料、煤炭及交通均甚方便,河岸不高,起卸货物便利,治安极好,人工低廉,将来最大多数之纺织厂均须设在该处。现已由大公职业学校进行测量,又有四千千瓦电力厂已在进行设计中,约六个月可以完成,又已着手设计市区并有码头、商场、公共机关、银行、货仓等,各厂须早得监委会办事处核准地段。当争取此地区时,林委员曾费尽苦心。

十、关于各厂需用之五金材料，已由林、李委员着手订购供给一年需用，将来可用材料贷款法，向工矿调整处贷用。

十一、其余各项详情，可就近询问汉、宜监委会办事处。

十二、各厂运输情形，务望随时报告监委会办事处。

迁川工厂联合会抄

［资源委员会档案］

10. 林继庸拟修正协助内迁工厂招募技工暂行办法意见及介绍各厂利用铁路机厂技工呈(1939年3月)

(1)林继庸呈(3月9日)①

查过去此间各工厂常常发生挖工怠工情事，以致厂方生产时受障碍，而工人亦时存非想，不安于职。推其原因，实由于后方技工缺乏所致。年前此种情形较少者，因各机器厂已严订挖工惩处办法，共同遵守，而行营市府又复通令禁止怠工罢工，然此均为治标方法，其效甚微。专恃法令，法令亦有时而穷，盖基本根苗仍存，工人心理已受摇动，故日来各厂来报告怠工事件已有数起，应付殊感困难也。前订招工训练办法，亦经与各厂方详为考虑，只以后方机器有限，日夜开动生产尚感不足，且训练期间所需过长，按机器租价与训练期内之生活费计算，每工所费远超过在沪募工之旅费，且复缓不济急。同时沦陷区内之技工，为数众多，若再不设法招来后方，终必为生活所迫而资敌利用。本处早已有鉴及此，前曾订有《协助内迁工厂招募技工暂行办法》，自去年六月二十五日批准施行以来，虽予各厂不少方便，但成效有限，计只核准大公铁工厂一家工人55名，未能全符期望，经再三研究办法内容，复经征询各厂意见，似觉原办法中有以下数点有修正之必要：

甲、原来办法：(六)旅费借款之标准原定：(1)厂址在四川者，每名80元；(2)厂址在湖北者，每名35元；(3)厂址在湖南者，每名30元……

---

①该为收文时间。

施行之困难：上项标准系在广州未失守粤汉路尚通以前所规定，故与当时实际所需尚属相符，而今沪川交通线多取道云南，则上项标准已不复实用，且因路费加增，厂方及工人均难负担，亦必碍及募工之进行。

修正办法：每工旅费若以上海为招募地点，厂址设四川者，每名120元，设广西者90元；若以香港为招募地点，厂址设四川者，每名100元，设广西者70元；又若以衡阳为招募地点，厂址设四川者，每名60元，湖南方面现不缺技工，暂不规定，另每名安家费30元。除安家费全数应由工人负担，将来由工资内分期扣还外，所有旅费，按以上标准计算，由厂方负担三分之一，工人负担三分之一，其余三分之一，拟由本处津贴之。厂方及工人负担部分，得由厂方负责向本处申请令。查本处向无津贴工人规例，此次拟请仿照技术人员调整办法成例办理。

乙、原来办法：（七）原定借款办法须俟技工到达后方能向本处声请借款。

施行困难：内迁工厂之最大困难，厥为流动金缺乏，故有先垫募工旅费及安家费之能力者为数极少，且受汇兑限制，寄款维艰，亦为事实困难之一。

修正办法：各厂请求募工人数，经本处核准并履行签约手续后，由本处将所借款项及津贴分量寄存上海、香港、昆明、衡阳及贵阳，其数量分配，拟如下述（每人计）：

（1）在上海招募，设厂在四川者，如经由港、防，上海20元（借款），香港50元（借款），桂林30元（内借款20元、津贴10元），贵阳30元（津贴）。此外若须安家费，则加寄上海30元（借款）。

（2）在上海招募，设厂在广西者，如经由港、防，上海20元（借款），香港70元（内借款30元、津贴40元）；如经由温州：在上海一次付清（内60元是借款，余30元是津贴），若须安家费，则加寄上海30元。

（3）在香港招募，设厂在四川者，香港50元（借款），昆明50元（内33元是津贴，余为借款），另加安家费者，则可寄香港30元（借款）。

（4）在香港招募，设厂在广西者，香港一次付清（内23元是津贴，余为借款）。

（5）在衡阳招募，设厂在四川者，衡阳30元（借款），贵阳30元（内20元是津贴,余为借款)。附表：

募工地点	上海				香港		衡阳
设厂地点	四川（经港、防）	四川（经温州）	广西（经港、防）	广西（经温州）	四川	广西	四川
旅费总数	120	120	90	90	100	70	60
各地支付旅费数 上海	20	60	20	90			
各地支付旅费数 香港	50		70		50	70	
各地支付旅费数 昆明	50				50		
各地支付旅费数 衡阳							30
各地支付旅费数 桂林		30					
各地支付旅费数 贵阳		30					30

呈准募工之工厂,应向本处领取募工证,每名三份,在募妥时,即各加贴工人半身正面相片一张,携同工人至募工地点,本处指定处所,验明加章发给第一段旅费及安家费后,该处留下二份,以一份存查,另一份寄呈本处,其余一份文还厂方随工人携带至本处沿途指定发款机关验明加章,再发第二段或第三段之旅费。到达目的地后,由该厂将此项募工证呈缴本处派员核对。

若工人不能到达目的地时,除经核准者外,所有向本处领去之款,无论其为借款或津贴,概作借款计还本息,必要时得由本处饬令先期偿还。

工人随带之募工证若有遗失,而未经确定证明,并未由本处特准者,本处即停止发给未付之款,其已领动漫之款,除经核准特许者外,无论其为借款或津贴,概作借款计还本息。

沿途发给旅费时,除借款部分由厂方负担,出具收据外,津贴部分应由工人依本处规定格式出具收据,同时厂方负责担保证明。

此项有津贴之技工暂定 500 名,内计四川 400 名,广西 100 名,募足额后,各厂续募工人,除经特许者外,本处概不津贴。

曾受本处津贴招来后方之技工,不得有不法行为,并在正式上工后一年以内,不得擅自离厂或怠慢工作,否则除依法惩处外,本处并得向该工人追缴旅费津贴全数。此项条件除明订于津贴收据外,各厂募工时应先行向工人说明之。

丙、原来办法:(七)每次借款以技工 10 人以上之旅费及安家费为标准。

施行困难:本处所迁之铁工厂,以小厂居绝对大多数,因机器限制,每次增加工人甚少,能达10人者,联合借款又感责任难分,互相牵制。

修正办法:将10人改为5人,或数厂联合派人或委托妥当机关往募。

丁、其余有关修正各点之条款,拟请依以上原则一律连带修正之。

至于募工津贴,依以上规定最多共需19,000元,拟请先由基金项下垫付津贴。

上述在沪招募技工办法,能将沦陷地区之技术工人救济一部,但尚须相当时间方见诸实施。兹拟同时施行下述治标办法。

查自多数铁路沦陷后,若干机厂技工流亡后方,交通部方面因感觉无新机厂可资安插,故将此等工人组成服务队,分配各交通站上以维生活。就国家立场论,此等工人之技术未曾利用,殊足可惜,而交部方面尚须每月支付若干费用,亦不经济。而工人自己因无自挣工资之机会,势亦必感生活困难,故若能利用此一部分机工,则目前技工数量问题之严重性,当可减少不少。如属可行,拟按以下办法进行:

(一)派员与交部方面负责人先作一具体联络,该部现有失业技工若有详细记录,则其姓名、年龄、技能、原来工资、现在地址等,能得该部抄送一份固佳,否则即由本处或迁川厂联会派员前往抄录。

(二)令迁川厂联会调查内迁各厂实际尚需增雇工人人数及技能类别,拟出工资等呈处以资参考。

(三)俟先与交部面洽同意后,本处即可召集交部主管司及迁川工人联合会,各派代表共商募用机工具体办法。

(四)募工办法决定后,即可在本处协助之下,由迁川厂联会径向交部主管司依所拟办法进行雇用。

以上所拟修正《协助内迁各厂招募技工暂行办法》意见及募用铁路机厂技工一案,是否可行,敬祈鉴核示遵。谨呈

处长

副处长

职林继庸

(2)张兹闿批(3月20日)

查所拟办法(甲)修正协助募工借款办法内：

第一点,修改旅费借款数额尚属可行,惟本处津贴旅费三分之一,因须更改本处预算,得难照办。惟由上海招募须转道海防,较从前经粤汉来川,道途较远,担负较大,亦系实情。拟将此项借款还本期限延长,原定一年,兹改为三年。

第二点,借款可先声请核准预领,不必俟技工到达再发,查尚可行。惟汇款困难,本处仍在渝付款,不能再在港、沪发。

第三点,借款以10人以上为限拟改为5人,拟如所拟办理。

(乙)与交通部商雇用机厂工人,拟照办。

兹闿
三、廿

[工矿调整处档案]

国民政府组织实施厂企迁移概况

一、上海工厂的迁移

1. 林继庸赴沪接洽办理迁厂经过情形致翁文灏签呈（1937年8月6日）

签呈　二十六年八月六日　字第　　号

奉派赴上海调查及接洽事宜，遵即于八月三日前往上海工作。兹谨将调查所得及接洽经过呈报如下：

一、中国酒精厂现存酒精二十二万英加仑，但所存之铁桶只得150只是比较完好可用者，每桶贮酒量有为44加仑者，有为66加仑者，合计不足装载1万英加仑之数，为万不得已时，或可以煤油罐及酒坛代之。

二、硝酸甏之数目，据天利淡气厂报告，谓现存空甏约1万只，每甏可盛49°□之浓硝酸35公斤，合共可盛350公吨之硝酸，惟该厂表示不愿以空甏出让，如本会需用硝酸时，可以即装即付，如本会以为该厂对于民间工厂定货有拒绝付给之必要时，则请由会发一命令与之，该厂愿意接受云云。

三、大丰工业原料公司所产之锌氯品质，据报谓有96%纯度，但无现货，惟该公司现存有德国锌氯10吨，市上亦存有10吨，合共20吨，其纯度为98%，每吨约值420元云。

四、中国炼气公司，经与其经理李允成商洽，该厂愿以制造养[氧]气机器之半数，每小时约可产30立方公尺之养[氧]气，（在15个大气压之压力下）另备钢瓶1,000只，运往华中或政府指定之地点，其条件为：1.政府津贴运费、建筑、设备、电线等费用，以5万元为限。2.所有政府各机关需要养[氧]气，尽先由该厂供给。3.请政府特准运输护照，并于圈地借屋等事尽量协助。该厂并表示如需搬迁，愈速愈妙，迟即恐无补于事云。

五、大鑫钢铁工厂极愿意搬迁，该厂现有炼钢电炉四个，每天最低限度可出各种精良之钢20吨。开始时拟先搬电炉二个，惟该厂请求六事：（一）该厂现存废钢及废铁原料约2,000吨，地区均在敌人势力范围之下，请政府即发准予搬迁护照,并免出口税,以免济敌以粮。(二)请发给原料及机器搬迁费10万元。(三)请发地皮及建筑费20万元。(四)铁道部欠该厂货银约14万元,请转铁道部即还清该款,俾得偿还欠人债务而便迁移。(五)代铁道部所制之货于十日内可交付者约值10万元,请转铁道部预交若干万元。又铁道部新订合约值80余万元,请转咨铁道部先付定洋10万元以资周转。(六)该厂请求速办,迟恐无补于事,该厂又有另呈一件,已代面呈。

六、大中华橡胶厂迁移问题,给已与该厂董事长余茂芳、董事吴哲生、董事兼经理薛福基等商酌,该厂愿搬,已着手,估计一二日内即派人来京面陈。

七、康元制罐厂迁移问题,经与该厂经理项康原接洽,一二日内即可答复。

八、薛专门委员次莘嘱代觅机械工厂迁入湖南以为本会各厂修理机械及零件之用,经已商得新业工厂经理李俶(泰云)同意,该厂有大小机器约100座,其搬迁办法与各机器同业公会所拟办法相同。

九、上海各机器工厂搬迁问题,经招集机器同业公会执行委员及各大厂重要职员商洽结果,对于本会所拟办法大体接受,并推派代表颜耀秋、胡厥文二人与职偕同来京面陈。兹将其所修改之办法附呈,查该同业公会所提之办法内有六事请为注意:(一)不接纳保息六厘之优待利益,因机器厂并无需要研究之技术问题,故不需要如同特种工业之补助,若有保息办法,反足以奖励不努力工作之厂之怠工。(二)厂地及建筑费用之款,当职与商洽时,由政府以低息借给,而彼等所求是给与。(三)迁移厂地及建筑费用约共为400万元,其根据是以工具机2,000部及生财运费及工人川资约30万元,房屋1.2万方约360万元,地皮400亩约10万元,均实报实销。(四)如工作停顿时,须发给搬运费。(五)本会所指定之地区适当汉口日本租界过河对面,不甚安全云。(六)据该代表等面称所有暂拟办法,不是固定的,仍听政府斟酌示遵云。

所有此次赴沪调查及接洽经过情形,理合具文呈报,敬祈钧誉。谨呈秘书长

专门委员林继庸

[资源委员会档案]

2. 资源委员会秘书厅关于上海运送工人及机件应注意事项密函稿
（1937年8月12日）

关于上海运送工人及机件应注意事项，开列于下：

一、工人编制：(1)所有先后来汉之工人，每人给一番号，自第一号起，如第一船起运一号至一千号，则第二船即由第一千零一号起，依次编号。(2)工人番号用小方白布墨笔书明姓名、号数，缝于工人胸襟上，以便识别。(3)为维持秩序起见，将工人编成大队、分队与组，以第一号至第十号为第一组，第十一号至第二十号为第二组，以下类推，各组派组长一人负责带领；以第一组至第十组为第一分队，第十一组至第二十组为第二分队，以下类推，每分队各设分队长一人，管领各组长；以第一分队至第五分队为第一大队，第六分队至第十分队为第二大队，以下类推，每大队设大队长一人，统率各分队长，每船派一总队长负责指挥全船各大队及各分队长。以上编制系一原则，若各厂工人不便集会编制时，应由各厂自编，惟编制法应一律，但每一工人均应有一番号，决不可互相雷同。譬如甲厂起运工人总数为四百五十人，则可先派定番号自第一号至五百号（宁可多余几号），而乙厂工人则自五百零一号起编。至组队之组织，各厂似均可采用上述标准，以期划一。

二、机器编制：(1)按机器性质能否受日光、潮湿、重压……，分为A、B、C、D……若干大类，每类自第一号编起，在机器上标明某类某号，则存放时可按类办理，以免损失。分类方法及各类性质，并希先行函报。

三、预知：动身时，以航快通知驻汉国外贸易事务所转李荃荪、吴忠信二君：(1)船名，(2)到汉日期，(3)停泊码头，(4)装载机器之体积，(5)机器类号（即某类若干号至若干号），(6)工人之大队、分队、组及号数，(7)负责护送人姓名。出危险地带后，再用电报通知"安全"。

上列各点，用特函达，即希查照办理为荷。此致林专门委员继庸

厅启

[资源委员会档案]

3. 林继庸陈述对上海工厂迁移意见与钱昌照往来密电(1937年8月13—14日)

(1)林继庸致钱昌照密电(8月13日)

钱秘书长钧鉴:密。元电谅邀察阅。昨日托人代呈报告,因京沪途中遇阻退回。今日欧阳司长间道返京,托面陈一切。现在鸿照兄处辟室办公,厂方组织迁移委员会已成立,即开始迁移。现长江不通航,车运在商洽中,或用船拖至杭州转赣、湘、鄂,能救多少则救多少,是否可行?办公费暂需100元。均候训。林继庸叩。覃。(上海)

(2)钱昌照复林继庸密电稿(8月14日)

复林继庸电 八月十四日

急。3322上海林继庸兄大鉴:会密。元覃电均悉。机件清单免税免验事即由会行文财部办理,物资迁运办法请即就地商决,负责办理,办公费一百元可照准。弟昌○。寒。

[资源委员会档案]

4. 林继庸陈报上海迁厂进行事宜致钱昌照密电(1937年8月16日—9月19日)

(1)8月16日电

钱秘书长钧鉴:密。寒(十四)电同文(十二)函均敬悉。请事遵派[办]。物资搬运手续,如船车、押运员、通行证、免税单、钱银等,均商妥,明后日即可继续起运,数日或较原拟为多,虽难,必尽力办妥,请释念。最好再电嘱警备司令部邢霆如主任予以方便。办公处随忠道兄同迁。查得大华有柴油八百吨、臭水、石炭酸、石脑油等。已通知鸿照兄请顺告森扬兄将计划先呈,勿候勿念。林继庸。谏。[上海]

(2)9月17日电

秘书长钧鉴:密。连日有机件二十艘开出,及奉覆盐(十四)电所询各点均详述于第十及十一号报告内,托冯专门委员家铮今晚带京呈阅,惟恐途中有阻,致误提案,谨电再略述:查行政院原案外之工厂请迁者,已于微(五)、虞(七)、咸(十五)三电呈报,其余小厂等尚成问题。惟华生、华成两电器厂已需约10万元,而此项亦是在原案内未便另制预算款项,已支出具报者计有10.36万元。另已领款而尚未实报支销者,有大鑫5万,康元2万,上海机器厂1.5万,计共8.5万元。已批准而尚未领款者约15万元。计已接洽迁移之厂达一百二十五家,而来者尚众。今日宋子文先生召集会议,发表意见,谓所有各银行货仓国防物资,由资源委员会征收,款俟将来再算。已调得民船二百艘,用轮拖至苏州再算。以职会机件较不急需,着候分配船只云。职林继庸叩。霰。(上海)

(3)9月19日电

秘书长钧鉴:密。筱(十七)电奉悉。上海文化印刷事业迁移工厂、机械、原料清表,即日另邮寄呈。机件中计商务有密勒机一部,中华书局有密勒机四部、橡皮机四部、轮转机一部、铸字机二部,时事新报馆有印刷轮转机全部、制版机器全部,其余多属普通印刷机,成品多属书籍,原料多属纸张、油料。又表内所列各厂均有相当接洽,所列报运机件、原料均据各厂经理面说者列入以外,尚有陆续请求登记厂家正在接洽中。以其他各厂概括在内,咸电请求提出预算总额5万如奉核准,所有发给各厂津贴,自当依照所定办法,以5万元为限,不使超过。又表内所列精一科学器械制造厂,因请求在先,经职继庸准予津贴,该厂业经起运,津贴费4,000元亦经照给。现文化印刷各厂既另立预算,故拟一并列入,以便将该厂领去之款扣还,合并陈明。职林继庸叩。皓。[上海]

[资源委员会档案]

5. 林继庸陈报上海各工厂迁移事项并附送上海工厂联合迁移委员会议决条文密呈(1937年8月23日)

敬密呈者:兹因上海大鑫钢铁工厂经理余名钰君赴京之便,特托代带函呈报五事：

一、各工厂准备迁移者已有十五家，昨日有顺昌铁工厂一家冒险用民船划出，取道苏州、武进而至镇江转船拖至武汉。以后均拟以镇江为转口处，恳请派员赴镇主持协助，并嘱航政局镇江办事处帮助一切。此间因舟车供给，外地军警均有阻碍，特联合购置委员会、兵工署办事处、公用局、航政局、中央信托局、炼钢厂等，并有两总司令部办事处参加，组织联合运输办事处，为便利起见，拟定各为军事委员会驻沪运输办事处。曾于祃电恳转呈委员长核示，未知能邀批准与否。如能照拟成立，则以后运输上困难当可减省许多也。

二、各工厂多在火线中，现在只能抢救迁移，未能在沪装箱，故拟在镇江设立办事处，点验各物，并将工人编号，转船赴武昌。现由厂方在镇江组织办事处，以镇江大华饭店为通讯处，派金履端、邵仁里二君前往。俟明日金、邵两君启程时，再函介绍晋谒。又联合迁移办事处议决镇江分站拟请本会负责，故派员在镇江组织办事处，兼可帮助他方面进行方便也。

三、上海各厂大多数均志切迁移，徒以陷入火线中，虽冒险前往，亦属无益。一俟炮火稍停，即可陆续运出迁移也。

四、军政部炼钢厂及建设委员会电机制造厂，亦请职会协助迁入内地。

五、上海大鑫钢铁厂机件迁出者约达三分之一，其余正在设法搬运中。惟以铁部清还欠款十五万元之约屡爽，故该厂甚感债务困逼之苦，兹介绍该厂经理余君（彼为上海工厂联合迁移委员会委员之一）晋谒，乞赐方便，俾该厂得以克日迁移。关于上海工厂方面情形，余君甚为熟悉也。

余容续报。谨呈

秘书长钧鉴

职林继庸叩

廿六、八、廿三

上海马浪路 41 号

附呈：上海工厂联合迁移委员会议决案一份。

上海工厂联合迁移委员会议决条文

主席颜耀秋，副主席胡厥文、支秉渊。

向监督委员会领款,凭会章与主席、副主席及委员一人签字盖章为凭。

银锭出入须凭主席及副主席之一人签字。

请求应领装箱费,以机器高阔长最大尺寸为标准,每立方尺以国币0.35元计算发给之。

请求应领运费,以每吨为单位,上海卡车定为10元,火车定为4元,轮船定为20元,武昌卸货上岸费定为15元,镇江卸货上岸费定为4元,民船运输与火车运输同。

请求应领各厂职工川资及生活费,职员每人应领川资20元、生活费30元,工友每人应领川资20元、生活费15元。

装箱费以机件送装运地点经本会派员验看无误,以每立方尺0.35元计算,发给之。

运费、水运费由本会办理之,如有特殊情形,务须单独自运者,经本会认可验看已经装船起运者,以本会规定之定例发给之。

车辆由市政府公用局负责供给。

装运以可搬运与否为先后,同时可运者以登记为先后。

通行证缴销日期以二个月为限。

生活费、旅费于职工人员起程先二日发给之,具领手续须先行登记,并缴二寸照相三张。如职工人员领款后而中途不行,则所领各费由所属厂主负责退回。

具领装箱费在危险地带之厂商,装船妥当后得自行具报,以装箱单为标准,本会发给装箱费六成,惟须具殷实厂商一家作担保。

具领通行证须已经将志愿书送到本会后,方能发给之。手续须备正式公函由该厂负责人亲自来会携带厂印及个人私章,并须经委员一人签字证明。

船只通行证失效,须再备护照,现派钱委员祥标协同监委主任林委员办理。

镇江本会办事处指定在大华饭店。

镇江办事处派金履端、邵仁里二君办理。

发给各厂装箱费经检定委员签字盖章后,由任何一委员批发。

发给各厂运费照本会规定照发,惟须实支实报,如所支超过规定,则以本会所经过运输最大数额为限,所支有余,应退还本会。

生活费一次发给二个月,如一个月内即行开工,则所多领一个月生活费由所属厂主负责退还。

上海工厂联合迁移委员会议决条文(续)

装箱费,机器无论装箱与否,一律照发,惟原料是否装箱,概无装箱费。

半成品、已成品除生铁毛坯外,是否装箱,装箱费一概照发给。

检验尺码,装箱机件以箱子高阔长为标准,未装箱机件以机件高阔长为标准。

运输由各厂自办,本会协助之。

武昌各厂应得地皮及建筑费,以机器为分配单位,每座机器应得地皮15方,建筑费875元(房屋3.5方,每方250元),翻砂及冷作厂应得地皮照原有房屋五倍划给,建筑费照原有房屋加二成借给。

[资源委员会档案]

6. 上海工厂迁移监督委员会林继庸关于在沪办理工厂迁移历次工作报告(1937年8月30日—11月19日)

(1)第三号报告(8月30日)

报告　字第三号　八月卅日于上海　林继庸

一、兹有大鑫钢铁厂于今晨拖出民船六艘,由吴仲甫、谢子本率领工人20名并机件等,前赴镇江,特派该厂职员携带报关清单乘车先行晋京呈报,乞饬驻镇江分站之张国强、何英两员给予便利。

二、日前运出机件者,有上海机器厂、顺昌铁工厂、新民机器厂、合作五金公司等,其报关机件清单已分二次派人呈报矣。

三、由镇江开赴武昌之船舶,据调查所得,以用大帆船为好,因帆船可直舶武昌,而轮船则须先至汉口,再转武昌,且运费亦以帆船为便宜也。现已由厂方雇得两艘(一为80吨,一为280吨),泊于镇江江边。各厂机件先到者,先行转船。

四、各船之起重机件均已配妥,可由彼等自行料理。

五、厂家各人类皆精明强干,彼等自能料理一切,请舒廑注,各事只求官厅能予以方便,勿加扣难,则信托彼辈去办,其结果当有佳良表现。职以庸才,处兹危难,尚能指挥裕如者,亦只是择其可信托者而信托之,只担任给予利便,故能得其助力,虽赴汤蹈火,亦所不辞也。乞将此意为李荃荪、吴至信、张国强、何英诸君告之。

六、武昌之租屋划地及代向银行借款诸事,想已进行妥当,厂方时有询问,强华实业公司陈世觉(悟皆)兄、顺昌公司、上海机器厂、康元制罐厂等,均已派人赴武昌勘察地段,永固漆厂且欲更上至重庆开厂。

七、沪上所存五金材料尚多,职现正鼓励各厂及各五金号促其尽量迁移武汉,庶政府将来可以应用。虽竹头木屑亦有其用,惟是迁移过多,则运费亦巨,现有56万元之数将来恐不敷用耳。然职觉五金材料迁入内地一举,实较政府自购存储为佳,且钢条等物不用装箱,仅贴运费便可促其迁移。但多数大五金号或大厂之材料均押于银行之货仓,若能设法向银行婉商,使将存在上海之银行货仓之物料,迁至汉口各该银行之货仓。(当有商量之余地)不过由离沪至抵汉时间之保证问题,尚须考虑。在厂商方面多肯付保证费,惟银行方面或须政府予以劝告始肯就范耳。职未奉命,未敢进行,方寸中常觉此亦不可容缓之举也。

八、所有已运出之工人均有相片三张,由厂方联合会(名称为上海工厂联合迁移委员会)负责保存。第一次运出之顺昌公司铁工厂领队高功懋,于离沪时曾受流氓包围,指为汉奸,后查出因彼之妻曾任敌人某纱厂之女工头,且锋芒甚露,故涉此嫌疑,后经多人保证彼是好人,始得无事。乞密饬驻汉分站留意察之,以策万全。

九、周维干兄到沪已有晤及。恽荫棠兄嘱查工厂之创造能力已正整理中,俟再付上。大本营职员名单恳勿发表,因在此工作亦非安全也。

十、取道水运,职几经考虑乃决定,此后当源源由此道而行,虽稍缓,但较安稳,其他捷径每有欲速不达之感。运输上之困难殊多,举例言之:a.车辆出租界外,若无租界护照即不能复返,行人亦然,但此项护照不易取得。b.千辛万苦始得一小火轮为用,然不转瞬间已为难民抢去,且有流氓助纣为虐,无可如何,如是者已三次矣。c.商得水警保护押运,每名每月给津贴十五元,但水警队必须取具收条,如有中途逃伍,亦须我方负责。d.空军轰炸无时无地无之,雇用车夫挑夫均不易。e.卡车因为被扣者多,且不给价,故多宁愿将车辆拆卸藏于弄堂中,而不肯出租。f.公用局绝对不能帮忙,屡次请求,所得惟一之帮助,仅告以航业公会之通信址,而此通信址吾人于十日前已探得矣。g.厂方多观望,然善言导之多肯听命,但厂址陷于火线中者,则抢救难施。

十一、厂方所议决之条文,前已由余名钰君带呈,兹又补充数条,附函呈阅。

十二、八月廿三日托余名钰君带上之报告是第一号,昨日报告合作公司及新民厂之清单是第二号(因忘编号数)此是第三号。

右报告谨呈秘书长钧鉴

职林继庸

再者:十四日发来盐电,今晨始得奉到。

附呈:工厂迁移委员会议决条文一纸。[略]

附呈:各愿意迁移之工厂内容清单。[缺]

乞转交恽专门委员。

民国二十六年八月卅日于上海

(2)第四号报告(9月1日)

报告　字第四号　廿六年九月一号晚于上海马浪路四十一号

日前托大金钢铁厂职员带京呈上第三号报告,想邀钧阅。兹有国外贸易事务所丁维翰先生返京,谨再将此间情形详报如左:

一、第三号报告内有顺昌、合作、(另封)利用、大鑫、姚兴昌、精一、启文等七厂报关机件清单,(连前新民、上海共九厂)兹又奉呈新中工程公司报关机件清单十一纸,请查收。所有报关清单,均包含有机器、物料及半成品、已成品在内,请饬员整理统计,以供动员统计时之参考。

二、廿九日钧函嘱与中华国货维持会特种委员会常务委员陆荣彰等接洽预制军需物品以供国防应用一事,经已派人往约晤,详情俟续报。

三、奉世日钧电嘱与陈光甫、胡笔江先生等商酌提取康元厂货物运汉办法,今日陈先生太忙,无暇会见,已托王志莘兄代约期介绍往见。但此举不只是康元厂一家之事,各大厂及各大五金号均有此类情形。查各银行货仓储藏五金等货物不下数千万元之值;如能迁往内地,则有补国防力量不少。此事可有商量余地,惟运费及迁运时之安全问题颇有考虑。如能由政府下令着将上海各银行货仓所存有关军需之货物及原料迁移于汉口各该银行之货仓,其保险费及运费由政府及厂家各半负担,则亦可得其赞助也。

四、吴蕴初兄日前约职往谈将天利、天原两厂迁移内地之事,坐甫定,尚未启口,敌军司令部通知公共租界当局转达将轰炸该厂之警告突如其来,蕴初兄仓皇呼援,无暇再谈。今日再晤,始知钧座曾电嘱彼与职商洽此事。现在此间化学厂多家,愿随天利、天元[原]同迁,俾便原料取给。明日续谈,再行呈报。

五、各厂多以武汉电力情形为问,请饬动力组查覆该处电力供给情形及电力性质,俾便答覆。此事深盼能即日电示。

六、查行政院八月十日议决案有:印刷厂迁移问题,届时由教育部派员协助进行一语,现在有印刷、铅笔、报纸等厂请求补助迁移,恳转教育部迅予派员来沪主持。又查纸张原料之数量甚巨,应如何补助,或津贴若干成。沪上银行提款只能划汇,各厂家所发之支票不能付给运费,(职处之款项能支现款)此亦是实在困难情形。迁移经费,由职处之 56 万元项内拨借则可,若尽由此支出,则恐将来超出预算。

七、制船厂多家亦欲迁移,航政局于战前曾接交部命令,嘱筹划此事,惟迄无下文,而时机一逝不可复得,故来请职代筹办法。该项工厂本属交通组范围,运费亦巨,(预算已嘱制)呢绒厂属被服组范围,均不列于职会预算之内,可否由职从权办理,但运费将来超出预算,如何补救,均请明示。

八、职处截至今日止,已支出 16.6 万元,(内有工厂联合迁移委员会存约六万元待支,又有大鑫钢铁厂存约 3 万元待支)尚余款约 40 万元未用。但近日请求迁移者纷至沓来,从前苦口劝告而听者无人,近来则略加解释便可就范。一俟装箱，即须用款。虽曾将无关需要之厂家不予接收，然仍恐超出原提议案之预算数额，似宜预先筹划。惟预算案一时不能制就，或尽先以此间余款支付，以应时机，余俟制就预算，再向行政院提议，以示权宜。是否有当，敬请示遵。

九、机件到汉之后，借款及划地，即须实行，想钧处已与银行筹划妥当，恳将办法示悉。

十、在武昌划定地点一事，似宜先将地区、路线及工厂种类分配，预先规划。每组应包含某项工厂几种，每种几所，使每组均在同一地段自成一单位。每组相隔几许，使不致发生危险，且留有将来扩充余地。均恳函汉口李、吴两委员预先规划。

十一、大中华橡胶厂已由其经理薛福基先生热心规划迁移，不料薛先生偶遭大世界事变受伤，延至昨日逝世，此举或不无影响。

十二、厂方派代表支秉渊兄负责赴汉，与李荃荪、吴至信君等筹划进行，日间将启程。职已请其于过京时晋谒请示，支君人极诚实负责。

右报告谨呈
秘书长钧鉴

职林继庸

附呈：新中工程公司报关单十一纸。〔缺〕

(3) 第五号报告(9月5日)

报告　字第五号　廿六年九月五日　上海

(一)九月三日寄快邮托邝专门委员转呈汇明电池厂、合众电器公司及建委会电机制造厂等报关单三份，想已呈到。

(二)今日托大鑫厂方子重工程师带呈新中工程公司第二批及中国建设工程公司、金钢电池厂等报关机件清单三份，敬请查收。

右报告谨呈
秘书长钧鉴

职林继庸

(4) 第六号报告(9月6日)

报告　字第六号　二十六年九月六日于上海

兹奉上中国铜铁工厂第二批及源大皮厂、中兴钢珠轴锁公司等报关机件清单三份，敬请查收。源大及中兴两厂运费只给予部分补助。

右报告谨呈

秘书长钧鉴

职林继庸

(5) 第七号报告(9月9日)

报告　字第七号　二十六年九月九日于上海

一、奉呈中国铜铁工厂第二批、慎昌铸工厂、华成电器厂、新中工程公司第三批等报关单各一份。

二、上次奉呈之源大皮厂报关单，因该厂未运机器，未予补助。

三、今晨上海乌镇路桥(在新闸桥及新垃圾桥之间)河道为八十八师封锁，一概船只不准通行，故有装载机件之民船九艘未能开出，正与京沪警备司令部办事处接洽中。

四、大生纱厂李升伯先生已会晤，并将张文潜兄托转之密电送达。

右报告谨呈

秘书长钧鉴

职林继庸

民国二十六年九月九日

(6) 第八号报告(9月11日)

报告　字第八号

一、奉呈海军飞机厂、中国窑业公司(本会电工器材厂物资)、中华无线电研究社、和兴造船厂、康元制罐厂、工商橡胶厂等报关机件清单共六份[缺]，请查收。(连前共二十七份)

二、本会机器厂及电瓷厂材料，亦已尽力协助，日间可运出。

右报告谨呈

秘书长钧鉴

职林继庸

民国二十六年九月十一日

(7) 第九号报告(9月12日)

报告　字第九号　二十六年九月十二日于上海

一、奉上上海工厂迁移状态表共六纸[缺]（截至九月十一日止），内厂名105家，请交恽专门委员参阅。

二、奉上报关机件清单、厂名表二纸，内共已报关者35批。

三、奉上新亚药厂、中国无线电业公司、美光钢器厂、民兴铁厂、中国蓄电池厂、中国窑业公司等厂报关机件清单六份。[缺]

谨呈

秘书长钧鉴

职林继庸

民国二十六年九月十二日

附：截至九月十一日止已报关者。

上海工厂迁移报关机件清单张数及厂长姓名表

1. 上海机器厂	五张	颜耀秋
2. 新民机器厂	四张	胡厥文
3. 顺昌机器厂	一张	马雄冠
4. 合作五金公司	十八张	胡叔常
5. 利用五金厂	一张	沈鸿
6. 大鑫钢铁厂	三张	余名钰
7. 姚兴昌机器厂	一张	姚瑞麟
8. 精一科学器械厂	五张	胡允甫
9. 启文机器厂	一张	李翊文

10. 新中工程公司	十一张	支秉渊	
11. 电机制造厂	八张	许应期	未给津贴
12. 合众电器公司	二张	王振基	
13. 汇明电池厂	一张	丁熊照	
14. 金钢电池厂	一张	朱仲良	
15. 中国建设工程公司	二张	陈祖光	
16. 新中工程公司	五张		第二批
17. 中国铜线工厂	一张	李贤尧	
18. 中兴钢珠轴锁公司	三张	吕建康	只给部分津贴
19. 中华无线电研究社	十三张	邹雅言	
20. 中国窑业公司	十七张	胡佐高	未给津贴
21. 新中工程公司	一张		第三批
22. 工商谊记橡胶厂	十二张	孙洪成	
23. 华成电器厂	一张	周锦水	
24. 康元制罐厂	一张	项康元	
25. 慎昌铸工厂	六张	黄生茂	
26. 和兴造船机器厂	一张	汪快布	
27. 海军江南造船厂	二张	曾治经	未给津贴
28. 美艺钢器厂	三张	朱文奎	
29. 源大制革厂	一张	朱宝峰	未给津贴
30. 康元制罐厂	一张		第二批
31. 民兴化铁翻砂厂	二张	郭永熙	
32. 中国窑业公司	三张		第二批　未给津贴
33. 中国蓄电池厂	二张	胡国光	
34. 新亚化学制药厂	二张	许超	
35. 中国无线电业公司	六张	王瑞骧	

(8) 第十号报告 (9月15日)

报告 字第十号 二十六年九月十五日晨于上海

一、九月十三日运出：（一）慎昌钢铁铸工厂一艘，领队黄生茂，工人49人。（二）中国建设工厂公司一艘，雷志璃领工人14人。（三）中华无线电社二艘，领队樊惠农、林秉宪，工人12名。（四）康元制罐厂一艘，领队谢正宽，工人4名。（五）中国窑业公司六艘，领队胡佐高、戴怀三，工人22名，该公司所载多是本会物资（电工器材厂）。

二、奉呈：（一）远大铁工厂、（二）中国银行各厂购料处（不给津贴）、（三）冠生园制罐厂、（四）康元制罐厂（第二批）、（五）镐锟铁厂等，报关机件清单五份（自第三十六至第四十号）。

三、承嘱密查各银行现存货仓物资，兹仅有中国、交通、国华、民生实业公司四行交来，其余各银行亦允于日间交来。先将四行之货单列表呈阅，各货物之价值即银行界亦无法估计。

四、关于银行货仓存货提运事，只晤得宋子文先生秘书霍亚民氏（宝树），嘱将职会之内容、组织、运输方法、工人迁移状态及制造原料之救济办法，详细说明，即日用书面交去审查再行答复。即于九月十三日下午草就送去，兹将副本奉上呈阅。

五、承嘱函报用款数目，兹谨列如下：

（一）八月十七日支工厂联迁委员会5万元。

（二）八月十七日支大鑫钢铁工厂5万元。

（三）八月十九日支上海机器厂颜耀秋1.5万元。

（四）八月廿六日支兵工署办事处（前拟合组驻沪办事处应出费用）1,000元。（未用即可领回）

（五）九月一日支工厂联合迁移会5万元。（内康元厂2万元）

（六）九月十三日支工厂联合迁移委员会5万元。

以上六项共支21.6万元，其详细开支数目须拟请钧座届时派会计人员监核，以昭慎重。现由工厂联合迁移委员会管理之款项，有颜耀秋、余名钰、胡厥文、王佐才等互相监督甚严，可无浮报滥支之虞。

六、运输问题,至今尚未闻有损失报告,惟自九月八日八十八师将苏州河乌镇路桥自北新泾一段河道封锁后,曾断绝交通两日,今虽交涉可得通行,但盘查甚严,各船工人带有行李未列入报单内者亦遭扣留,下午六时即断绝交通,且须要新发之护照(即通行证),而新订发给通行证办法,要船名、人名、相片、货物名称等等具报后,用可订领。当此救急如救火之时,安能办此手续,所雇得之船,稍纵即逝,更不能候批示发给护照。邢震南(霆如)主任做事有决断肯负责(邢主任曾任军长职),故甚得其帮助,现在邢主任兼任太湖区总指挥官,不常在上海,京沪司令部办事处事务由汤武副主任主持。汤主任为法律博士,年轻,做事审慎太过,每请发护照则须按照手续,觉甚繁琐,缓不济急。汤主任谓如得上峰命令,则可多发,可减轻本人责任云云。故昨晚奉呈删电,如得军委会电张文白总司令饬知,则以后可无困难。但苏州河上流之船均不能入内,现所取给者所余无多,日后船只又成问题矣。现正设法打通此道,以期船只之继续供给。

七、我军已退第一防线,如将来苏州河不能通航,则尚可取道南京由松江转苏州、镇江,倘南市有事,则上海之交通亦遭断绝矣,故现在正赶急抢救搬迁。人事多则耗费亦稍多,诚无可奈何也。

八、请饬知驻镇或驻汉各员,于各厂物资到达时,须派人检查各货之重量及容量,以便比对此间支付运费有无错误。此地因处火光弹雨中,秩序紊乱,对于各项货物诚难一一加以检查,若在镇江,尤其是汉口,大可从容检验之也。所有各项运费均是实报实销,各项货物之运费应给全费,或不给,或只给半费至镇江,均由职亲笔于志愿单上每项批注,由工厂联合迁移委员会职员秉承所批照章付给。其在火线附近不能前往检查者,则由厂家觅保领取估算运费之六成,将来仍实报实销。

九、关于原料、半成品及制成品之运费,只津贴半费运至镇江为止,(在镇江存堆栈再算或由厂家自出运费运汉,因镇江至汉口航运容易,现只救由沪运镇江一段)。及生财运费完全不给之新订办法,自九月十一日实施以来,厂家初时颇有异言,继经出席解释,亦服平允,其未迁出者只恐迁出之太晚耳。然有种特殊需用原料,或特殊情形,亦酌增津贴。由镇江开运至武汉一段运费,向由三北、招商、民生三家公司联合规定价值。职曾与卢作孚先生面商运往四川之货物情事,卢先生最近由南京电告其办事处谓可减收七成,但各货物若只到汉口则仍与三北、招商同价云云。现据由镇江回来之厂家报告,谓太古船允照吨位重量计算(每吨十元四角二分),而民生则必须选择重量或容量,故以附民生轮为不上算。现在厂家在镇江雇用帆船之议甚觉困难,未知可否请就近与卢作孚先生及航政司商酌,对于工厂迁移内地运费概以七成接受,以减商艰。

十、华成、华生两电器厂,因恽荫棠兄来函嘱劝其迁入内地,现该两厂已陆续装箱运出,志愿单已交来,报关单尚未填就,预计只华生一厂已需民船一百余艘。如救得此两厂,则于将来之电器制造不无裨益也。

十一、文化出版界已有多家着手迁移。教部代表噤若寒蝉,既无主意,又不肯负责。职现与各家略拟预算,今午可制就,约需五万元。如商务、新闻报等本有余力,可不用补助,如开明则厂已被毁,中国铅笔厂、中华科学仪器公司及其余小厂则不能不加以援助。此举觉甚为重要,否则纸张固有问题,即明春之教科书亦感无限之困难也。教育部所措施,此间殊有责备之批评。

十二、工厂迁移事,大体已上轨道,现在只须专向航运着想,陆续运输。职来此已逾限期,未能早日完工,甚为惭怍,然其困难亦殊非初料所及。拟恳派员来沪接替,俾得早日返京听候驱策,乞示遵。顾毓琇先生已晤面,如无锡之工厂能及早着手迁移,当可为国家保留许多元气也。

右报告谨呈
秘书长钧鉴

职林继庸

(9)第十一号报告(9月16日)

报告　字第十一号　廿六年九月十六日晨于上海

一、九月十四日运出:(一)中华铁工厂四艘,领队庄阿大、叶孝根,工人16名。(二)远大森记铁工厂一艘,领队染立夫,工人2名。(三)华成电器制造厂四艘。(四)益丰搪瓷公司二艘,领队董吉甫、唐少卿,职工2名。

(五)中国无线电业公司二艘,领队张焱、陈元德,工人5名。

二、奉呈报关机件清单:(一)三雄铁工厂、(二)茂利帆篷厂、(三)益丰搪瓷公司、(四)华新电焊公司、(五)瑞泰机器厂、(六)永利电机厂、(七)华生电器厂、(八)华成电器厂、(九)中华辗铜厂、(十)中国机器厂、(十一)三北机器造船厂、(十二)中华铁工厂(自第41至第52批)。

三、各银行货仓清单除中国、交通、民生、国华四行已交来外,昨日续有上海、新华二行交来,经已填入表内。

四、前拟《工厂迁移内地后制造原料之救济办法》一文,经已即日送去。兹闻审查结果,除政府机关欠款由银行代垫及已迁厂家留在上海之地皮房产请银行押款两项不能办到外,其余各项皆可协助云,但书面答复尚未送到。

五、顷间奉到盐电,嘱将行政院原案外之工厂名称、性质、能力及所需费用等列表具报,等因。查原案外之工厂请求补助搬迁者,有制船厂及文化事业工厂与吴蕴初兄之天利等四厂,均已于微、虞、咸三电呈报,其余多是小厂,所费无几,似不必另制预算。至于棉业、绸业等纺织工厂,则已请李升伯先生另筹全盘计划,在该项计划未得核准时,除经费方面由各厂自筹外,其他种种协助均由职会极力代筹,惟原案内有电器工厂一项,虽将业名列入,惟未另制预算。现在华生及华成两厂亦着手迁移,骤增九万余元经费,颇费踌躇耳。(此款似未能另制预算)而以前徘徊观望之工厂,近日蜂拥而来,预计近十日内须支款项当在十余万之数。来日方长,再不及早结束,则56万元之数必不敷用也。兹另纸将近日支数列呈,敬请查核。又关于审核账目一举,目前尚不能办到,因各厂多是凭担保具领,沿途支销,故须待至各厂到达地点外,乃能核对收据。届时拟恳派员审核,以昭慎重。

右报告谨呈
秘书长钧鉴

职林继庸
九月十六日

附：

此账九月十五日止。

厂名	运输费	装箱费	职工川资生活费	备注
合作五金公司	7,729.52	2,101.19	2,170	
顺昌铁工厂	4,563.30	838.22	690	
新中机器厂	10,382.54	1,393.79	4,130	
精一机器厂	2,053.75	341.30	1,740	
利用机器厂	530	185.50	610	
启文机器厂	408.10	123.90	100	
大鑫钢铁厂	2,072.30	702.45	2,580	
合众电器公司	4,162.62	154.12		
金钢电池厂	609.50	25.27	290	
新民机器厂	3,050.15	1,827.03	2,900	
姚兴昌机器厂	296.80	130.00	390	
中兴	1,303.50			此款运装川资未分开故总付之
中国铜铁厂	754.72	283.50	240	
华成电器厂	314.61	72.56	130	
中国建设工厂	355.10	137.72	370	
慎昌翻砂厂	1,618.62		950	
中华无线电厂	3,562.13	492.97		
中国电池厂	1,676.60	684.60	1,350	
中华铁工厂	19,214.16	1,931.51	1,970	
三北机器厂	4,648.44	1,083.46		
冠生园制罐厂	827.32		350	
	70,133.78	12,509.10	20,970	总共 103,612.88

此外尚有康元厂2万、大鑫厂5万、上海机器厂1.5万元，共8.5万元尚未开数。

华生、华成两厂亦亟待支发，其余各厂尚待装箱雇船候款者尚多，已批准未付者约15万元。

林继庸具报　九月十六日晨

(10)第十二号报告(9月17日)

报告　字第十二号　九月十七日于上海

一、今晨得宋子文先生大力,取得民船700艘、火轮30艘,已到者68艘、火轮7艘,其余陆续可到。此数须共同分配,职会大约可分得三分之一,亦可稍济急需也。

二、今晚冯专门委员家铮趁京沪车返京,托带返第十及第十一号报告,内关于咸日钧电所询各节,均可详细答复。然恐途中有阻,有误提案,今晚乘周专门委员维干搭汽车返京之便,特托将报告书副本带呈,以备参阅。

谨呈
秘书长钧鉴

职林继庸

附:九月十五日电报(副本)

资源委员会委员长转教育部长王钧鉴:资密。上海文化印刷事业工厂等迁移内地事,经接洽者有中华书局机器廿部、书纸二千吨,大东书局机器卅部,纸张、原料八十吨,中国标准铅笔厂机器卅部、原料及制成品四百吨,中华科学图书仪器公司机器三部、纸张五百吨,商务印书馆机器一部、纸书二千吨,开明书局机器八部、书纸三百吨,精一科学仪器厂机器二十八部、原料五十吨,时事新报机器二部、纸张二百吨,新闻报机器一部、纸张一千吨,其他印刷所机器五十部,纸张、原料一千五百余吨。共计机器约重六百吨,纸张、书籍、原料约重八千吨,所有机器及零件拟给运费全价至汉口,书纸原料拟给半费至镇江。其中全部津贴者为中国标准铅笔厂、中华科学图书仪器公司、开明书局及其他印刷所等,酌予津贴者为中华书局、时事新报馆等,以上估计须给运费之机器约五百吨需要三万五千元,书纸原料及制成品约三千余吨,需费二万五千元,合计五万元。谨将接洽情形电呈鉴核,可否拟具预算提请行政院议决,以资办理,敬候钧裁。又各书局迁移书籍,当以教科书及与科学文化有关者为限。统候示遵。职林继庸、梁明致叩。咸。

(11) 第十三号报告(9月18日)

报告　字第十三号　廿六年九月十八日于上海

一、筱日钧电两通均奉悉。教部代表梁明致秘书已于昨日返京，兹将文化事业迁移预算案内之工厂清单列呈，乞查收。

二、京沪警备司令部办事处以须奉到张总司令命令，方能发给护照，并以张总司令手令所有各项护照均由总部发给为辞。但今日□□局得有张总司令电文，其所领之护照仍是由办事处给发。前日奉到铣日钧电敬悉，已由钧座分电张文白总司令及孙元良师长，但迄今该办事处尚未奉得命令，故未能发给，而总司令部所在地点无人知晓，亦无从交涉。昨晨请俞市长致电张总司令发给护照一百张，迄今俞市长处尚未能得复电，殊感困难也。

右报告谨呈

秘书长钧鉴

职林继庸

附：工厂清单

工厂名称	机器数量及重量	原料制成品数量及重量	附注
1. 大东书局	机器及马达30部24吨	材料120件12吨，纸张190件48吨，书籍100件25吨，纸型图版15件2吨	不受津贴
2. 商务印书馆	机器1部及小机器共20吨	书籍、纸张，共200吨	不受津贴
3. 新闻报馆	机器1部连附件90吨	纸张100吨	不受津贴
4. 中华科学图书仪器公司	机器3部60吨	纸张500吨	机器全费至汉口，原料半费至镇江
5. 中华书局	机器20部80吨，零件10吨，铜模铅字50吨	书1,500吨，纸张500吨	机器零件半费至汉口，原料不予津贴
6. 时事新报馆	机器2部16吨，零件5吨，铅字铜模4吨	纸张200吨	机器零件半费至汉口，原料不予津贴
7. 中国标准国货铅笔厂	机器3部及零件15吨	原料350吨，制成品60吨	机器全费至汉口，原料半费至镇江（一部分已运出）
8. 开明书局	机器8部16吨，小机器10吨，零件4吨	书150吨，纸150吨	机器全费至汉口，原料半费至镇江
9. 大生纸版厂	机器3部1.5吨	原料63吨	机器全费至汉口，原料半费至镇江

续表

工厂名称	机器数量及重量	原料制成品数量及重量	附　注
10.精一科学仪器制造厂	机器28部及零件原料30吨		机器全费至汉口,原料半费至镇江
11.通达石印局	机器4部5吨,零件1吨	原料(油墨、白报纸)20吨	机器全费至汉口,原料半费至镇江
12.濮长兴工厂	机器6部2吨		机器全费至汉口,原料半费至镇江
其　他	机器56吨		
	总共机器109部500吨	总共原料4,780吨	

附注:铜铁机器运至汉口约需五十元一吨,运至镇江需十二元一吨,纸张、书籍运费约加三分之一。

职林继庸具报

二十六年九月十八日上海

(12)第十四号报告(9月20日)

一、连日运出船只计有:(一)建委会电机制造厂十艘,领队钟绍云、陈致中等十人。(二)中华铁工厂二艘,领队李阿富、陆祥根等工人八名。(三)镐昌铁厂一艘,领队铁惠康,工人四名。(四)中国标准国货铅笔厂一艘,领队盛承楠,工人三名。(五)新亚化学制药厂一艘,领队靳怀启,工人二名。(六)汇明电筒电池厂二艘,领队孙九鼎、章润霖,工人四名。(七)三北机器厂一艘,领队孙传德。(八)中国银行管理各厂购料处六艘,领队彭士林。

二、奉呈报关机件清单:(52)大昌铁厂二张、(53)达昌机器厂一张、(54)中国标准国货铅笔厂一张、(55)新大机器厂一张、(56)铸亚铁工厂二张、(57)本会电工器材厂(未给津贴)一张、(58)本会电工器材厂(未给津贴)一张、(59)建委会电机制造厂(未给津贴)五十五张、(60)大华纺织公司(未给津贴)二张、(61)美艺钢器公司第二批五张(前第一批所报者作废)、(62)粹华卡片厂一张、(63)梁新记牙刷厂四张(此两厂均略给津贴)、(64)中国钢铁工厂第二批五张、(65)光明染织厂(未给津贴)七张、(66)中国银行管理各厂购料处(未给津贴)一张、(67)康元制罐厂第四批一张、(68)精华机器厂(略给津贴)三张、(69)中新工厂一张、(70)新亨营造厂(未给津贴)一张、

(71)华成电器厂一张、(72)中国机器厂一张、(73)中国铅丹厂三张。

右报告谨呈

秘书长钧鉴

职林继庸

(13)第十五号报告(9月21日)

报告　字第十五号　廿六年九月二十一日

一、九月十八日钧函内并各地电力容量表经已奉到,当即与各厂商酌分配,拟分一部分至重庆,因卢作孚先生曾表示欢迎,且运费拟减收七折也。

二、前拟就《工人迁移内地后各制造原料之救济办法》一文,呈交宋子文先生,该文副本曾于九月十五日第十号报告内附呈,想邀钧阅。兹经宋先生等于上星期第三十六会议(何项会议未悉)议决,其议决案如下:

第一条,可照办;

第二条,酌量增加,由原承做行接洽;

第三条,到达后,得向当地行酌量商做;

第四条,俟购料会成立后再说;

第五条,不做;

第六条,请政府另筹办法;

第七条,应照银行手续办理;

第八条,由厂方与银行另商办法。

现在各银行货仓对于各厂家提货迁运,均无问题。各银行货仓之存货统由资源委员会接收一举,想吴鸿照先生已另有报告。

三、宋子文先生在兵站取得之民船二百艘及小火轮三十只,拨交新组织之上海市运输委员会管理。该会以杨英(子雄)为主任,其分配船只办法:(一)军用、(二)国防物资(银行所存之物均是国防物资)、(三)政府物资、(四)民用物资,依次序先后搬迁。职会物资列入第四项,故目下不能得丝毫补助。日前千辛万苦请俞市长代电张文白总司令以工厂迁移监督委员会领得之护照一百张,亦为该运输委员会捷手攫去,昨日几经交涉,始取得护照一张。事事仰彼鼻息,殊感困难。且查该项民船多是破坏不堪用者,小火轮亦是马力不足者,故决计不与之争论,仍照职前定办法自己去办。

四、昨日第十四号报告,呈报有民船廿四艘,载有中华铁工厂、建委会电机厂等物资运出,并附呈各厂报关机件清单第52号至73号,共二十二份,想可递到。职处所有报告均列号数,如有遗失,请示知,当即将副本补寄。

五、现在着手整理各厂报关及志愿单(志愿单均列明各该厂物资、重量、件数之估计),审查需用款项数目,数将到行政院原案之预算数目,拟即停止批给款项,以免超出预算。其后来登记之厂,若预算不敷,如无的款指定,则只有听之而已。

六、纺织厂迁移问题,已由李升伯先生另制预算及计划。粮秣饼干等厂迁移问题,已由军部军需署粮秣处派出高苞继先生来沪接洽,职已请渠另制预算。高先生昨晚返京。大约该两项工厂将来迁移,亦必请职会予以种种便利也。

右报告谨呈
秘书长钧鉴

职林继庸

(14)第十六号报告(9月20日)

报告 字第十六号 廿六年九月廿二日于上海

一、连日各厂物资运出者有:(一)华成电器厂民船二艘。(二)中国标准国货铅笔厂二艘,领队许兆明、李献云,工人二名。(三)中国工商橡胶厂三艘,领队邓纯佑,工人十五名。(四)铸亚公司铁工厂七艘,领队张云洲、钱信泳,工人廿八名。(五)中国铅丹厂、中国机器厂共一艘,领队汪友芝,工人十五名。(六)亚浦耳电器厂一艘,领队王国珍、汪鑫奎,工人二名。(七)美艺钢器公司一艘,领队王春芳,工人六名。(八)达昌机器厂、迪安针织厂(未给津贴)二艘,领队孙士桥、毛水根,工人十七名。(九)益丰搪瓷厂二艘,工人二名。(计共二十一艘)

二、奉呈各厂机器物资报关清单计有:(74)康元制罐厂一张、(75)精一科学仪器制造厂(第二批)五张、(76)迪安针织厂(不给津贴)一张、(77)大华纺织厂(未给津贴,报关单待补)、(78)亚浦耳电器厂一张、(79)铸亚公司铁工厂一张(第二批)、(80)中国无线电公司(第二批)廿三张、(81)美亚织绸厂(未给津贴)一张、(82)肖万兴铜器厂一张、(83)明艺针织厂(未给津贴)二张、(84)中国标准国货铅笔厂四张(又补寄(71)华成电器厂一张)。

右报告谨呈

秘书长钧鉴

职林继庸

(15) 第十七号报告(9月26日)

报告 字第十七号 廿六年九月廿六日于上海

一、九月二十二日奉上报告第十六号,陈述有华成电器厂等九家共运出机件民船二十一艘,并附呈康元制罐厂等报关机件清单自第74号至84号共十一份,想已寄到。

二、连日续有下列机件运出:(一)精一科学仪器制造厂一艘,领队滕永康。(二)三北机器造船厂一艘,领队施云珊。(三)中国制钉公司三艘,领队张仰骞、厉顺根。(四)中国科学图书仪器公司五艘,领队周志荣。(五)中国无线电业公司二艘,领队聂松龄。(六)大昌铁厂中兴铁工厂、华新电焊厂共一艘,领队陈宗英。(七)生活书店二艘,领队唐赓浩。(八)华成电器厂三艘。(九)明艺针织厂一艘,领队朱羡之(未给津贴)。(十)大鑫钢铁厂五艘,随船职工一百五十名。(十一)美亚织绸厂二艘,领队宋启岳(未给津贴)。(共二十六艘)

三、奉呈各厂报关机件清单:第(85)大鑫钢铁厂三张、(86)华生电器厂三十一张、(87)新昌机器公司八张、(88)中国铜铁工厂二张、(89)大来机器厂一张、(90—94)商务书馆(不予报关)、(95)大公职业学校机器厂三张、(96)华成电器厂四张、(97)中国铜铁工厂七张、(98)民兴翻砂厂一张、(99)中国科学图书仪器公司四张、(100)希孟氏历钟厂一张、(101)益丰搪瓷厂二张、(102)三北船厂又一张、(103)茂昌船厂二张、(104)昌明电器厂四张、(105)生活书店一张(未给津贴)、(106)中华辗铜厂一张、(107)亚浦耳电器厂一张、(108)大公学校厂二张、(109)中兴铁工厂八张。

右报告谨呈

秘书长钧鉴

职林继庸

(16)第十八号报告(9月28日)

报告 字第十八号 九月二十八日于上海

一、九月二十六日奉呈第十七号报告,陈述有精一科学仪器厂及三北机器造船厂等十二家,并载民船二十六艘运出,并附呈第85号大鑫钢铁厂至109号中兴铁工厂等报关机件清单想呈钧阅。

二、连日各厂迁运物资者有:(一)华丰机器厂一艘(茂昌机器厂及上海铁工厂附),领队蒋锡林。(二)益丰搪瓷厂二艘,工人四名。(三)昌明电器制钟厂二艘,工人二名。(四)华生电器厂七艘,工人孙阿荣、任彩宏等七人。(五)中兴赛璐珞厂一艘,领队龚宝楠,工人五名。(六)维锠机器厂一艘,领队屠欣白,工人九名。(七)茂昌船厂一艘,领队沙锡周,工人三名。(八)广利机器厂一艘,工人陈银连一人。(九)中法制药厂三艘,工人李沇东一名。(共二十四艘)

三、附呈各项报关单计有:(111)华光电化厂一张、(112)大公职业学校机厂四张、(113)利泰翻砂厂五张、(114)中兴赛璐珞厂(此厂可改制无烟药)六张、(115)谭泮蓄电池厂三张、(116)华丰机器厂二张、(117)□(118)华成电器厂四张、(119)源大皮革厂(酌量津贴)三张、(120)强华实业公司(制防毒面具)二张、(121)四明糖厂(不给津贴)一张、(122)亚洲制刀厂(酌给津贴)二张、(123)大公报一张、(124)中法制药厂三张、(127)裕华纱厂(不给津贴)三张。

右报告谨呈

秘书长钧鉴

职林继庸

(17) 第十九号报告(10月1日)

报告　字第十九号　十月一日于上海

一、九月廿八日奉呈第十八号报告,陈述有华丰机器厂、益丰搪瓷厂等十家运出机件物资民船二十四艘,并附呈各厂报关清单由111号至127号,想已妥到。

二、连日各厂机件运出者有:(一)中国铜铁工厂一艘,领队蔡葆真,工人二名。(二)商务印书馆二艘,领队姜国利。(三)新昌机器厂一艘,领队温志成,工人十二名。(四)中华无线电研究社五艘,领队林秉宪、陶有为等,工人五十七名。(五)希孟氏历钟制造厂一艘,领队关景彰,工人十五名。(六)时事新报二艘,领队张异余。(七)中兴铁工厂一艘,领队陆访梅,工人八名。(八)中兴赛璐珞厂一艘,领队顾祝英。(共十四艘)

三、附函奉呈各厂机件报关清单计有:(128)顺昌铁工厂七张、(129)宝兴翻砂厂一张、(130)时事新报五张、(131)中国银行各厂购料处(未给津贴,未请免税,只请免验)、(132)益丰搪瓷厂一张、(133)中华无线电研究社廿七张、(134)振华电器厂三张、(135)上海铁工厂一张、(136)天生五金钢铁工厂一张、(137)华生电器厂七十五张、(138)华成电器厂四张、(139)福泰翻砂厂二张、(140)□□□一张(未予报关)、(141)陈信记翻砂厂一张、(142)泰康罐头公司二张、(143)正中书局三张、(144)工商谊记橡胶厂廿四张、(145)中法制药厂一张、(146)吴顺兴铁厂一张、(147)远大铁厂三张、(148)中华书局一张、(149)中兴赛璐珞厂一张、(150)姜孚铁厂二张、(151)希孟氏历钟厂一张。

四、前承派机器制造厂过技术员持志前来服务,过技术员已于昨日前来开始工作。过技术员因目疾甚剧,医嘱静养一星期,查确是目疾甚剧,已嘱彼休假静养。

右报告谨呈

秘书长钧鉴

职林继庸

十一

(18) 第二十号报告(10月4日)

报告 字第二十号 十月四日于上海

一、十月一日奉上第十九号报告,陈述民船开出者有中国铜铁工厂等八家,共载机件物资十四艘,并附呈各厂机件报关单由128号至151号,谅当钧阅。

二、连日各厂物资运出者有(一)姚顺兴五金机器厂二艘,领队刘老大、王小方,工人四十二名。(二)中国标准国货铅笔厂四艘,领队靳怀启、吴吉甫,工人二名。(三)生活书店(未给津贴)五艘,领队徐启运、王锦云,工人十名。(四)华光电化厂(制电焊条)一艘,领队李鸿寿,工人八名。(五)华生电器厂九艘,领队周松涛,工人九名。(六)仁泰翻砂厂一艘,领队高金明,工人二名。(七)远大森记铁工厂二艘,领队孔顺发。(八)上海机器厂一艘,领队郑升庭。(九)利泰翻砂厂一艘(到无锡)。(十)上海精华机器制造厂一艘(新大森记机器厂附),领队张桂岸、王桂林,工人十九名。(十一)泰康罐头厂一艘,领队夏钦标,工人九名。(十二)亚洲制刀厂一艘,领队杨庆礼,工人四名。(十三)新亚化学制药厂二艘,领队盛承楠,工人三名。(计共三十一艘)

三、附呈各厂报关机件清单计有:(152)上海机器厂一张、(153)新民机器厂二张、(154)合作五金厂五张、(155)中国标准铅笔厂二张、(156—157)华东兄弟厂一张、中新工厂一张、(158)华成电器厂六张、(159)康元制罐厂十张、(160)大公报一张、(161)大新荣橡胶厂十六张、(162)姚兴昌五金工厂六张、(163)中兴文具号(不给津贴)一张、(164)美艺钢器公司二张、(165)美亚织绸厂(不给津贴)二张、(166)东升机器厂一张、(167)大中华火柴公司四张(不给津贴)、(168)□、(169)苏纶纺织厂二张(不给津贴)、(170)商务书馆四张(不给津贴)、(171—175)□、(176)华成电器厂四张、(177)肇新化学厂一张、(178)中华书局一张(未给津贴)、(179)泰顺合厂一张(不给津贴)、(180)中央化学玻璃厂二张、(181)五洲药厂二张、(182)正中书局、(183)民营化学工业社五张、(184)大中华火柴厂七张(不给津贴)。

右报告谨呈
秘书长钧鉴

职林继庸

(19) 第二十一号报告(10月9日)

报告　第二十一号　十月八日于上海

一、十月四日奉上第二十号报告,陈述民船开出者有姚顺兴五金号机器厂等十三家,共载机件物资三十一艘,并附呈各机件报关单由152号至162[184]号,谅荷钧鉴。

二、连日各厂物资运出者有:(一)美亚织绸厂六艘,领队贾贵卿,工人九名。(二)开明书店二艘,领队许志行、何步云。(三)肇新化学厂二艘,领队徐有高、朱阿和,工人一名。(共计十艘)

三、附呈各厂报关机件清单计有:(185)上海机器厂一张、(186)肇新化学厂一张、(187)中华辗铜厂一张、(188)华成电气制造厂五张、(189)天厨味精制造厂二张、(190)天原厂一张、(191)苏纶纺织厂一张、(192)中国标准国货铅笔厂一张、(193)上海机器厂一张、(194)天厨味精制造厂一张、(195)中国标准国货铅笔厂一张。

四、前呈中华书局(178)号关单一张,现据改正,特补呈一份,请赐予更正,并将前送之(178)号关单注销。

右报告谨呈

秘书长钧鉴

职林继庸

民国二十六年十月九日

(20) 第二十二号报告(10月12日)

报告　第二十二号　十月十二日于上海

一、十月八日奉上第二十一号报告,陈述民船开出者有美亚织绸厂等三家,共载机器物资十艘,并附呈各厂机件报关单由185号至195号,谅荷钧鉴。

二、连日各厂物资运出者有:(一)冠生园一艘,领队沈子荣,工人四名。(二)中华书局三艘,工人一名。(三)肇新化学厂五艘,领队朱士家、沙长根、袁金林、王俊清、孙元泰,工人二名。(四)吴祥泰二艘,领队程锦元、洪三,工人十名。(五)生活书店一艘,领队陈文江,工人二名。(六)合作五金公司一艘,领队何阿根,工人五名。(七)中国工商谊记橡胶厂五艘,领队吴承训、王少卿、佟殿甲、陆光寿、刘应辰,工人四十三名。(八)中国标准国货铅笔厂一艘,领队刘升荣,工人九名。(九)兴鸿昌二艘,领队徐维麟、张志松,工人八名。(十)天厨味精厂四艘,领队周忠予,工人三名。(十一)求新工厂一艘,领队许浩森,工人六名。(十二)大中染料厂二艘。(十三)中国科学图书仪器公司四艘,领队李致中、白星舟、任义度、单亚庐。(十四)上海机器厂一艘。(十五)五洲药房一艘,领队戴生荣,工人八名。(十六)福泰翻砂厂、陈信记翻砂厂、利泰翻砂厂一艘,领队李和尚,工人十五名。(十七)华生厂五艘,领队王成昌、陈阿毛、沈阿贵、王荣宝,工人三名。(十八)大隆机器厂三艘,工人一名。(十九)维新梅记实业社一艘,领队吴德瑾,工人一名。(二十)苏沦纺织厂六艘,工人六名。(二十一)资源委员会新亨营造厂三艘。(二十二)可炽昌记铁厂一艘,领队夏谒夏。(共计五十四艘)

三、附呈各厂报告单计有:(196)中国制钉公司二张、(197)亚光制造公司十三张、(198)华生电器厂八张、(199)世界书局一张、(200)中国银行管理各厂驻沪购料处五张、(201)上海喷漆制造厂一张、(202)维新梅记实业社三张、(203)铸亚公司一张、(204)中国无线电业有限公司十三张、(205)华成电气制造厂一张、(206)天厨味精制造厂一张、(207)天原厂一张、(208)天厨厂一张、(209)五洲药房一张、(210)五洲药房一张、(211)五洲药房二张、(212)五洲药房一张、(213)大中染料厂一张、(214)大中染料厂一张、(215)资源委员会机器制造厂一张、(216)新亨营造厂一张、(217)家庭工业社三张、(218)家庭工业社一张、(219)华生电气厂二十九张、(220)兴鸿昌厂十八张、(221)孙立记四张、(222)广利砂砻机器厂二张、(223)肇新化学厂一张、(224)华昌无线电制作所十张、(225)和兴造船机器厂四张、(226)大众笔厂一张、(227)华成针织厂一张、(228)新亚书店一张。

右报告谨呈
秘书长钧鉴
职林继庸谨呈

(21) 第二十三号报告(10月18日)

报告 第二十三号 十月十七日于上海

一、十月十二日奉上第二十二号报告,陈述民船开出者有冠生园等二十二家,共载机器物资五十四艘,并附呈各厂机件报关单由196号至228号,谅荷钧鉴。

二、连日各厂物资运出者有:(一)华生一艘,领队曹吉庆、王咸亮。(二)中国工业炼气股份公司一艘,领队费明宝。(三)泰顺合铜锡铅号一艘,领队王长根,工人十三名。(四)广利砂砻机器厂二艘,领队秦富生,工人三名。(五)中国无线电业公司二艘,领队郑汝良、王明卿,工人六名。(六)谭泮蓄电池厂一艘,领队霍伯华,工人八名。(七)姜孚厂一艘,领队蒋志成,工人五名。(八)远大森记铁工厂一艘,领队毛保森。(九)大隆机器厂二艘,工人二名。(十)顺昌铁工厂五艘,领队瞿世范,工人三名。(十一)中华辗钢厂一艘,领队卢焕文,工人七名。(十二)中华书局三艘。(十三)美亚织绸厂四艘,领队俞柏森,工人八名。(十四)上海喷漆厂一艘。(十五)东升机器厂一艘,领队赵秀山,工人二十四名。(十六)新亚书店一艘,领队赵硕人,工人四名。(十七)民营化学工业社一艘,领队朱正元,工人二十八名。(共计二十九艘)

三、附呈各厂报关单计有:(229)远大森记铁工厂一张、(230)振华制造厂三张、(231)中国工业炼气公司一张、(232)公信厂一张、(233)可炽铁工厂一张、(234)天厨味精制造厂二张、(235)天原厂二张、(236)源大皮厂一张、(237)大中华火柴公司一张、(238)顺昌铁工厂四张、(239)华成电气厂一张、(240)中国图书仪器公司七张、(241)海普制药厂五张、(242)大中华火柴公司一张、(243)美亚织绸厂一张、(244)美亚织绸厂一张、(245)海普制药厂五张、(246)华昌无线电器制作所一张。

四、关于护照事已由淞沪警备司令部发给空白护照一百照,由部字第二〇〇一号至二一〇〇号止,自当妥填使用。

右报告谨呈

秘书长钧鉴

职林继庸谨呈

民国二十六年十月十八日

(22)第二十四号报告(10月21日)

报告　第二十四号　十月二十一日于上海

一、十月十七日奉上第二十三号报告,陈述民船开出者有华生厂等十七家,共载机器物资二十九艘,并附呈报关单由229号至246号,谅荷钧鉴。

二、连日各厂物资运出者有:(一)华昌无线电制作所二艘,领队童国魏、张嘉生,工人七名。(二)公信金属品制造厂二艘,领队孙德锵,工人五名。(三)中国标准国货铅笔厂一艘,领队姚俊,工人二名。(四)中国无线电业有限公司一艘,领队杨金才,工人三名。(五)海普制药厂二艘,领队史文德,工人一名。(六)中国机器厂、中国铅丹制造厂一艘,领队王仲敏,工人三名。(七)源大制革厂二艘,领队李元芳、王仲舜,工人九名。(八)中华辗铜厂一艘,领队谢和尚,工人二名。(九)炽昌新公司二艘,领队董德章,工人五名。(十)标准牙刷厂一艘,领队田雨良,工人七名。(十一)振华制造厂二艘,领队金银芳,工人十五名。(十二)大众笔厂一艘。(十三)合众机器厂一艘,领队范永华,工人一名。(十四)中国银行管理各厂驻沪购料处九艘,领队陆云卿、杨嘉平。(十五)华成针织厂一艘,领队郭金荪,工人一名。(十六)大新荣橡胶厂六艘,领队童友才、张振林、孙鹤梅,工人男女五十五名。(十七)华生电气厂四艘,领队浦连生、陆金坤、孙兴忠、陈菊意、王东甫。(十八)龙章造纸厂四艘,领队蒯寿鑫、唐阿土、徐阿金、王洪顺。(十九)益丰搪瓷厂四艘。(二十)中华书局二艘。(共四十九艘)

三、附呈各厂报告单计有:(247)三雄铁工厂一张、(248)中国铅丹制造厂一张、(249)中国机器厂一张、(250)大中华火柴公司六张、(251)中华书局一张、(252)华生电气厂五十四张(另项说明)、(253)中国标准国货铅笔厂二张、(254)中国标准国货铅笔厂一张、(255)大光明商行一张、(256)大中华火柴公司三张、(257)华生电气厂七十六张、(258)中国实业机器制造厂七张、(259)启新化学厂一张、(260)龙章造纸厂六张、(261)中华书局一张、(262)大中华火柴公司五张、(263)大中华火柴公司四张、(264)亚洲机器厂二张、(265)美亚织绸厂一张、(266)美亚织绸厂一张、(267)信谊化学制药厂一张、(268)天盛三张、(269)中国科学图书仪器公司二张、(270)中史化学玻璃厂一张、(271)大中华火柴厂五张、(272)大中华火柴厂六张。

四、据华生电器厂函称：该厂以前所送装货报关单均系整个全厂所有之机器材料等混开总单，现因镇关验货员对于该厂已运到镇江之物资，不能依照前项总报关单点验，须按照每船实装之货量分开，报关单方可点验。特将已装出之每只货船物资重抄报送单五十四张，请转函海关将以前所送之总报关单取销，另凭该厂重新造送之报关单查验，以照核实。等情。当经职会以所陈尚属实在情形，函准关务署准予照办，并饬知该厂嗣后对于报关物资不得混开总单致防查验在案。职会前据该厂所送之总报关单业经呈送者计有：40号十八张、86号三十一张、137号七十七张、198号八张、219号二十九张，应请悉予注销，该厂迁移物资即凭252号所送关单五十四张及以后所送之关单为准。敬请鉴核存销为幸。

　　右报告谨呈
秘书长钧鉴

职林继庸谨呈
民国二十六年十月二十一日

(23) 第二十五号报告 (10月25日)

报告　字第二十五号　十月二十五日于上海

一、十月二十一日奉上第二十四号报告，陈述民船开出者有华昌无线电制作所等二十家，共载机器物资四十八艘，并附呈报关单由247号至273号，谅荷钧鉴。

二、连日各厂物资运出者有：(一) 大隆机器厂六艘，工人六名。(二) 华生厂一艘，领队邱桂贞。(三) 亚洲机器公司一艘。(四) 大鑫钢铁工厂二艘，领队谢声宏，工人五名。(五) 中国铜铁工厂一艘。(六) 顺昌铁工厂三艘。(七) 孙立记电气制造厂一艘。(八) 大光明商行一艘，工人一名。(九) 中国蓄电池厂一艘，领队谈宏生。(十) 亚浦耳电气厂一艘。(十一) 汇明电池制造厂三艘，领队焦发奎，工人九名。(十二) 肇新化学厂二艘，领队张玉清、王长荣，工人一名。(十三) 天厨厂一艘，领队王金斗，工人一名。(十四) 中国实业机器厂二艘,领队杨晓初,工人十名。(十五)龙章造纸厂九艘,领队陈福福、吴金山、茅福林、夏野湾、高阿才、盛松松、何根泉、朱泉生、朱荣清。(十六)中国科学图书仪器公司十艘,领队宋根泉、黄桂馥、周玉成、周根山、李致中、白星舟、任义度、单庐、陈四一、柳树山,工人三十八名。(十七)生活书店三艘,领队英根实、张长友、龚张林,工人五名。(十八)大丰恒布厂二艘,领队张桂兴、曹邦泰,工人三名。(十九)大丰余染织厂二艘,领队孙永生、王荣生,工人三名。(二十)华中公司二艘,领队鲁登林、王阿成,工人十二名。(二十一)新亨营造厂、资源委员会机器制造厂四艘。(共五十八艘)

三、附呈各厂报关单计有:(273)汉兴机器厂三张、(274)华生电器厂二十六张、(275)龙章造纸厂七张、(276)大鑫钢厂二张、(277)中国铜铁工厂三张、(278)吴祥泰机器厂九张、(279)大中华火柴厂三张、(280)上海营业公司一张、(281)肇新化学厂一张、(282)龙章造纸厂七张、(283)中国科学仪器图书公司一张、(284)中国亚浦耳电器厂一张、(285)华生电器厂二十三张、(286)开明书店一张。

四、自第二十一号报告至二十五号报告止,所报迁移物资各厂报关单,其中有系自费迁移,职会只予以运输便利者,查报如下:第二十一号报告计有苏纶纺织厂一家,第二十二号报告计有中国银行管理各厂驻沪购料处、五洲药房、资源委员会机器制造厂、新亨营造厂(所运物资系兵工署炮兵技术处所用,经兵工署胡天一处长证明)、家庭工业社、大众笔厂、华成针织厂等七家,第二十三号报告计有大中华火柴公司、美亚织绸厂二家,第二十四号报告计有大中华火柴公司、大光明电料行、龙章造纸厂、美亚织绸厂等四家,第二十五号报告计有龙章造纸厂、大中华火柴厂、上海营业公司(经济委员会扬子江水利委员会建筑华阳镇水闸需用物料,请予运输便利)等三家。

右报告谨呈

秘书长钧鉴

职林继庸

民国二十六年十月二十五日

(24) 第二十六号报告(10月29日)

报告　第二十六号　十月二十九日于上海

一、十月二十五日奉上第二十五号报告，陈述民船开出者有大隆机器厂等二十一家，共载机器物资五十八艘，并附报关单由273号至286号，谅荷钧鉴。

二、连日各厂物资运出者有：(一)天原厂六艘，领队李厚山、周舜卿，工人六名。(二)天利厂三艘，领队姜钦华，工人二名。(三)大隆机器厂一艘，工人一名。(四)美新名片厂二艘。(五)龙章造纸厂五艘，领队茅善根、夏章林、周阿大、周唐僧、陆景华。(六)军事委员会资源委员会工程团上海区团部四艘，领队徐根林、孙淦森、韩学仁、黄广胡，工人二十七名。(七)肇新化学厂十艘，领队倪玉金、杨高如、应长基、金德顺、施长富、刘立祥、张有德、陈裕才、蒋兴苏、郭明清，工人三名。(八)炽昌新公司二艘，领队龚仁生，工人八名。(九)中兴赛璐珞厂一艘，领队武长庚，工人一名。(十)华成电器厂一艘，领队沈福泉。(十一)天厨厂三艘，领队周舜卿，工人六名。

三、附呈各厂报关单计：(287)冠生园七张、(288)冠生园一张、(289)信谊化学制药厂一张、(290)龙章造纸厂四张、(291)大中华火柴公司五张、(292)大中华火柴公司十四张、(293)华生电气厂三张、(294)中国铜铁工厂一张、(295)公盛厂一张、(296)大公报馆一张、(297)中国铜铁工厂一张、(298)华成电器厂二张、(299)天原厂一张、(300)天利厂九张、(301)肇新化学厂一张、(302)求新石粉厂一张、(303)中国银行管理各厂驻沪购料处五张、(304)中国蓄电池一张、(305)大中华火柴公司一张、(306)大中华火柴公司一张。

四、上列各报关厂家，其中系自费迁移本会只给予运输便利者计有龙章造纸厂、大中华火柴公司、公盛厂、中国银行管理各厂驻沪购料处等四家。

五、自二十七日以后，苏州河运道已不通行，现各民船暂改由南京日晖港开行，尚无阻碍。

六、本会在马浪路四十一号楼上办公处所，因屋主收回，现改迁四川路企业大楼五〇四号房办公，与工厂联合迁移委员会同在一处，处理公务更为便利。

　　右报告谨呈

秘书长钧鉴

职林继庸谨呈
民国二十六年十月廿九日

(25) 第二十七号报告 (11 月 2 日)

报告　第二十七号　十一月二日于上海

　　一、十月二十九日奉上第二十六号报告,陈述民船开出者有天原厂等十一家,共载机器物资三十八艘,并附呈报关单由 287 号至 306 号,谅荷钧鉴。

　　二、连日各厂物资运出者有:(一)天利厂三艘。(二)龙章造纸厂十八艘,领队颜二、姚景泉、金绍祥、杨小毛、奚金泉、王永福、陆小生、陆全林、朱全根、金根保、沈阿大、徐锡卿、孙贵富、吴锡海、吴毛义、狄阿兴、张文贵、林鸿茂。(三)大中华橡胶厂二艘。(四)冠生园二艘,领队王钧衡、徐瘦影,工人七名。(五)公盛厂二艘。(六)上海协记糖厂一艘,领队沈志兴,工人二名。(七)中国银行管理各厂驻沪购料处三艘,领队徐培根、黄三宾。(八)交通部国际电台二艘,领队乐阿海,工人五名。(共计三十三艘)

　　三、附呈各厂报关单计:(307)天原厂六张、(308)天厨味精厂五张、(309)中法药房五张、(310)龙章造纸厂七张、(311)美新名片厂二张、(312)中国标准国货铅笔厂二张、(313)中国标准国货铅笔厂一张、(314)上海协记糖厂一张、(315)公益铁工厂三张、(316)昌明公司一张、(317)炽昌新公司四张、(318)龙章造纸厂六张、(319)华成电器厂一张、(320)中新工厂一张、(321)大中华火柴公司一张、(322)中国银行管理各厂驻沪购料处一张、(323)中兴赛璐珞厂五张、(324)建设委员会电机制造厂一张、(325)龙章造纸厂九张、(326)公记电池厂一张、(327)天利厂五张、(328)申新纺织第三厂四张、(329)鸿新染织厂六张、(330)大中华橡胶厂七张、(331)中国银行管理各厂驻沪购料处一张。

　　四、上列各报关厂家,其中只给予运输便利者计有美新名片厂、协记糖厂、公益铁工厂、龙章造纸厂、大中华火柴公司、中国银行管理各厂购料处、建设委员会电机制造厂、申新纺织第三厂等八家。

右报告谨呈

翁
钱 秘书长钧鉴

职林继庸谨呈
民国二十六年十一月二日

(26)第二十八号报告(11月8日)

报告　第二十八号　十一月八日于上海

一、十一月二日奉上第二十七号报告,陈述民船开出者有天利厂等七家,共载机器物资三十三艘,并附呈报关单由307号至331号,谅荷钧鉴。

二、连日各厂物资运出者有:(一)天盛厂三艘,领队董长贵、张贵年、段庆云,工人三名。(二)远大铁工厂一艘,领队毛伯龄,工人二名。(三)亚光制造公司二艘,领队胡汉文,工人四名。(四)大中华橡胶厂二艘。(五)龙章造纸厂十艘。(六)炽昌新公司二艘,领队施振琪,工人七名。(七)建设委员会电机制造厂一艘。(八)中国制钉公司二艘,领队余意新。(九)大中华火柴公司二艘,领队王阿茂、金福林,工人一名。(十)中国银行管理各厂驻沪购料处三艘。(十一)中国建设工程公司一艘,领队唐士根,工人二名。(十二)维新梅记实业社一艘,领队王锦章,工人一名。(十三)鸿新染织厂一艘,工人七名。(十四)中兴文具公司一艘。(共计三十二艘)

三、附呈各厂报关单计:(332)中华铁工厂二张、(333)维新梅记实业社五张、(334)龙章造纸厂六张、(335)炽昌新公司一张、(336)中国植物油料厂一张、(337)中国植物油料厂二张、(338)大中华火柴公司二张、(339)炽昌新公司五张、(340)中法药房一张、(341)大中华火柴公司一张、(342)华成电气厂一张、(343)炽昌新公司二张、(344)龙章造纸厂九张、(345)大中华火柴公司一张、(346)大中华橡胶厂一张、(347)远大铁工厂一张、(348)远大铁工厂一张、(349)中国科学仪器图书公司一张、(350)中国制钉公司一张、(351)中国建设工程公司中建电机制造厂四张、(352)龙章造纸厂二张、(353)耀华电器厂一张、(354)耀华电器厂一张、(355)龙章造纸厂二张、(356)龙章造纸厂一张、(357)中央工业职业学校八张、(358)合作五金厂一张、(359)天盛厂八张、(360)肇新化学厂一张、(361)普益经纬公司二张。

四、上列各报关厂家,其中只给予运输便利者计有中国植物油料厂、大中华火柴公司、龙章造纸厂、中建电机制造厂、中央工业职业学校、普益经纬公司等六家。

右报告谨呈

秘书长钧鉴

职林继庸谨呈

民国二十六年十一月八日

(27)第二十九号报告(11月12日)

报告　第二十九号　十一月十二日于上海

一、十一月八日奉上第二十八号报告,陈述民船开出者有天盛厂等十四家,共载机器物资三十二艘,又附呈报关单由332号至361号,谅荷钧鉴。

二、连日各厂物资运出者至十日止,计有:(一)昌明电器公司一艘。(二)炽昌新公司二艘,领队万盈,工人六名。(三)开明书店二艘,领队潘长松、邢庆良,工人六名。(四)鸿新染织厂一艘,工人四名。(共六艘)

三、附呈各厂报关单计:(362)鸿新染织厂一张、(363)资源委员会机器制造厂一张、(364)华生电器厂五张、(365)晋新印刷所三张、(366)民生实业公司一张、(367)中国电工企业公司一张、(368)炽昌新公司二张、(369)大鑫钢铁厂一张、(370)公记电池厂一张、(371)国立中央工业职业学校一张。

四、上列各报关单厂家,其中只给予运输便利者计有鸿新染织厂、资委会机器制造厂、民生实业公司、中国电工企业公司(教育部用品)、国立中央工业职校等五家。

五、报关单363号资委会机器厂板运三角铁一百零四根,计重十吨半,此批钢料经列入第五十八号报关单,并经送呈在案。兹据过持志称:因当时所雇民船不胜载重,致有三角铁一百零四根未能运出,现再雇船装运,又以前送之报关单限期已过,特再补具关单以凭验收。等情。除函关务署洽办外,谨此陈明,请将五十八号开单所列三角铁数量赐予更正,以免重复。

六、自我军退出上海,内河交通突受影响,自十一日起,尚有少数厂家所运物资改装太古怡和轮船往南通州转镇,惟重量机器不能装运,且定舱位亦不易,运输殊感困难也。

右报告谨呈
秘书长钧鉴

职林继庸谨呈

(28) 第三十号报告(11月19日)

报告　第三十号　十一月十九日于上海

一、十一月十二日奉上第二十九号报告,陈述民船开出者计有昌明电器公司等四家,共载机器物资六艘,并附呈报关单由362号至371号止,谅荷钧鉴。

二、连日各厂物资均改为轮运,再转民船到镇,兹据呈请报关者计有:(372)司法行政部法医研究所计关单五张、(373)时事新报一张、(374)大鑫钢铁厂二张、(375)天厨味精厂二张、(376)天原厂二张、(377)天利厂一张、(378)天利厂一张、(379)华成电气制造厂一张、(380)暨南大学一张、(381)华孚金笔厂八张、(382)中华铁工厂一张、(383)汉阳工业厂五张、(384)新民机器厂二张。

三、上列各报关单只给予运输便利者计有司法行政部法医研究所、时事新报、暨南大学、华孚金笔厂、汉阳工业厂等五家。

四、职会现以核准有案之各迁移厂家所运物资将次运竣,定本月十六日起,办理结束事宜,并酌留职员钱文达佐理一切;上海工厂联合迁移委员会亦已于十五日办理结束。兹据议定各项会务限于本月底前为止了结,届时即撤消会址,解散职员(后拟留职员二三人办理结束事务),所有应行移交事件,暂存牛庄路七四二号,静候接收在案,谨此奉闻。

右报告谨呈

秘书长钧鉴

职林继庸谨呈

民国二十六年十一月十九日

[资源委员会档案]

7. 林继庸为沪八家造船厂迁移事致钱昌照密电(1937年9月7日)

钱秘书长钧鉴：资密。各造船厂拟迁者有三北、公茂、和兴、中华、恒昌祥、中乙、鸿翔兴、鸿昌八家，工作机约百部，机械冷作电焊等工场工具附件俱全，钢板原料约500吨，技术工人约700名，据开预算请拨装箱费约6,000元，运费约3.5万元，川资、旅费、津贴等约3.5万元，临江边地皮约60亩。又请借建筑等费约25万元。该项工厂深宜制船、桥梁、锅炉、大号机件钢甲等项制造实为急需，恳请代为提议，是否可行，乞示遵。职林继庸。虞。(上海)

[资源委员会档案]

8. 林继庸编制上海工业迁移状态表(1937年9月)

上海工厂迁移状态表(截至九月十一日止)

号数	工厂名称	负责人姓名	原有地址	制造种类	机器内容	附记
1	上海机器厂	颜耀秋	静安寺路兴和里南市打浦路福鑫里杨树浦丹阳路	制造各种机器修配零件	4呎~1丈车床10部，钻床13部，3~7呎车床17部，铣、钻、磨等床9部，3呎~1丈车床12部，各种机床17部，大小马达6只	8月25日已运出
2	合作五金公司	胡叔常	嘉定县城内合作路	制造弹簧门锁干粮袋等各种小五金用品	冲床25部、刨床2部、车床10部、马达$2\frac{1}{2}$~25匹共14只、柴油引擎2只、拨直丝机1部、发电机3部、各种电镀及喷漆机等	8月27日已运出
3	新民机器厂	胡颙文	塘山路796号	制造各种机器	4呎~1丈大小车床21部、刨床8部、钻床4床、各种应用机器20余部	8月27日已运出

续表

号数	工厂名称	姓名	原有地址	制造种类	机器内容	附记
4	顺昌铁工厂	马雄冠	周家渡白尼南路	制造各种机器	车床6部,刨床1部,钻床1部,铣床、磨床各1部,镗床1部,起重机1部,抽水机1部,马达8只	8月22日已运出
5	利用五金厂	沈鸿		制造各种机器	8呎车床2部、6呎车床1部、4呎1部、刨床8呎1部、18呎1部	9月1日已运出
6	华成电器制造厂	周锦水		制造电器用具	各种车床25部、大小冲床9部、刨床、自动罗丝床	9月6日已运出
7	大鑫钢厂	余名钰		制造各种机器,修配各种零件及大车上零件	电炉2套、车床25部、钻床15部、刨床11部、压沙机14部、1/2至30匹马达36只、行车2部及各种小机器30部	9月1日已运出
8	勤昌机器厂	周良义	虹口岳州路90号	制造各种机器	大小车床7部,钻床3部,刨床2部,大小马达18只,35匹、24匹、12匹引擎4部,8匹引擎2部	已填志愿单
9	中新工厂	吕时新			大小冲床8部、4～6呎车床各1部、各种机车约20部	已填志愿单
10	中国制钉公司	钱祥标		制造各种钉	各号制钉机12部、9呎车床1部、7呎车床1部、拉丝机22部	已填志愿单
11	新中工程公司	支秉渊		制造各种机器	大小车床42部、钻床11部、刨床5部、铣床、磨床等20余部	9月2日已运出
12	远大铁工厂	张廷邦		制造各种机器	6呎至8呎车床6部、刨床及钻床2部	已填志愿单
13	姚兴昌机器厂	姚瑞麟	戈登路	制造各种机器	6～8呎车床5部、马达1只、钻床2部、刨床1部	9月1日已运出
14	精一科学仪器厂	胡允甫	公平路524弄	制造科学器械	4呎车床7部、冲床5部、刨床钻床等各种机器20部	9月1日已运出
15	中华铁工厂	王佐才		制造各种机器	6～9呎车床18部、刨床3部、钻床2部	已填志愿单
16	源大皮革厂	朱宝峰		制造皮革	马达5只、各种制皮机器约15部	已填志愿单、皮件已运出、机器未运
17	启文机器厂	李诩生		制造号码机、打字机	铣床2部、车床2部、雕刻机2部、电钻5部	9月1日已运出
18	罗莲昌铜铁机器厂	罗莲章	成都路846号	制造及修理机器		已接洽者

续表

号数	工厂名称	负责人姓名	原有地址	制造种类	机器内容	附记
19	上海实业公司	黄文翰	槟榔路280弄51号			已接洽者
20	永丰五金电器厂	刘启周	威海卫路	制造及修电机等		已接洽者
21	金钢电池厂	赵启明	辣斐德路426号	制造电池	充电机等	9月4日已运出
22	华东兄弟机器厂		西爱咸斯路31号			已接洽者
23	新业工厂	李俶	平凉路1841号			已接洽者
24	全泰金记铁工厂	黄金生	白尔部路蒲石路46号	制造及修理机器		已接洽者
25	炽昌新牛皮胶厂	汪季材	贝勒路底恒庆里	炼制牛皮胶		已接洽者
26	谭泮蓄电池厂	谭泮	劳合路54号	制造蓄电池		已接洽者
27	亚美无线电公司	苏祖修	江西路323号	制造无线电用品		已接洽者
28	中华无线电研究社	邹雅言	甘世东路200号	制造无线电用品		已填报关单
29	镍昌机器厂	施瑞芳	北成都路1025号	制造及修理机器		已接洽者
30	中国无线电业公司	王端骧	徐家汇路345号	制造及修理无线电用品		已填报关单
31	公茂机器造船厂	施恩湛	贝勒路底恒庆里	制造及修理轮船		已装运
32	汇明电池电筒制造厂	丁熊明	南阳桥新乐里		打电机3部、喷砂机1部	已装运
33	恒达机器制罐厂	胡耀庭	南成都155弄20号	制造罐头		已接洽者
34	亚光制造公司	张惠康	戈登路普陀路220号			已接洽者
35	强华实业公司	陈世觉	中汇大楼434号	橡胶面具		已接洽者
36	申昌机器厂	陆顺泉	北福建路老闸桥	制造及修理机器		已接洽者
37	郭源隆机器厂	郭海林	南市里马路三泰码头	制造及修理机器		已接洽者
38	中国标准铅笔厂	吴蘂梅	上海科桥路1176号	制造各种铅笔		已填志愿单
39	中国建设工程公司	陈祖光	江西路368号		车床4部,钻床、冲床喷漆器等马达3只	已运出
40	合众电气公司	王振基		制造蓄电池、电筒	压大电机、压小电机、车床、钻床、喷砂机、马达等	已运出
41	建设委员会电机制造厂	许应期		制造蓄电池、电筒	冲床5部、刨床4部、车床马达2只、锉床、钻床等	已运出

续表

号数	工厂名称	负责人姓名	原有地址	制造种类	机器内容	附记
42	中国铜铁工厂	李贤尧			冲床、车床、锯床、马达等	已运出
43	中兴钢珠轴领公司	吕建康		钢珠轴领马达		已运出
44	慎昌铸工厂	黄生茂		翻砂工作	砂箱	已装运
45	大中染料厂	董敬庄	龙华天钤路中山路	制造染料颜料	11号粉碎机1部、干燥盘马达2只、锅炉1组	已填志愿单
46	中国蓄电池厂	胡国光	北宝兴路董家宅	制造蓄电池	马达13只、车床3部、辗丝车扎线机17只、自动冲床	已报关
47	光明染织厂	强粹君	上海大木桥237号	染织	煤气烧毛机、开幅机、上浆机、退浆机、烘干机	已报关
48	新亚药厂	许冠群	新闸路1095号	制药	各种制药机器	已报关
49	和兴造船机器厂			造船		在装箱
50	冠生园罐头厂	冼冠生		制造罐头		已填志愿单
51	三北机器造船厂	叶松春	龙华路882弄4号	造船		在装箱
52	民兴化铁翻砂厂	郭永熙	戈登路876弄70号	翻砂		已报关
53	联普防水布厂	梁士雄	上海西体育会路877号	制造防水布、漆布等	雨衣布机、轧胶机、刷布机、马达等	已填志愿单
54	华生电器厂	叶友才	南翔分厂	制造电气用具	车床、钻床、铣床等	已填志愿单
55	大公机械厂	林美衍	龙华路局门路	制造修理机器	6呎车床24部、8呎车床4部、12呎车床1部、刨床、钻床、马达	已填志愿单
56	新昌袜机厂	温栋臣	沪军营口	制造袜机及零件		已填志愿单
57	大昌铁工厂	余恩培		制造各种机器	车床、冲床、钻床、刨床等	已接洽
58	中国窑业公司	胡佐高				已运出
59	文新珐琅厂	钱宗建				已接洽
60	东方瓷砖公司	潘立夫		该厂可制耐酸陶器		已接洽
61	肇新化学厂	李祖彝	沪西周家桥西金家8号			已填志愿单
62	中国化学工业社	李祖范			已填志愿单	
63	工商橡胶厂	孙洪成		橡胶制品防毒面具		已填报关单
64	益丰搪瓷厂	葛纪元 董吉甫	西门斜桥局门路	搪瓷器皿		已接洽
65	求新石粉工厂	许耘仙	西光复路34号		磨粉机、轧石机等	已接洽
66	康元制罐厂	项康原		制造罐头		已报关
67	北洋翻砂厂	樊子珍			已接洽	

续表

号数	工厂名称	负责人 姓名	负责人 原有地址	制造种类	机器内容	附记
68	美艺钢器公司	朱文奎			马达大小5只、$4\frac{1}{2}$~9呎车床6部、冲床大小18部、锯床、钻床等	已运出
69	公信金属品制造厂	刘鹤卿	虬江路庵益里23号		自动冲压床24部、机器□水盘、滚卷丝机小号5部	已填志愿单
70	大中华火柴公司燮昌厂	刘鸿生	浦东陆家渡			
71	亚浦耳电器厂	胡西园	辽阳路66号	风扇、电泡等		已填志愿单
72	复兴棉织厂	章笃良	南市陆家滨后街68号	棉织品	台姆鲁机3部、喷水机1部	
73	中国股份公司制罐厂	张废发	闸北宝昌路443号	印铁、制罐、热水瓶	冲床20余部、反边车切边车印铁机等	
74	普新印刷所	沈荣贵	南市肇嘉路176号	印刷	对开机1部、圆盘3部	
75	新大机器厂	王桂林	南市国货路22号	制造修理机件	车床、钻床、锯床各1部	
76	大华红丹公司	韩星桥	闸北金陵路康吉路4号	制造红丹	磨机、筛机、抽风机等	
77	大新荣橡胶厂	刘福勋	东京路1082号	制橡胶用品	和料机、鞋面机、鞋底机、干燥机、马达80匹3只、20匹1只	
78	大来机器厂	温渭川	沪军营路46号	制造及修理机件	车床、刨床、钻床等	
79	中兴铁工厂	陈炳勋	欧嘉路71号			
80	达昌机器翻砂厂	任立泉	南市陆家滨路1220号	翻砂	车床5部、钻床2部	
81	中国机器厂	吴纪春	南市高昌庙制江路13号		车床4部、钻床1部、刨床1部	
82	中华造船厂	盛聘如				
83	鸿昌机器造船厂	钟山道				
84	恒昌祥造船厂					
85	华已造船厂					
86	鸿翔兴造船厂					
87	天利淡气厂					

续表

号数	工厂名称	负责人		制造种类	机器内容	附记
		姓名	原有地址			
88	天元电化厂					
89	天厨味精厂					
90	天盛耐酸陶器厂					
91	商务印书馆					
92	中华书局					
93	时事新报馆					
94	中国科学仪器公司					
95	信谊药厂					
96	永固漆厂					
97	希孟氏历钟厂					
98	海军飞机制造厂					已运出
99	华利时伞骨厂					
100	东方瓷砖公司					
101	三雄铁工厂					已填志愿单
102	茂利帆篷厂					已填志愿单
103	华新电焊厂					已填志愿单
104	纬业绸厂					已填志愿单 未给津贴
105	振华制造厂			电筒电气零件		已填志愿单

附注:已填报关单者即可运出。各厂内容请查工业调查表。

[资源委员会档案]

9.林继庸等请示关于上海文化印刷事业工厂等迁移事宜密电

(1937年9月15日)

资源委员会委员长蒋:教育部部长王钧鉴:密。上海文化印刷事业工场等迁移内地事,经接洽者有:中华书局,机器20部,书纸2,000吨;大东书局,机器30部,纸张原料80吨;中国标准铅笔厂,机器3部,原料及制成品400吨;中华科学图书仪器公司,机器3部,纸张500吨;商务印书馆,机器1部,纸书2,000吨;开明书局,机器8部,书纸300吨;时事新报,机器2部,纸张200吨;新闻报,机器1部,纸张1,000吨;其他印刷所,机器50部,纸张原料1,500余吨。其计机器约重600吨,纸张、书籍、原料约重8,000吨,所有机器及零件拟给运费全价至汉口,书纸原料拟给半费至镇江,其中全部津贴者为中国标准铅笔厂、中华科学图书仪器公司、开明书局及其他印刷所等,酌予津贴者为中华书局、时事新报馆等,不必津贴者为大东书局、商务印书馆、新闻报馆等。以上估计须给运费之机器约500吨,需费2.5万元,书纸原料及制成品约3,000余吨,需费2.5万元,合计5万元。谨将接洽情形电呈鉴核,可否拟具预算提请行政院议决,以资办理,敬候钧裁。又各书局迁移书籍当以教科书及与科学文化有关者为限。统候示遵。职林继庸、梁明致叩。咸。[上海]

[资源委员会档案]

10. 军政部请设法将沪各大罐头饼干厂及大华利酵母厂等即日迁汉以增军需公函(1937年9月22日)

军政部密函 豫(丙)字第3917号

顷据本部南昌粮秣场派赴上海少校科员高苞继电称:沪各大罐头、饼干厂,除冠生园外,余各厂及大华利酵母厂均愿迁移汉口,等情。查上项工厂关系军用携粮食及副食物至巨,现值全面抗战,是项食品需用万分急切,拟请贵会提前设法将该厂等即日迁汉,以增军食资源。除电复外,相应函请查照办理,并迅赐复,无任感荷。此致

资源委员会

中华民国二十六年九月二十二日

[资源委员会档案]

11. 汤仲明为迁移工厂请求事项节略(1937年9月27日)

拟请制造唐克车节略

自倭寇封锁吾国海岸,军器进口势将感受困难,所有军用物品必须设法

自造，方能长期抗战。仲明前在法时，曾在 Renault 轻式坦克车厂实习有年，对其制造方法及所用工具稍有心得，其最要部分当为发动机，仲明近年来因自造汽车，对于此项发动机曾深加研究，并已制出多部，效力与耐久均尚满意。兹值抗战期间，仲明愿以一知所得，供献国家，拟用敝工厂设备，稍加补充，负责制造，谨将进行办法略陈于后：

一、查敝工厂地处上海南市，因非久安之地，现已将机器拆卸装箱，敬候搬运内地，惟因与江苏银行有抵押放款关系，须得保证方能起运，拟请政府指明适当地点，早予迁移，并向江苏银行代为保证，藉以维持放款合同精神。

二、今后进行方式，敝厂希望仍保持商业性质，拟请政府预为借给资金十万元，此款以后分期拨还，并请派员监督进行。

三、查制造大批唐克车需用原料甚多，现在上海方面尚有采购，拟请政府即拨款购置，一并搬运后方，以免继绝原料之虞。

以上三端，敬请鉴夺采择，无任企盼。此呈资源委员会

仲明机器公司工厂厂长　汤仲明谨呈
廿三［六］年九月二十七日

［资源委员会档案］

12. 林继庸关于在汉口办理厂矿内迁历次工作报告（1937年10月19日—1938年1月18日）

(1) 10月19日报告

报告　二十六年十月十九日于汉口

职奉派赴汉口划配到汉各工厂地段，并与地方官厅及电力、自来水、航业、工商界、银行界等接洽，予迁汉各厂以各种便利事宜，遵即于十月十二日乘江汉轮船启程，十四日深夜到埠，驻汉四日，当即将应办各事妥办完毕，于十月十九日乘轮返京复命。兹谨将办理各事呈报如下：

一、勘察武昌市外洪山、播箕山附近荒地环境，并分配到汉各厂地址及亩数，以避免特殊建筑、坟地、风景区及各厂互不妨碍工作为原则。

二、与湖北省政府卢秘书长铸、民政厅孟厅长广澎、省会警察局蔡局长孟

坚、武昌市政处杨处长、武昌县杨县长适生等商酌圈地及保护事宜,当由各地方长官表示尽力给予方便,务使一经圈定地点,即可着手动工,再办圈地征收手续。

三、与汉口市政府吴市长国桢、范秘书长实等商酌在汉口硚口方面征地及商借日租界房屋事宜,均承表示可以办到。

四、与省党部彭特派员国钧、市党部陈特派员泮岭商酌劳工管理及训练事宜,当承表示极力办妥。

五、与既济水电厂潘经理铭新商酌动力充分供给问题,当承表示在汉口方面日夜可供给八千启罗瓦特之数,并可用过江电缆通至武昌,再分配至工厂所在地。查其电气材料供给,亦已商有办法。

六、十月十七日柬宴武汉党、政、军、工商、银行、交通、动力、各界暨到汉工厂代表等,于新生活俱乐部交换意见,到会者89人,宾主欢洽。

七、此次分配各厂厂地于分散之中,仍寓集聚之意,盖太过分散,则动力及交通恐成问题;若太过密集,则目标显露,空防危险也。将来须筑轻便铁路由粤汉路起,绕经洪山、播箕山而至江滨,长约十余公里,再于江边择地建筑码头,以利交通,又开凿渠沟,灌长江之水于东湖,则交通更便,而各化学工厂之水量供给,亦可解决矣。惟目前厂地既定,亟待平土动工,各厂多需金融接济,以免旷日耗时,深盼钧座等妥定借款办法,俾得着手兴工。职虽与中国银行代表沈镇南君接洽暂借10万元,以为目前救济,然恐人微言轻,不能速就也。

右报告谨呈

秘书长 翁
　　　 钱

职林继庸

(2) 12月4日报告

报告　民国二十六年十二月四日于汉口

兹谨将厂矿迁移监督委员会近日在汉口工作汇报如次:

1. 关于地段征收事,叠经职与李副组长景潞往晤武昌县政府龚秘书(因访晤杨县长不值)、鄂省府民政厅主任秘书向君(因严厅长立三爽约未获晤)

及建设厅石厅长瑛等接洽。龚秘书以为如得省府命令,则一切事宜均可迎刃而解。向主任秘书代述严厅长意见两点:(一)武汉情形严重,何以必要在此觅地建厂,若能他迁较为安全地点,则可多为国家保存实力;(二)现在此地因抽壮丁及捐税负担等项,民众已对政府有怨言,若再强行征地,则恐民众更有不良感想云云。职将此两点详为解释驳论后,向主任秘书始允请严厅长请示何主席意旨如何再答覆。民厅案件有批驳武昌县政府之呈文,以为该县政府所拟定地价每方4元至8元未免与地主所要求者过差字样。石厅长表示两点:(一)鄂省府已有迁移至秭归以东之拟,武汉在此时不宜设厂;(二)彼未就职以前,在京已闻多人诉述本会在武昌征地定价过低,此事颇感棘手云云。近因何主席新赋悼亡,恐不易得见,拟于六日再往晤民政、建设两厅长接洽,并再晓谕为首阻挠之长春观侯道人,使此事易于解决。万一不能接近,或须用本会名义,采军用征地法征收地亩,再租与厂方开工建筑。

2.关于抵汉工厂再作内迁一事,经与厂方接洽第一批愿迁往重庆者有:(一)中新机器厂机件约20吨;(二)启文机器厂机件约10吨;(三)大公机器厂机件约30吨;(四)永利电机厂机件约20吨;(五)中华铁工厂机件约150吨;(六)顺昌铁工厂机件约200吨;共计430吨,工人120名,经已代为接洽借款及运输工具矣。又大鑫钢铁工厂已奉第三部命令迁往四川泸县,美亚织绸厂经已大部分迁渝,大成纺织厂自动将针织机件约350吨待轮运渝。其余拟迁湖南及四川之万县、鄂西之秭归等处者,日间当可接洽妥当,容俟续报。三北、华丰、茂昌等制船厂拟迁往宜昌,经已着手派人前往宜昌接洽矣。

3.铁路部关于铁路运输凡机器、半制品、原料等项准予半价收费,经已通知京沪、沪杭甬、胶济、津浦、陇海、平汉、南浔等路,遵照办理,至于粤汉及浙赣两路尚待接洽。

4.行政院议决补助第二批工厂迁移费52.6万元一案,经工矿调整委员会及本会向财政部交涉,今日庞司长松舟来告以此案财政部不允履行,复文即可签发云。

5.前由工矿调整委员会汇镇江中国银行垫借江苏省工厂迁移费20万元一款,尚未动支,该款退回京支行。现在镇江中国银行经理王恩官、江苏省农工生产指导委员会委员李韧哉、财政厅长赵棣华,均已来汉。

6. 工厂迁移监督委员会上海、镇江、汉口各办事处均于十一月底办结束。镇江办事人员陶寿康、施才两员,均已返汉口,施才现调工矿调整委员会武汉办事处任办事员,仍帮办工厂迁汉善后事宜。上海办事人员钱文达,经已饬令设法将案件间道带来汉口,以便报销,其旅费、月薪拟支至抵汉时止。

7. 职参加工矿调整委员会谈话会,内中多关于工厂迁移事项,谨附呈谈话会纪要,敬请参阅。

右报告谨呈

秘书长 翁
钱

职林继庸

(3) 12月12日报告

报告　民国二十六年十二月十二日于汉口

兹谨将厂矿迁移监督委员会本星期工作汇报如次:

一、接上海电讯,上海工厂迁移监督委员会驻沪人员钱书记文达,已于月之七日由沪启程往港转车来汉,此行携带迁移监督委员会档案文件及报销单据等件,如途中无阻,三两日内当可到汉。俟钱书记抵汉后,即可着手将迁移工厂案内所有开支作第一步报销。

二、上海工厂联合迁移委员会正副主席颜耀秋、胡厥文等,由沪往港转机飞机,日内当可到达。

三、上海工厂联合迁移委员会及各地办事处,均已于上月底结束。

四、迁鄂各工厂自上海工厂联合迁移委员会结束后,即着手组织迁鄂工厂联合会,于月之十日开全体大会,公举颜耀秋(上海机器厂)、支秉渊(新中机器厂)、叶友才(华生电器厂)、吕时新(中新机器厂)、余名钰(大鑫钢铁厂)、王佐才(中华铁工厂)、周锦水(华成电器厂)、吴蕴初(天利淡气厂)、高士恒(美亚织绸厂)、林美衍(大公职业学校机器厂)、余中南(中华辗铜厂)等11人为委员,胡厥文等5人为候补委员,以颜耀秋、支秉渊、叶友才、高士恒、林美衍等5人为常务委员。该会成立后,日间即呈报工矿调整委员会备案云。

五、上海启新化学厂经理李祖彝来函报告该厂共领得津贴990余元,经装出民船九艘来汉,最后又装出民船十艘,适值上海失守,该项货物现仍搁置黄浦江滨,正设法营救,如将来不能抵汉,则将原领之津贴按数退回云。

六、中华辗铜厂经理余中南领去津贴1.3万余元,惟该厂物资抵汉者几何,尚未见报告,俟上海工厂联合迁移委员会案件到汉后,如查有别情,自当根据该厂领款之保证人及领款证追缴,以重公帑。

七、四川财政厅长刘航琛电召华西公司经理胡光庶飞汉商洽抵鄂工厂迁往重庆事宜,胡已于十日抵汉。连日由职召集厂家代表与胡氏共商具体办法,俟商得方案再呈报鉴核。

八、红山、播箕山征收建厂地段事,近日由支秉渊君进行与地主商酌地价。据该地主表示,地价在每亩一百元至二百元之间,并愿代向各处地主疏通,务使地价每亩不致超出二百四十元云。查支君新中厂地段甚近武昌城,为各处地段最佳者之一,如该地段能得成交,则其余各处地段当可易于着手进行也。

九、关于各厂复工事,现正极力租厂或租地盖厂,务使同类之工厂集合一处,以便易于管理,同时并积极向兵工署代领工作,以解决各厂生活问题,大约日间总有解决办法,容俟呈报。

右报告谨呈

秘书长 翁
　　　　钱

职林继庸

附呈:工矿调整委员会关于工厂迁移事宜谈话会纪要第四、五、六、七次四纸。[原缺]

(4) 12月19日报告

报告　廿六年十二月十九日于汉口

兹谨将本星期内关于工厂迁移事项陈述如下:

一、上海办事人员钱书记文达电告于月之七日携同文件、清单等离沪转港来汉,但迄未抵达,殊为焦虑。颜耀秋、胡厥文两君电告于月之十四日可抵港飞汉,亦未见到,故关于上海工厂迁移报销尚未能着手。

二、关于武昌洪山购地事,经新中公司支秉渊君与地主艾忠和堂艾玉溪于十八日签订草约,地价围地每市方四元,田地每市方一元九角。查该项地段位在两马路转角处,且高爽平坦,堪称佳地。目下各处地主深盼早日可以成交。据地主艾玉溪云:此次征收地段纠纷,实因武昌县长杨适生与保甲等各欲垄断所致云。

三、关于维持迁汉工厂开工问题,已由李副组长与兵工厂洽商领出大批手溜[榴]弹,由迁鄂工厂联合会负责分配工作。

四、数日来接洽工厂重迁事,经有下列工厂愿意重迁,其余各厂亦在进行考虑中。四川省主席刘湘经已电致川省政府欢迎,并由刘主席派员报告翁秘书长矣。四川省工业专家胡光庶君来汉,曾与讨论多次,惟胡君此次是个人名义出来帮忙,未能决定办法,仅交换意见而已,现胡君已定于廿一日返渝。至关于湖南方面政府援助情形,职曾托湖南省工业专家胡安恺君代为调查,胡君昨由湘来汉,面告以湘省建厅长余剑秋谓产销税无法减免,因新厂可邀准免,则已有之厂家亦必援例请求,影响于省政府预算云。又张主席到任未几,万端待理,对于帮助工厂迁湘办法亦未议定云。

五、工矿调整委员会经已核定工厂迁移协助办法,兹附呈油印五张。

六、凡运往重庆物资势须由宜昌转运,但因目下宜昌货物堆积,将来转运重庆未知等待何时,为求安全起见,经与联合运输办事处童课长少生商酌,拟在宜昌西距约三十余里之平山坎地方搭棚存货,一俟将来派员前往宜昌组织分站时,再详细勘察。

右报告谨呈

秘书长 翁 钧鉴
　　　　钱

专门委员林继庸

工厂重迁名单(十二月十九日止)

厂名	核定迁移地点	机器吨数	工人	请求借款额	备注
中央化学玻璃厂	重庆	29.6吨	60	700,000	机器23吨,材料6.6吨
华光电化厂	重庆	2,420公斤	8	89,000	
中国建设工程公司	尚未定实	9.4吨	3	109,000	
中国无线电业公司	重庆	42吨	53	690,000	机器23吨,材料20吨
精华机器厂	重庆	13吨	10	274,000	
大公铁工厂	重庆	42.35吨	15	505,000	
美艺铜器公司	重庆	40吨	6		
顺昌公司武汉工厂	重庆	200吨	45	2,000,000	
中华铁工厂	宜昌	150吨	60	2,600,000	
新中工程公司	湘乡	189吨	40		
利用五金厂	湘乡	13吨	11		拟迁湖南,自维持工作,暂缓起运
启文机器厂	湘乡	6吨	6		
民营化学工业社	常德	18.12吨	26	130,000	
中国商谊记橡胶厂	常德	204.86吨	71	749,700	

工矿调整委员会工厂迁移借款办法

(一)所有已核准借款之工厂,应由厂矿迁移监督委员会通知本会财务组,以便拨付。(附格式)

(二)财务组于收到前项通知书后,即与工厂签订借款契约。(附格式)

(三)所有迁移借款分两部分拨付:

(甲)为手续简便起见,所有轮船运费由本会直接拨付轮船公司。

(乙)除轮船运费外,余额于合同签订后由工厂填具收据,(附格式)本会即一次拨付。

(四)各工厂向轮船公司将吨位运费妥洽后,应即来本会请发证明书。

前项证明书分为三联:第一联为本会致轮船公司证明函,轮船公司即凭此函将货装运;第二联为工厂收到本会借款之收据;第三联为轮船公司致工厂收到运费之通知函。第二联由工厂填就,第三联由轮船公司填就,即由轮船公司持向本会收款(附格式),本会付款后,即将第三联送达工厂。

(五)借款条件规定如下:

（甲）自收到借款日起，三年归还，第一年满还20%，第二年满还30%，第三年满还50%。

（乙）利率周息六厘，每十二个月付息一次。

（丙）应取具殷实担保三家，各工厂得联环互保，但担保人之资格须经迁移监督委员会核准。

（六）所有迁移重庆各工厂，其借款手续应分两次办理：

自汉至宜昌一段，应在汉口办理；自宜昌至重庆一段，应在宜昌办理。

工厂迁移协助办法［略］

（5）12月27日报告

报告　廿六年十二月二十七日于汉口

关于上星期工厂迁移事项，谨报告如下：

一、廿一日厂矿迁移监督委员会召集会议，到会者委员孙拯、林继庸、高惜冰、周介春、恽震等，参加者杨继曾、李景潞及厂方代表颜耀秋、胡厥文、支秉渊等，是日讨论多属报告性质，只议定以后非有重要事务不必召集会议，诸事交由主任委员及执行组负责办理。

二、前派高惜冰前往九江、芜湖及陈世桢前往河南，迁移各该地工厂，现该两员均已返汉，只有开封农具器械制造厂自行迁往武胜关附近，及九江光大瓷器厂自行迁往桂林，先取道汉口，再谋前进。

三、上海工厂联合迁移委员会颜耀秋、胡厥文均已于廿二日抵汉，职会留沪书记钱文达亦已于廿三抵汉，现已赶办报销，惟厂家细账清单尚未到齐，正函电交促中。

四、近日由镇江运到汉之厂家有永利铔厂、中国炼气公司（该公司运到氧气钢管四百支）、三雄铁工厂、维锟机器厂、中华辗铜厂、天厨味精厂、天原电化厂、天利淡气厂、天盛陶器厂等，由南昌运到者有新中公司之桥梁厂。

五、四川省政府派建设厅长何北衡飞汉商洽工厂迁川事，据何厅长云：川、省政府愿与本会合作，对于工厂征地问题，愿极力给予方便。今晚召集迁川各厂代表与何厅长洽商，何氏对厂方口头答复，并欢迎炼铁厂、机器厂、化学工厂、玻璃厂、赛璐珞厂、纸厂、皮厂、纱厂等入川。四川纱厂甚为急需,若迁入15万锭之纱厂,则原料不成问题云。离重庆45公里地名北碚,有平地数千亩,可供建工业区之用,现正设法接引电力到达云。

六、附呈各厂重迁状态表一张,但经何北衡厅长对厂家谈话后,预料迁川之厂或较此表所载者为多也。

右报告谨呈

秘书长 翁
钱

职林继庸

各厂重迁状态表(截至十二月廿三日止)

	厂名	汉口通讯址	负责人	总吨数	迁移目的地	备注
1	中新铁工厂	汉口宁波里18号	吕时新	5	重庆	
2	顺昌铁工厂	汉口洞庭街村3号	马雄冠	200	重庆	已部分迁出
3	中华铁工厂	汉口宁波里16号	陈复昌	150	重庆	
4	大公铁工厂	汉口云樵路丽华里5号	林美衍	35	重庆	
5	中国建设工程公司	汉口吉庆街退思里2号	李贻棠	9.4	重庆	
6	大鑫钢铁厂	汉口宁波里17号	余名钰	706	重庆	已迁出106吨
7	合作五金公司	汉口湖南街明巽公司2号	胡叔棠	27.9	重庆	
8	美艺钢器公司	汉口湖北街金城南里街面14号	朱文奎	40	重庆	
9	康元制罐厂	汉口胡林翼路281号	王恺庭	72	重庆	
10	华光电化厂	武昌张江陵路488号	李鸿寿	2.5	重庆	
11	中国无线电公司	汉口汉润里14号	王端骧	42	重庆	
12	中法药房	汉口中山路	沈济川	9.5	重庆	
13	家庭工业社	汉口花布街525号	蔡培楚	16	重庆	
14	中央化学玻璃厂	汉口生成南里8号	徐新之	30	重庆	
15	南京美丰祥印刷所	汉口八大家4号	徐守箴	116.5	重庆	已迁出
16	美亚织绸厂	汉口湖南街建昌里16号	高事恒	182	重庆	一部分迁出
17	精华机器厂	汉口黄陵街138号	张桂岸	13.25	重庆	

续表

	厂名	汉口通讯址	负责人	总吨数	迁移目的地	备注
18	汉口大成纱厂	汉口黄陵街永升平10号	陆绍云	242.8	北碚	一部分迁出
19	中国电池厂	汉口坤元里12号	胡国光	86.75	宜昌	
20	中国铅笔厂	汉口界限路1号	章炜士	245	宜昌	
21	启文机器厂	汉口保成路德成里4号	李翊生	6	湘乡	
22	新中工程公司	汉口吉庆街96号	支秉渊	189	湘乡	
23	利用五金厂	武昌平阁路276号	沈鸿	13	湘乡	
24	大新荣橡胶厂	湘潭湘济街11号	刘福勋	126.58	长沙	已迁出
25	公记电池厂	长沙	梁行	21.12	长沙	已迁出
26	中国银行管理各厂购料处	汉口江汉路保华街口		252.5	常德	
27	中国二商谊记橡胶厂	汉口生成北里福源大楼1号	阮觉施	204.9	衡山	
28	民营化学工业社	汉口生成北里福源大楼1号	杨良弼	18.12	衡山	
29	中兴赛璐珞厂	汉口中山路永康里43号	徐仁暨	62	重庆	
30	天原电化厂	汉口新小路19号	吴蕴初	169	自流井	
31	天盛耐酸陶器厂	汉口新小路19号	吴蕴初	25	自流井	
32	天利淡气厂	汉口新小路19号	吴蕴初	未详	重庆	
33	永利錏厂	汉口洞庭街46号	侯德榜	200.5	重庆	
34	亚浦耳电器厂	汉口崇正里6号	胡西园	20	重庆	
35	时事新报	汉口太平洋饭店315号	郑希涛	86	重庆	
36	陆大铁工厂	汉口铁桥饭店60号	陆之顺	103.5	湘潭	
37	中国煤气机厂	汉口慎昌街11号	李葆和	未详	贵阳	

截至十二月廿六日止,拟迁:四川省,25家,2,460吨(内未详吨数者一家)。湖南者,9家,934吨(内不是工厂者一家)。宜昌者,2家,330吨。贵阳者,10家,吨数未详。

继庸

(6) 1月4日报告

报告 二十七年一月四日于汉口

兹谨报告关于上星期工厂迁移事项如下:

一、上海龙章造纸厂机件42船,于日前有24船安抵汉口,内有二千五百匹马力之蒸汽发电机及锅炉等全套,拟搬迁重庆。其余民船16艘,尚飘流于马当口附近,正设法营救中。

二、迁鄂工厂购地补助办法,经已颁布,附呈办法一份。

三、十二月廿九日及一月二日曾召集武汉纱厂代表开谈话会各一次,讨论结果:震寰纱厂(即大成承租开工之厂)及裕华纱厂自愿合共迁出纱锭三万往渝,并由裕华纱厂董事长苏汰余于月之五日飞渝,预先筹划各项设施。申新第四纱厂因董事长荣宗敬在沪,未敢决定,但第四部代表命令该厂须迁出新锭子二万枚。据闻该厂以不致有受敌方轰炸之虑,拟不欲迁。工矿调整会对于各纱厂迁渝之命令,即可颁发。兹将两次谈话会纪录附呈察阅。

四、附呈最近工厂迁移状态表,计接洽者已五十家。

右报告谨呈

秘书长　翁
　　　　钱

职林继庸

工矿调整委员会对迁鄂工厂购地补助办法[略]

迁移监督委员会召集武汉各纱厂代表谈话纪要(廿六年十二月廿九日下午四时)[略]

工矿调整委员会厂矿迁移监督委员会召集武汉各纱厂代表第二次谈话纪要[略]

各厂重迁统计表(廿七年一月三日)

省别	厂数	吨数	备注
四川	37	653,473	美亚、周恒盛吨位未列入
湖南	7	168,022	
广西	2	14,990	
湖北	2	28,975	宜昌
云南	1	11,000	
贵州	1	22,800	
总计	50	899,260	

各厂重迁状态表（截至廿七年一月三日止）

厂名	负责人	武汉通讯处	目的地	吨数	备注
顺昌铁工厂	马雄冠	汉口洞庭村3号	重庆	200	一部分已运出
中华铁工厂	陈复昌	汉口宁波里16号	重庆	150	已运出29.24吨
大鑫钢铁厂	余名钰	汉口宁波里17号	重庆	616	已运出
大公铁工厂	林美衍	汉口云樵路丽华里5号	重庆	35	
合作五金厂	胡叔棠	汉口湖南街明巽公司	重庆	228	
美艺钢器公司	朱文奎	汉口金城南里街面14号	重庆	40	
华光电化厂	李鸿寿	武昌张江陵路488号	重庆	242	
中国无线电公司	王端骧	汉口汉润里14号	重庆	42	已运出
中法药房	沈济川	汉口中山路	重庆	95	已运出
中央化学玻璃厂	徐新之	汉口生成南里8号	重庆	296	
精华机器厂	张桂岸	汉口黄陂街138号	重庆	13	已运出
陆大工厂	陆之顺	汉口三民路铁乔饭店	重庆	1,035	
上海机器厂	颜耀秋	武昌武胜门外炉坊口	重庆	65	
中兴赛璐珞厂	徐仁暨	汉口中山路永康里43号	重庆	54	
时事新报	郑希涛	汉口太平洋饭店115号	重庆	62	
中新工厂	吕时新	汉口宁波里18号	重庆	5	已运出,均系材料
家庭工业社	蔡培楚	汉口花布街525号	重庆	16	已运出
美亚织绸厂	高事恒	汉口延昌里16号	重庆		一部分已运出
永利铔厂	侯德榜	汉口洞庭街46号	重庆	2,005	
天原电化厂	吴蕴初	汉口新小路19号	自流井	16,927	已运出
天利淡气厂	吴蕴初	汉口新小路19号	重庆	49	
天盛陶器厂	吴蕴初	汉口新小路19号	重庆	25	已运出
美丰祥印刷所	徐守箴	汉口八大家4号	重庆	1,165	
大成纱厂	陆绍云	汉口黄陂街永升平10号	北碚	2,428	已运出
亚浦耳电器厂	胡西园	汉口崇正里6号	重庆	20	

续表

厂名	负责人	武汉通讯处	目的地	吨数	备注
中国科学仪器公司	宋乃公	汉口红汉一路27号	重庆	280	
振华电器厂	陈康年	汉口花楼街282号	重庆	25	
达昌机器厂	任之泉	汉口汉正街武圣庙	重庆	65	
中国制钉厂	叶伯荫	汉口戴家巷中国盛庄	重庆	300	
精一科学器械厂	胡允甫	武昌张江陵路平湖港	重庆	2,122	
康元制罐厂	唐亚良	武昌胡林翼路281号	重庆	35	
民营化学工业社	杨良弼	汉口生成北里1号	重庆	1,812	
公益铁工厂	施之铨	武昌小朝街54号	重庆	60	
周恒顺工厂	周茂柏	汉阳	重庆		
震寰纱厂	杨锡五	武昌	重庆	70,000	
裕华纱厂	苏汰余	武昌	重庆	140,000	
申新纱厂	李国伟	汉口硚口	重庆	140,000	
中国工商橡胶厂	阮觉施	汉口生成北里福元大楼	昆明	110	已运出
维昌机器厂	任海歧	汉口吉庆街13号	长沙	245	
新中工程公司	支秉渊	武昌中山路109号	湘乡	189	
利用五金厂	沈鸿	武昌平阅路276号		13	拟迁湖南，暂缓起运
启文机器厂	李翊生	汉口保成路义成里1号	湘乡	6	
中国蓄电池厂	胡国光	汉口坤元里12号	宜昌	4,475	
中国铅笔厂	章伟士	汉口界限路1号	宜昌	245	
中国煤气机厂	李葆和	汉口慎昌街11号	贵阳	228	
中国建设工程公司	李贻棠	汉口吉庆街退思里2号	桂林	94	
新荣橡胶厂	刘福勋	长沙顺星桥粤湘商号22号	长沙	1,266	已运到
公记电池厂	梁行		长沙	2,112	已运到
中国银行购料处		汉口江汉路保华街口	常德	1,300	已运出552.5吨
江西光瓷器公司	杜重远	汉口交通路生活书店	桂林	1,405	

(7) 1月4日报告

报告　民国二十七年一月十一日于汉口

兹谨将上星期工厂迁移事项报告如下：

一、前在上海办理工厂迁移时期，曾向本会国外贸易事务所上海办事处陆续支付上海工厂迁移联合会迁移费用55万元（尚余10万元存于上海国外贸易事务所未用），现该会已缴回余款3万元，即交会计室收。其开支细数用户余款细数，尚未寄到，已屡次催促办理。

二、职前赴上海时，承电汇5,000元以为监督委员会办公及旅费支销。其余款3,000元，已缴交会计室。各项开支细账，正在覆核中，日间即可呈报。

三、日来陆续由镇江飘运物资到汉者，有苏纶纱厂四明糖厂及兴鸿昌纺织机器制造厂等三家。

四、关于设立宜昌分站以便协助各厂重迁事宜，已由厂矿迁移监督委员会派汪泰经、施才二员前往。

五、奉翁主任委员谕，派职前往重庆筹划安置迁川各厂事宜，职现定于月之十八日启程前往。

六、截至今日止，各厂请求重迁者已达53家，内拟迁四川者11家。兹将各厂最近重迁状态表附呈鉴核。

右报告谨呈

秘书长 翁
　　　　钱

职林继庸

各厂重迁状态表（截至廿七年一月十一日止）

厂　　名	汉口通讯处	负责人	总吨数	迁移目的地	备注
中新铁工厂	汉口宁波里18号	吕时新	5	重庆	已起运，均材料
顺昌铁工厂	汉口洞庭街洞庭村3号	马雄冠	200	重庆	已运出25.85
中华铁工厂	汉口宁波里16号	陈复昌	194	重庆	已运出44
大公铁工厂	汉口云樵路丽华里5号	林美衍	35	重庆	已运出
中国建设工程公司	汉口吉庆街退思生2号	李贻棠	9.4	重庆	改运桂林，已运出8
大鑫钢铁厂	汉口宁波里17号	余名钰	616	重庆	已运出600
合作五金公司	汉口湖南街明巽公司2号	胡叔棠	27.9	重庆	已运出23
美艺钢器公司	汉口湖北街金南里街面14号	朱文奎	40	重庆	已运出
康元制罐厂	汉口胡林翼路281号	王恺庭	72	重庆	已运出
华光电化厂	武昌张江陵路488号	李鸿寿	2.5	重庆	
中国无线电公司	汉口汉润里14号	王端骧	421	重庆	已运出139

续表

厂　　名	汉口通讯处	负责人	总吨数	迁移目的地	备注
中法药房	汉口中山路	沈济川	9.5	重庆	已运出
家庭工业社	汉口花布街525号	蔡培楚	16	重庆	已运出
中央化学玻璃厂	汉口生成南里8号	徐新之	30	重庆	已迁出
南京美丰祥印刷所	汉口八大家4号	徐守箴	111.5	重庆	
美亚织绸厂	汉口湖南街延昌里16号	高事恒		重庆	一部分迁出
精华机器厂	汉口黄陂街138号	张桂岸	13.25	重庆	已运出11.5
汉口大成纱厂	汉口黄陂街永升平10号	陆绍云	242.8	北碚	一部分迁出
中国电池厂	汉口坤元里12号	胡国光	86.75	宜昌	已运出一部分,改运重庆
中国铅笔厂	汉口界限路1号	章炜士	24.5	宜昌	已运出
启文机器厂	汉口保成路德成里4号	李翊生	6	湘乡	
新中工程公司	汉口吉庆街96号	支秉渊	189	湘乡	
利用五金厂	武昌平阅路276号	沈鸿	13	西安	待运
大新荣橡胶厂	湘潭湘济街11号	刘福勋	126.58	湘潭	已迁出
公记电池厂	长沙	梁行	21.12	长沙	已迁出
中国银行管理各厂购料处	汉口江汉路保华街口		1,300	常德	已运出
中国工商谊记橡胶厂	汉口生成北里福源大楼1号	阮觉施	204.9	常德	已运出
民营化学工业社	汉口生成北里福源大楼1号	杨良弼	18.12	重庆	已运出
天利天盛两厂	汉口新小路19号	吴蕴初	49.25	重庆	已运出一部分
天原电化厂	汉口新小路19号	吴蕴初	169	自流井	已运出
亚浦耳电器厂	汉口崇正里6号	胡西园	20	重庆	
陆大铁工厂	汉口铁路饭店60号	陆之顺	103.5	湘潭	改运重庆,一月九日运出
中国煤气九厂	汉口慎昌街11号	李葆和	228	贵阳	先迁重庆
中兴赛璐珞厂	汉口中山路永广里43号	徐仁暨	62	重庆	
时事新报	汉口太平洋饭店315号	郑希涛	60	重庆	
永利锉厂	汉口洞庭街46号	侯德榜	200.5	重庆	已运出
上海机器厂	武昌炉坊口20号	颜耀秋	65	重庆	已运出
中国科学仪器公司	汉口江汉一路27号	宋乃公	280	重庆	
振华电器制造厂	汉口花楼街282号	陈康年	25	重庆	
江西光大瓷器公司		杜重远	140.5	桂林	
大成纺织染公司	汉口黄陂街永升平10号	陆绍云	242.8	重庆	已运出
龙章造纸厂	汉口一德街五号二楼	庞元浩	373	北碚	
公益铁工厂		荣一心	60	重庆	
周恒顺工厂	汉阳	周茂柏		重庆	

续表

厂　　　名	汉口通讯处	负责人	总吨数	迁移目的地	备注
震寰纱厂	武昌	刘笃生	700	重庆	
裕华纱厂	武昌	苏汰余	1,400	重庆	
申新纱厂	汉口硚口	李国伟	1,400	重庆	
武汉大学机械工厂	武昌珞珈山	王星拱	69	重庆	
生活书店	汉口交通路	甘　园	20.42	重庆	已全运出
汇明电池厂	汉口华商街5号	章润霖	18.15	重庆	已全运出
益丰搪瓷厂	汉口戴家巷14号	张德闳	25.66	重庆	
陈信记翻砂厂		陈信记	9.00	重庆	
希孟氏历钟厂		丁希孟	16.00	重庆	

(8) 1月17日报告

报告　一月十七日

　　窃奉工矿调整委员会主任委员翁面谕，派职前往川省办理与该省政府合作筹设各迁川工厂安置事宜，谨遵于一月十八日乘机前往，理合报请备案。

谨呈

秘书长翁

副秘书长钱

职林继庸

(9) 1月18日报告

报告　民国二十六[七]年一月十八日于汉口

　　兹谨将一星期来关于工厂迁移事项报告如下：

　　一、与申新第四纱厂及美亚织绸厂商议迁移纱锭前往昆明设厂事，结果：申新第四纱厂允将在英新购现在途中之纱锭一万五千枚，及美亚织绸厂之美恒纱厂已装箱存沪之纱锭一万枚，合共锭子二万五千枚，取道海防运往昆明设厂。沿途运费一项，已托美亚织绸厂发电前往调查，一俟得有报告，当即制造预算方案，请工矿调整委员会补助。

　　二、新民机器厂经理胡厥文，拟将存沪机件运往昆明设厂。上海纸业公会主席金润庠,拟设纸厂于昆明。金君已往港转滇。胡君亦定十日后往港,取道桂省往滇。家庭工业社陈小蝶及新亚制药厂何鸣锋、□光荣亦不日往滇,相机发展。

三、滇省向植罂粟,凡可植罂粟之地均可植棉,故此后滇省发展植棉事业,即可直接铲除鸦片烟之毒焰。此事已面请旅汉之滇省政府委员周煌甫先生注意,并数与张秘书文潜谈及,促其负责推动。

四、工商谊记橡胶厂决定迁滇,已派厂长阮觉施负责运出机件前往筹设。厂矿迁移监督委员会计划,以后尽量将存沪机件设法运滇设厂,各机件之到达汉口者,不拟远道入滇。

五、近来由镇江运到各厂物资者,有大中华橡胶厂民船一艘,尚有三艘未到;又四明糖厂及大成纱厂各有一艘续到。

六、关于上海工厂监督迁委会办公费用,及职与钱文达、王序端、施才、陶寿康、李荃荪、吴至信诸员旅费等开支,均已列表报销呈核。

七、职定今晨乘机飞渝,办理迁川工厂安置事宜。如无其他急务,则两间可返汉。在职离汉期内,所有关于工厂迁移情况报告,托由李副主任景潞代为呈报。(附注:今日因天气恶劣,职未能成行,只得顺延候机。继庸)

八、附呈最近工厂迁移状态表一份。

右报告谨呈

秘书长 翁
钱

职林继庸

截至元月十七日止,共两页。继庸。

各厂重迁状态表

厂名	通讯处	负责人	迁移目的地	总吨数	已运吨数	备注
中新铁工厂	汉口宁波里18号	吕时新	重庆	5.00	5.00	均材料
顺昌铁工厂	汉口洞庭街洞庭村3号	马雄冠	重庆	240.00	136.29	
中华铁工厂	汉口宁波里16号	陈复昌	重庆	194.00	194.00	

续表

厂名	通讯处	负责人	迁移目的地	总吨数	已运吨数	备注
大公铁工厂	汉口云樵路丽华里5号	林美衍	重庆	35.00	47.00①	
中国建设工程公司	汉口吉庆街退思生2号	李贻棠	重庆	9.40	8.00	改运桂林
大鑫钢铁厂	汉口宁波里17号	余名钰	重庆	616.00	666.00②	
合作五金公司	汉口湖南街明巽公司2号	胡叔棠	重庆	23.00	28.10③	
美艺钢器公司	汉口湖北街金南里街西14号	朱文奎	重庆	40.00		
康元制罐厂	汉口胡林翼路281号	王恺庭	重庆	35.00	28.99	
华光电化厂	武昌张江陵路488号	李鸿寿	重庆	2.50		
中国无线电公司	汉口汉润里14号	王端骧	重庆	113.00	113.00	
中法药房	汉口中山路	沈济川	重庆	9.50	9.44	
家庭工业社	汉口花布街525号	蔡培楚	重庆	16.00	16.00	
中央化学玻璃厂	汉口生成南里8号	徐新之	重庆	30.00	29.82	
南京美丰祥印刷所	汉口八大家4号	徐守箴	重庆	116.50		
美亚织绸厂	汉口湖南街延昌里16号	高事恒	重庆	110.00	110.00	已抵重庆
精华机器厂	汉口黄陂街138号	张桂岸	重庆	13.25	11.50	
汉口大成纱厂	汉口黄陂街永升平10号	陆绍云	北碚	364.80	364.80	
中国电池厂	汉口坤元里12号	胡国光	重庆	86.75	54.25	
中国铅笔厂	汉口界限路1号	章炜士	宜昌	245.00	200.00	
启文机器厂	汉口保成路德成里4号	李翊生	湘乡	6.00		
新中工程公司	汉口吉庆街96号	支秉渊	湘乡	189.00		
利用五金厂	武昌平阅路276号	沈鸿	西安	13.00	13.00	
大新荣橡胶厂	湘潭湘济街11号	刘福勋	湘潭	126.58	126.58	
公记电池厂		梁行	长沙	21.12	21.12	
中国银行管理各厂购料处	汉口江汉路保华街口		常德	1,327.5	1,327.5	
中国工商谊记橡胶厂	汉口生成北里福源大楼1号	阮觉施	昆明	204.90	104.81	
民营化学工业社	汉口生成北里福源大楼1号	杨良弼	贵阳	18.12	14.56	
天利天盛两厂	汉口新小路19号	吴蕴初	重庆	49.00	25.00	

①原文如此。
②原文如此。
③原文如此。

续表

厂名	通讯处	负责人	迁移目的地	总吨数	已运吨数	备注
天原电化厂	汉口新小路19号	吴蕴初	自流井	169.00	229.51	三厂并运
亚浦耳电器厂	汉口崇正里6号	胡西园	重庆	28.00		
陆大铁工厂	汉口铁路饭店60号	陆之顺	重庆	103.50	101.66	
中国煤气机厂	汉口慎昌街11号	李葆和	贵阳	228.00		
中兴赛璐珞厂	汉口中山路永广里43号	徐仁暨	重庆	54.00		
时事新报	汉口太平洋饭店315号	郑希涛	重庆	60.00		
永利铔厂	汉口洞庭街46号	侯德榜	重庆	200.50	200.50	
上海机器厂	武昌炉坊口20号	颜耀秋	重庆	65.00	65.00	
中国科学仪器公司	汉口江汉一路27号	宋乃公	重庆	280.00		
振华电气制造厂	汉口花楼街282号	陈康年	重庆	25.00		
江西光大瓷器公司	汉口交通路生活书店	杜重远	桂林	140.50		
龙章造纸厂	汉口一德街五号二楼	庞元浩	北碚	373.00		
公益铁工厂	汉口福新申新办事处转	荣一心	重庆	60.00		
周恒顺工厂	汉阳	周茂柏	重庆			
震寰纱厂	武昌	杨锡五	重庆	700.00		
裕华纱厂	武昌	苏汰余	重庆	1,400.00		
申新纱厂	汉口硚口	张械泉	重庆	1,400.00		
武汉大学	武昌珞珈山	王星拱	重庆	69.00		
生活书店	汉口交通路	甘 园	重庆	70.42	70.42	
汇明电池厂	汉口华商街5号	章润霖	重庆	18.15	18.15	
益丰搪瓷厂	汉口戴家巷14号	张德闳	重庆	25.66	25.66	
希孟氏历钟厂	汉口府南一路233号	丁希孟	重庆	15.00		
陈信记翻砂厂	汉口日租界清子冀里20号	陈德泉	重庆	9.00		
民康药棉纱布厂	汉口硚口	刘洪源	重庆			
中国实业机器厂	汉口府东五路通和甲46号	张艺林	重庆	99.69		
新亚药厂	汉口扬子街	许超	重庆	21.70		
开明书局	汉口交通路28号	章虚舟	重庆	80.00		
海普制药厂	汉口天隆里十三号	张禹州	重庆			
张瑞生电焊厂 徐兴昌铜器	武昌炉坊口廿号	颜耀秋	重庆	8.56		该两厂由上海机器厂负责代运
维昌机器厂	汉口吉庆街十三号	任海岐	长沙	24.50		

续表

厂名	通讯处	负责人	迁移目的地	总吨数	已运吨数	备注
达昌机器厂	汉口汉正街武圣庙	任之泉	重庆	6.50		
中国制钉厂	汉口戴家巷叶同盛庄	叶伯荫	重庆	353.27		
精一科学器械厂	武昌平湖二巷九号	胡允甫	重庆	21.12	16.70	
京华印书馆	汉口黄陂路八号	王毓英	重庆	255.50	237.01	
清华大学机械厂		庄前鼎	重庆		70.00	
山东大学		林济青	万县		40.00	
三北造船厂	一德街三北公司	叶竹	宜昌	150.00	150.00	
建委会		许应期	宜昌		250.00	
金钢电池厂			长沙	11.00	11.00	
中国实业公司			长沙	180.00	180.00	

工厂迁移内地统计表（第二次修正）

再迁情形		目的地	宜昌	重庆	北碚	自流井	长沙	常德	湘乡	湘潭	桂林	贵阳	昆明	西安	总计
准备内迁工厂	别地到汉者	厂数	3	38	2		6	1		1	2	1		1	58
		吨数	795	3,388.8	404.3	169	552.2	1,327.5	6	135.5	149.9	18.1	204.9	13	7,164.2
		人数	153	837		5	49		2		53	26	71	11	1,207
	原设武汉者	厂数		4	1							1			6
		吨数		3,568.9	364.8							228			4,161.7
		人数										100			100
	共计	厂数	3	42	3	1	6	1	1	1	2	2	1	1	64
		吨数	795	6,957.9	769.1	169	552.2	1,327.5	6	135.5	149.9	246.1	204.9	13	11,325.9
		人数	153	837		5	49		2		53	126	71	11	1307
已迁工厂	厂数		3	23	2	1	4	1		1	1	1	1	1	39
	吨数		600	2,412.5	374.8	169	338.7	1,327.5		135.5	8	15	105	13	5,499.0
待迁吨位			195	4,545.2	394.3	0	213.5	0	6	0	141.9	231.1	99.9		5,826.9
附注	1.本表材料截至一月十五日止 2.凡过汉未停之工厂概计入再迁工厂内 3.建电厂由万县改迁宜昌 4.上次统计表中天原电化厂迁往北碚物资内有36.5吨，系天利物资迁往重庆者，本表依此更正														

［资源委员会档案］

13. 资委会关于上海有关电信制造各厂迁移地点及迁移各厂名单复函稿(1937年10月25日)

案准贵部本年十月十八日勤技字第四五七号函,以关于上海有关电信制造各工厂制造情形,嘱就调查所及详细见复藉资参酌等由,准此。兹就函列三项分别答覆如左:

(一)各厂集中上海,正在迁移时间,且多被敌方破坏,其生产能力已非战前状况,本会以前调查多不能用,应另就有规模厂家详加调查,正准备办理。

(二)原料来源除电池仰给本国外,其余约90%,均仰舶来,其现存原料正在设法调查。

(三)设厂地址,现均迁移武汉,计已迁者有十二家(名单抄附),查武汉原为全国工商业中心,对工业立场点言,仅次于上海,自为适宜,至湘省之长沙、湘潭、常德、衡阳、江西之萍乡、南昌、九江、湖北之沙市、宜昌、四川之重庆亦尚适宜。

相应函覆,即希查照为荷。此致后方勤务部

附抄名单一纸

上海电业工厂,已由上海工厂迁移监督委员会援助迁移名单

甲、无线电业:1. 中华无线电研究所,2. 中国无线电公司,3. 亚美无线电公司,4. 华昌无线电制作所。

乙、电机业:1. 华成电器制造厂,2. 华生电器厂,3. 亚光制造公司。

丙、灯泡业:亚浦耳电器厂。

丁、电池业:1. 中国蓄电池厂,2. 汇明电池电筒制造厂,3. 合众电气公司,4. 烈新炭精厂。

上列各厂,上海比较重要之电业工厂均已包括在内,间有一二工厂如华通电器厂因所受损失太大,致不能迁称。

[资源委员会档案]

14. 军事委员会第三部关于迁移上海浦东各电厂致工矿调整委员会公函(1937年11月2日)

国民政府军事委员会第三部公函　电字第16号

　　查上海浦东各处电厂,因战事影响,所有集中储存之机器材料,时有损坏及失散之危险。迩来全面抗战益趋激烈,沪区形势更见吃紧,本部为保全物资,维持抗战力量起见,经已令饬上海华商、闸北及浦东各电气公司,迅将所存机械器件,连同一切材料,迁运安全地带,妥为储存,一面复派本部电气工业组副组长陈良辅前往指导,并协助各该公司办理迁运机件材料事宜。事关工厂迁移,相应函请查照,转饬厂矿迁移监督委员会查照,并协助办理为荷。

　　此致工矿调整委员会

中华民国二十六年十一月二日

[经济部工矿调整处档案]

15. 军事委员会第四部抄附上海五洲大药房固本皂药厂迁移计划致工矿调整委员会函(1937年11月10日)

军事委员会第四部公函　部发轻字第384号

　　案准本会第三部本年十一月四日化字第16号公函,转据上海五洲大药房有公司呈称:该公司五洲固本皂药厂愿意迁移,并另具迁移计划书草案,请予补助。等情。经检同原计划书函送过部,嘱查核见复。等因。查该厂出品在国内市场极著信誉,若不从速迁移,倘遭破坏殊为可惜,且该厂为医药品工厂,合于修正厂矿迁移原则第三项第五款之规定,所请补助一节,似尚可行,除函复第三部外,相应抄附原计划书草案,函请查核汇案办理,并希见复为荷。

　　此致工矿调整委员会

　　附抄计划书草案一件

部长吴鼎昌
中华民国二十六年十一月十日

抄五洲固本皂药厂迁移计划书草案

(一)迁移之理由与目的

我国日用民生工业,素来偏重集中于上海,自八一三全面抗战以还,百业停顿,交通阻塞,沪上厂商有难以为继之苦,内地民众有供给断绝之虞,矛盾现象不一而足。政府与社会有识之士,目睹此境,以为长此以往殊非保持抗战力量之道,乃有迁厂内地一致之呼声。我五洲固本皂药厂,亦为全国生产事业之一环,其所出品,如肥皂、甘油、化学药品、救护药品以及计划制造中之硬脂酸等(硬脂酸为洋烛、汽车胎之主要原料),或为民生日用,或为军用必需。前时已感供不敷求,战事延长,需要更宏,若不从速设法加紧制造,实不足以副社会殷切之期望。乃以厂房适在战区,安危朝不保暮,开工固有所不能。纵令开工,货物之运输为难,故为今之计,惟有迁移内地安全地带。一以保本厂之财富,即所以保国家之财富;一以内迁之后,得积极工作,加紧生产,以为国家长期抗战之助,即他日时局平靖,以内地制造之物,销于内地,亦甚合理。盖昔所以设厂上海者,以其交通便捷故也。今日之内地,交通网已密布,南北联贯,脉路灵活,无复往昔矣。故本厂之内移问题,决无疑议之余地。惟为顾全上海营业计,留肥皂部分三分之一,家庭药制剂一部在沪,以应就地需要。

(二)迁移后创设之部分与工作之计划

本厂原分制皂、制药二部,民国十年收买徐家汇谨记桥固本厂,而至今日。初时每日只出固本家用皂三百箱,逐年进展,现今每日三千箱,其香皂与药皂亦与时俱进,制药部家庭药、制剂、丸片、臭水、蚊香等各部分。民国廿二年又在上海安和寺路设立第二厂,精制甘油,数年间行销国内,以质良价廉之政,舶来品殆无机会输入。二厂除甘油外,尚进行有机合成药品,已出售者,如安痢生(Sodium – m – Iod – o – oxy – Quinolin – ana – suifonate)、红溴汞、硅酸脲等。在筹设机械中有砒与锑之有机化合物。最近以战事之需要碘素及其制剂氰仿、重氰硫化胺、安息香酸等,亦在计划制造,今拟分三部如次:

一、肥皂部:

    a 家用皂组。

    b 香皂与药皂组。

c　皂粉组(在计划中)。

二、甘油与硬脂酸部：

a　甘油组。

b　硬脂酸组(在计划中)。

c　洋烛组(尚未制造)。

三、化学药品部：

a　有机合成药组(视能力所及增加种类)。

b　无机药品组。

c　制剂组。

其次尚设总办事处与化学研究处二起。

(三)迁移费用

迁移部分,既为三部,则其费用亦分三部：

一、肥皂部：

圆油柜	拾只	方置料缸	伍只
圆置料缸	贰只	蒸料缸	伍只
轧皂料机	肆只	变压皂料机	贰只
变压皂料缸	贰只	圆存料缸	陆只
切皂缸	叁只	钉箱机	贰只
运料机	壹只	圆清缸	肆只
锅炉	叁只	水汀引擎	
冷气帮浦	方水箱	进水帮浦	

装拆与运输费共需陆万伍千元。

二、甘油部：

锅炉	壹座	高压水汀炉	壹座
打水机	贰座	甘油蒸馏装置全部	
甘油蒸发装置全部		大型真空机	叁座
脱色装置	壹座	滤过机	叁座
压气机	壹座	存气缸	壹座

回旋帮浦	叁只	铁柜	拾肆只
铅柜	壹只	电变压机全副	

装拆与运输共需肆万元。

三、化学药品部：

铁反应锅	贰只
油溶灶	壹座
搪瓷真空蒸馏锅	壹座
真空蒸燥装置	壹座
搪瓷蒸锅	贰只
蒸馏锅	壹只
陶器滤过机	贰只
真空帮浦	叁只
钢蒸馏装置	壹座
搅拌装置	壹套
干燥箱	壹座

化学试验室各种设备

计装拆运费壹万元。

合计拾壹万伍千元。

(四)创设费

肥皂工场建筑与设备贰拾万元。

肥皂工场添补机械拾万元。

甘油工场建筑柒万元。

锅炉间建筑叁万元。

硬脂酸机械与建设叁拾万元。

化学药品添补机械与建筑贰拾捌万元。

新添锅炉(壹只)叁万元。

洋烛制造设备壹万元。

共需费壹百零贰万元。

（五）结论

甘油之用途甚多，凡百工业皆利赖之，尤以其中可供制炸药之硝甘油，为国防工业之要素。故甘油厂之宜内迁绝无疑议。只以甘油厂迁移势必与肥皂同时举行，因之迁移与建设之费用甚巨。自战事紧张后，我人曾一再考虑，当此百业停滞之时，欲筹措此巨款，良匪易事，乃者，政府以补助与借款办法奖励工业内迁，法良意善，我厂已为国，亟应本政府之宏旨，向之申请，倘有获得迁移奖励金与创设之借用金，则数年来筹谋已久欲办之制品，亦可一一实现。而今敌人以其凶恶之手段封锁我沿海口岸，外来必需品势必将次告罄。我厂及时努力，肩负制造化学用品与业物之一部抑亦其应尽天职也。然工欲善其事，必先利其器，故本厂之内迁，不仅求本身之安全，如能借得建设之资金，更宜积极照已定之计划为新中国完成一有相当设备之化学药品工厂，辅之以我公司现有之资本与经营工商业之经验，前途必无限量，其有裨国家有助民生，谅匪浅鲜。

[经济部工矿调整处档案]

16. 军事委员会第四部转陈关于上海各厂迁移困难情形致工矿调整委员会公函（1937年11月14日）

军事委员会第四部公函　部发轻字第405号

案准实业部二十六年十一月十日工字第21714号公函内开：案准上海市政府特字第2204号咨开：案查前准大咨，以沿海各重要工厂迁移内地经营办法，现由军委会设立工矿调整委员会统筹办理，其有关民生日用各工厂，自以饬令早日自动迁移为宜。至迁移时，运输事项如有困难，当本部咨请各主管机关予以便利。咨达查照饬知。等因。准经转令市社会局知照在案。兹准呈复略称：奉查工厂迁移内地，继续生产，以维国力一案，自沪战发生后即经本局拟具初步计划，并制定调查表式，令行本市各厂商详细填报，以便汇转中央统筹办理。嗣据一部分厂商陆续填送调查表前来，即经编制第一次统计表。惟其时军委会指派林专员继庸来沪主持工厂迁移事宜，本局立即派员携带厂商已送调查表及本局编制统计表前往会商，以便随时协助各工厂办理迁移手续,早竟事功。当承林专员面告:本人系奉军委会、资源委员会令,派来沪主持工厂迁移事宜。现已组织上海工厂迁移委员会,设办事处于四川路33号企业大楼,并组织上海工厂迁移监督委员会,设办事处于马浪路41号。惟本会规定迁移之工厂,仅以钢铁机器业、金属制品业、化学工业及橡革工业等有关军事者为限,今后如有前项工厂迁移者,可由贵局径函上述两办事处,介绍洽商较为迅捷。等语。旋经本局将有关军事各工厂备函开单,陆续介绍。截至上月底止,经两会核准迁移者,计有225家。现已装运离沪者,计有75家。运出机件重量共计9,482吨。此外尚有1,000吨左右正在接洽装船,陆续迁移中。至非常时期工厂调查,截至上月底止,计有253家,并已由局编制分业概况统计表,俟集有成数当再陆续制表呈核。现在本市工厂迁移委员会及其监督委员会,均于上月底结束,此后是否继续办理,已由林专员回京请命。伏念本市为全国工业中心,全市工厂经于本年六月间详细调查统计,共有5,000余家(附呈战前工商业分区统计表),大部分散处沪东、闸北、南市一带。战事发生,沪东、闸北均沦为战区,南市时遭敌机轰炸。上列区域之工厂大都悉遭炸毁,间有少数未毁者,亦栗栗危惧,大有朝不保暮之势,遑论开工。故上列地带未毁各厂及早迁移,实为当务之急。但本市工厂迁移委员会既经结束,厂商已失资助机关,且迁委会未结束前,亦仅以军事有关工厂为限,现市属各厂商破家荡产之余,莫不多方筹措,希冀迁出战区之余烬,以为将来恢复之本,纷纷来局呈请证明,以便迁移。惟沿途军警机关林立,除市警察局外,尚有京沪警备司令部、湘沪警备司令部、苏浙边区主任公署暨八十八师师部等,各以其防区为范围,甚至甲防区机关所发之通知证,经过乙防区即失其效用,兼之有第一、第二两特区错综其间,故迁移一物,势非备具四五道通行证不可。不特此也,驻沪军事机关散处各方军书、旁干,厂商请求大都未能立予照办。且军事机关所在地时有变更,往往本局亦未能知其地址,厂商更感无门呼吁之苦。总之,工厂迁移内地,继续生产,积极固能加强抗战力量,消极亦可解决失业恐慌,民族前途实多利赖,未可视为缓图。回顾沪东沦陷至今,所有该地厂商机件,俱为敌寇满载而去,损失奚止千万。前车既覆,来轮方道。犹幸闸北、南市尚在我军坚苦固守之中,亡羊补牢,为时未晚。自应迅谋迁出,以维国本。拟请转呈军事委员会并咨行实业部迅即直接须给本市迁移工厂货物机件通行证1,000张,发局随时填给应用,或请中央简派大员工欲善其莅沪主持其事,以期迅捷。奉令前因,理合将办理工厂调查迁移及迁经困难情形,检同核准迁移之工厂名单,各厂已迁机件重量统计表,非常时期工厂调查概况统计表,战前工商业分区统计表各三份一并备文呈报,仰祈鉴核施行。再闸北商货之迁移,前由八十八师司令部命市商会组织迁移委员会负责办理,终以手续繁重,迄尚搁置。前据市商会呈报办理困难到局,经以特字2125号转呈在案,合并陈明。等情。查核所陈各节,均属实在。据请统一核发通行证及派员负责主持办理,尤为切要之图,相应检送原附表各二份,咨达查照,统筹办理。并转呈军事委员会核办,仍盼见复为荷。等由。附送原附表二份。准此。查工厂迁移事件至关重要,所请统一核发通行证及派员负责主持办理一节,是否可行,除检送原表一份函达第三部核办外,相应检同原表一份函请贵部核办见复为荷。等因,附原装一份,计14页。准此。案关工厂迁移,相应检同原表一份,函请查核办理见复为荷。此致工矿调查委员会

附原表一份计14页[缺]

部长吴鼎昌

中华民国二十六年十一月十四日

[经济部工矿调整处档案]

17. 陶寿康等陈报在镇江主持迁厂现状并附送迁厂一览表致翁文灏签呈(1937年11月30日)

谨呈报者:窃职等奉派于九月初遄赴镇江主持接洽工厂迁移事宜以来,垂三阅月叠将机件到镇江运出各情形编造报告表,前后凡十一次,连同副张、提单呈赍鉴核在卷。兹自十一月二十日起,镇江海关结束,各江轮货运亦相率停顿。除少数厂家,如亚光电木厂、中国实业机器厂、泰顺合机器厂、公益铁工厂、庆丰纱厂、大成纱厂、远大铁工厂等,各有货船数艘留镇,拟溯江续运外,计已迁运过镇者,凡一一四厂约11,422.85吨,至因过镇不须报关而未经登记者,谅亦不一而足,谨编造迁移工厂一览表一份,连同报关单一八二批计

九一三张,公函五封中,理合呈请览核示遵,无任德便。购置委员会征收运镇各物资如生铁油料等,仍由邬申熊、陈亚光、龚振华三人留镇主持接洽办理。附带呈明。谨呈孙处长转呈

秘书长

职陶寿康 谨呈
施 才

十一月三十日

迁厂一览表

迁移工厂		报告表	报关单		附注
编号	厂名	号数	号数	吨数	张数	
1	上海机器厂	1	1	41	5	第一批
1	上海机器厂	8	80	29.27	3	第二批
2	合作五金制造公司	1	2	68.7	8	第一批
2	合作五金制造公司	5	45	31.8	9	第二批
2	合作五金制造公司	8	81	6.18	5	第三批
3	新民机器厂	1	3	56.3	4	第一批
3	新民机器厂	8	82	11.45	2	第二批
4	顺昌铁工厂	1	4	85	1	第一批
4	顺昌铁工厂	5	44	129.69	6	第二批
4	顺昌铁工厂	7	61	101.74	2	第三批
5	启文机器厂	1	5	11.5	1	
6	利用五金厂	1	6	13	1	
7	精一科学器械厂	1	7	49	5	第一批
7	精一科学器械厂	5	40	9.55	5	第二批
8	大鑫钢厂	1	8	183	3	第一批
8	大鑫钢厂	3	26	46.97	3	第二批
8	大鑫钢厂	9-3	123	52	2	第三批
9	姚兴昌机器厂	2	9	5.6	1	
10	新中工程公司	2	10	267.79	16	
11	建委会电机厂	2	11	210	8	第一批
11	建委会电机厂	3	22	204.34	55	第二批

续表

迁移工厂 编号	迁移工厂 厂名	报告表 号数	报关单 号数	报关单 吨数	报关单 张数	附注
12	合众电器公司	2	12	120	2	
13	江南造船所	2	13	51	2	
14	顺昌钢铁铸工厂	2	14	25	6	
15	中国建设工程公司	2	15	6.67	2	
16	金钢电池厂	2	16	11.53	1	
17	源大皮厂	3	17	9.34	1	第一批
17	源大皮厂	7	66	24.7	3	第二批
17	源大皮厂	9-1	92	54.6	1	第三批
18	中国钢铁厂	3	18	14	2	第一批
18	中国钢铁厂	6	57	35.33	14	第二批
19	中华无线电研究社	3	19	65	13	第一批
19	中华无线电研究社	6	58	85.59	27	第二批
20	中兴钢珠轴领公司	3	20	40	3	
21	中国窑业公司	3	21	175	13	
22	康元制罐厂	3	23	31.17	5	
23	中国无线电业公司	3	24	17.22	6	第一批
23	中国无线电业公司	6	54	37.1	23	第二批
23	中国无线电业公司	9-2	112	20.1	20	第三批
24	华成电器厂	3	25	70	5	第一批
24	华成电器厂	4	34	68.9	6	第二批
24	华成电器厂	5	36	95.97	10	第三批
24	华成电器厂	5	37	31.4	2	第四批
24	华成电器厂	7	62	299.43	4	第五批
24	华成电器厂	9-2	106	48		第六批
24	华成电器厂	9-2	107	24.96	5	第七批
24	华成电器厂	11	180	4.39	1	第八批
25	铸亚铁工厂	4	27	312.25	2	第一批
25	铸亚铁工厂	8	88	31	1	第二批
25	铸亚铁工厂	11	182	200	1	第三批
26	中国机器厂	4	28	21.38	3	第一批
26	中国机器厂	9-2	105	6.49	1	第二批
27	中国铅丹厂	4	29	18.31	2	第一批
27	中国铅丹厂	9-2	104	2.608	1	第二批
28	永利电机厂	4	30	10.7	2	

续表

迁移工厂		报告表	报关单			附注
编号	厂名	号数	号数	吨数	张数	
29	益丰搪瓷厂	4	31	110.36	1	第一批
29	益丰搪瓷厂	6	50	59.08	2	第二批
29	益丰搪瓷厂	8	84	55.13	1	第三批
30	冠生园	4	32	15.34	2	
31	中国银行购料处	4	33	69.49	2	第一批
31	中国银行购料处	9-2	114	215.34	5	第二批
31	中国银行购料处	10	131	18.9	1	第三批
32	中新工厂	4	35	40	1	第一批
32	中新工厂	6	55	0.67	1	第二批
33	达昌机器厂	5	38	8.927	1	
34	中国工商谊记橡胶厂	5	39	65.35	11	第一批
34	中国工商谊记橡胶厂	9-3	124	139.51	47	第二批
35	迪安针织厂	5	41	25	1	
36	美亚织绸厂	5	42	41.68	1	第一批
36	美亚织绸厂	9-1	100	228.75	2	第二批
36	美亚织绸厂	9-1	101	297.8	2	第三批
37	三北机器厂	5	43	115.98	3	
38	上海美光钢器公司	5	46	52.89	4	第一批
38	上海美光钢器公司	7	71	10.5	2	第二批
38	上海美光钢器公司	9-3	119	2.29	2	第三批
39	中国标准铅笔厂	5	47	89.99	6	第一批
39	中国标准铅笔厂	7	74	9	1	第二批
39	中国标准铅笔厂	9-1	99	25.87	1	第三批
39	中国标准铅笔厂	10-3	159	34.88	7	第四批
40	大公报	6	48	125.42	1	
41	生活书店	6	49	125	2	第一批
41	生活书店	9-3	121	26.4	1	第二批
42	昌明时钟厂	6	51	124.67	1	第一批
42	昌明时钟厂	9-1	91	69.5	3	第二批
43	梁新记牙刷厂	6	52	6.26	4	
44	明艺袜厂	6	53	8.46	2	
45	中华铁工厂	6	56	251.2	15	
46	开明书店	6	59	131	1	

续表

迁移工厂		报告表	报关单			附注
编号	厂 名	号数	号数	吨数	张数	
47	汇明电池厂	7	60	14.14	1	
48	精华厂	7	63	13.48	3	
49	中法药房	7	64	9.66	4	
50	新大机器厂	7	65	1.5	1	
51	家庭工业社	7	67	33.73	4	
52	镐昌铁工厂	7	68	36	1	
53	中央化学玻璃厂	7	69	30.4	2	
54	亚洲制刀厂	7	70	10	2	
55	华生电器厂	7-2	72	68.09	15	第一批
55	华生电器厂	9-2	108	272.01	44	第二批
55	华生电器厂	10-1	132	177.6	5	第三批
55	华生电器厂	10-2	148	34.52	9	第四批
55	华生电器厂	10-3	149	47.54	4	第五批
55	华生电器厂	10-3	150	37.23	2	第六批
55	华生电器厂	10-3	151	66.99	3	第七批
55	华生电器厂	10-3	152	13.94	5	第八批
55	华生电器厂	10-3	153	12.54	1	第九批
55	华生电器厂	10-3	154	10.5	1	第十批
55	华生电器厂	10-3	155	42.67	10	第十一批
55	华生电器厂	10-3	160	15.36	2	第十二批
55	华生电器厂	10-4	161	20.64	4	第十三批
55	华生电器厂	10-4	162	8.31	1	第十四批
55	华生电器厂	10-4	163	21.47	2	第十五批
55	华生电器厂	10-4	164	25.37	3	第十六批
55	华生电器厂	10-4	165	12.77	2	第十七批
55	华生电器厂	10-4	166	22.47	7	第十八批
55	华生电器厂	10-4	167	50.64	12	第十九批
55	华生电器厂	10-4	168	108.12	9	第二十批
55	华生电器厂	10-4	169	50.33	17	第二十一批
56	资委会电工厂	7-2	73	9.57	7	
57	新享营造厂	7-2	75	88.59	1	

续表

迁移工厂		报告表	报关单			附注
编号	厂名	号数	号数	吨数	张数	
58	资委会机器厂	7-2	76	128.806	1	第一批
58	资委会机器厂	10-1	130	6.77	1	第二批
59	裕华纺织公司	7-2	77	18.81	2	
60	新亚药厂	7-2	78	40	2	
61	文华纺织公司	8	79	34.5	2	
62	华东铁工厂	8	83	2.88	1	
63	肖万兴铜器厂	8	85	2.35	1	
64	海普制药厂	8	86	43.83	10	
65	谭泮蓄电池厂	8	87	16.02	5	
66	汇昌宝兴铁工厂	8	89	31	3	
67	肇新化学厂	8	90	161.94	2	第一批
67	肇新化学厂	10-1	128	41.34	1	第二批
68	中兴铁工厂	9-1	93	8.7	8	
69	大来机器厂	9-1	94	2.04	1	
70	希孟氏历钟厂	9-1	95	15.25	2	
71	中兴赛璐珞厂	9-1	96	61.98	3	
72	新昌机器厂	9-1	97	27.58	8	
73	大公职业学校机厂	9-1	98	43.47	9	
74	东升机器厂	9-2	102	7	1	
75	华成针织厂	9-2	103	2.1	1	
76	中国亚浦耳电器厂	9-2	109	19.425	1	第一批
76	中国亚浦耳电器厂	10-1	135	2.7	1	第一批
77	姚顺兴厂	9-2	110	17.64	6	
78	孙立记机器厂	9-2	111	13.25	4	
79	龙章造纸厂	9-2	113	87	6	
80	华光电化厂	9-3	115	2.9	1	
81	汉兴机器厂	9-3	116	11.5	3	
82	广利砂耆机器厂	9-3	117	13	2	
83	中国制钉厂	9-3	118	353.31	1	
84	华昌无线电器制作所	9-3	120	29.64	10	
85	中国科学图书仪器公司	9-3	122	280.35	16	

续表

迁移工厂		报告表	报关单			附注
编号	厂名	号数	号数	吨数	张数	
86	大光明商行	10-1	125	2	1	
87	大中染料厂	10-1	126	53	1	
87	大中染料厂	10-1	128	6	1	
88	汇新实业社	10-1	127	19.4	4	
89	粹华卡片厂	10-1	133	13.43	1	
90	中国实业机器厂	10-1	134	99.69	7	
91	美新名片公司	10-1	136	10.27	1	
92	强华实业公司	10-2	137	12.8	1	
93	正中书局	10-2	138	260	4	
94	姜孚厂	10-2	139	17.87	2	
95	时事新报	10-2	140	35.92	1	
95	时事新报	10-3	156	36.319	1	
96	振华制造厂	10-2	141	47	9	
97	福泰翻砂厂	10-2	142	9	2	
98	陈信记翻砂厂	10-2	143	9	1	
99	利泰翻砂厂	10-2	144	17	3	
100	大新荣橡胶厂	10-2	145	110.34	16	
101	吴祥泰机器厂	10-2	146	10.64	9	
102	公信金属器厂	10-2	147	37	1	
103	中华书局	10-3	157	140.125	1	
104	申新纱厂	10-3	158	36.96	3	
105	天厨味精厂	10-4	170	32.07	2	第一批
105	天厨味精厂	11	174	328.66	13	第二批
106	天盛陶器厂	11	171	24.37	3	
107	天利厂	11	172	112.013	8	
108	天原厂	11	173	111.554	4	
109	中国工业炼气厂	11	175	61.35	1	
110	三雄铁工厂	11	176	2.78	1	
111	新亚书店	11	177	55.9	1	
112	可炽厂	11	178	74	1	
113	炽昌新制胶公司	11	179	80.22	6	

续表

迁移工厂		报告表	报关单			附注
编号	厂名	号数	号数	吨数	张数	
114	大中华火柴厂	11	181	369.229	31	
	迁移工厂总数	报告表总号数	报关单总号数	总吨数	报关单总张数	
	114	11	182	11,422.85	913	

制表者：施　才

陶寿康

二六年十一月三十日

[资源委员会档案]

18. 上海工厂迁移委员会核准迁移工厂名单（1937年12月）

1	华成电器厂	已迁	2	大鑫钢厂	已迁
3	利用五金厂	已迁	4	上海机器厂	已迁
5	顺昌公司铁工厂	已迁	6	新民机器厂	已迁
7	勤昌机器厂	已迁	8	合作五金制造公司	已迁
9	中新工厂	已迁	10	中国制钉公司	已迁
11	新中工程公司	已迁	12	远大森记铁工厂	已迁
13	姚兴昌机器厂	已迁	14	精一制造厂	已迁
15	中华铁工厂	已迁	16	源大皮厂	已迁
17	启文机器厂	已迁	18	新光机制纱罩厂	已迁
19	中国标准铅笔厂	已迁	20	合众电器厂	已迁
21	中国钢铁工厂	已迁	22	大中染料厂	已迁
23	中国蓄电池厂	已迁	24	汇明电池厂	已迁
25	中国建设工程公司	已迁	26	光明染织厂	已迁
27	中奥公司	已迁	28	金钢电池厂	已迁
29	建设委员会电机厂	已迁	30	民兴翻砂厂	已迁
31	慎昌钢铁铸工厂	已迁	32	联普公司防水布厂	已迁

33	中国窑业公司		34	晋新印刷所	
35	中国股份有限公司		36	镐昌铁工厂	已迁
37	华生电气厂	已迁	38	和兴造船厂	已迁
39	大公机械厂	已迁	40	新昌机器厂	已迁
41	益丰搪瓷厂	已迁	42	中华无线电研究社	已迁
43	维新梅记实业社	已迁	44	康元制罐厂	已迁
45	中国工商谊记橡胶厂	已迁	46	北洋翻砂厂	已迁
47	求新工厂	已迁	48	大华红丹公司	
49	新大机器厂		50	冠生园食品公司	已迁
51	大新荣橡胶厂	已迁	52	江南造船厂	已迁
53	达昌机器厂	已迁	54	中兴铁工厂	已迁
55	大来机器厂	已迁	56	中国机器厂	已迁
57	三北机器造船厂	已迁	58	复兴棉织厂	
59	中国亚浦耳电气厂	已迁	60	大中华火柴股份有限公司荧昌厂	已迁
61	新亚药厂	已迁	62	美艺钢铁厂	已迁
63	公信金属品制造厂		64	中华铁工厂学校实习工场	已迁
65	大元营造厂		66	中国无线电业有限公司	已迁
67	振华制造厂	已迁	68	纬业绸厂	
69	华新电焊公司	已迁	70	三雄铁工厂	已迁
71	茂利帆逢行	已迁	72	瑞泰机器厂	
73	大乐工业社		74	希孟氏历钟制造厂	已迁
75	大安棉织		76	迪安针织厂	已迁
77	精华机器棉织厂	已迁	78	肇新化学厂（电池）	已迁
79	华昌无线电器制作所	已迁	80	大生纸版厂	
81	中华实业机器制造厂股份有限公司		82	永大铁工厂	

83	铸亚铁工厂	已迁	84	中华辗铜厂		已迁
85	炽昌新制胶厂	已迁	86	永利电机厂		已迁
87	大昌铁厂	已迁	88	双十牌梁新记牙刷公司		已迁
89	中国铅丹制造厂	已迁	90	明精机器厂		
91	烈新炭精厂		92	新华棉布厂		
93	茂昌机器厂	已迁	94	大明火柴厂		
95	姜孚厂	已迁	96	上海造纸厂		
97	上海喷漆厂	已迁	98	华伦布厂		
99	纬丰厂		100	宝新厂		
101	大新振记染织厂		102	大中华鞋料两司公司制带厂		
103	亚洲刀厂	已迁	104	华通电业机器厂		
105	维昌机器厂	已迁	106	萧万兴铜器厂		已迁
107	粹华卡片厂		108	宝兴翻砂厂		已迁
109	慎源染织厂		110	顺信俊记染织厂		
111	动力布厂		112	胡鑫记五金机器厂		
113	美亚织绸厂	已迁	114	爱华瑞记香皂厂		
115	利泰翻砂厂	已迁	116	强华实业公司		已迁
117	大公机器造船厂		118	中兴赛璐珞厂		已迁
119	中国制梗公司	已迁	120	明艺针织厂		已迁
121	华美染料厂		122	达新染织厂		
123	海普制药厂	已迁	124	兴亚制造厂		
125	谭泮蓄电池厂	已迁	126	华丰机器厂		已迁
127	民生织造厂		128	上海图书服务社		
129	大中华火柴股份有限公司中华厂	已迁	130	洪兴汇记印刷所		
131	天生五金钢铁工厂		132	商务印书馆		已迁
133	仲明机器厂		134	大隆机器厂——已预备迁移但尚未领津贴		已迁

135	中国科学图书仪器馆	已迁	136	吴禅泰	已迁
137	胜美针记机器厂		138	公记电池厂	
139	姚顺兴五金工厂	已迁	140	亚光制造厂	已迁
141	振华电器厂		142	国民印刷所公司	
143	中华书局	已迁	144	中法大药房制药厂	已迁
145	新光德记厂		146	中国仪器厂	
147	华光电化厂	已迁	148	美丰制金厂	
149	生活书店	已迁	150	新亚书店	已迁
151	昌明电器股份有限公司	已迁	152	和丰涌印刷材料机器厂	
153	时事新报	已迁	154	华东兄弟机器厂	已迁
155	广利砂砻机器厂	已迁	156	江南化学工业制造股份有限公司	
157	民兴翻砂厂	已迁	158	普益经纬公司	
159	兴鸿昌机器铁工厂	已迁	160	福泰翻砂厂	已迁
161	协兴公行	已迁	162	中国泰康制罐公司	已迁
163	美利葡萄公司		164	陈信记翻砂厂	
165	大隆油墨厂		166	中央化学玻璃厂	已迁
167	上海华兴焦煤厂		168	邓顺昌机器厂	
169	华成针织厂		170	吴顺兴铁铺	
171	万里油漆厂		172	四明糖厂	
173	兄弟皮带厂		174	通用工业原料厂	
175	上海铁工厂	已迁	176	万国制药厂	
177	大中华橡胶厂		178	兴华制面厂	
179	无敌五金化学工厂		180	生生美术公司	
181	民通布厂		182	华丰印铸字所	
183	民光印刷所		184	德利机器厂	
185	沈涌机器厂		186	华德灯泡工厂	

187	中国工业炼气股份有限公司	已迁	188	新丰五金厂
189	华安颜料化学厂		190	东升机器厂	已迁
191	开明书局	已迁	192	锦昌铁工厂
193	和记饼干罐头公司		194	华利时厂
195	利文工艺社		196	吕永康机器厂
197	光明安全灯头厂		198	龙章造纸厂
199	五洲大药房(固本皂厂)	已迁	200	上海大华无线电公司
201	仁泰翻砂厂		202	标准牙刷厂
203	大中华火柴公司东沟梗片厂		204	鸿基实业公司桅灯厂
205	新华玻璃厂		206	福裕申庄
207	美庆皮革公司		208	民营化学工业社
209	泰顺易合记五金号		210	家庭工业社	已迁
211	申新纺织厂		212	振华油漆股份有限公司
213	天厨味精制造厂	一部分已迁	214	信谊化学制药厂
215	通和布厂		216	孙立记
217	(烟台啤酒公司张裕酿酒公司)联合发行所		218	世界书局
219	合兴荣记铁工厂		220	大众笔厂
221	茂记机器厂		222	耀华电气厂
223	可炽昌记号		224	大东书局
225	永丰翻砂厂			

[经济部工矿调整处档案]

19. 聂光埥等关于棉纺织染实验馆拆运设备及桂省合办纺织厂有关文件(1938年5—9月)

(1)聂光埥致翁文灏函(5月30日)

咏霓部长钧鉴:敬陈者:十六日接奉删电,次日即复筱电,谅邀台阅。此间搬机事进行颇称顺利。运费方面业已与运输公司大致接洽,由沪至港每吨约45元至50元,或可稍再减低。机件方面,纺厂之清和花机及铜丝机,织厂之浆纱机,体积均甚大,吨数稍重,略觉笨重外,其余尚觉便利。该馆之空气调节器,内地气候不正,颇为合用。锅炉具有省煤诸优点,及织厂之喷雾设备,待有款项拨下,一律移来。全馆机件繁多,不能尽移。职拟拣其价值稍昂者集成一套,先行运出,其余在可能范围之内,尽量装箱,移入法租界保存。查沪上杨树浦及日军势力范围内,各华商纺织厂多遭日军部强迫合作,否则搬运机器。如申新七厂之例,该厂机件均为日军搬运一空(如新闻纸所载)。中央研究院各建筑物,现借与美国同仁医院,房屋建筑得赖以保全。各所机器均已先后移入法租界保存,独纺织馆迄未移置中央研究院,颇为日人注意,现虽借与同仁医院,时有便衣日人前来查询近状。纺织馆机件长此搁置,终非所宜。故职拟俟需移置者运出后,再将遗存机件一律移入法租界霞飞路中央研究院之空地,与各所机器一同保存,藉以保全设备。即使将来搬运费限制,可将输出数量减少,全部移往霞飞路后,逐次再为外输。如此可以保全设备,不致损失也。前呈筱电,请先拨款5,000元,随后2万元,如此则全套纺织机、试验仪器及书籍皆可搬出。其余款项,待机件运到香港后,再请示拨下。今已运出最精细之仪器三箱、书籍二箱往港。现于棉纺织染实验馆余款项内借得600元,已装就机器50余箱,并已接洽妥当运输公司承运。此间原有棉纺织染实验馆同仁孙克昌、陈济时、汪德余,练习生聂叔香、俞鉴诸君,及机工4人,工作颇为努力。职等用款亦甚节省,木料之选购及运输公司之选择皆甚慎重,但现借用之600元将已用罄,而钧座之款犹未拨下,悬念无已。如以款项数目过大,乞示范围,可酌量择优运下,不必选运一套。因纺织机一套,自清和花机、钢丝机、棉条机、粗纺机、次纺机、精纺机、撚线机、筒子机、经纬纺机、浆纺机、穿篦机及织布机等较为繁重,但输入内地为一整套供仿制之需,实属最完善办法。今如拨款困难,乞即示可能范围,以便择优运下。晨又接得润东兄电,嘱暂缓进行等语。职现除装箱工作外,谨待钧命。又该机如能运昆明,与省营之厂合并办理,为最上策,暂由该省之纺织厂借数万元为搬运费,待机器运到后合并生产,分期偿还,未始非善后之方也。乞钧座考虑为荷。专此,敬候电复。此请钧安。

职聂光堉敬呈

廿七年五月三日

附棉纺织染实验馆概况一份及字林西报新闻一纸[略一件]

棉纺织染实验馆概况

(一)经济状况

本馆于民国二十三年八月,由棉业统制委员会及中央研究院签约合办,规定开办费40万元,由棉业统制委员会担任25万元,约62.5%,中央研究院担任15万元,约37.5%。经常费自廿四年七月起,由中央研究院年拨6万元。同年九月即开始筹备。各种纺织机、试验仪器均以原价之四五折订购,馆屋于次年七月兴工,翌年一月完成,即开始装置机械,阅三月告竣。筹备工作于廿五年五月间完毕,开办费由院会分次照拨,惟实交数共超出1,006.94元,亦经院会追加拨发。总计开办费总额共401,006.94元,一应单据亦经呈院转审计部核销。该项开办费计购置如下列之设备:

试验仪器	34,837.39元
纺纱机	90,198.42元
织布机	47,961.17元
空气调节器	20,506.10元
马达及原动设备	28,420.61元
家具及杂项	1,123.44元
图书	4,616.96元
基地	71,549.95元
建筑	100,888.63元
机械装置费	904.27元
共计	401,006.94元

经常费自二十四年七月起至二十六年六月止,共领到12万元,支用情形

约如下列：

  职工薪给   43%

  试验用原料及材料 21.30%

  办公费   4.95%

  购置费   30.75%

购置费项下共支36,904.91,细目列下：[略]

二十五年十一月起,为应研究需要,大量生产,出货过多,不得不谋销于市场,售品收入,以抵补研究之损失。惟以经常费不敷支配,因商得中央研究院同意,在该院基金款项内拨借3万元,以作流动资金。制造费用除少数于经常费报销外,因复另行列账,试行成本计算,截至二十六年七月底止,略有盈余。沪战继起,本馆工作犹维持至沪西失陷为止,嗣后全部停顿,存货及存原料已陆续售出。截至二十七年五月底止,尚结存国币22,300余元,除应付还中央研究院基金借款8,000元,利息约2,000元外,实计尚余12,300余元。

（二）人事组织及经过

  棉业统制委员会与中央研究院根据合约规定,互推李君升伯、聂君其焜、丁君文江、童君润夫、邹君秉文、周君仁、徐君韦曼为本馆干事,馆长一职由周仁干事兼。当由院会于廿三年九月会聘聂君光堉、徐君韦曼、傅君道伸、任君尚武、李君晔为研究员。嗣后陆续延用杨君志清为书记,陶君泰基为技师,陈君济时为会计,孙君克昌、杨君供存为技术员。棉业统制委员会复遴派李君学瑞、蔡君谷夫、邹君桓吉、刘君至钧四技术员襄助。本馆由棉统会给薪。嗣又延用谢君云卿为绘图员,苏君延宾为技术员,汪君德余、吴君孝绰、倪君夔龙、张君忆云为事务员,韩君镜清为技术员,章君以铨为技师,赵君星艺、徐君仁和、聂君叔香、俞君鉴为练习生。先后呈请辞职者有傅君道伸、谢君云卿、陶君泰基、杨君供存、李君晔、李君学瑞、蔡君谷夫、邹君桓吉、徐君韦曼等。聂光堉君亦以代表政府出席世界纺织会议、国际劳工会议及万国商会,并考察欧美纺织界情形,不克继任。嗣后上海沦陷,本馆不能继续工作,除孙君克昌、汪君德余、张君忆云、俞君鉴、聂君叔香及陈君济时仍留职外,余均于廿六年十二月起留职停薪。但中央研究院拟于本年六月底将棉纺织染实验馆结

束,余款 12,300 余元拟拨归中央研究院,仅留三人看守资产,兹后应如何办理合作事宜,应请裁夺。此呈

部长翁

职聂光堉敬呈

廿七年五月三日

(2)林继庸等致翁文灏等呈(6月18日)

谨签呈者:查聂技正光堉前往上海将该地所存之棉纺织实验馆机器装运出口,拟先运至香港,再行决定利用办法在案。查该馆纺织机器,虽仅有纺锭 1,880 枚,织机 48 台,但各项机构确实精良,且有新式锅炉及温湿度调节器等项,设备俱全,各种试验仪器亦称完善,即可用为增加生产,兼能备作研究及仿造之用。兹悉该项机件一部分业已离沪,其他一部分亦将装箱完毕。为预筹免除在港搁置起见,特拟具利用办法及经费预算,谨呈鉴核。至于设厂地点,因现时运输困难,重庆似不可能,昆明又似嫌偏远,惟桂省地近港粤,交通尚不至十分困难。查该省向无纺织工厂,日常所需,多系购自沪上,现以来源被阻,民间衣着,需要正殷,该项机件如能设置于桂省柳州,似较合宜。至于原料一层,虽桂省产棉不丰,但以纱锭不多,每年用量仅需七千余担,亦可分向湘鄂采购。兹将各项进行办法分陈于次:

(一)运输办法 由港转运三水,再由三水用小轮拖运至广西梧州,换船至柳州。

(二)经费预算

甲、运输费 包括全部机件,约计 1,000 吨,由沪至桂运输经费,如吨位减少,运费当可比例酌减。10 万元。

乙、购地建筑开办费 地基以安设 1 万锭计算。12 万元。

丙、流动资金 10 万元。

以上总计 32 万元。

(三)投资方式 因该项机器系属中央研究院与本部所共有,其经营方式,似宜采用下列两种方式:

甲、由本处独资经营,以所获余利,一半偿还基金,一半为扩充之用。

乙、与桂省合作投资,其条件另订之。但利益分派,仍以甲项为原则。

(四)营业收入　以日出产二十支纱4.47件,十二磅布100匹,每件纱成本222.2元,每匹布成本13元。再以二十支纱每件市价410元,十二磅布每匹市价16.5元计算,总计每月余约3万余元。

(五)开工日期　建筑时间六个月,装机及训练工人时间三个月,九个月内次第复工。

综上情形,以目下纺织生产工具日减,民生衣着需要迫切之时,将来营业当甚可靠。如能渐次扩充至纱锭1万枚,织机2百台,则规模草具,亦可为桂省纺织工业之首创。如属可行,拟请派员前往桂省实地勘察设厂地址,以便筹备进行。是否有当?理合检同附鉴,敬请核示祗遵。谨呈

处长翁

副处长张

附刘组员益远签呈一件[略]

职林继庸

李景潞

(3)聂光墀致翁文灏函(7月4日)

咏霓部长钧鉴:敬陈者:陷电敬悉。款2万元尚未接得银行通知,日内当可照领。第四批机件141箱定明日启运,纺织馆可用职工,兹列表附呈。该批职工将来装置机件,或用作正式开工后之技术员及训练新工人,均属可用,故拟一并带来。该员等之旅费拟酌予津贴,请察阅核示。又纺织馆全部女工于馆务停顿后全部遣散,刻已大都谋得相当工作。其中不乏优秀人才,职意将来正式开工后,训练新工,均赖熟手。此番呈报者类多机务方面,技术方面亦属重要,拟酌在原工人中拣选四人或六人,以备将来训练新工之用,工资方面日给约6角至8角。钧座意下如何?请示知。附呈纺织馆原动设备报告,其中①第二项变压器电压过大,是否合内地之用,请询资源委员会电气处恽震兄能否利用?否则不拟带港。②第五项锅炉是否拆散装箱?③将来电力

是否适合该项机器应用？均请示及，以便遵循办理。职等装箱工作约月底可竣，完毕后即拟去港办理机件转运事宜，将来运输情形如何？亦请早日赐示。历次装出之机件，港方提存事宜均请张慰滋兄办理，该批费用不在预算之内，由慰滋兄代垫，将来如何划账？亦请钧座核示，并通知慰滋兄。余容再际。敬请钧安。

职聂光堉敬呈
廿七·七·四

附纺织馆原动设备报告

拟带内地职工名单

棉纺织染实验馆原动部设备报告

名　　称	说　　明
(1) 变压器开关 (Auto oil circun Bredker) 1具	$3 - \dfrac{150}{5A}$ Current Trans
(2) 变压器 (350kVA Transformer) 1具	Priv,6,600 – Sec. V. 350 200
(3) 隔电板 (Feeder Panels) 4只	1 – 500" Volt neter. 4 – 300 AM
(4) 喷雾机 (Rotary Air Compressor) 1具	每分钟压入空气 $16\dfrac{1}{2}$ Cu. M. 每平方时压力 80 1bs
(5) 锅炉 (Soubk ntrn tube boiler) 1具	直径 6'–6"，烟突直径 2'–11"，燃烧面积 420 平方尺，通火管，火管直径 3"，锅炉皮厚 $\dfrac{1}{2}$"，管壁厚 $\dfrac{5}{8}$"
(6) 压气机 (Twin Cylinder Compressor) 1具	$8\dfrac{3}{4} \times 6$ Frick 双柱单动密闭式，每小时 40 吨之冷却力
(7) 清洁器 (Condenser) 1具	40 – tons Refrigcration cap
(8) 空气调节器 (Air Conditioning Cabinet) 1具	Blover Cooling and heating
(9) 上水机 (6"×500'– o"Art. Well) 2具	250 Gal. Water per minute 压气机为 2 锡林直立密闭式，附有水冷式滂浦压气机，每分钟 600 转，压出空气每分钟计 92 立方尺，滂浦，为打水之用，断乃直径 $3\dfrac{1}{2}$"，出口 $2\dfrac{1}{2}$"，每分钟速度 1,780 转，出水 210 U. S. g21

第五项优点说明：该锅炉炉条细密，锅内蒸气由$\frac{1}{2}$"Q管导入炉底$2\frac{1}{2}$"Q管中，使空气自然流入，燃烧面上效力大而用煤省。

拟带往内地职工名单

职员姓名	性别	籍贯	年龄	学历	经历	薪额
孙克昌	男	辽宁沈阳	28	河北省立工业学院机械科毕业	河北省立工业学院机械厂技术员半年 河南省立农工器械制造厂技士二年 棉纺织染实验馆技术员二年半	100元
陈济时	男	浙江杭县	27	浙江省立高级中学商科毕业	汉口第一纺织公司成本会计计算员五年 棉纺织染实验馆会计兼成本计算三年	100元
俞鉴	男	江苏上海	23	南通学院纺织科纺织工程系毕业	棉纺织染实验馆练习研究生一年	50元
聂叔香	男	江苏上海	24	南通学院纺织科纺织工程系毕业	棉纺织染实验馆练习研究生一年	50元
汪德余	男	江苏吴县	21	上海民立中学毕业	棉纺织染实验馆事务员二年	55元 中央研究院拟令该员留沪管理院方资产，薪给是否由部支付请批。

机工：

顾芝荣　　　日给工资　　　1.15元

翟小顺　　　日给工资　　　1元整

毛求涛　　　日给工资　　　0.9元　　左列机工均系纺织馆开工时招来，

张长生　　　日给工资　　　0.75元　　技术均甚优良，工作均甚努力者。

张阿根　　　日给工资　　　1.2元

陈志祥　　　日给工资　　　1.4元

(4) 张兹闿致聂光堉函稿(7月17日)

笺函

　　守厚我兄惠鉴：接奉七月四日第九号大函，业经转呈。兹决定关于原动设备之拆迁，第二项变压器应全套带来。第五项锅炉装箱，能避免拆卸最好，如运输不便，可分拆数大件。此外物料为复工时所必需者，均请一并拆运，俾将来少事添配也。人员一节，孙、陈、俞、聂四员如有纺织技术，或管理经验，可同带赴桂，熟稔工人亦可择优随行，但女工不妨先予登记，将来再行函召。至职员汪德余君，院方留沪保管资产，则薪资似应由院方支给。我兄何日来港，深盼装运迅速蒇事，早日启程。专复，敬颂时绥。

　　　　　　　　　　　　　　　　　　　　　　弟张〇〇拜启

　　　　　　　　　　　　　　　　　　　　　　　　七·十七

(5) 工矿处致财政部代电稿(9月17日)

代电

　　财政部公鉴：准广西省黄主席寒电，以本府与工矿调整处合办之纺织厂机器，由港运梧转桂，共700余件，重450吨，请咨财部转饬梧州海关免税放行，以便该厂减轻成本，早日成立等由。查前项机器原系上海棉纺织染实验馆纱锭、机件，经本处派员赴沪拆迁运桂，与桂省府合办纺织厂，以供后方生产之用，现已由港起运，除由本处核发货运特种护照外，应请贵部援照内迁工厂机器原料免税先例，准予电饬九龙、广州、梧州各海关免税放行，以利生产。相应电请查照办理，见复为荷。经济部工矿调整处。筱。印。

　　　　　　　　　　　　　　　　　　　　中华民国二十七年九月十七日

　　　　　　　　　　　　　　　　　　　　[经济部工矿调整处档案]

20. 顺昌铁工厂迁川经过[①]（1940年9月）

在此次全国物资向西大移动之中，本厂所占之数量因为渺乎其小，但在迁移之时间上则不论由沪到汉，由汉到渝均系名居前列。盖本厂自卢沟桥事起，即知抗战之必行，而淞沪首当国防要冲，资力后移为事所当然，故筹备迁移最早。一经工厂迁移监督委员会之扶助指导，于"八一三"后9日首批机器物资即迁离危险地带；于九月十一日即由长江封锁后，第一艘镇汉间复航之武林轮装运到汉；其后经不断努力，又继续迁移二、三两批，前后共迁移机器、仪器、材料物资共300余吨。运移路径，均系用民船经内河运抵镇江，再行转装轮船到汉。在此时期中，厂址附近以及民船航行途中，虽屡经敌机轰炸扫射，幸工作人员与物资均无所损。本厂由沪迁出物资于十月中即全部陆续抵汉，当以后方生产刻不容缓，即在硚口地方租屋开工。后以鉴于抗战必须持久，武汉亦非安全之区，乃计划再度西移，于十二月七日即将首批机件运离汉口，其中一部分于同月二十日即运抵重庆。但以当时经济枯竭，不能全部早日移动，幸得经济部工矿调整处借款协助，始能成行。时武汉工厂区屡遭空袭，职工除冒险从事本厂迁移工作外，并为重庆炼钢厂抢搬汉阳钢药厂机器500吨；致不幸有工友五人牺牲于敌机肆虐之下。其余后批物资以当时长江水浅，巨轮停航，轮运不可得，乃用木船载运赴宜，随船员工备历艰险，凡三阅月始先后抵宜，到宜后又经多时之搁置，方得轮运来渝。本厂于迁渝计划决定之后，即派员来渝物色厂基，觅定化龙桥对岸江北猫儿石某玻璃厂址，租用加以修葺，并与电力公司商妥，安设过江杆线接通电流，至四月十日而能局部复工，五月间方将全部迁移机器装竣开用。

[四联总处渝分处档案]

21. 林继庸谈上海民营厂三家迁移前的想法[②]（1942年）

"一·二八"的炮声仅能惊醒极少数人的好梦，大多数的人们仍旧是酣呼

[①]此件节录自1940年9月顺昌铁工厂扩充计划。
[②]此件系节录自1942年林继庸《民营厂矿内迁纪略》。

鼾睡。上海吸引灵魂的魔力更复加厉！种种建设的计划，均在那里促成上海的繁荣！民间企业界有了成见，有了苟安的心理……谁肯离开上海把工厂迁入内地去？让我再述一件事实代表一般人的意见吧，当我苦劝一位大企业家内迁，经过1小时的时光……他的回答是："林先生，不要太兴奋啊！记得'一·二八'大战那时，我们的工厂共总停工还不足10天呢！"不到黄河心不死，火山一日不爆发，他们也乐得在火山口上多嬉游一日！若是同他们讲道理，说利害，他们便会口若悬河的发出偌大的道理，辨别更深刻的利害来回答……

……［一九三七年七月］①三十日胡厥文先生召集上海机器五金同业公会举行执委会议，邀我等出席讨论，当时曾大大的辩论了一场，大鑫钢铁厂余名钰，上海机器厂颜耀秋，新民机器厂胡厥文，新中工程公司支秉渊，中华铁工厂王佐才诸先生，当时均表示愿以身作则，将自办的工厂随着政府一起走……过了数日，康元制罐厂项康元先生，中国工业炼气公司李允成先生，大中华橡胶厂薛福基先生及天利、天原、天厨、天盛四厂主人吴蕴初先生，均先后来函表示愿意迁移……

……

独资经营的厂家，关于迁移问题，尚容易决断进行；至于有限公司组织的，其迁厂举动却惹起法律问题。董事会简直是开不成，股东会更无从说起。监督委员会于是下令给各厂的负责人，必须跟从政府的命令，将厂中机件拆迁，一切责任自有监督委员会代为向其董事股东们负担。当时最顽强的要算龙章造纸公司的常务董事傅筱菴，但是他也没有办法来抵抗我们的处置。

……苏州、无锡、常州一带的纱厂甚多，战事尚未波及，亦可着手发动拆迁，资源委员会曾于九月中旬派顾毓琼先生前往苏、锡一带劝导。但是各纱厂当时赢利甚厚，大家都抱着宁可现在多赚钱，等待事到临头再算的观念，所以亦未能推动……

上海的文化界的意念与纱业中人的恰是相反，他们却自动的着急起来。

---

①此系编者为连接上文所加。

我与他们开会讨论两次。预料明年春季始业后方各省将感觉教科书缺乏,乃在极端困难之中,抽出吨位,速将商务、中华、正中、开明、大东等书局的中小学教科书500吨先行运出。随即将印刷厂多家及中国铅笔厂的机件物料先行迁出……

上海有些小厂家平常依靠着较大的工厂分接工作,他们工厂虽小,但是他们急公赴义的决心到甚大,他们……知道敌人快要到来,各大厂家均已预备西迁……他们心里明白了……有一位厂家急急忙忙跑回家去对老板娘发表他的意见,随即召集他厂内的学徒工人演讲了一番即下个命令"搬!"全体动员,漏夜收拾。把笨重的机件托给所知交的大厂家代为照管,他们肩负着包裹到我的办公厅来领证明书……他们接得证明文件,说声"到汉口再见!"头也不回,大踏步,肩着行囊走了……

……

沪宁失陷之后……留在上海的工业界人士,尤其是一般自称为工业界绅士的人们,不察形势,以为租界仍可恃作护身符始终不肯离开上海。有人竟以爱国为口头禅,创造"孤岛上工业孤军为国奋斗"的美名,假借八百壮士坚守四行堆栈的悲壮事实以为掩饰,而进行其投机事业。有些人因为环境关系在上海站不住脚了,又无跑到后方来奋斗的勇气,于是麇集香港做些买卖,倒落得逍遥自在。他们的心理对于工厂内迁根本就不赞成,又不好明白反对,只有处身局外说些风凉话,以为政府对于协助迁厂是没有办法的,更撷拾些困难题目来作引证。如说运输艰难,便举出某厂物资在途上经过几个月尚不能到达,反而沉了若干吨于河里。说到购地困难,便举出某厂购地给地主敲了一笔竹杠等等。又从而加上些穿插,竟把后方,尤其是重庆,看作畏途……他们倚赖外国人的心理太重,把本国政府的力量估计太低,他们费尽苦心,出些钱联络几位外国朋友,写了些假字据,在外国领事馆办了登记的假手续,在工厂门前挂上外国旗子,自欺欺人地以为是万全之策。同时他们又要学时髦,因为到后方兴办实业是时髦的口号,便想出一个两全的办法,于是把工厂的招牌挂在重庆,自己仍旧在上海或香港逗留……

……总括起来,他们拒绝内迁的说法①……约有五端:

(一)在香港从事实业较为方便,且仍可做救国工作;

(二)在沪租界内复工,不致为敌人操纵,且可救济失业工人;

(三)产业为敌人扶持,无力摆脱,亦状"身居魏阙,心存汉室";

(四)军运至忙,虽窗门木板亦满载无遗,至于民间机件则虽极重要者亦难得吨位,欲行不得;

(五)产业已为敌人毁坏,不易恢复,且落得休息休息,待天下太平再想办法。

[重庆市工商局档案]

22. 余名钰关于大鑫钢铁厂拆迁前的回忆②(1946年)

当"七七"事变前,吾人……拟将部分炼钢设备与龙潭水泥厂及大公机器厂等合作,迁移于南京浦口之间,以为万一战事发生,沪厂被毁,尚留有京厂可资生产。惜时机已晚,方无锡会谈之间,时为"七七"事变之日,正在畅谈条件,而卢沟桥冲突之讯已由长途电话传来,会议通告终止。嗣后日人侵略行动由北而南,上海将为第一策动地,遂于七月十四日呈请政府协助内迁。惜公文呈转费时,奉批未及十日,而战事爆发。此时仆仆京沪间,不独政府资助之迁厂费10万元未曾领得,即铁道部货款30余万元亦因时局剧变而搁浅。于是提前迁移之举遂成泡影。且齐物浦路之厂址去黄兴路炮兵阵地相距不及半里,八月十四日路北之办公室及路南之机厂房屋毁于炮火之下。同时,加入内迁工厂联合会方领得部分迁厂费,而为时已晚。虹口一带已被敌人占领,交通断绝,资产无法抢运,不得已利用外人,将全厂留存资产,用法律手续,假借买卖方式,交由德人孔士德君,并设法倒填年月,向德领署登记,由德领署出面,以保护德人财产为词,向敌军部申请赔偿财产损失。又雇用白俄及印人看守,而孔君当率领白俄等人驱车赶运,乃将各种炼钢器材分批运至法租界。惟敌人对于木型机件不准移动,虽经拆卸,亦无法运出。不久铁道

---

①此系编者为连接上下文所加。
②此件摘自余名钰《八年经历纪略》,1946年。

部货款亦于八月二十日领到,于是设法收购南市及沪东各厂所搬存法租界之工作机、鼓风机等,同时向各铁行收购钢板、角铁等原料,添购马达,配合抢出各种以完成生产钢铁必需之设备[下略]。

[渝鑫钢铁厂档案]

23. 重庆中法制药厂内迁设厂纪略①(1949年9月13日)

民国二十六年七月抗日战争发生,当日本帝国主义的炮火逼近上海时,上海的工业界发起迁移工厂到内地的运动。中法药房化学制药厂立即响应这个运动,虽时间很是匆迫,也拆迁了一部分机器,参加进这个支持长期抗战产业军的行列。

一到达汉口,其他工业正考虑继续内迁或就地设厂时,由于军事上的急迫需要,中法药厂却毫无踌躇余地,马上开了工。当时是为政府制造军用药品,如救急包、止痛锭、行军丹等,虽在敌机疯狂的轰炸下,但员工激于民族战争的敌忾,不顾一切艰苦,努力工作,开工不久即有大量出产,每月每种出货都在三四十万包以上。

在保卫大武汉的时候,也是中法药厂加紧生产的时候,直到最后政府下命令转进才赶办结束,跟随军队撤下来。

来到重庆,政府对工业除继续扶助外,便让各厂家尽量自谋生存和发展。这时各厂家都为寻觅厂址奔跑,中法药厂一时也寻觅不到适当的地方,最初设在小梁子制造,后来才在南岸弹子石孙家花园筹设新厂。新厂落成,机械方始迁移过去,便遭到敌人的大轰炸("疲劳轰炸"),新厂房被毁一部分,小梁子的厂整个的四层楼从头到脚被重磅炸弹洞穿坍塌了,幸而南岸新厂制药机械只损失了少数几部,没有使新厂停顿。

……

[重庆同业公会档案]

---

①沿用原标题,此件系中法制药厂1949年9月13日致迁川工厂联合会函附件。

二、苏皖鲁豫等地厂企的内迁

1. 庆丰纺织染公司为迁移机件请援照上海工厂迁移成例给予便利呈(1937年11月6日)

谨呈者：敝厂自开办以来，内部设置力求完备，总计现有设备除纺、织、染三部（纱锭7万枚，布机1,000台，整理机器每天产量5,000匹）机器外，原动力部分亦能自给有余。自戚墅堰电厂遭受敌机轰炸后，无锡全邑用电曾改由敝厂供给。惟以厂址（无锡周山浜）临近车站，时受敌机威胁，不幸于十月十九日曾受敌机轰炸，损失颇巨。故为保全国家工业资源，以图继续生产供应军需起见，拟将纺织机件及染色整理部一部分机件，原动力厂及附件物料等拆卸，由锡运往镇江，转送汉口安全地带，俾便觅地设厂，另图经营。惟查值兹非常时期，船只运输颇感艰困，而机件运至镇江，需纳之转口税，亦以为数过巨，难以担负。为此迫不得已，拟请赐准援照钧会、资源委员会迁运上海工厂成例，予以下列种种便利：

（一）拟请咨请后方勤务部予以运输便利（拟取水道由锡运至镇江，然后轮运汉口，俟适当地点择定后，再行转驳），船只归厂自雇，惟请后方勤务部予以保护。

（二）拟请咨请财政部予以免惩[征]转口税。

（三）拟请呈请军事委员会发给运输护照。

（四）俟择定地点后，请为圈定，以便价购。

（五）本厂所制货物属于军需用品，拟请准予享受政府迁移矿厂补助办法。

综上各点，事关保全国家资源，实属刻不容缓。理合备文呈请鉴核，敬祈裁夺示遵，实为公便。谨呈

军事委员会工矿调整委员会

庆丰纺织染公司总经理　唐星海　敬呈

中华民国二十六年十一月六日

[经济部工矿调整处档案]

2. 工矿调整委员会陈报协助江苏办理迁移工厂情形致军委会呈
（1937年12月1日）

案奉钧会会经种字第41号令开：自案接照叙至为要。等因。奉此。当即令所设之厂矿迁移监督委员会开会讨论通过。江苏省应行援助迁移工厂名单，并派厂矿迁移监督委员会委员林继庸前往镇江与江苏省政府接洽。以江苏省农工生产指导处为监督迁移机关。关于迁移费用由本会先拨存20万元于南京中国银行，作为工厂迁移借款担保金，凡应行援助迁移之工厂，往指导处接准介绍者，得向镇江中国银行接洽，借予迁移款项，以本会存南京中国银行之款作为担保。所有督经迁移事务，经由农工生产指导处负责办理。实际迁移情形，尚未得经处报告。奉令前由，理合将协同江苏省政府办理迁移工厂情形呈请鉴核。谨呈军事委员会

中华民国二十六年十二月一日

[经济部工矿调整处档案]

3. 陆之顺陈述陆大工厂迁移情形并附送由济南运出机器物料单呈
（1937年12月6日）

径呈者：为前方军事紧急，奉命南移，当鲁省形势危急时，市面已乱，援助毫无，所存材料不能作为抵押。幸蒙津浦机厂厂长赵国栋以爱护国资源，不欲以此等机械留资敌用，以机厂名义拨车数辆，只将重要机件共装8车，经由津浦、陇海、平汉次第启运。已有5车至谌家矶站，1车在花园站，余两车仍在半途中。全体职工共计六十四名。所有厂中笨重机件及钢铁材料一部分完全遗弃，所带出之机件，另外附单。顺抵汉口，对于安置工厂一切费用急待援助，恳请贵部念顺苦干十数余年，造就不少人才，置家属于鲁省前方不顾，只身来汉，待命进行，对于经济上祈予以援助。再武汉形势能否长此安全，亦属

疑问，恳请设法移往重庆，尚可暂卜安全。再此次南移货物中，有为军政部所造甲雷零件甚多，更请发给特别免税免验护照，以免沿途阻碍。特此恳请数端，祈予恩准为祷。此呈国民政府军事委员会工矿调整委员会

附机器物料单一份

济南陆大工厂经理陆之顺呈
二十六年十二月六日

计开由济南运出机器工具数量估价如下：

名　称	数　量	估价(元)
(一)6尺德式高速车床	15部	15,000
(二)6尺重车床	2部	1,500
(三)5尺六角专门车床	1部	1,200
(四)8尺德式高速车床	1部	2,200
(五)8尺重车床	4部	2,400
(六)德式自动大钻	5部	4,000
(七)美式轻式钻	2部	300
(八)四轴钻	1部	800
(九)德式牛头刨床	1部	800
(十)德式龙门8尺大刨床	1部	3,800
(十一)万能铣床	1部	7,500
(十二)平面磨机	1部	900
(十三)万能磨机	1部	900
(十四)三联自动钟弹机	1部	6,000
(十五)剪铁板机	2部	1,000
(十六)冲眼机	2部	1,400
(十七)离心式打风机	2部	300
(十八)唧筒式打风机	2部	700

(十九)离心上水机	1部	350
(二十)10马力电机	1部	700
(二十一)5马力电机	2部	650
(二十二)3马力电机	3部	550
(二十三)8启罗瓦发电机	1部	650
(二十四)3启罗瓦发电机AEQ	1部	550
(二十五)8马力柴油机	2部	1,600
(二十六)16马力柴油机	1部	1,600
(二十七)多雏力表面淬火炉	1部	2,900
(二十八)AEG300安培电焊机	1部	2,800
(二十九)西门子280安培电焊机	1部	2,600
(三十)西门子200安培电焊机	1部	2,200
(三十一)天轴吊挂钢珠领	全套	3,500
(三十二)皮带皮带轮	全套	3,500
(三十三)德可式发电机	1部	600
(三十四)气焊全套	3副	850
(三十五)氧气割板机	2副	250
(三十六)磨石机	2部	300
(三十七)压白铁机	1部	180
(三十八)老虎钳	25件	750
(三十九)平规板	3块	250
(四十)各种牙轮子	15箱	3,750
(四十一)工具刀	15箱	3,500
(四十二)工具	25箱	5,000
(四十三)各种铣刀	2箱	2,000
(四十四)发电机零件	1箱	150

（四十五）钢砧子	4 个	400
（四十六）淬火家具	1 箱	500
（四十七）淬火药	3 筒	200
（四十八）铜罗施牙轮	2 个	300
（四十九）各种仪器	1 箱	1,500
（五十）皮带	1 箱	200
（五十一）千斤顶	1 个	50
（五十二）铣床零件工具	1 箱	1,200
（五十三）大花盘	2 个	150
（五十四）5 吨滑车	1 个	100
（五十五）3 吨滑车	2 个	100
（五十六）轴节车瓦	4 箱	400
（五十七）车床扳手	1 箱	100
（五十八）甲雷半成品	2,800 个	8,400
（五十九）甲雷料	2,200 个	4,400
（六十）8 号引信	25 箱	10,000
（六十一）8 号引信半成品	25 箱	7,500
（六十二）8 号甲雷零件	12 箱	2,400
（六十三）紫铜块	7 吨	7,560
（六十四）黄铜块	6 吨	6,480
（六十五）钢板料	15 吨	4,500
（六十六）电线铜条	1 吨	1,000
（六十七）家具钢	1,500 磅	3,000
（六十八）机器图样	6 箱	8,500
（六十九）电焊条	2 箱	300
（七十）绘图器具	1 箱	500

(七十一)甲雷箱板	6,000 尺	1,080
(七十二)铁床	30 个	300
(七十三)四号甲雷模子	全套	500
(七十四)设计图表书籍	1 箱	800
总计		164,850

[经济部工矿调整处档案]

4. 沈鸿烈为青岛市内迁工厂运输事宜与翁文灏往来密电(1937年12月12—21日)

(1)沈鸿烈致翁文灏密电(12月12日)

翁、钱秘书长勋鉴:密。支电敬悉。本市华新纱厂、冀鲁、兴华两针厂原拟分别迁往武汉。已各将一部分机件由海道南运,现均存沪。未由[有]内运。此外机器工厂等正在计划迁移者,尚有数家,只以胶济车辆南调,运输极感困难。未知尊处能否代为设法。倘可迁移,则借款担保事,当再行商酌知注[照],特复。弟沈鸿烈叩。文。

(2)翁文灏复沈鸿烈密电稿(12月19日)

青岛市沈市长勋鉴:设密。顷奉文电敬悉。迁移工厂运输困难情形,现平汉军需品拥积。此间对于运输方面亦难为力,借款担保事拟即作罢。敬复。弟翁〇〇叩。皓。

(3)沈鸿烈致翁文灏密电(12月15日)

翁秘书长勋鉴:密。文电计达。本市冀鲁、兴华、广来、华康、中国、颜润、大复记、光华八厂决定迁渝、汉、西安,共有机件300吨,拟请转商运输司令部迅予拨车来青装运。如何之处,敬乞电复。弟沈鸿烈叩。删。

(4)翁文灏复沈鸿烈密电(12月21日)

青岛沈市长勋鉴:设密。文电前曾奉复,顷准删电,敬悉一切。现运极繁，重要物资如煤斤等均苦无法南运。调车之事，力与愿违，深以为愧。惟闻无锡各厂失陷后，多被摧毁。青市日厂已有损失，尤恐报复，堪虞。似惟有就近疏散藏置，冀可一部保全，想在尽筹中矣。弟翁〇〇。马。印。

[经济部工矿调整处档案]

5. 高惜冰督办九江芜湖各工厂迁移事宜报告（1937年12月17日）

报告　十二月十七日

为报告事。案准本会秘书室二十六年十二月二十六日函，以奉谕派委员赴九江、芜湖督促办理利中纱厂、大中华火柴厂、裕中纱厂等迁移事宜。等因。遵即前往九江，与厂商接洽。兹将办理情形报告如次：

一、查利中纺织公司所用之机器，系向美商慎昌洋行租用，是其所有权应归该慎昌，与利中无关，依法似不便令其迁移。兹将该厂机器清单及与慎昌租赁机器之约定书，各录一份附呈钧阅。

二、大中华火柴厂负责人声称：该厂杭州及镇江分厂机器均已迁出，运往长江上游，至其九江裕生厂之迁移，则拟缓办，所需运费，该厂力足自筹，不需协助。

三、九江工厂尚有光大瓷业股份有限公司一家，设备非常完善，对于原动部分尤为美备机器，价值不下20万元。如不从速助其迁至较为安全之地带，一旦被敌机袭毁，对于国家生产影响必巨。似应设法指导，助其迁移。

四、芜湖情势变迁，交通梗阻，未能前往。故于迁厂事宜亦无法办理。

附呈者此次公出共用旅费洋251.73元，除出发前曾借支旅费洋200元外，尚须补领51.73元以偿垫款，合并陈明。谨呈主任委员

高惜冰谨呈

十二月十七日

附呈：约定书抄件一份[略]、机器原料清单二份[略]、旅费清单一纸及单据二十一纸[略]。

[经济部工矿调整处档案]

6. 九江光大瓷业公司总经理杜重远为迁移工厂保存生产能力请求协助函呈(1937年12月)

(1)12月17日致翁文灏函

咏霓先生勋鉴：敬恳者：敝公司设在九江江边，战事日迫，恐有损毁之虞，拟迁至广西境内重行设厂，惟迁移时期须有军事委员会特种允许护照，途中免却种种麻烦。敝公司所制各项瓷品，亦系国家后方民众日用之需，恳祈即日发下，以便早日迁出，实为公便。谨此，敬颂勋绥。

江西光大瓷器公司总经理
弟杜重远谨启
十二月十七日

(2)12月20日致工矿会呈

呈为保存生产能力，拟将工厂机器暂移武汉，以策安全，仰乞鉴核准予协助事：窃查首都沦陷，敌骑西来，九江感受威胁，日形吃紧。重远为保存生产能力起见，拟将在九江创设之光大瓷业公司工厂全部机器在最近期内移运武汉，以防意外，惟时值非常，诸须请求钧会协助，始克有济。兹将请求事件开列如左：

（一）请填发货运特种护照。

（二）请训令驻在地军事长官协助运输事宜。

（三）请函知后方勤务部予以运输上之便利。

（四）请代向银行借垫运费，分年归还。

以上四事，均关移运重要事件，时促势迫，务乞核准，以利进行。除分呈军事委员会第四部外，理合检同机器及各厂室马达清册一份，具文呈请鉴核，恩准施行。谨呈工矿调整委员会

附呈　机器及各厂室马达清册一份

九江光大瓷业公司总经理杜重远
中华民国二十六年十二月　日

九江光大瓷业公司全部机器及各厂室马达缮具清册,谨请鉴察。

(一)1,000公斤转筒球磨机6部。

(二)600公斤转筒球磨机2部。

(三)400公斤转筒球磨机2部。

(四)200公斤转筒球磨机2部。

(五)三排式瓷瓶球磨机1部。

(六)圆板泸泥机2部。

(七)唧筒邦浦1部。

(八)16寸横式捏泥机1部。

(九)坯泥精炼机2部。

(十)66寸上动式石轮磨粉机2部(附六角筛子机)。

(十一)六角筛子机2部。

(十二)48寸下动式石轮磨粉机2部(附六角筛子机)。

(十三)六角筛子机2部。

(十四)10"×5"碎石机1部。

(十五)12尺地池泥浆搅拌机1部。

(十六)升降机1部。

(十七)辘轳机(制坯)60部。

(十八)手动辘轳4部。

(十九)立式磨碗底机3部。

(二十)人力压坯机1部。

(二十一)盒坯模型3部。

(二十二)20"×48"立式捏泥机1部。

(二十三)火砖再压机1部。

(二十四)三号空气压缩机1部。

(二十五)砂轮磨刀机1部。

(二十六)钻机1部。

(二十七)镟机1部。

(二十八)刨床1部。

(二十九)牛头刨床1部。

(三十)煤气引擎原动机2部。

(三十一)煤气发生炉3部。

(三十二)单气缸抽水机1座。

(三十三)冷气邦浦1座。

(三十四)三相交流发电机2部。

(三十五)电磁吸铁机1部。

(三十六)变流器1只。

(三十七)10马力邦浦1座。

(三十八)卧式锅炉2部。

(三十九)华盛顿式邦浦2座。

(四十)各厂室用马达19部。

以上共机器125部,马达19部。

杜重远

[经济部工矿调整处档案]

7. 陈世桢商办河南各厂迁移情形报告(1938年1月1日)

为报告事,案准本会秘书室二十六年十一月二十六日函,以奉谕派职赴豫督促办理豫丰纱厂、开封河南农工器械制造厂等迁移事宜。等因。遵于同月二十九日启程,十二月一日到郑,当赴豫丰纱厂视察工作状况及机器情形,三日到汴,即会同河南建设厅张厅长静愚视察河南,农工器械制造厂。并电约郑州豫丰纱厂经理郑人魁、汲县华新纱厂经理董嘉会来汴商洽。同时,督促河南农工器械制造厂拆卸机器,以便装运。十二月八日、九日豫丰、华新两纱厂负责人亦先后到汴共商迁移。谨将此次出差商办详情列报如下:

一、河南农工器械制造厂,因系省营,并须制造该省公路车辆零件,不顾迁出省境。经会商结果,仅顾迁至鸡公山附近之柳林镇。至于运输问题据张厅长声称,该厂已请豫皖绥靖主任公署向铁道运输司令部索免费车辆。暂不需要本会货运特种护照。惟至本月二十九日该厂刘厂长文起来汉声称,已有第一批机器135吨装车,运至郑州被铁道运输司令部扣住。未克南运。乃于三十日由本部填发货运特护照三张,交其带郑,并电知郑州运输司令部请其从速放行。该厂迁移一事至此似可告一段落。

二、郑州豫丰纱厂成立于民国九年。汲县华新纱厂成立于民国十一年。所有机器经风沙之侵蚀,均已旧不堪。一经迁动,颇难装配,且河南省政府与该厂等之债权人,中国银行及厂家本身,对于迁移一节均不表示积极,似此情形职意与其耗费多数金钱及运输力量,辗转运出而仍不能收得实际效用,毋宁暂时听其自然,俟将来各该厂家有所请求时,再行斟酌情形,予以援助。

三、在汴时接奉郑州中国银行转来工矿调整委员会文电,略以保定育德中学郾城分校铁工厂,以约值万元生熟铁献与政府请就近接洽。等因。当于归途中到郾接洽,方知所有材料现存新乡。嗣于二十九日接郾城张县长请来,函略以育德中学新乡铁工厂现存破旧机器生铁及圆铁棍工字铁共30吨,愿以20吨献与政府,下余10吨留作自用。该校郝校长拟请本会派员到郾,会同前往接收,并请将该校所留存之圆铁棍工字铁等约10吨左右代为免费运郾,藉以补充该校经费之不足。等由。查铁路免费运货,须有甲种免费运照。本会货运特种护照,尚不适用。究应如何办理之处,未敢擅定。谨述颠末,敬候裁夺。

再,此次公出,前后二十六日。临行时曾预支旅费国币200元整,实际支用329.99元。除领尚亏129.99元,即请补发,以清垫款,并此附陈。谨呈主任委员会

  附呈旅费清单一份(略)

  单据三纸(略)

陈世桢谨呈

二十七年一月一日

[经济部工矿调整处档案]

8. 工矿调整委员会督促郑州豫丰纱厂从速内迁有关文件(1938年1月30日—2月17日)

(1)工矿调整委员会致中国银行公函(1月30日)

公函　　字第　　号

径启者:查中央对于邻近战线各重要工厂,均督促迁移后方,历经办理在案。兹以郑州豫丰纱厂及汲县华新纱厂所有机器,虽属陈旧,但各种零件,均系来自外洋。值此抗战时期,添购不易,尚可与他厂机件配合应用。且两厂现既停工,此项机件似亟应迁移后方妥置,以免损失。查贵行为该纱厂等之债权人,即转饬各该地分行办事人就近督促各厂从速将上列二厂现存未装之零件及已装较新之零件拆运来汉储存,以免损失。至关于迁运手续以及将来对于该项零件如何应用之处,尚希派员来会面洽。兹检同纺织零件单乙纸,随函奉达,即请查照办理为荷。此致

中国银行

　　附纺织机零件单乙纸[缺]

(2)工矿调整委员会致豫丰纱厂训令稿(2月17日)

训令

　　　　令郑县豫丰和记纱厂

仰该厂迅将所有纱锭计56,000锭连同全部配件,自即日起分批拆卸装箱运往后方,并限于三月十五日以前全部办理完毕。关于运输免税、免验等事项,均可呈由本会量予援助。该厂应仰体政府维护苦心,遵照办理,不得违误。至该厂迁移之后,债权人对于所有设备,自仍可按照资产价值比例保留权利。此次迁移,系属国家政策,不得藉词阻挠,其职员工人等,素明大义,亦不得藉端滋事,致干法纪。并仰转行知照。此令。

　　　　　　　　　　　　中华民国二十七年二月十七日

(3)翁文灏致程潜密电稿(2月17日)

急。郑州河南省政府程主席勋鉴:穆密。查郑州渐近战区,地处冲要,近

已成为敌机目标。该处豫丰纱厂规模颇大，亟应迅移后方。以免毁于敌手。兹已令该厂从速迁移，特此电请转饬郑州行政专员暨警备司令部，出示张贴该厂晓谕员工及地方人等，不得阻挠卸运机件，并派军警协助该厂，以利进行，至纫公谊。经济部部长翁文○。条。整。

[经济部工矿调整处档案]

9. 郑州豫丰纱厂陈历次拆迁情形呈(1938年3月5日—4月27日)

(1)3月5日呈

呈，为遵饬呈报拆迁情形，仰祈鉴核备案事。兹奉钧会训令矿整字第403号内开：查关于迁运该厂纱锭56,000锭及全部配件南下事项。本会曾于本月十七日令知该厂，并限于三月十五日以前全部迁运完毕在案。兹以前方军事日趋紧急，所有机料迁运实已刻不容缓。除已分别再电程主席暨平汉铁路局，饬属切实协助，给予便利外，仰即加紧赶拆装车南运，毋得延迟。并盼将办理迁移情形，按周具报备案。仰即知照，此令，等因。奉此。遵查商厂于二月十九日奉令拆迁机件，业将办理情形呈报在案。当机件拆卸之始，各工人尚明大义，不懈工作预计每三天可拆卸装箱纱锭5,000枚。讵二月廿一日忽有一部分工人受不良分子耸动，阻挠拆机。当就近分呈地方各长官维持，并电蒙核示，即经请准郑州警备司令部蒙布告查禁，一面派拨宪警到厂保护拆卸之工程，虽得恢复而工作已不能如常。迨本月四日，工潮解决，拆卸工作较为顺利。计至本日止已拆纱锭，计得8,000枚，布机234台，锅炉一具，1,500千瓦电机一座，业均装箱，迭向平汉路郑州车站，请拨车辆。未荷派出，以致未克即运。除赶拆除余锭外，理合具文呈报，伏乞鉴核备案，实为公便。谨呈
军事委员会工矿调整委员会

豫丰和记纱厂
中华民国二十七年三月五日

(2)3月12日呈

呈为呈报事，案奉令行饬将办理迁移情形，按周具报备案等因，业经遵照

呈报在案。兹自三月六日起至十二月止,计拆卸装箱纱锭 12,000 枚,连前计 20,000 枚,又锅炉一具,连前只二具,凝汽机一座。并先后运出纺纱机件 650 吨,织布机件 155 吨,发电机件 140 吨,修机机件 70 吨,物料 155 吨,原料 265 吨。现仍一面赶拆装箱,一面索车付运。所有本周办理迁移情形,理合具文呈报鉴核,伏乞备案,实为公便。谨呈
军事委员会工矿调整委员会

中华民国二十七年三月十二日

(3) 3 月 19 日呈

呈为呈报事,案奉令饬将办理迁移情形,按周具报备案等因。业经遵办在案。兹查本周自十三日起至十九日止,织布部分已完全拆竣,纺纱部分拆卸工程已达十分之八,电机部分计拆卸 500 及 1,000 千瓦之发电机各一座,锅炉一具,连前共三具。并陆续运往汉口,计纺纱机件 1,311 吨,织布机件 75 吨,发电机件 210 吨,修机机件 90 吨,物料 105 吨,连上周所运机料,总额 1,288 吨。两周共计运出总额 3,079 吨。除仍赶拆速运外,理合将本周办理情形具文呈报,伏乞鉴核备案,实为公便。谨呈
军事委员会工矿调整委员会

豫丰和记纱厂

中华民国二十七年三月十九日

(4) 3 月 26 日呈

呈为呈报事,案奉令饬将办理迁移情形,按周具报备案等因,业经遵办在案。兹查本周自三月二十日起至二十六日止,纺纱部分已完全拆完,电机部分又拆锅炉一具,连前共四具,500 千瓦发电机一座,连前共四座,均已拆装竣事,现仅存凝汽机三座,已在拆卸中。是周共运往汉口计纺纱机件 1,446 吨,发电机件 345 吨,修机机件 180 吨,物料 125 吨,共 2,101 吨,连前共运出 5,310 吨。除未拆竣者赶拆,未装运者催索车辆迅装外,理合具文呈报鉴核,伏乞备案,实为公便。再三月十九日呈报上周所运机件总额 1,280 吨,实应

为1,425吨,其共计运出总额为3,216吨,误计为3,079吨,应请更正,合并声明。谨呈
军事委员会工矿调整委员会

豫丰和记纱厂
中华民国二十七年三月二十六日

(5) 4月2日呈

呈为呈报事,案奉令饬将办理迁移情形按周具报备案等因,业经遵办并呈报至三月二十六日止在案。兹查本周自三月二十七日起至四月二日止,拆卸中之凝汽机三座,已经拆竣。所有纺纱、织布、发电三部分之机件,至此一律拆卸葳事。现所存仅烟囱及水塔各二座。是周计运出纺纱机件210吨,发电机件185吨,修理机件410吨,物料375吨,家具35吨,共计1,715吨,连前统计运出7,032吨。除索车将待运者赶装外,理合具文呈报鉴核,乞赐备案,实为公便。谨呈
军事委员会工矿调整委员会

豫丰和记纱厂
中华民国二十七年四月二日

(6) 4月9日呈

呈为呈报事,案奉钧令饬将办理迁移情形按周具报备案等因,业经遵办并呈报至四月二日止在案。兹查本周间已将水塔拆卸一座有半,烟囱则以器具未全,未能动拆。其运出之件为电机机件515吨,修机机件145吨,物料70吨,家具110吨,共计850吨,连前统计共运7,882吨。理合具文呈报鉴察,乞赐备案,实为公便。谨呈
军事委员会工矿调整委员会

豫丰和记纱厂
中华民国二十七年四月九日

(7)4月27日呈

呈为呈报事,案奉钧令饬将办理迁移情形按周具报备案等因,历经遵办并呈报至四月九日止在案。兹查四月十日至二十四日两周间已将水塔及烟囱完全拆竣,并运至汉口,计电机机件240吨,修机机件70吨,原料80吨,家具40吨,合计430吨,连前总共计运出8,312吨。至此全厂各机件已全部拆竣自郑运清。现又自汉将机件分运沙市、宜昌,正在川渝相度厂基。惟尚未得适当地址。除赶觅基地,随时将进行情形呈报外,所有郑厂机件拆迁竣事缘由,理合具文呈乞鉴察,伏乞备案,实为公便。

军事委员会工矿调整委员会

豫丰和记纱厂

中华民国二十七年四月二十七日

[经济部工矿调整处档案]

10. 河南省农工器械制造厂内迁有关文电(1938年3月9日—7月20日)

(1)经济部致工矿调整处代电稿(3月9日)

汉口工矿调整处鉴:准河南省政府有成建二电开:本省农工器械制造厂前奉军委会派第四部轻工业组陈副组长世桢来汴,将该厂迁信阳柳林镇制造国防用具。嗣因第四部并归贵部,该项计划中辍,现在是否仍照原案继续办理,祈速查核电复。等由。查此案应由该处统筹报候核转,除电复外,合行电仰迅即遵照办理具报为要。经济部。川佳工。印。

(2)工矿调整处致经济部呈稿(3月21日)

呈 第 号

案奉钧部廿七年三月川佳工代电,准河南省政府有成建二电,以该省农工器械制造厂迁移事项是否仍照原案继续办理,饬即统筹办理具报。等因。奉此。查该厂于去年十二月底业已起运一部分机料南下,似应仍照原案继续

迁移,俾得完成原定计划。奉电前因。除由处复电河南省政府查核转饬该厂遵照办理外,理合呈复鉴核。谨呈

经济部

中华民国廿七年三月二十一日

(3) 工矿调整处致程潜代电(3月21日)

开封河南省政府程主席勋鉴:顷奉经济部佳代电。准贵省政府有成建二电,以贵省农工器械制造厂迁移事项,是否仍照原案继续办理令查核电复。等因。奉此。查该厂机器,据前军事委员会第四部陈副组长世桢转据该厂刘厂长文起声称,已有第一批135吨装车运至郑州。曾由第四部填发货运特种护照3张,并电知郑州运输司令放行在案。其他未迁机料,自应仍照原案继续办理,期能早日实现制造国防用具之计划。奉电前因。除呈复经济部,相应电请查核办理,转饬该厂迅速办理,并将迁移机件吨位先期电知,以便填发护照为荷。经济部工矿调整处。马。印。

(4) 程潜致工矿调整处代电(5月9日)

重庆经济部工矿调整处公鉴:查河南农工器械制造厂迁移柳林,业已数月,百余工人赋闲无事。该厂现有机器可承制手榴弹、制刀等,究竟制造何项国防用具,请迅予确定,早为开工,以免久停徒滋消耗。河南省政府主席程潜。建二佳。印。

(5) 翁文灏复程潜密电稿(7月20日)

南阳程主席颂云兄勋鉴:○密。筱宛建二电敬悉。农械厂程厂长曾来处面洽。已嘱再迁湘西承制军需品,当随时协助。翁文○。哿。印。

[经济部工矿调整处档案]

11. 工矿调整处抄送战区各矿局内迁表公函稿(1938年6月7日)

公函

　　接准贵所地字第20号公函,嘱将我国抗战以来各矿迁移情形开示,藉资参考。等由。准此,自应照办。兹将战区各矿局迁移情形列表一份,随函奉达,即请查收为荷。此致地质调查所

中华民国二十七年六月七日

战区矿局内迁表

名称	负责人	原所在地	现迁地点	迁运物资名目及吨数	备注
中兴煤矿公司	黎绍基	枣庄	汉口	机件材料720吨	物料在汉,将来工作地点未定
大通煤矿股份有限公司	朱用稣	怀远	汉口	机件材料1,700吨	物资尚未完全到汉,将来拟迁地点未定
淮南煤矿局	程文勋	田家庵九龙岗	湘潭	机件材料1,285吨	物资到汉,即迁往湘潭
协记公司馒头山煤矿	郭象豫	贵池	汉口	机件材料200吨	机件尚未完全到汉
中福两公司联合办事处	孙越崎	焦作	江北	机件材料760吨	机件尚未完全到达江北

工矿调整处业务组编制
二十七年六月

[经济部工矿调整处档案]

12. 大新面粉公司陈报迁厂经过恳请维护呈(1938年11月18日)

　　查敝公司于民国二十二年,在河南省郾城县漯河车站组织成立,曾经呈报河南建设厅登记,并经实业部给照有案。兹因战事影响,于本年十月三十一日奉到战区司令长官电令,限于三日内,拆卸机器,装车西运,遵即督率员工,日夜赶拆,一面派员来陕,选择设厂地址,迨至四日下午,全部机器拆卸完竣,而厂址亦已择定在宝鸡方面。刻下装载机器之车辆,已陆续抵宝,敝公司正在筹备厂基暨建设一切事宜,期于最短期内恢复工作,以利生产而供军需民食。除分报外,理合备文报告贵委员查照维护,并恳转报经济部备查,实为

公便。谨呈经济部工矿调整处驻宝委员刘、李

河南漯河大新面粉公司经理
杨靖宁

本公司办理处暂设　　西安南广济街十七号长泰祥
　　　　　　　　　　宝鸡东关公信商店后楼

中华民国二十七年十一月十八日

[工矿调整处档案]

13. 经济部为第二战区经委会统筹郑洛一带工厂迁陕饬查核办理训令(1941年3月6日)

经济部训令(卅)　工字第05759号

令工矿调整处

案准第二战区经济委员会本年二月筱代电开：前以豫省郑州富豫面粉厂及制革厂、打包厂等均系机器工业，关系抗建，至为重要。惟郑州滨临黄河，地近战区，且郑洛铁道早经我方破坏，交通不便，应早筹划迁移后方，以免危险。经先后电商第一战区经济委员会设法督饬以上各厂，从速迁陕。俟准电复略开：郑州一带各种工厂已电请贵部统筹迁移，俟复到再达。等由。各在案。月来豫南战局颇见紧张，近日虽臻稳定，但郑洛工厂既属重要工业，似应早日设法内迁，以策安全。用特电，请贵部察照统筹，迅饬办理，并示复为荷。等由。准此。除电复外，合行令仰查核办理具报。此令。

部长翁文灏
中华民国三十年二月二十六日
[经济部工矿调整处档案]

14. 允利实业公司迁川纪略①(1938年)②

本公司创立于民国初年，原拟取材吾邑嵩山之石矿制成碳酸物、漂粉等

---

①原标题。
②原件无时间，据估计当为1938年。

工业【用品】。因当时地方迷信风水，反对开采，以致兴讼，由县而省而部历经多年；方得开采。而公司内部因讼累关系，股款耗尽。迨民国十六年始得续招资本正式开工，并聘定比国工程师劳君振源从事设计；并向德国魁克订购化学机械，先后成立石灰、碳酸物、漂粉、机械、砖瓦业工厂，继又添设粮食工厂。抗战初期各工厂正在各自发展中，无锡沦陷，奉令内迁，而本公司各工将设无锡，后近【因】缺乏运输工具，一时不及西迁，乃昼夜装运。一部分机械已被阻于长江，以致残缺不全，运输机械又遭"五三"、"五四"时被毁于志诚巷，同人等不得已乃采化整为零办法，将机械工厂先行开工……

[重庆市工业同业公会档案]

15. 无锡豫康纱厂机器迁沪经过的呈(1939年6月27日)

呈为具报工厂区域沦陷，迁移机器来沪，仰祈鉴核，俯赐备案，并恳令饬保管，以免资敌事。窃查无锡豫康纱厂向在该邑北门外黎花庄开设多年，自前岁该邑沦陷后，全厂职工四散奔逃，厂内机器大半炸毁，所有账籍文件，除由经理杨冠常携出外，其余机器皆系铁质笨重之品，当时国军西撤，敌势纵横，处此情形，实亦无法过问。直至去年道路稍通，学潜身为常务董事，职责所在，用特密派心腹职员回厂视察。正值敌方觊觎，锡邑为工商业荟萃之区，四出网罗旧日厂商，极尽威胁利诱之能事，以期与之合作开工。学潜深恐毁余机件留遗厂内，将为资敌之具，乃先后设法，经间关小道，历尽艰辛，将厂内毁余铁机分两批移至上海租界。查全厂铁机重量共计一千余吨，先后两次迁移，业已移沪者有六百余吨，未及移出者，尚有三百余吨在厂。学潜一面招集本厂全体董事在沪开一谈话会，报告两次迁移情形，一面仍拟继续移出余留之三百吨来沪保管，以免资敌。全体董事均多数赞成。乃有本厂董事周继美、华云从二人，现在无锡所开与敌合作之广丰面粉厂，身为股东之一，不恤出面反对移沪之举，并嗾使现在无锡开设银号，代敌以伪弊[币]吸收法弊[币]之殷乐笙、陆镇豫，暨前伪无锡维持会财政主任吴步洲三人到会，大肆咆哮；一面勾结本厂协理华干臣，将遗留厂内之三百余吨铁机扣留，以致无法继续移出。周继美并威逼副经理杨冠常，函令驻锡之协理华干臣，将存留厂内之三百余吨铁机出售,以资敌用。学潜现将业已移沪之六百余吨铁机,点交本厂经理杨冠常妥为保管,至于继续迁移之举,只好暂行停顿。查周继美、华云从不恤出售吾锡工商业,以资敌用,此等丧心病狂之辈,将来抗战胜利之日,自有国法以绳其后。惟目前处此凶焰嚣张之际,学潜独立难支,深恐无法保存。用特将本厂两次迁移毁余铁机来沪情形,除分呈军事委员会外,理合具文呈报钧部,仰祈鉴核,俯赐备案。并恳令饬本厂经理杨冠常,将业已移沪暨厂内存铁,均须完全妥为保管,禁止私行出售,以免资敌,实为公便。谨呈经济部部长翁

无锡豫康纱厂常务董事
薛学潜

再:窃查现因上海邮局对于往来公文检查严密,不便直接邮递,此件系由香港附邮。回件请寄香港沙宣道山景李宅李祖永转交。合并陈明。

中华民国二十八年六月二十七日

[经济部工矿调整处档案]

16. 经济部关于拟议郑州一带工厂迁移有关文件(1941年3月28日—12月27日)

(1)经济部致工矿调整处训令(3月28日)

经济部训令　(卅)工字第06017号

令工矿调整处

案准第一战区经济委员会本年三月三日代电开:查河南省郑州一带如大中打包厂、豫中打包厂、中华蛋厂、大东机器厂、广华机器厂、豫康制革厂、面粉厂等,自抗战军兴,因邻近战区,一般厂主或困于资金或惧于兵灾,生产锐减,甚至停业,一切机具废置不用,殊为可惜。亟应设法迁移安全地带,督导复出或加扩充,以应国防建设需要。惟各该厂虽欲计划复生,而苦于资金缺乏,或拟择地迁移又感运输不便,故至踌躇不前,难期实现。当前抗战建国,增进生产既关重要,此类生产工具需要正感迫切,似不应长此任其废置。拟依非常时期农矿工商管理条例之规定,并援沪汉一带工厂内迁协助办法,请

由钧部统筹办理以资利用。除由本会郑主任委员在渝面陈外,理合电请鉴核示遵为祷。等由。准此。查关于迁移郑州一带工厂一案前准第二战区经济委员会电同前由到部,经饬该处核办具报在案。准代电前由,除电复外,合行令仰并案办理具报。此令。

部长翁文灏
中华民国三十年三月廿八日

(2)经济部致工矿调整处训令(12月10日)

经济部训令 （卅）工字第24042号

令工矿调整处

案准第一战区经济委员会十一月十八日经建字第540号代电开:查河南省平汉、陇海两路沿线各地接近战区,时有遭受敌人袭击危险,所有当地生产厂所及留存机具、材料亟应疏运后方,以策安全而免资敌。本会为督导疏运各地工厂及留存机具材料起见,除饬县查报当地工厂分布情形及机具材料储存数量外,并拟具疏运工厂及机具材料办法一种。除呈行政院外,理合检同该办法电请鉴核。等由。附办法一份到部,合行抄同原件,令仰该处核复。此令。

附抄第一战区经济委员会疏运工厂及机具材料办法一份

部长翁文灏
中华民国三十年十二月十日

第一战区经济委员会疏运工厂及机具材料办法

一、本会为疏运本战区各地工厂及机具材料以应后方需要而免资敌起见,特订立本办法。

二、凡本战区内工厂及机具材料经本会认为有疏运必要者,得商承司令长官部指定其疏运后方。

三、被指定疏运之工厂及机具材料,其所需之交通工具,本会当尽量予以协助并发给证件,以便运输。

四、工厂或机具材料所有人,如确因运费不足或竟无力疏运者,得由本会视其需要酌予以贷款,但其贷款应于运达目的地生产力恢复或变卖后,限期归还。

五、工厂或机具材料所有人接到疏运通知后,应立即设法疏运,不得藉故延宕。否则,本会得协同地方政府代为疏运,其费用仍由原所有人负担。

经本会代迁之工厂及机具材料,运达目的地后,其所有人应即接收。如不接收时,本会得予以收购或变卖之。

六、本办法如有未尽事宜得随时修改之。

七、本办法自呈报核准后施行。

(3)工矿调整处致经济部呈(12月27日)

案奉钧部本年十二月十日(卅)工字第24042号暨同月十五日(卅)工字第24301号训令。为奉交核第一战区经济委员会拟具疏运接近战区各地工厂及留存机具材料办法一案,饬迅即核议具复,以凭分转。等因。附抄第一战区经济委员会疏运工厂及机具材料办法一份。奉此。谨查该项办法与需要尚相符合,惟有数点似应注意者:(一)指定工厂疏运之目的地,似应先与本处商洽议定,以求符合该厂条件,庶于其复工后得图发展。(二)矿厂应与工厂视同一律,必要时应饬会拆迁。(三)该会在发给证件,便利内迁机料之内运时,似应与颁行之《迁移厂矿原则》及《军事委员会货运特种护照发给办法》不相违背,较为妥善。又以,现时太平洋局势转变,该战区附近如非有敌人进窥之虞,似只宜先行准备,不必急于拆迁。奉令前因。理合抄同《修正迁移厂矿原则》及《军事委员会货运特种护照发给办法》各一份,呈请鉴核,谨呈

经济部

附抄呈修正迁移厂矿原则一份[略]、军事委员会货运特种护照发给办法一份[缺]。

中华民国三十年十二月二十七日

[经济部工矿调整处档案]

17. 经济部与工矿调整处关于第三战区经委会电告办理迁移浙闽沿海工厂情形往来文电(1941年1月16日—4月29日)

(1)经济部致工矿调整处训令(1月16日)

经济部训令(卅)工字　第00794号

令工矿调整处

案准第三战区经济委员会二十九年十二月十二日生字第2436号文生代电,陈述办理迁移浙闽沿海工厂经过情形,并检附浙江工厂及福建迁移工厂等表,请鉴核。等由。查此案前准第三战区顾司令长官电请察核办理。经令据该处以矿整字第10388号呈复,拟俟详细计划寄到后再行核议。随以铣电复请顾司令长官转请将该项详细计划从速寄部,各在案。兹准代电前由。关于表列已迁尚未复工以及经迁移各厂应如何督促办理之处,合行抄附原代电,并检附原送表件,令仰该处查照前案,从速核议具报,以凭核复。此令。

附抄原代电一件、检发原表二件[原缺]

部长翁文灏

中华民国三十年一月十六日

抄原代电

经济部勋鉴:案奉长官司令部发交大部铣工电,以浙闽沿海工厂内迁,自属要图。嘱本会速将所拟详细办法寄部,以凭核办。等因。奉查迁移浙闽沿海工厂一案,前经本会第三次委员会议决通过,当由本会会同浙闽两省政府调查实际情形。兹据查报,浙省以温州、宁波为重要商埠,工厂颇多。为防敌舰窥伺,免受损害计,即于二十七年间开始内迁。计永嘉、瑞安等处迁移铁工厂17家,棉织厂7家,印刷厂33家,锯木厂29家。其未能全部迁移者则拆卸其重要机件,如东瓯电话公司之话机272具、200门交换机一座,淘化罐头食品公司机器19部,光明火柴公司75匹引擎一部等,交由内地工厂分别收购应用。宁波各铁工厂于抗战后,即次第停工,旋由省府将其机件搬移至云和设立浙江省铁工厂,其规模较大之恒丰印染织厂各种机器则由手工业指导所染织厂收购,其他各种工业机器由中国工业合作协会抢运内地营业者亦不在少数。至福建沿海工厂已内迁者,计有闽侯50家,龙溪31家,晋江11家,莆田、长乐等处13家。是闽浙两省沿海各工厂其比较重要者,均已内迁。其如各县之电灯厂等系属地方公用事业,迁移困难,准备临时破坏。奉电前因,理合将经过情形并抄同浙江省沿海未移工厂表,暨福建省内迁工厂表各一份,电请鉴核。在浙省工厂表内除萧山业经沦陷,所有纺织、缫丝数大工厂已无法内迁外,其余各县尚存多数工厂以系当地人民日用所必需且为当地人力、财力所经营,一经迁移,每难复业。如闽省因迁移而停业之工厂即有12家之多,就经济立场言,实有慎重考虑之必要。惟如鄞县之造纸、冷藏、榨油、面粉等工厂设备,尚称完善,始不预为规划,一旦被发生事变,破坏堪虞,仍拟与该省主管机关妥商内迁办法,以策安全。第三战区经济委员会主任委员赵棣华、文生。印。

计抄送浙江省沿海及接近战区各县工厂概览、福建省沿海各县工厂内迁一览表各一份[均缺]

(2)工矿调整处致经济部呈(4月29日)

案奉钧部一月十六日(卅)工字第00794号训令,以准第三战区经济委员会代电,陈述办理迁移浙闽沿海工厂经过情形,请鉴核。等由。抄发原代电并检发附浙江工厂及福建迁移工厂等表,共三件。饬查照前案,从速核议具报。等因。奉此。谨查当战事急逼之际,闽省迁移工厂为数达105家,浙省除宁波外,亦达86家。所有督饬抢运筹划复工等工作,均极努力,拟请钧部电复该战区司令长官部,对于主办各机关出力人员予以嘉勉。其他尚未迁移各厂,现据该经济委员会电称,继续饬迁,尚有种种困难,而当地对于该厂等亦有可资利用,似以暂不拆迁为宜。惟已迁各厂之详细通讯地址及负责人姓名等项,仍请钧部转知,列表径复本处俾便。是否有当,理合缴呈该原表二件呈复鉴核,谨呈

经济部

附缴呈原表二件[缺]

中华民国三十年四月二十九日

[经济部工矿调整处档案]

三、广东和在港工厂的内迁

1. 翁文灏为筹划广东省工厂内迁与广东省银行行长顾翊群往来函(1938年2月8日—3月23日)

(1) 翁文灏致顾翊群函①(2月8日)

季高我兄惠鉴:达晤经时,至深沜泂。比维劼定多豫,如颂为慰。兹者敌方殷,欲图长期抗战,亟应扩充后方生产,藉以增强抗战力量。惟吾国重要工业率处海滨,所幸当淞沪沦入战区,即由工矿调整委员会派员办理工厂内迁,事起非常,中经艰苦,始克到达目的地,现已分别安置内地,筹划复工。而各厂家不避拆运之难,不囿于地方之见,其精神尤有足多。粤省工业区较内省发达,公营喇业亦均具有规模,但所设厂址,均濒海滨。迩以战氛渐近华南,即便不致遽有兵灭之虞,而空袭频繁,殊难全免危机。为今之计,自应及早筹维,以避免无谓之损失。而各厂如糖厂之类尤为内地所需,如为一劳永逸起见,不如妥择安全地域,迁地复工。迁移之后,或所有权仍归各有,或将机器设备作价让售,均可在政府统筹协助之下,酌定办法。我兄总管金融,与各方会接较多,见闻亦确,拟请迅为洽商,并希得将粤省重要工厂概况调查,便为示及,是为至荷。专此敬颂勋祺。

弟翁〇〇拜启
二月八日

(2) 顾翊群复翁文灏函(3月23日)

咏霓部长勋鉴:前奉二月八日大函,以敌寇南扰,空袭频繁,粤省工厂多

---

①顾翊群字季高。

濒海滨，亟应择地迁移，避免无谓损失。嘱与各方洽商，并将粤省重要工厂概况查复等因。当经转函广东建设厅见复，并先函复察照。现接徐厅长赓陶来函，并将省营各厂概况表一份附送前来，相应抄录原函，连同原送概况表一并寄上，即祈察收存阅是荷。专此敬颂勋祺。

附抄徐厅长来函一件、省营各厂概况表一份

顾翊群谨启

中华民国廿七年三月二十三日

季高行长我兄勋鉴：顷接大机并转示翁部长二月八日函。略以敌寇南侵日亟，空袭频繁，粤省工业殊难幸免，应及早筹维迁移内地，以避免无谓之损失。至于地点及费用亦可请求中央协助。老成谋国至深景仰。惟查本厅所辖省营各厂颇具规模，综计各种机器笨重者居多，一言迁移，或因原料发生问题，或因搬费超出机价。且现值非常时期，运输极形梗阻，而经费尤感困难。弟数月以来殚精竭虑，正切筹维，旋奉广东省政府转来军政部令，着妥为筹划拟办，当即积极转饬各厂详拟计划具报，现已复汇呈广东省政府核办在案矣。辱承函询，特将计划迁移经过并附省营各厂概况表一份奉复，恳代转达翁部长察阅。至于将来应如何办理之处，仍候中央训示，弟当拼力以赴也。专复并祝勋祺。

弟徐景唐启
廿七、三、一

广东省营各厂概况表

厂别	资产概数	主要机器设备	动力设备	制法	每日产量	原料	备注
士敏土厂	8,200,000（毫券）	wnan式回转窑3座配件全（丹麦）、采石机1套（美）	锅炉3座，1500千瓦透平机1架，150千瓦柴油机1架（丹麦及瑞士）	回转法窑湿制	每日出土600吨、采灰石1,000吨	灰石山泥海坭石糕煤（国产）	

续表

厂别	资产概数	主要机器设备	动力设备	制法	每日产量	原料	备注
硫酸苏打厂	2,200,000（毫券）	VORCE电解池186个、盐酸机1具、漂白粉塔2座、苛性钠镬3座、硫酸机1具、石灰窑1座(美)	电力及蒸汽皆由省营电厂供给	电解食盐法、氢氯直接法、单力干制法、接触法	苛性钠6吨、漂白粉7吨、盐酸5.5吨、硫酸15吨、石灰10吨	盐石、灰煤、碳酸钠（国产）、氯化钡、其他药品(外来)	
肥田料厂	4,800,000（毫券）	磷肥机(本市制)、发生炉1(英)、亚蒙尼亚机1、硝酸机及蒸浓机1、硫酸铵机1、硝酸铵机1	锅炉1座、供蒸汽电力则由省营电厂供给(捷克)	过磷化磷酸钙法、氧化铵法、中和法	磷肥20吨、氨10吨、硫酸铵60吨、60度硝酸17吨、硝酸铵7.5吨	磷肥(海州)、硫酸、焦炭、煤(国产)	现时只出磷肥，其余在安装中
饮料厂	1,160,000（毫券）	酿啤酒机全套、汽水机全套(捷克)	锅炉1座、卧式蒸汽机1具、160匹马力(捷克)	德国法	啤酒5万公升、汽水8,000公升	麦、酵母、药品(外来)	现停工
麻织厂	1,280,000（毫券）	织机60架又配件全(英)	600匹柴油机2架(英)	常法	7,500至10,000袋	黄麻(本省)、柴油(外来)	现每月出麻包3,000个
市头糖厂	8,050,000（毫券）	11辘榨蔗机2架、蒸发甑10具、煮糖甑8具、离心筛38具、方糖机1套、酒精机1套(捷克)	锅炉9座、蒸汽机2座共750匹、透平机4架共1,600匹、柴油机3架共500匹（捷克）		白砂糖250吨、酒精5,000公斤、方糖、桔水	蔗、石灰、煤柴(国产)、硫磺、柴油、药品(外来)、桔水(车厂)	
顺德糖厂	3,810,000（毫券）	11辘榨蔗机1架、蒸发甑10具、煮糖甑3具(捷克)	锅炉5座、蒸汽2座、透平机2具共800匹、柴油机2架共100匹(捷克)		白砂糖约100吨、桔水	蔗、石灰、煤（国产)、硫磺、柴油(外来)	
揭阳糖厂	2,620,000（毫券）	11辘榨蔗机1架、蒸发甑3具、煮糖甑3具、离心筛11具(美)	锅炉2座、蒸汽机2架共1,200匹、柴油机1(美)		白砂糖约60吨、桔水	蔗、石灰(本省)、硫磺、柴油(外来)	拟商承办

续表

厂别	资产概数	主要机器设备	动力设备	制法	每日产量	原料	备注
制纸厂	9,150,000（毫券）	化学浆蒸解器3套、机械浆磨2具、3.5公尺抽纸机2架、其他配件全（瑞典）	锅炉3座、2,500千瓦透平机2座、250千瓦柴油机1架（捷克）	长纲式	新闻纸50吨	松木、石灰（国产）、硫磺、陶土及其他药品（外来）	机件已安装完竣惟尚未试机
新造糖厂	2,230,000（毫券）	11辘榨蒸机1架、蒸发甑3具、煮糖甑2具、离心筛5具、酒精机全套（美国）	锅炉2座、蒸汽机2具共750匹、柴油机1具100匹		赤砂糖约50吨、酒精5,000公斤、桔水	蔗、石灰（车省）、柴油（外来）、桔水（本厂）	
纺织厂	5,340,000（毫券）	丝织机168架、配件全（上海）、棉织机120架、纱锭20,000、配件全（英）、毛织机42架、配件全（英）、麻纱900锭	4,000千瓦柴油机千具、锅炉2座供各部分蒸汽		现时产量丝织5,000码、纱7,000码、棉布4,000码、哔叽月服出3,000码、呢绒200码、滤布5,000码、灰毯100张（月）	棉、麻、丝（国产）、羊毛（国产及外来）	

[经济部工矿调整处档案]

2. 经济部等筹划广东省工厂内迁有关文电(1938年3月2—7日)

(1) 经济部致工矿调整处训令(3月2日)

经济部训令　汉工字第485号

令工矿调整处

准军事委员会委员长广州行营养代电开：本行营前为统筹全局，以粤省工业甚多，为绸缪未雨起见，不可不早作迁移准备。经分电余总司令汉谋、吴主席铁城、曾市长养甫查照办理，并汲本行营秘书林骥才前赴汉粤，与各主管机关商洽。兹据该员回报，业于资源委员会杨处长公兆暨工矿调整委员会孙主任拯、李副主任景潞等数度交换意见，对于迁移之原则及办法大致商定，复在粤探讨，各当局亦有此意见，已详函杨处长等云云。查敌人图我淮[华]南甚急,此项迁移准备工作亟须加紧进行,以赴事机。至希贵部迅派干员来粤负责办理,本行营自当力为协助,以利进行。等因到部。合行令仰该处核办具复。此令。

翁文灏

中华民国二十七年三月二日

(2) 工矿调整处致吴铁城代电稿(3月7日)

广东省政府吴主席勋鉴:案奉经济部训令,以接准军事委员会委员长广州行营养代也,为统筹全局,对于粤省工业宜绸缪未雨,早作迁移准备,并因敌人图华南甚急。此等由到部,合行令仰该处核办具复。等因。奉查贵省工业素称发达,关系国防至为重大,尤以沪鲁苏浙工业区被敌侵袭后,益觉珍贵。对于各重要工厂如何未雨绸缪,早策安全,以增抗战实力,确为切要之图。奉令前因,相应电请贵府查核见复,以凭办理为荷。经济部工矿调整处。○。印。

[经济部工矿调整处档案]

3. 吴铁城与翁文灏等商讨迁移粤省工厂有关文电(1938年4月6—9日)

(1) 吴铁城致经济部密电(4月6日)

经济部勋鉴:密。窃查省营市头、新造、顺德各糖厂,于廿四年先后成立,计投资约共1,400万元。开榨时期,每日可出糖4,500担,附近农民藉种蔗物业者,不下10余万人,实为粤省最有希望之工业。当抗战发生之始,原拟将各糖厂迁移安全地点,惟以甘蔗来源悉在各厂近址,且将值蔗熟时期,一经迁徙,生产势必停顿,农民生计尤受影响。而各厂防空设备又因高射枪炮数量过少,未能特别抽拨,在此种情势之下,搬迁防护两感困难。近据报告,上月删艳等日敌机先后将市头、新造、顺德各厂,轮流轰炸,所有电机、锅炉、糖甑工场、宿舍等处均受重大损失,开榨工作不得不暂时停工,以待整理。除饬建设厅迅筹善后办法,另行呈核外,特电察核示遵,并请查照。广东省政府主席吴铁城叩。鱼秘。印。

(2) 吴铁城致经济密电(4月6日)

经济部勋鉴：密。前准实业部咨。以现值全面抗战开始，工厂应由当地主管官署妥筹选择，迁移内地一案，经本府与主管机关一再会同审查，众认为硫酸梳[苏]打厂拆卸运输比较容易，尚可迁移，其他各厂恐无迁移之可能，一因搬迁费过巨，无从筹措。除麻织厂、饮料厂及四糖厂不计外，其他各厂所需搬迁费约在国币850余万元；二因运输困难。如肥田料厂、纸厂、士敏土厂等机器皆异常笨重，现在交通工具之缺乏已臻极度，深恐无法转运。三因拆卸运输、安装各项手续所需时间，恐非一年以上不可，如此旷日持久，生产停顿，不无考虑之处。至如决定不迁，则补救办法一宜积极增加防空力量，二宜将省营工业改组为有限公司，加入外资。上项意见究应如何决定，理合电请鉴核示遵，查照核复。广东省政府主席吴铁城叩。鱼一工。印。

(3) 翁文灏复吴铁城密电稿(4月7日)

广州省政府吴主席勋鉴：○密。鱼秘、鱼一工电均敬悉。粤省经办各厂，规模较宏。兹值敌机时来，急为善计，以图保全，划筹至佩。兹统筹各事，建议如下：(一)可迁者从速迁移，例如造纸厂可迁湘西南，糖厂可择要迁四川或广西。(二)可与英美合办者早为实行。永利化学工业公司经理范锐前办塘沽、浦口各厂，成绩昭著，人亦忠诚可靠，拟请其赴粤面商肥料、硫酸等厂办法。(三)重要地方如士敏土厂等必须增加防空设备者，由贵省府商同军事机关酌量实行。(四)工厂移迁具体办法，本部派工矿调整处组长林继庸赴粤面商。林组长协助商厂迁移办理颇有经验，凡可以协助之处，本部自当设法协助成。特复查照。经济部部长翁○○。阳工商。印。

(4) 工矿调整处致广东省政府公函稿(4月9日)

公函

案奉经济部抄发贵省政府鱼密、鱼一工原电二件，以贵省工厂时遭敌袭，应如何筹策安全,嘱协议进行。等由。经由经济部阳工商复电协议四项办法在案。兹遵经济部前电,特派本处组长林继庸前往贵省政府面商,一切关于工厂迁移具体办法凡本处可以为力之处,自当设法协助,共策进行。即请惠洽为荷。此致广东省政府

中华民国二十七年四月九日

[经济部工矿调整处档案]

4. 林继庸关于在港粤与各方商洽工厂保全办法致翁文灏等第一号报告(1938年4月16日)

报告　南字第一号　廿七年四月十六日于广州

继庸奉派来粤商洽工厂保全办法,于十二日由汉口乘机飞港,经于即日下午一时廿分到达。十三日在港候钱乙藜先生,未得晤,因钱先生未能在桂林乘坐所定之飞机赴港。乃于十四日晨由港乘轮,即日抵达广州。十四日晤顾季高先生、徐赓、陶厅长等。十五日晤省营工业管理处副处长张仲新先生、管理组组长伍琚华先生等,参观西村肥田料厂、硫酸厂、苛性钠厂等,与各厂技术人员交换意见,与范旭东、侯德榜先生等往晤徐厅长等、往晤总司令部主任秘书张鲁恂先生。十六日往晤第四路军总司令部余司令汉谋、香副总司令翰屏、张主任国元、军垦处梁经理君锡等,再往晤省政府欧阳秘书长惜白、再约工业管理处各重要职员谈话,晤纸厂厂长刘宝琛、硫酸苏打厂厂长黄炳芳等。今日奉上陈电报告消息,谅邀钧察。两日来口讲指划,舌蔽唇焦,始得将各方疑惑袪除,总司部甚表好感,建厅各人亦渐听从。以后进行当可较容易也。惟是事在速决,否则恐夜长梦多,而敌人之凶辣手段,亦甚可畏。西村各厂均为其目的物,幸稍偏未命中耳。在此每日敌机窜入市空及警报均有二三次,枪弹乱发,故每次前往商洽公事,均甚受阻碍。

余总司令、香副总司令均表示愿让售糖厂一所,其意以出让惠阳糖厂及酒精厂为较佳。该厂机件共值240余万元(毫洋),制炼白糖甚佳,技术人员甚纯熟,机器购自檀香山某公司,尚无毁坏,现正开工,每日可榨蔗汁1,000吨,惟每日仅能炼白糖600吨,如须炼足1,000吨,则尚须加添炼炉。该厂债

务已全清理。至于东莞糖厂则无酒精设备,其机件共值毫洋360余万元,其发电间受毁一部分,约毫洋20万元方可修理完竣,尚欠外债150万元。可炼糖1,000吨,其机件购自斯可达厂。西厂均属于总司令部,均有发电设备,费用统包在内。因种蔗期将届,故此事须速决。至于购买办法及价目,须确定购买何所及略示方针,方可草拟方案磋商。此事属于四川省政府请丽门兄就近与卢作孚先生商酌。最好请卢先生派负责人员来此协商也。惠阳糖厂前厂长是川人周大瑶先生,周先生曾受以政府之命入川设计糖厂,现在沪,博矦兄知其讯址。

  建厅方面请职拟具迁移方案,以便磋商,现正与范旭东先生商酌草拟。范先生偏重于价值,于兹时期,似可不必太过紧缩也。该草案拟就后一方面交与建厅参考,一方面呈部核示,将来由部与省政府换文。省府方面尚须经过一次会议,现正设法先向各要员解释,明日往晤吴主席,同时亦注意于民营工厂之迁移。

  在港时曾电约留沪各实业家到港洽商。谨呈处长翁、张

职林继庸

[经济部工矿调整处档案]

5. 林继庸请饬令各厂从速拆迁并附送迁厂办法大纲草案等件致粤省营工业管理处组长伍琚华函(1938年4月19日)

  琚华组长勋鉴:粤省工厂保全办法得徐厂长、吴主席及吾兄等赞许主持,深佩。尽筹兹谨拟迁厂办法大纲草案十八款及粤省各厂迁移办法十一款奉上,敬祈察核斧正。该项办法须省府与经济部审查决定换文后方能实施。惟时机紧逼,深望能早日决定,并饬令各厂准备迁移。其应备之洋钉、铁皮等件,尤须及早预备。当拆卸时并望能多雇工匠,日夜开工,以兵守卫,不准工人外出,以免敌人侦察而先下残暴手段也。弟定今晚赴港,两日可回省,二十六日又须赴港出席温溪造纸公司董事会。如省营纸厂有意售让,兹恕弟将价目示知,以便弟以董事资格提议于温溪造纸公司较为便捷也。弟在港通讯处:香港皇后大道中商务印书馆黄经理汉生转,在省通讯处:都土地巷九功坊3号,电话11669号或

爱群酒座 1005 房均可。专此，敬颂勋祉。伺新处长同此。

弟继庸
四月十九日于广州

附奉：1. 迁厂办法大纲草案

2. 粤省各厂迁移办法草案

3. 附范旭东先生致省政府吴主席呈文，恳代饬致。

迁厂办法大纲草案

（一）粤省应即将现有各厂固定资产表、设备情形、生产能力及现在被毁详细情形各两份，交与经济部代表林技工参考。

（二）由粤省府自行迁移于他省或本省他处安全地点，其主权仍属于粤省府。如须迁移经费，可由经济部工矿调整处垫支，将来由省府清还或以作股本亦可。

（三）由经济部尚酌迁移至该地之省府与粤省府合资经营，粤省府以机件之价值作为股本。如须经济部工矿调整处借给迁移经费，可以酌办。如须工矿调整处贷借活动资金，亦可由处呈请经济部核准酌办。工矿调整处贷出之迁移或活动资金如各方同意，亦可作为合资经营股本。

（四）粤省政府将该厂机件材料决定相当价值，让给预某公司或某政府机关或其合资经营机关。

（五）凡无关军需必要或难于迁移之工厂，可设法与洋商合办，以所欠债务作为洋股。

（六）粤省政府为减轻受主负担，应准许公平付款，或以生产货价偿还机价。

（七）受目应预款相当数目，俾省府结束厂务。

（八）在拆卸期内，如遇有敌机来轰炸情事，其损失价值应由省府与受主分半负担之。拆卸离厂至某处后如有损失，则完全由受主负担。如该厂订明是由合资经营者，则合资经营者为受主，粤省政府亦是受主之一。

（九）凡迁移之厂，须多雇工匠，立即日夜开工拆卸，不可稍延，更不可泄露消息于外。木板、铁钉、铁皮、木糖、木丝等件，均即须大量征集。其因迁移所需之费用于算入迁移费内。各工作人员如因公受伤亡者,其医药费或抚恤金亦可算入迁移费内。

(十)着手拆卸包装之工作,如非特别声明者均须由该厂之现任技术人员负责督办。

(十一)迁移时所需船只;由省府负责。

(十二)迁移时所需之铁路车辆,可由经济部商由交通部尽量提前拨派。

(十三)迁移各厂之现任技术人员,如愿意随同机件前往者,均应由新厂继续录用。如将来粤省政府重办该项工厂时,则该项技术人员得由粤省府调回任职。

(十四)各厂机件原料迁移时,由工矿调整处发给军事委员会蒋委员长署名之特种货运护照,概免关税及地方捐税,其制成品则须经审查允许后可免税。

(十五)工矿调整处所借出之款项,自负债者收到借款之日起,分三年归还。第一年满还百分之二十,第二年满还百分之三十,第三年满还百分之五十。如有必要时,得经工矿调整处之核准,延长还款时间,但至多不能过六年。利率周息六厘,每十二个月付息一次。凡民营厂矿请求借款,须有殷实工厂三家担保,各工厂得联还互保,但担保令资格须得工矿调整处核准。

(十六)工矿调整处对于迁移厂,暂行借垫建筑借款办法,已另有规定。

(十七)工矿调整处对于迁移厂矿复工后所需之材料、原料已有准备贷料办法,亦另有规定。

(十八)工矿调整处对于技术人员调整办法,已另有规定。

粤省各厂迁移办法草案

(1)肥田料厂:让给永利化学工业公司范旭东。

a.请省府决定相当数目,将田料厂机器设备(合成铔厂与硝酸厂、硝酸铔厂、硫酸铔厂、锅炉房等)及其附属材料让给受主。

b.省府为减轻受主负担,准许分年付款,或以田料按时价偿还机价。

c.受主预垫相当数目,俾省府结束厂务。

d. 本厂现任员工,受主酌量聘用。

e. 机件之拆卸、包装、运输,均由受主自理。

其细节容再议。

(2)硫酸厂、苛性钠厂:让给天原电化厂吴蕴初或永利化学工业公司范旭东。其条件略如肥田料厂之让给。惟关于机件之拆卸、包装,或须由本厂技术人员负责。

(3)糖厂及附属酒精厂:所拟移广西,如广西无力购置,可采取粤桂中央合办办法。其余糖厂及酒精厂可与洋商合办,所欠洋商之款拟作为洋股。(附注:原拟将糖厂及附属酒精厂迁移四川内江,顷已得第四路军总司令部允让,其办法正在商洽中。)

(4)纸厂:迁至粤北或湘西或四川之嘉定。迁移费用由经济部垫支,作为合办股本。如粤省无力单独进行,则可商由粤省及该地省府与中央合办。该厂所欠洋商债务几何,是否即须付清,须呈部核定。

(5)麻袋厂及毛织厂:如有意出让或移至安全地点,可与军政部储备司合办,可由经济部与军政部商洽。

(6)水泥厂:该厂迁移较难,可设法与洋商合办,或迁移一窑于昆明、一窑于湘西、一窑于广西,其办法尚须候经济部核定。

(7)饮料厂:与军需民生尚非必要,可与洋商合办,不必迁移。

(8)丝织厂:可与洋商合办,不必迁移。

(9)棉纺厂:可不必迁移,如确须迁移,则可迁至云南或广西,其办法可采取粤滇(桂)政府与中央合办,但尚须候经济部核定。

(10)电力厂:所有迁移之工厂、矿厂,其本有发动设备,均须随同迁移。只有发动设备之电厂,可由工矿调整处另筹办法迁移。其无发动设备者,可由工矿调整处设法调整,以解决其困难。

(11)民营各厂:如橡胶、制钉、搪瓷、机械、五金、翻砂、松香、辗铜片、制纸、电器、采矿、冶金等厂,有迁移价值者,可酌迁至原料、销场、交通等环境较为适宜之地段,如云南、湘西、湘南、广西、粤北等处,由省政府开具名单及略述各厂内容,经审查决定后,即劝令迁移或强制迁移至指定地点。其迁移经费可由经济部工矿调整处借给,计迁至昆明者每吨机料可借给国币120元,迁至广西或湘南者每吨国币40元,粤北者国币25元。所有迁移机件原料之关税,一概豁免。各厂物资到达指定地点后如有关于经济、征地、建筑、电力、劳工、捐税、购料、技术、生产、运销等项困难,可由工矿调整处协商当地政府给予相当便利。

范旭东致吴铁城呈文

窃维摄取空中氮气制造物品成功于欧战德国被围时期,德国于1914年军火来源断绝,敢与世界为敌,说者谓赖有此工业之完成,未非无故。各国平时用此类物品当作农肥,战时则以之改制猛性炸药之原料,民生国计,关系至密。迄今仅二十余年,世界凡属独立国家,殆无一不倾其全国力量以求此工业之独立,其重要有如此者,吾国政府兴办田料事业以贵省首开其端,高瞩远瞻,钦佩莫名。只以事属创举,头绪纷繁,当事者虽极力经营,竭尽心力,仍未获预期效果,殊可惜也。中日战事发生,中国惟一最大之硫酸铔厂被敌炸毁,近且沦于军用硝酸来源断绝,至堪忧虑。现在战局虽趋好转,何时可恢复和平,尚无把握,不得不早为准备,以贯彻长期抗战之宗旨。目前海口被封,交通梗塞,况时机迫切,不容坐待。欲重新创设一新工厂,机器设备皆须定购,时势已不容许。为应目前急需,惟有请将贵省田料厂之机器迅速迁移内地,庶可克日完成,以济国难。其办法大体可分数项:(1)请省府决定相当数目,将田料厂机器设备(合成铔厂与硝酸厂、硝酸铔厂、硫酸铔厂、锅炉房)及其附属零件与材料让给受主。(2)省府为减轻受主担负,准许分年付款或以田料按时价偿还机价。(3)受主预垫相当数目,俾省府结束厂务。(4)本厂现任员工受主酌量雇用。(5)机件之拆卸、包装、运输均由受主自理。以上大纲如荷赞同,其细节容再讨论。是否有当,尚候酌裁。此上

广东省政府主席吴

永利化学工业公司总经理范旭东谨呈

[经济部工矿调整处档案]

6. 林继庸关于与广东省方协商三化学工厂出让予中央事宜致翁文灏等第三号报告(1938年4月23日)

报告　第三号　民国二十七年四月廿三日于广州

一、梗电已于今午奉到。职当可于廿五日抵港与周作民先生商洽嘉陵纱厂让地及与沈镇南先生商洽承受糖厂事。如嘉陵可让地，则豫丰厂地当无问题矣。

二、今晨赴省府与欧阳秘书长惜白及省营工业管理处委员胡继贤、陈耀祖、黄新彦、洪起、朱宝筠等商洽迁厂事。在空袭下讨论达一小时有半，决定肥田料、硫酸苏打等三厂可出让，其价值听由经济部派员估给，以机件原价作为参考，有谓近来全价高，可较原价多者。有谓中央既有需要则送赠与中央，亦不为过者。结果任中央给值，以中央必不致让粤人吃亏。此事即根据会计结果呈报省府会议，再由省府电复本部决定。至于纸厂及毛织厂亦有出让可能。其他各厂与军需无甚太重要，且须留回为粤省经济建设根据，故不拟迁移云。今日下午已有漾电呈报，谅邀钧鉴。谨呈处长翁、副处长张

职林继庸

[经济部工矿调整处档案]

7. 经济部审核广东省迁移邻近战区生产机器实施办法的有关文件(1939年8月2日—12月28日)

(1)经济部致工矿调整处训令(8月2日)

经济部训令　工字第31682号

案准广东省政府本年七月十三日韶秘一文议字第1381号咨开：本府为谋保存人民经济实力，充裕后方战时生产，免资敌人利用起见，特制定迁移邻近战区生产机器实施办法，提付本府第九届委员会第45次会议决议，照案修正通过纪录在案。除呈报第四战区司令长官司令部核备暨分行外，相应连同办法一份；咨请查照备案，至纫公谊。等由。并附迁移邻近战区生产机器实施办法一份到部。查此案关系迁移工厂，应由该处核议具报。合行抄同原附

件,令仰遵照。此令。

附抄原附办法一份[略]

中华民国廿八年八月三日

(2) 工矿调整处致经济部呈(9月1日)

呈

案奉钧部廿八年八月二日工字第31682号训令,抄同广东省政府制定迁移邻近战区生产机器实施办法,饬核议具报等因。奉此。遵经详加研讨,认为制定办法尚属周详,惟为更求妥善计,拟请酌予补充下列五端:一、谨按工厂迁移,因在防以资敌同时,应赶速复工生产,以供应国防民生需要。若任由地方机关或县政府各别处置,深恐互不相谋,于原料、动力之供给,供给需求之调整,未得合宜,似应在第四战区最高行政机构之下设一机构,统筹办理。二、查该实施办法第二条所指定之迁移机器范围,似应加广其工业种类,并应将各工业制造应用之原料配件及技术员工等于可能范围内,一律迁移。三、各矿场之设备亦应同时迁移。四、各厂矿迁移后应限期复工生产。五、各厂矿迁移及复工生产情况应按月将详细情形及各项统计报告钧部。奉令前因,理合将审核意见呈复鉴核。谨呈

经济部

中华民国二十八年九月一日

(3) 经济部致工矿调整处训令(12月28日)

经济部训令　工字第41183号

令工矿调整处

案准广东省政府本年十一月廿七日韶建三农字第1036号咨开:案准贵部本年九月廿二日工字第3497号咨。以关于咨送迁移邻近战区生产机器实施办法一案,开列补充五端,复请酌办。等由。准此。当经饬据本府建设厅分别拟议补充签复核办,并经提付本府第九届委员会第八十一次会议云决议,照厅签呈修正通过各在案,相应抄同该项增加修正办法咨请贵部查照备

案,至纫公谊。等由。并附抄增修迁移邻近战区生产机器办法一份到部。查本案前经饬据该处核议补充意见,转咨查照。准咨前由。除咨复准予备案外,合行抄发附件,令仰该处存查。此令。

附抄发迁移邻近战区生产机器实施办法一份

部长　翁文灏

中华民国二十八年十二月二十八日

迁移邻近战区生产机器实施办法

(本府第九届委员会第四十五次会议决议照原案修正通过,民国廿八年七月十三日秘一文字第1381号训令施行)

第一条　广东省政府为谋保存人民经济实力,充裕后方战时生产,免资敌人利用起见,特制定此办法。

第二条　邻近战区地方所有左列各项应一律迁移:

一、工业机器:碾米、制糖、制面、制油、制纸、制冰、织造、印刷、制造火柴、化学工业、机械制造业、树胶制造业及一切制作机具(如车床、钻床等)与其他有关生产机器。

二、动力机器:蒸汽机、柴油机、煤气机、发电机、电动机、蒸汽炉、煤气发生炉。

三、工业制造原料、配件及技术员工。

四、各矿场设备及技术员工。

第三条　碾米机厂应向远离战区地点迁移,必要时地方政府得因民食需要指定之。

第四条　凡非碾米机厂悉听商人自择安全地区及便利其继续工作营业之地点迁移,惟须得县政府之许可。

第五条　厂商如不能自定迁移地点或借口未得适当地点延缓迁移,县政府应呈报上级机关斟酌机厂性质及地方情形,指定地点迫令搬迁。

第六条　迁移机器,拆卸、装运、安装工作应由商人自行办理,其一切费用亦由商人自行负担。

第七条　停业工厂因厂主他去,无人负责或商人无力迁移,县政府应雇人拆卸。一切费用暂由县政府垫支或介绍向省行借款垫支,事后由商人归还。如不归还,即以机器作抵押。

第八条 各工厂迁移机器,如因伕力、舟车发生困难,得报请县政府、区、镇、乡公所代为征雇,予以协助。

第九条 各工厂迁移机器时,得报请军警沿途保护,以策安全。

第十条 各县政府对于迁移入境之厂商,因雇用起卸伕力及租赁房屋发生困难时,应尽量予以协助。

第十一条 本办法施行后,邻近战区各县政府应会同地方商会,劝告各厂商自行迁移,并斟酌工厂情形订定期限及迁移地点,饬令依限办理,倘逾期尚不遵行县政府,应强制执行,迫令搬迁。

第十二条 各县政府应将办理情形呈报上级机关备查,如因特殊情形须暂缓执行者,亦应即开列理由呈报查核。

第十三条 各厂迁移后,应限期复工生产,并按月将生产情形及各项统计呈报备查。

第十四条 本办法如有未尽事宜,得呈准修正之。

第十五条 本办法自奉核准之日起施行。

[经济部工矿调整处档案]

8. 陈光甫为商谈香港宝山造纸厂、精益制革厂迁汉事宜与翁文灏往来函(1938年4月4—6日)

(1)陈光甫致翁文灏函(4月4日)

咏霓吾兄惠鉴:兹有宝山造纸厂、精益制革厂经理周君文林现拟将厂址迁移来汉,仍进行造纸、制革事项。惟以机械器由港运汉至感困难,可否请工矿调整处为之设法,以维实业,是所感祷,专恳敬颂勋绥。

弟陈辉德①顿首
四月四日

---

①陈光甫字辉德。

(2)翁文灏复陈光甫函(4月6日)

光甫吾兄大鉴：昨奉四日惠书,敬悉一是。周经理文林业已来此面谈,兹以川省为今后工业重镇,拟令其将造纸及制革两厂进行迁移川复工,以增后方生产,除饬工业调整后随时给予协助便利外,特此函复,并颂台绥。

弟翁文○

[经济部工矿调整处档案]

9.督促香港华商厂内迁有关文件(1939年10月9日—1940年5月15日)

(1)经济部致工矿调整处训令(1939年10月9日)

经济部训令　工字第35974号

令工矿调整处

案准军政部渝兵造(六)字第9632号函开：据报中国商人在港所设之工厂,顷因欧战关系,港政府颁令禁止金属及军需品出口,如由港起运,须事先经港政府核准,加以原料、币制及汇兑等问题,难以解决,且时局瞬息变化,将来更难逆料,以致港地许多商厂已有一部分准备工人遣散至沪。并传闻粤奸竟派人在港接洽,诱迁至沦陷区工作。等情。查此等情形如果发生,实为国家之损失。亟应迅速设法鼓励或援助,使机械及工人向内迁建。事关后方生产大计,相应据情函建。希即查照,转知工矿调整处设法办理,统祈见复为荷。等由。准此。应即由该处查明,设法办理具报。合行令仰遵照。此令。

部长翁文灏
中华民国二十八年十月九日

(2)工矿调整处致驻港办事处主任李澧训令稿(1939年10月19日)

训令

令李澧

案奉经济部二十八年十月九日工字第35974号训令开：案准军政部……

合行令仰遵照。等因。奉此。查事关重要,合行令仰该员迅向西南实业协会香港分会探询各厂情形,并接洽,分别督促协助内迁办法。仍将办理情形随时具报。其必须酌予贷款办理者务即随时报核。外汇费款盼由厂商自理,此令。

中华民国二十八年十月十九日

(3) 李澧就港地工厂内迁情况致翁文灏等函(1939年10月27日)

案奉矿整字第5999号训令为大部准军政部函,以在香港之中国商厂因欧战关系,所有出口之金属及军需品必须港府核准方可运出。加以原料、币制及汇兑问题已难解决,以致一部商厂行将遣散工人至沪。并传闻粤奸在港从而接洽诱迁,请大部分转令工矿调整处迅予设法协助该厂商及技工内迁,以免资敌等由,到部。业经转令本处查明办理具报等由,即饬在港迅向西南实业协会香港分会探询各厂情形,并督协助内迁办法,仍将办理情形具报,其必须酌予贷款办理者,饬随时报核,惟外汇费款盼由厂商会方面,先事查询有无受敌诱迁之厂。惟该会在港并无办事地点,所有面洽及通讯业务,向由交通银行钱董事长新之及香港康元制罐厂阮经理维扬两君主持。而钱、阮两君,现均离港,是以未克面查。职以事关重要,为穷探情报来源起见,乃转向港方兵工署方面,再事查询。惟结果所得,据谓尚无所闻。衡以素在安全环境之港地厂商行动论之,亦似无敌诱迁,不顾风险,竟在沦区投资之理。至技工受敌诱迁一节,该传闻自有根据。查自粤垣沦陷,各省营工厂之遣散技工,已达数千,其他民营工厂之数,尤未计及。此辈一经失业,即已流离分散。其分布地域,多以村乡为众。港地以生活过高关系,来此向不见多。故技工之受敌诱迁问题,其症结地点,不在香港,而在沦区毗近之各村落。政府如不设法迅予救济内迁,则资敌之技工,行将更形普遍。近闻本处联合赈济委员会、兵工署以及粤省府现在韶关举行招募。具见政府洞切病源与体念失业技工之至意。港地厂商尚无遣散技工之事实,既如上陈,则此地目前之主要问题,似如欧战爆发,时局有瞬间可能,如原料来源及汇兑限制之各种困难更趋严重,则各厂自难免有生产停顿及迫向沦区迁移之险。如保全国力及向内迁建起见,港厂之及时择要内迁,自属实有必要。令饬分别督促各厂内迁,自当遵办进行。除将各厂接洽事宜随时分别续报外,理合先将上项查询情形备文呈报,敬乞鉴核。此上
工矿调整处处长翁、副处长张

职李澧谨呈
廿八、十、廿七

(4) 经济部致工矿调整处的训令(1940年5月11日)

经济部训令　商字第59469号

令工矿调整处

查上海国货厂商,因环境恶劣激于爱国热忱,纷迁香港,继续生产,其能挣脱敌人势力范围,于国家经济政策及后方日用品之供给,自多裨益,惟为发展后方工业,促进内地生产起见,对于上项厂商仍宜助其内迁设厂,俾利进行。合行令饬该处切实注意办理为要。此令。

中华民国廿九年五月十一日

(5) 工矿调整处复经济部呈稿(1940年5月15日)

呈

案奉钧部本年五月十一日商字第59469号训令,略以上海国货厂商因环境恶劣,激于爱国热忱,纷迁香港。为发展后方工业,应促进斯项工厂之内迁,仰注意协助。等因。奉此。查港厂内迁历在本处积极督导进行。迄至目前,已有新华橡胶厂、永华贸易公司、馥亚电池厂等,由本处贷款内迁,正在起运。此外有捷和机械厂亦正在商酌。至于一般厂商之不能内迁原因,多以运输困难而原料须取给国外,后方尚无适当之代替品足资采用。奉令前因,理合呈复鉴核。谨呈

经济部

中华民国廿九年五月十五日
[经济部工矿调整处档案]

10. 香港永华贸易公司陈述在重庆厂房被炸经济困难宣告终止有关文件（1940年9月25日—10月28日）

(1) 霍伯华致林继庸笺（9月25日）

继庸组长仁兄赐鉴：谨启者：接奉九月十八日钧谕，敬聆一切。敝厂在渝厂房被炸，荷蒙秉公调解，公私俱深感戴，敝厂亦当依照建筑合约而清理手续。关于内运器材，原拟于九月十五日由港起运，不料护照不能免入口国税，须缴纳税款港币3,500元，事前既未有此项预算，复因敝厂经济困难，筹措无计，内运事宜，遂告搁浅。工矿处既经尽情协助，自不能再予增加借款，即弟处此环境，亦难再复开口。回溯敝厂此次内迁进行，不但弟备尝万般艰苦，且亦深荷兄等之盛意成全，不料渝厂既已被炸，而今又遭关税之横障，遂致事败垂成，功亏一篑，此中苦衷，言之痛心。欲进既无法筹缴税款，则倘因此不幸而宣告结束，殊有负吾兄等扶植内迁工业生产之期望，弟因绵力所限，至事与愿违。盖目前困难之症结，不外为现金之缺乏，不能应付各方面超乎预算外之周转。在此进退维谷之际，经特奉函李司长拨冗磋商，仍恳吾兄协助单裁，倘蒙体谅，钧意认为敝厂内迁确属有利于交通及军事需要，则请审察实情，凡予设法赐助以拯敝厂脱离破产之危涛。谨将意见列后。

（一）目前须缴九龙关税款港币3,500元，始克起运，请兄等即代设法向银行界或私人方面筹借，俾得内运。

（二）倘筹借无法时，敝厂鉴于内运进行，满途荆刺。（如运费增加，时局变化，运输困难，保险无法等。）除非敝厂有充裕活动资本，决难应付一切，请兄与工矿处协商合办办法，再向敝厂投资国币5万元至10万元，或另介绍殷实厂家投资均可。

（三）以上两点，如难办到，则请工矿处将敝厂器材全盘接收自办，所有敝厂技术职员，均愿投钧处服务。

（四）以上三点又不能实现时，敝厂亦无其他办法，只有宣告破产，由工矿处处理善后。弟本欲飞渝面陈一切，奈以肺结核病，医嘱未可劳动，且旅费亦无法筹措，处境困难，不言可喻，用特专函奉达，务乞吾兄指示机宜，鼎力援助，并请向丽门兄疏通办理，求一两全办法，则上无负于兄之扶植初意，下可告无罪于全体职工,临款不胜惶恐待命之至,专此即颂政祺。

永华贸易公司经理弟霍伯华谨启

民国廿九年九月廿五日

(2)永华贸易公司致经济部等呈(10月28日)

谨启者:接奉矿整发字第9804号代电,敬聆一切。查敝厂荷蒙协助,于去年十月,拟议内迁,原期能获顺利进行,为国家服务,以利后方交通军事生产。岂料,时局变幻,货运重受影响,运费增加,超越预算。又因渝厂被炸,如若重建,自问无力,因此敝厂既无法再增资金,而钧处又不能再予借款,经济困难,无计筹措,以资周转,进退维谷,迫不得已。只有忍痛宣告结束,清理债务。谨将拟具清理计划数点奉核。

(一)经腊戌运滇工具两吨处置问题:此批工具,乃制造电池所必需工具之全部,因运费奇重,敝厂决难将之再运回港,俟此批工具运抵昆后,请钧处备价承购,以折偿借款之一部,该批工具价值港币1,726元6毫8分,另加运费港币1,327.09元,共值港币3,053.78元。(此项价目,乃敝厂所拟之最低价值)

(二)厂房处置问题:敝厂除已支付汉合兴建筑公司17,550元外,尚应付9,000余元,但汉合兴公司衍期交房,及所用材料未符定约等情,应照合约扣款4,000余元外,敝厂尚须续付之4,000余元。拟请钧处秉公调处,将各项建筑材料,公平估价,由汉合兴公司备价承购,或由钧处协同敝厂谭青柏拍卖,所得之款项,请先清还汉合兴公司,其余备作偿付建筑厂房借款之用。如有不敷,仍乞钧处优予抚恤,或予括免,或予成数议还。

(三)技术人员遣散办法,敝厂既不幸因经济困难,而宣告结束,对于职工遣散之旅费,亦感筹措维艰,此等专门技术人才,倘钧处能予利用,固属幸事,否则拟请求钧处格外体恤,书情补助一部旅费遣散。

(四)清理债务办法,敝厂现存资委会货仓之材料,已商准李澧君协同敝厂体察情形,随时将之整批或分批出售。所得之款,由双方会签,存储银行,以便清还债款,并请酌免借款利息。以上各点,敬祈鉴核示复,不胜感祷之

至。谨呈

经济部工矿调整处查核

永华贸易公司谨呈
民国廿九年十月廿八日
[经济部工矿调整处档案]

11. 经济部为协助香港新中汽车配件制造厂来内地设厂等训令（1941年3月26日）

经济部训令　（卅）工字第05758号

令工矿调整处

案准行政院秘书处三十年三月十四日忠字第5343号通知单,为据交通部呈报查核新中煤气发生炉经过情形一案,奉院长谕交经济部核办具复,相应通知。等由。附抄送交通部原呈暨新中汽车配件制造厂原呈各一件到部。经按该新中汽车配件制造厂原呈,系请倡导采用该厂所制之煤气发生器。交通部查复原呈,以该项煤气发生器所生煤气,较一般为清洁,对于引擎损坏率较微,此点似属可取。惟厂在香港,内运颇感困难,拟请转饬该厂在内地设立分厂,以资推进各节。查煤气炉及汽车配件之制造,后方甚感需要,该新中厂如能前来内地设立分厂,自感便利。除函复外,合行抄附原呈两件,令仰该处径向该帮商洽,助其前来内地设立分厂,并将办理情形随时具报。此令。

附抄原呈2件[略1件]

部长翁文灏
中华民国三十年三月廿六日

抄原呈：

案查前准钧院秘书处二十九年九月二十五日调字第27249号通知,以新中汽车配件制造厂呈请,令饬各机关采用新中煤气发生器一案,奉钧谕交交通部查核。等因。通知到部,当经向新中厂函索是项煤气发生器或图样,以凭审核试验。并经上年十月三日以第23756号呈报各在案,旋据该厂函复,该厂装有试验车一辆,请派专家前赴试验。等语。节经电饬本部驻港人员就近前往试验。兹查是项任务，业经办理完竣，惟以该项供试验之炉，已售与西南运输处，一时不克试验，只录有试验结果及查得该炉特点，详陈如下。

（甲）试验结果（西南运输处薛工程师迪彝曾参加）：

日期	十月十六日	十一月六日
车式	道奇 TF37	道奇 TF37
载重	3 吨 9□	3 吨 1
行程	179 英里	22 英里
地段	铜锣湾—花园道、退回筲箕湾、蓄水池	铜锣湾、筲箕湾、蓄水池、石澳道、浅水湾等
时间	1 时 15 分	1 时 36 分
平均速度	74.32 英里	73.75 英里
燃料	鸿基白煤	木炭

（乙）技术上之特点：该炉系下向式，采用英国之 Hatil 式及法国 Gohnpoalem 式之组合，试验时木炭与白煤均能使用，炉子内燃料燃烧时，则再吹嘴以进入空气，所生煤气经过适当之冷却，进入气缸时，温度甚低。煤气之滤清，第一步除去较大之杂质，然后使与□粉密切混合，再用绒布复滤，滤过之煤气颇为清洁。

（丙）每部约价：该厂出品系适用于 2.5 吨卡车，此全套价格，计港币 680 元，若订购 100 部以上，可减价甚多。现西南运输处及军政部等机关，业已订购多部试用。

（丁）每月产量，该厂平日产量，每月三四十部，若大量定制，每月可增至 200 部。

查是项煤气发生器，因未经实地试验，确实性能无法明了，惟依据短途试验记录，其所生煤气较一般为清洁，对于引擎损坏率较微，此点似属可取，索价亦较国内为廉，且西南运输及军政部均经采用，想对于是项发生器之性能更为明了。惟厂设香港，内运颇感困难，拟请转饬该厂在内地设立分厂，以资推进。理合将查核情形呈请鉴核。谨呈行政院

[工矿调整处档案]

四、迁汉工厂的复工

1. 上海工厂联合迁移委员会请派林继庸赴汉主持设厂复工事宜有关文件(1937年10月4—15日)

(1) 上海工厂联合迁移委员会密呈(10月4日)

案查职会自奉令办理上海工厂迁移内地事宜以来，瞬已两月，于兹各厂积极进行迁移者，截至最近为止，计已运出上海者59厂，到达汉口者25厂，正在装运中者约百余厂，已可略告段落。但各厂到达汉口以后，一切筹备设厂复工事宜，如厂址之划定，建筑计划之设计，机件物资之安置等，均关重要，若得有熟悉经过之负责人员主持规划，不特各工厂得以迅即竣工，而于长期抗战资源所需更能得源源之接济。各迁移厂家群来请求金以现任监督会林主任委员深知各厂迁移经过情形，倘荷派往汉口主持一切，自能收驾轻就熟之效，此实各厂所切祷而渴望者也。用特不揣冒昧备文呈请鉴核，俯如所请，不胜企祷之至。谨呈资源委员会

上海工厂联合迁移委员会

主席委员颜耀秋

中华民国廿六年十月四日

(2) 资源委员会密笺稿(10月15日)

案准贵会本年十月四日来牍：为据情恳请委派现任监督委员会林主任委员即赴汉口主持一切设厂复工诸事宜，等由到会。查本会现已派林专门委员继庸赴汉洽定办法，特此函复，即希查照。此致
上海工厂联合迁移委员会厅启

[资源委员会档案]

2. 王宠佑抄送方子重关于大冶窒碍甚多不适于建厂报告致翁文灏等函(1937年10月12日)

咏霓、乙藜吾兄勋鉴:敬启者:查方子重兄前因厂址觅就,准备兴工,拟向本局暂借少数款项,曾经函电请示。旋奉歌日复电,以大鑫钢铁厂或须商移他处,暂缓在汉兴工,当即遵命转告方子重兄,并肃函奉复矣。现在子重兄已赴大冶观察,该地设厂诸多不便,拟照原来计划进行,惟会中对于借助款项一节不识如何办理,兹将原报告抄奉一份,敬希核夺,详细见复为荷。专此祗颂勋绥。

弟王宠佑拜启
十月十二日

附抄件一份

赴大冶观察报告

十月六日上海炼钢厂张厂长连科与实业部李鸣龢先生临舍晤谈,据云大冶有利华煤矿公司电力及大冶铁厂厂房均可设法借用,俾将电炉移往该处,早日开工,以应急需。因事关国防,义不容辞,遂遵嘱于十月八日与李鸣龢先生前赴大冶,兹将管见所及约略言之。

(一)利华煤矿发电厂有透平发电机一座,能力为千瓦四千伏而电压,而该厂之最高负荷为九百千瓦,只有一百千瓦余量,尚有水汀引擎发动的发电机两座,合计不过600千瓦,亦是4,000伏而电压,平时不用,只备大车修理时应用。然电炉每座需385千瓦,变压器之进线电压为6,600伏而,与利华电压相去颇远。

(二)大冶铁厂有柴油引擎发动的165千瓦A5,250伏发电机一座,水汀引擎发动的发电机1,500千瓦A5,250伏两座,小的发电机为供给修理厂各种马达之用,大的发电机平时不用,化铁炉开工后,锅炉燃料得取给予化铁炉分出之气,今化铁炉尚未开工,如急需发电,须用多量烟煤方能起运,每度电费所费不赀,而各厂房如机器部分、翻砂部分均忙于修理,毫无余地可以安置电炉。纵观情形,电力不敷,电压不符,厂房无有余地,与原主张利用该处甚多窒碍,希即转达翁钱二公,尊裁为荷。特此奉闻,敬请王局长钧鉴。

余名钰
大鑫钢铁工厂　报告
方子重

十月十日

[资源委员会档案]

3. 新民机器厂已迁汉复工函(1937年10月14日)

谨启者:敝厂遵令迁移内地,虽大部机件陷入战区,而一部分运汉之机件为谋接济后方工作,以最迅速之方法在汉口大智路五十一号街内五号栈租屋排车,已经完成,接电开工,恐未周知,特此奉达。倘有急需,可即径函通知订购,便当赶制也。此致资源委员会

新民机器厂启

上海塘山路七九六号

民国廿六年十月十四日

[资源委员会档案]

4. 上海工厂迁移监督委员会订上海工厂迁移武汉厂基分配办法(1937年10月16日)

(一)到汉工厂应向上海工厂联合迁移委员会驻汉办事处登记,由该办事处填具到汉工厂登记表,送呈本会驻汉办事处,以便查点机件及分配地亩。

(二)建厂地址暂定洪山、播箕山及石嘴三区域,除迁石嘴者须自行发电外,各厂可在以上区域自行决定厂基所在地,呈请本会驻汉办事处核准,且须注意以下各点:

(1)该地环境是否适宜于该厂之工作。

(2)邻厂工作性质之是否互有方便,或互有妨碍。

(3)注意天然地形,不得任意割裂,必要时各厂得自行搭配,但须呈本会驻汉办事处核准。

(4)尽量避免坟地及其他特殊建设。

(三)厂基免费拨用者,按到汉之机件计算:

(1)机器厂之地基,按以下各机件数目推算:

一、车床 4尺至12尺者,每部给地15方;12尺以上者,给20方;4尺以

下者不给。

二、刨床 不论大小,每部给地15方。

三、磨床 不论大小,每部给地15方。

四、占[钻]床 直占[钻]每部给地5方;横占[钻]每部给地10方。

五、铣床 不论大小,每部给地15方。

六、冲床 不论大小,每部给地10方。

七、搪[镗]床 不论大小,每部给地15方。

八、闸床 不论大小,每部给地15方。

九、切床 不论大小,每部给地15方。

十、其他机件及房室、道路等,一概不再另给地皮。

①……

②翻砂厂及冷作厂,按其原来房屋面积、五倍发给。

③其他各业工厂所需地皮,以本会主任委员之批给数为准。

(四)原厂房系租用者,免费拨地,按四分之一为准。惟加购地皮,特准照原厂房面积计算;若原厂地是租赁,而厂房屋是自建者,可照自有地皮同样办理。

(五)各厂遇有特别情形,请求多拨免费地皮者,须呈请本会主任委员批示分给。

(六)各厂得呈准本会驻汉办事处按市价收买地皮,其面积至多与免费地皮面积相等;惟翻砂厂及冷作厂照此加倍。有冲床者,每部冲床亦得多购地20方。此项地价由各厂径交本会经收。

(七)机器已在途中,有确实证明者,亦得请求拨地,但不得即行动工。此项地皮之保留以二十日为限,逾期若机件尚不到汉,又未申述理由,经本会驻汉办事处鉴核者,本会即可将此项地皮分配其他厂房。

(八)已经征收之地皮,经分配后,若有零碎余角不便分配与他厂者,本会得强制邻近厂家出价收买。

(九)如需填土、迁坟、青苗等地价以外之费用,概由有关工厂担负之。

(十)各厂地点一经决定呈准后,由上海工厂联合迁移委员会会同派员测量制图(比例尺千分之一,说明面积及四址),由迁委会呈交本会鉴核登记。

(十一)征用之地皮总数暂以五百亩为限,面积在一百亩以下者,经迁委会测量,备图来会呈请后,本会驻汉办事处可以先行办理征收。

(十二)附录

(1)本会拨给各厂之地皮,可否转售,容后另定。

(2)各厂借款购料办法,另行规定。

(3)公共建筑设计,由各厂合作办理,呈本会转市政当局鉴核。费用来源现未定。

(4)若得地方官厅同意,可以先行动工,续办征收手续。

(5)建筑图样须依照官厅之规定。

上海工厂迁移监督委员会主任委员林继庸订
廿六、十、十六

[经济部工矿调整处档案]

5. 资源委员会请向银行商借二百万元备各工厂迁往武汉建厂复工之需函稿(1937年10月23日)

关于补助上海工厂迁移内地一案,前经行政院于八月十日第三二四次会议议决补助及息借办法,计补助迁移费伍拾陆万元,由政府代商银行息借款329万元在案,其中补助迁移费56万元,业经贵部陆续拨交本会转给上海工厂迁移监督委员会支用,其由政府代商银行低息挪借之款,尚未动借。现在上海迁出之工厂已到武汉者甚多,亟待建厂复业,纷纷援据成案请求借款前来。查迁移工厂,本为协助兵工军需制造之用,自须从速复工,始达迁移目的,此项借款,急不容缓,案关金融事项,且已有定案,应请贵部决议,先向银行商借200万元,以应急需,相应函达,务希迅予办理见复为荷。此致

财政部

[资源委员会档案]

6. 吴葆元缴还征用土地清册及征用地图密呈(1937年10月25日)

呈为呈复事:案奉钧会本年十月二十一日(二六)密字第六八○九号训令

内开：顷准汉口市政府本年十月十四日吉字第三七〇一号函开：案准贵会本年九月二十日密字第六一一六号公函，以派专门委员吴葆元在汉征收工厂地亩，嘱予协助等由。准此。经即派员协助吴委员办理，现已在本市罗家墩附近选定地亩，计面积三百五十三亩二分七厘七毫，业经于实地树立界标，并编绘征用地清册及征用地图各一份。关于地价一项，系依土地法施行法第八十八条之规定，按照本府估定地价计算。贵会应即依土地法第三百三十七条之规定，先行与册立各业户，直接协定，如协定不能成立，再依同法第三百三十八条及三百五十四条之规定办理，声请征收手续。准函前由，相应函复，即希查照办理。等由。附送征用土地清册及征用地图各一份到会，除函复外，合行检发原清册及地图，令仰该员查照办理。原清册及地图仍缴还备考为要。此令。附原清册及地图各一份。等因。奉此。除遵照办理外，所有原清册及地图各一份，谨随文呈缴钧会，伏候鉴核。谨呈

军事委员会资源委员会

　　附呈原清册及地图各一份［略一件］

具呈人专门委员吴葆元

中华民国二十六年十月二十五日

资源委员会征用土地清册

号	地目	户名	住址	面积	每方原估地价	共值地价	执照号数	备考
370	旱	汉口市政府		1,118.688,9方丈	0.90元	1,006.82元		此号地原册列大清银行迄未据声请登记业经本府收管
881	旱	汉口市政府		47.200,5方丈	2.10元	99.12元		此号地原册列大清银行迄未据声请登记业经本府收管
884	旱	汉口市政府		369.240,4方丈	2.10元	565.40元		此号地原册列大清银行迄未据声请登记业经本府收管
367	旱	汉口市政府		39.367,3方丈	0.90元	35.43元		此号地原册列舒琴堂迄来据声请登记业经本府收管

续表

号	地目	户名	住址	面积	每方原估地价	共值地价	执照号数	备考
371	墓	汉口市政府		65.210,8方丈	0.90元	58.69元		此号地原册列通镇寺迄未据声请登记业经本府收管
880	墓	汉口市政府		101.859,8方丈	2.10元	213.91元		此号地原册列通镇寺迄未据声请登记业经本府收管
386	墓	汉口市政府		30.094,7方丈	2.10元	63.20元		此号地原册列罗传财迄未据声请登记业经本府收管
873	宅	汉口市政府		64.813,5方丈	0.70元	45.37元		此号地原册列汪治安迄未据声请登记业经本府收管现此地已崩溃
882	旱	湖北财政厅		122.683,5方丈	0.90元	110.42元	冬字七八〇	
883	旱	湖北财政厅		649.583,2方丈	2.10元	1,364.12元	冬字七八一	
885	旱	湖北财政厅		1,536.059,9方丈	2.10元	3,225.73元	冬字七八二	
372	旱	江伯素	模范区辅义里十五号	265.472,0方丈	2.10元	557.49元	宙字二五四	
374	旱	罗先鳌	罗家墩	600.116,1方丈	2.10元	1,260.24元	张字七二二	
375	旱	江治源	襄河街五〇五号	736.529,0方丈	2.10元	1,546.71元	洪字一五九	
376	旱	王则斋	永康里八号	614.043,0方丈	2.10元	1,289.49元	列字六一八	
384	旱	罗先清	罗家墩三八〇号	181.196,0方丈	2.10元	380.51元	张字四八四	
387	旱	罗承连	罗家墩	753.434,4方丈	2.10元	1,582.21元	列字五九一	
388	旱	李慎玉	罗家墩三七八号	35.554,5方丈	2.10元	74.66元	列字五八三	
389	旱	罗家春	罗家墩一六三号	207.165,6方丈	2.10元	435.05元	寒字三七一	
340	旱	张光新	罗家墩	119.823,8方丈	2.10元	251.63元	余字三五五	

续表

号	地目	户名	住址	面积	每方原估地价	共值地价	执照号数	备考
397	旱	江兴记	襄河街五〇五号	684.051,3方丈	2.10元	1,436.51元	洪字七一五	
876	旱	鼎立新	租界成忠街富士田一号	3,858.847,4方丈	2.10元	8,103.58元	月字五七五	
877	旱	德记公司	租界成忠街富士田一号	480.321,9方丈	2.10元	1,008.68元	月字五七四	
879	旱	罗光鳌	罗家墩	164.580,3方丈	2.10元	345.62元	张字七二四	
373	旱	怡大洋行	阜昌街十六号	1,170.890,7方丈	2.10元	2,458.87元		此号地原册列舒琴堂现由怡大洋行声请因契载户名系与宝顺洋行共有未制照
383	旱	怡大洋行	阜昌街十六号	2,520.287,6方丈	2.10元	5,292.60元		此号地原册列舒琴堂现由怡大洋行声请因契载户名系与宝顺洋行共有未制照(此号地面积公布图册注错经检算原面积应为2,520.287,6方丈)
872	宅	怡大洋行	阜昌街十六号	290.741,3方丈	0.7元	203.52元		此号地原册列舒琴堂现由怡大洋行声请因契载户名系与宝顺洋行共有未制照(此号地大部已崩溃地价系按荒地三分之一计算)
874	旱	怡大洋行	阜昌街十六号	3,514.570,8方丈	2.10元	7,380.60元		此号地原册列舒琴堂现由怡大洋行声请因契载户名系与宝顺洋行共有未制照(此号地大部已崩溃地价系按荒地三分之一计算)

续表

号	地目	户名	住址	面积	每方原估地价	共值地价	执照号数	备考
385	旱	罗青山 罗家耀 罗家顺	罗家墩一八四号	498.482,3方丈	2.10元	1,046.81元		
377	旱	籐记		156.305,3方丈	2.10元	328.24元		
878	旱	籐记		299.370,3方丈	2.10元	628.72元		
合计				21,196.606,1方丈		42,399.95元		

[资源委员会档案]

7. 李荃孙等报告半月来办理武汉工作进行情形致翁文灏等函（1937年11月2日）

翁、钱秘书长钧鉴：兹将半月以来工作进行情形，分项报告如次，敬乞鉴核为祷。

（一）厂地分配：自林委员继庸到汉规定分配厂地办法十二条（附呈），并根据此项办法，拟定到汉各厂应给之地亩数，同时并核定各该厂基所在地。现到汉工厂，共有51家，厂地已批定者22家，其余或因不拟建厂房，或因机件尚未到全，未经查点，均俟将来再行批定。

（二）征收土地之商洽：前因鉴于工厂亟须早日复工，乃于九月十四日呈请湖北省政府，凡经本会圈定建厂之地亩，准予先行动工建厂，然后依法办理征用手续。当经该省府秘书处省建四（三八五六四）号函复允可，并由该省政府令饬武昌县政府遵照。迨到汉各厂地亩分配已定，即由职等于十月二十四日备函连同实测地形图，交湖北省政府转令武昌县政府布告当地人民，一体周知，不得阻挠。省政府据此乃以省民一字节六〇〇一七号训令武昌县政府，迅即遵照。县府据该训示于十月二十八日以建二字第六一九〇号布告（附呈印本）当地人民，饬令各选定建厂地基之有关业主前往该县府登记，以便核发地价。

（三）地价问题：武昌城外之土地，前据县长杨适生面告，未曾举办地价呈报，同时地契上之价格因历时久远，与现时价格大相悬远。故官价并无根据可资决定，最好由军事委员会核定价格，饬省政府转令县政府遵照办理云云。该县龚秘书亦一再表示因所圈地亩中有一部分系达官要人之产业，非有军事委员会规定之地价，不能顺利进行。时支委员秉渊与吕先生时新两人均在座，杨龚之言均曾耳闻。旋职等又往省政府商洽，得见邓秘书翔宇，彼私人意见亦以为此种办法，或较简捷。于是职等乃不得不自动进行探听地价，在求公允。查此一带地区，当觅勘时，支委员秉渊曾向当地农民探听地价，据答每亩可值六十元。职等又经省政府某秘书之介绍，亲造熟习该处地价之雷某（渠在播箕山后有地皮甚多）家中，探听实情，据称此一带地区之地价，漫无标准，大约田每亩五十元，熟地每亩四十元，生地每亩三十元，池塘有多种，可资贯[灌]溉者，价约与田等，有出产者，视产物价数量而定，无出产者，毫不值价。另据武昌杨县长谈过去张汉卿先生请县政府代彼征用土地建盖疗养院（在风景区内东湖附近），每方给价一元八角（计合每亩一百〇八元），又曾代征用黎大总统元洪墓地（在播箕山凰卓刀泉侧），每方给价一元二角（计合每亩七十二元，最初业主索价每亩一百八十元）云。职等曾将省县政府接洽经过及以上关于地价之材料，面陈王委员佐臣，经王委员嘱据实函告林委员继庸，设法呈请军事委员会规定各种征用地价。职等遂于十月廿五日遵照具函林委员，迄今尚未得覆示。当到汉各厂前往测量打桩时，与当地农民谈话，感情颇洽，并未遭遇何项困难。不意本月一日武昌杨县长即来电话，请求各工厂缓行动工，经职等今晨会同支委员秉渊、吕先生时新前往县政府探听原因。该县长称已有地主前往县府打扰，索地价每方二十元，该地主过去曾任师长、镇守使、将军等军职，且与武汉行营何主任谊属同学，县政府颇难应付，同时县府布告虽经贴示，有关业主并无前来登记者，而当地农民并联名呈文县政府请求地价须得彼等同意，先行发给，然后动工，杨县长因建议先由县政府召集有关业主，面予开导，并探询其地价，呈请省政府核办。职等当时表示各业主之合理意见，县府当有权尽量采取。惟为免除延误工作计，一面仍须由少数工厂前往试行动工，并向农民劝导，如有争执，再请地方政府核办。旋职等又赴省政府商洽此事，省府亦认为可行。据厂方意见，此事能尽量以和平办理为上策，以免与当地人民发生恶感。

（四）青苗费之发给：查青苗费应于开工之前发给，使农民得到实惠而减少阻力。经与迁委会支委员商定，由有关各厂负担，并经职等与支委员会同县政府龚秘书商定标准，由县政府发放。次日支委员持款送县府，杨县长忽又谓此事不能由县府规定，须由省政府饬办。职等不得已又具呈省府请核定价格，饬县办理矣。

（五）呈请事项：关于征收地亩事项，钧会尚未有正式公文致湖北省政府，职等为求迅速计，经商准省府同意，暂以职等名义呈请办理（原文见附呈县政府布告）。现地主方面对于职等具名呈请，认为不合，故借辞阻挠。为求进行顺利计，恳速即呈请军事委员会明令湖北省政府负责办理，并准予先行动工兴建厂房，所有地价，着省府公平核估，再行呈请军事委员会核定发放。又省府邓秘书意见：何主席对此次迁厂经过，因公务繁忙，或有未尽明了之处，最好由钧长以私人友谊，将经过情形及办法等，电告何主任，并请尽量协助，庶可事半功倍。不肖分子，谅亦不敢阻挠矣。以上办法，是否可行，仰祈鉴核，迅予施行，并乞电示祗遵，以便告慰厂方。专肃即叩

钧安

职 李荃孙 谨呈
　　吴至信

十一月二日

附呈：上海工厂迁移武汉厂基分配办法一张［缺］

武昌县政府布告影印一张［缺］

到汉工厂登记表一张［缺］

播箕山洪山建厂地址实测图一张［缺］

［资源委员会档案］

8. 林继庸关于迁移工厂在汉征地借款事项签呈（1937 年 11 月 6 日）

签呈　二十六年十一月六日

谨签呈者：案据上海工厂联合迁移委员会委员颜耀秋、余名钰、吕时新、

支秉渊及华成电器厂经理周锦水等,微日自汉口来电略称:

一、厂基经武昌县府允先行动工,惟盼资委会将地价核定,早日发给,以免地主阻挠。

二、在武汉建厂、平地、购料,需款至急,建筑借款恐需时日,支委员秉渊已向汉口中国银行接洽,允先暂借国币拾万元,由在汉口之颜、余、吕、支、周五人负责,将来于行政院核准之建筑款项内归还,惟须秘书长径电该行,方可照办。

等情。查武昌洪山、播箕山等地,其已经当地官厅估价者,自可照价付给,惟查该地段主权属于夏斗寅等要人者颇多,当地官厅,若未奉命办理,恐不免有延缓情事,故拟请钧座转呈军事委员会电令鄂省政府,迅予照军用征地法规定地价。至关于汉口中国银行商借建筑款项拾万元将来由建筑借款项内归还一议,在建筑款项未曾妥筹办法以前,若得此项借款,亦可稍济各厂急需。查中国银行驻汉代表沈镇南曾答应如得钧座径电该行,自可照办等语。惟此项10万元借款,将来如何分配亦须先为筹划。兹拟由职电汉,由各厂家自行将目前需要数目开单寄京审核后办理,庶可得平均分配,而不致超出拾万元之数。同时拟恳请钧座致电汉口中国银行,准予照数借给,将来由建筑借款项内归还,是否有当,理合呈请鉴核示遵。谨呈

秘书长翁、钱

　　附呈:汉口颜耀秋等微日原电二纸[略]

职林继庸谨呈

[资源委员会档案]

9. 李荃孙等陈报在汉办理迁厂情形函(1937年11月11日)

继庸委员钧鉴:本月六日航函敬悉。谨将日来办理迁厂情形,分别陈报如次:

(一)借款事项:已通知支秉渊先生转告各厂,将所需数目前来登记,然后会同迁委会代表参考各厂机件数目,通盘支配。惟十万元为数有限,决难普遍。拟选小厂而自身无力筹款,且已决定于最短期内建厂者,方准借给。其他财力充裕或已租得厂房者,拟俟第二批再借。不悉此项原则可行否?俟支

配妥后,当再抄请核示。

(二)电器厂家地点:湛家矶经调查确较石嘴为低,详细水位纪录俟查明后再陈核。惟厂方意见终嫌石嘴太远,交通不便。且湛家矶纸厂本身尚高,本年除四周淹水外,厂方仍未受影响。该处前临大江,后连铁路,交通似较便利。又该厂厂房甚大,酌加修理即可开工,无需另建厂房,资本支出亦较节省。闻有关各厂,已另函恽荫棠先生商办矣。

(三)先行开工情形:关于开工一节,前经商准县府同意,由职等通知县府后,由县府派法警同往弹压,先由新中、大鑫、工商谊记及中新等四厂先试行开工。新中前往时略有纠纷,次日复往,因一部分地主尚知大体,故已将篷屋搭成一座,青苗费亦愿接收。尚有一部分小农之产业,无法动工。大鑫曾掘就沟渠,惟雇当地农民平土时,因受大地主之威吓,仍不敢前来,现该厂另雇工人继续填土。工商谊记亦盖就篷屋,尚无问题。中新之地多系自耕农,故曾会同县府法警前去数次,仍有多数妇孺前来阻挠,不能动工。今日弟等邀同县府龚秘书及地政组石组长前往劝导,并试行动工,亦属无效。明日拟至县府会同杨县长晋谒省政府当局,商酌办法。此事弟等前闻有大地主唆使小农出面阻挠,即事先呈请行营出示布告,惟因何主任连日公忙,以致历时逾十日而尚未批下。现在农民一般之意思,并不反对建厂,只求先得地价;因过去建筑公路时,亦曾布告给价,结果分文未着,故此次虽经县府龚秘书及弟等一再担保,亦不信任。又关于地价之标准,因冠生园曾私人出面托人购买,据当地人民谈该厂已愿出价每方十二三元,其后虽未成交,然地主认为地价由厂方负担,故今有索至每方二十元者。现彼等竟误会厂方串出弟等二人,借用军事会名义而压迫农民者,故反对尤烈。虽经县政府及弟等一再解释,亦属无效。此事弟等已请支先生转告各厂,以后决不准单独向农民购地,以免破坏团体行动。

(四)请求事项:除前呈秘书长请求各点外,关于地价之决定,拟请参酌各方材料即呈军委会明确核定,饬地方政府办理,较为迅速。因地方政府根本并无估价,且三年来市价亦漫无标准,故仍难求公允也。

总之,各厂动工建厂事,弟等决竭尽驽钝,冀有所成。各机关有路可走者,亦无不设法疏通,以免延误。惟关于征收土地事项,关系农民生计,故难免小有纠纷,而此次圈用之地亩,尚有大地主暗中煽动,进行效率,自不如预期之速。现县府虽已用尽力量,而省府如何处理,尚待明日面洽确定,结果当再陈报。

专函敬请勋安

弟 李荃孙
　　吴至信 谨上
十一月十一日

[资源委员会档案]

10. 翁文灏等关于征用建厂地价密电稿(1937年11月14日)

汉口五族街廿五号三楼。李荃孙、吴至信两兄鉴:密。二、三两日函及附件均悉。征用地价办法,已由军委会电鄂省府核定,并径行电商何主席按每方壹元贰角至壹元伍角范围定价。翁○○、钱○○。寒。

[资源委员会档案]

11. 翁文灏等为征用建厂地价请早日核定公布致何成濬代电稿(1937年11月14日)

代电

湖北省政府何主席雪竹先生勋鉴:密。本会于沪战初发时,依照行政院决议主办迁移。上海工厂迁往武汉,现迁到者已六十余家,其余尚在陆续转运之中。此次所迁各厂,依兵工署之需要,以机器及化学工厂为主,曾由行政院议决补助迁移费,并由财政部特允,经过各关免税免验,均为保全元气,维持兵工制造能力起见。现到汉各厂,亟待建屋兴工,俾可承受兵工订货,早日供给前方需要。关于征收地亩一事,承鼎力主持,并允于给价以前,先行动工兴筑,尽筹至佩,惟近据厂家报告,一部分地主对于地价不无留难之意,并对于动工兴筑,声言将加阻挠。弟等以为此次政府补助各厂迁移,无非为抗战应用,复工展缓,则迁移即失其用意,而各厂家多于战乱之中,忽遽移出,其本身损失,已属甚巨,负担愈重,则开工愈难。此次所征收地亩,均属荒僻之区,地价向来低廉,经本会驻汉人员调查,近年每亩价格,不过三五十元。近闻有一部分地主,援照风景区之例,要求每方二三元不等,其甚者更高至十元、二十元,此种用心,似与政府迁厂精神大相违背。先生领袖乡邦,素重大局,务请毅力主断,按征收黎故总统墓地往例,从优以每亩[方]一元二角至一元五角定价,早日公布,俾各厂可安心复业,而地主亦可不再阻挠,无任祷企。弟翁○○、钱○○叩。寒。

[资源委员会档案]

12. 何成濬关于播箕山等地业民征地纠纷致资源委员会密电(1937年11月17日)

密。元电诵悉。查贵会职员李荃孙等来武汉办理起卸及存放机器并寻觅房屋等事,曾经先后令饬武汉军警协助保护各在卷。嗣据武昌洪山、播箕山一带业民呈以各厂商藉用资源会名义,滥征地亩,闹并。例与冠生园原商购地三百余方,每亩先以十四元订价后,藉得资源会名义,遂强迫每亩只出价五元等情。当生案关农民生活,经饬鄂省府核办有案。旋据贵会李荃孙函:以播箕山一带业民受人鼓动,致不能开工,等情。复经饬鄂省府并案核办又在案。兹准来电,除交鄂省府迅予并案办理外,特电查照。弟何成濬。筱。鄂行秘。

[资源委员会档案]

13. 中国蓄电池厂等陈迁汉以来遭遇请继续维护呈(1937年11月)

呈为呈请按照迁厂须知规定,继续维护迁汉工厂,迅予拨给基地续发职工生活费,并借给厂房建筑费,以维国防工业而利后方建设事:窃厂等奉令迁汉以来,将近三月,努力进行,始终未懈,卒因人地生疏,客主异形,基地纠葛虽承鼎力斡旋,迄今未能解决,而建厂经费尚未拨给,尤予厂等以无形之损失。如长此迁延,势将使数千工人饥寒交迫,而厂商等既无力维持,一朝涣散,必致无法收拾。为此合议,冒昧呈请钧会按照迁厂须知第三条乙项之规定,继续发给生活费,于短期内拨给基地,并借给建筑费,以便秉承钧命积极进行,以尽厂等应负之义务。临颖不胜迫切待命之至。谨呈工厂迁移委员会监督委员会

中国蓄电池厂　　　　　　　　　　　　胡国光

亚洲制刀厂	萧万兴
广利砂砻机器厂	翁思慕
中国实业机械厂	张艺林
新大机器厂	王桂林
维锠机器厂	任海岐
宝兴翻砂厂	陈庆绥
福泰翻砂厂	薛凤翔
永利电机厂	刘振声
中新工厂	吕时新
铸亚铁工厂	胡鼎银
华昌无线电制作所	陈怀思
新昌机器厂	温志成
镐锠铁厂	李诚斋
姚顺兴机器厂	姚掌生
利泰翻砂厂	朱福根
中国机器厂	吴纪春
昌明制钟电器公司	王伯刚
大来机器厂	温渭川
公信金属品厂	刘鹤卿
陈信记翻砂厂	陈德泉
慎昌铸铁厂	黄生茂
大昌铁厂	赵少白
中兴铁工厂	陈炳勋
广利金钢砂砻机器厂	尹宏道
三北机器造船厂	叶竹
华丰机器船厂	周宰发代
茂昌机器船厂	林树槐代
华成电机厂	周锦水

工厂	负责人
精华机器厂	张桂岸
上海新亚制药厂	是光荣
中国工商谊记橡胶厂	阮觉施
顺昌股份有限公司铁工厂	高功懋
美艺钢器公司	朱文奎
东昇机器厂	赵秀山
达昌机器厂	任之泉
民营华学工业社	杨良弱
中国康元制罐厂	唐亚良
上海振华制造厂	沃鼎臣
上海希孟氏历钟制造厂	丁希孟
利用五金厂	沈 鸿
华东机器厂	陈俊代
兴鸿昌机电厂	徐维鸿
中兴赛璐珞厂	张忠元
华光电化厂	李鸿寿
中国科学公司	宋乃公
精一科学器械制造厂	胡允甫
肇新化学厂	虞和龄
大公铁工厂	林美衍
华生电器厂	叶友才
源大制革厂	朱宝峰

[经济部工矿调整处档案]

14. 孔祥熙关于迁汉工厂借款事已商由工矿调整委员会统筹办理密函(1937年12月6日)

财政部密函　资字第20号

　　案准贵会第七四九一号函嘱将上海迁至武汉之工厂代商银行息借款项

办法,迅函四行在汉联合办事处接洽,并函知工矿调整委员会对于此项借款予以协助。等因。查移汉工厂先向银行商借200万元一案,前经将贵会函送办法转函中中交农四行联合办事处酌办。现准四行联合办事处总处函复请由本部洽商工矿调整委员会统筹办理,业已汉钱字第六号密函转达贵会,并分函工矿调整委员会查照办理在案。准函前因,相应函复查照。此致军事委员会资源委员会

财政部长孔祥熙
中华民国二十六年十二月六日

[资源委员会档案]

15. 大鑫钢铁厂陈述迁汉迁渝前后经过及今后困难情形恳缓办迁移补助造报手续函(1937年12月20日)

敬复者:本月十五日准驻汉上海工厂联合迁移委员会奉转主任函开:案奉委员长蒋密字第7508号令开:查迁移一案,经奉军事委员会核定,由工矿调整委员会设厂矿迁移委员会主持办理,上海迁移善后事宜并由其接办,所有本会主办之上海工厂迁移各事亟应早日结束,合行令仰该员将上海迁移经过详情及财政部所拨之迁移补助费56万元支出细数,连同账目单据分别具报,以便移交,并转报行政院查照为要。仰即查照办理。等语。正拟复间,续奉主任本日十八日通知,语同前由,并称:查大鑫钢铁工厂所有物资抵汉已久,其未迁出者已无法起运,该厂前在本会所领迁移补助费10万元,应即将所支各账连同单据各项送会,以凭核转,并在本会奉令结束后,所有余款亦须克日缴回,以清手续。各等语。奉准前由,各厂事同一律,自应遵照办理。查商厂自本年八月七日奉令后,迅速着手迁移,徒以厂址在沪东战区中,自八月十三日开战后,敌人封锁虹口交通,华人无法前进,厂中机件、物料正在拆卸待运,经多方设法,以重资假手外籍人工,伺机逐步转运租界安全区。最初经内河转镇江,遇轮运汉,复因内河阻塞,又改从南通转驳,直俟南通运道不能。中间自虹口转运至租界之工作,迄未停顿,而大部资产迄以特殊环境,不得不抛弃于敌境。一切困苦艰难,具在洞见之中。奉函造报账目,以迁运工作经

在沪辗转运驳，手续频繁，账单细目多数存留在沪，节经电催寄递来汉，以交通梗阻，未能如期递到，以致无凭揭造计算报告。此其一。商厂自经行政院议决，领到迁移补助费10万元，原以达到指定地点为归来【宿】。到汉后辗转择定武昌播箕山为厂址，赶速开山填土，购料庀工着手建筑间，旋于十月廿三日奉军事委员会第三部机字第6号训令：着将已运汉之炼钢炉速迁大冶，限于文到1月内装置完竣，开始炼钢等语。在接洽进行中，复以军事关系，将重要工业安置更后方，于十一月廿八日奉军事委员会第三部汉字第6号训令，再令商厂迅将全部机件另迁重庆，以应要需各等因。查上海工厂迁移，最初以武汉为目标，俟到达后，任务似告终了，惟商厂既因工作地点变更，奉令前进，自应以指定地点之重庆为终点，现在迁移工作正在继续进行，前项补助费应继续请求为前途转运之用。此其二。商厂在沪全数职工人数达500左右，因转地继续工作，需要多数熟练之工人，不得不留用给养，虽不得已解除一部，现仍收容300人左右。计自八月迄今，亘4个月，以每人被服给养计，为数已属不赀。今前途运输航行更形困难，必非旬日间所能到达，到达后一切建筑需时，开工当在何日，则此后给养维持所需必累巨万，以前已领之款迄今所余能有几何，是否足以应付环境，殊勘把握。在经理以私人事业既与国家共安危，自当勉竭绵薄，以图报称。而主任自任事以来，热心毅力维持生产，不遗余力，夙为同人所共仰，于心力交瘁之余，凡私力所不逮者，又不得不仰仗公谊维护到底者。又其三。以上谨将商厂迁移经过情形及今后困难各点据实直陈，在经理责任所在，深知公款丝毫为重，岂容牵延造报，并明知贵会办理结束，理应清理手续，以便移交转报。无如事实所限，祗得沥情申请，恳请主任将商厂迁移造报专案移交，并将上述各端据情转呈，请于到达重庆之日，将前项"迁移补助费"全数细目连同单据分别造报，同时分呈工矿整理委员会及军事委员会第三部，以清责任之处，实为公便。是否请予裁夺施行，敬复上海工厂迁移监督委员会主任林

大鑫钢铁工厂经理余名钰
中华民国廿六年十二月二十日
[经济部工矿调整处档案]

16. 厂矿迁移监督委员会附送迁鄂工厂购地补助办法函稿(1938年1月3日)

径启者:查迁移武汉之工厂,原经政府指定范围,并经监督机关核准补助者,得拨给地亩,曾经行政会议与工矿调整委员会及关系机关会议议决有案。惟迁到武汉以后,因各厂所需地亩情形不齐,大部分厂家所请求征收地亩之实价,颇超过行政院决议范围,前项拨给办法不便适用。为变通办理起见,经本会呈准工矿调整委员会,根据军事委员会所颁布原则,重定工矿调整委员会对迁鄂工厂购地补助办法,以资便利。兹附送该办法及请求书各【一】份,希即转发迁鄂各工厂。凡合于规定条件,愿在武汉购地复工者,无论以前曾否由上海工厂迁移监督委员会,或本会批准拨给地亩,概须按新定办法填具请求书,限于民国廿七年一月八日下午5时以前送到汉口一码头怡和大楼本会办公处,听候审核,逾期概不受理。务希迅行通知,一体照办为要。此致迁鄂工厂联合委员会

工矿调整委员会对迁鄂工厂购地补助办法①

第一条　凡曾经行政院及本会与关系机关议决拨给地亩有案,及经本会审核特准补助之迁鄂工厂,业经确将重要机器设备迁到武汉,并确拟在当地建厂复工者,得根据本办法请求购地补助费。

第二条　凡请求购地补助费之工厂,应于民国廿七年一月八日以前填具请求书,并附具下列文件,送交本会厂矿迁移监督委员会审核,逾期概不受理。

一、在武汉拟购地亩及其草图。

二、在武汉拟装置机件清单及平面图。

三、已与地主商有草约者,草约副本。

四、在上海或其他迁来地方厂址之平面图,将厂地地址四至面积,自有及租用部分厂房面积,及平面布置大略情形注明。

第三条　每厂所能得购地补助费之面积,按其实在拟在武汉装置之机件

---

① 此"办法"系于1937年12月26日经工矿调整委员会核准。

计算,照以下各项所列方法推计之。但各厂在武汉所得购地补助费面积之总数,以三百五十亩为限,如计算结果超过此数时,每厂所得之地亩应比例核减。

一、机器厂所得购地补助费之地基,按以下标准计算:

1. 车床 4尺至12尺者,每部给地15方;12尺以上者,给20方;4尺以下者不给。

2. 刨床 不论大小,每部给地15方。

3. 磨床 不论大小,每部给地15方。

4. 钻床 直钻每部给地5方;横钻每部给地10方。

5. 铣床 不论大小,每部给地15方。

6. 冲床 不论大小,每部给地10方。

7. 镗床 不论大小,每部给地15方。

8. 闸床 不论大小,每部给地15方。

9. 切床 不论大小,每部给地15方。

10. 其他机件及房屋道路等,一概不再另给购地补助费。

二、翻砂及冷作厂,按其原来房屋五倍发给。原来房屋面积不易证明者,由本会厂矿迁移监督委员会约请专家,根据实在需要估定之。

三、其他各业工厂所需地亩面积,由本会厂矿迁移监督委员会约请专家,根据原案及实在需要估定之。

第四条 凡工厂在迁来地方之厂房系租用者,所得购地补助费以四分之一为准。

第五条 购地补助费之数额,定为最高每市亩国币150元,实际购价低于150元者,按其实际购价补助之。

第六条 凡受购地补助费之工厂,除有特别情形呈经本会核准者外,应于领得购地补助费后一个月内开始动工建厂,否则本会得按原价收用转购地亩,转拨其他工厂。

第七条 凡受购地补助费补助所购得之地亩,应具契约副本,交由本会收存,除经本会特别许可者外,在三年以内不得转让。

第八条　凡迁至武汉之工厂拟再迁他地者,其迁移部分另定办法,不得在武汉请求购地补助费。

第九条　为适应变通情形及统筹分配起见,凡曾经上海工厂迁移监督委员会核准拨地之工厂,亦应按照本办法第二条规定,填具声请书,并案审核。

第十条　本办法自公布日施行。

[经济部工矿调整委员会档案]

17. 徐新六等为沪迁汉工厂进退维谷请协助继续内迁致翁文灏函(1938年1月12日)

咏霓部长勋鉴:敬启者:战事发动之前,政府鉴于工业之重要,由资源委员会特派迁厂委员督率迁移,予以协助,沪上各厂甚为踊跃,总计迁汉之轻重工业有一百四五十家,机件材料以迄技术员工,悉数西迁。时值交通险阻,输运艰难,各厂困苦备尝,始得抵达武汉,机件甫卸,武汉形势又告吃紧。以言开工,则厂屋无多,营业甚少把握;若再他迁,则船只难求,决非短时可办。工厂至此,资金支绌,活动无方,进退两难,竭蹶可想。日来自汉归沪之各厂经理,备述苦衷,言之振腕。窃念工业为国家命脉,任其委弃,影响我国实力甚巨。鄙意工矿会负调整全国工矿之责,在任何困难之中,似宜设法予以协助,保存工业命脉,即所以维护国家元气。兹经在沪各厂负责人员会商之下,谆嘱鄙人等函陈吾公,迅赐设法,将在汉各厂机件物料尽先内移蜀、滇、黔、桂等省,一切舟车运费予以筹垫,或贷以资金,并电告各省政府与所经地方,给予种种便利,以期努力增加生产,开发富源,俾国家一线命脉赖以保全云云。鄙人等耳目所及,未敢壅于上闻,谨就实况沥陈清听,并请程君觉民面陈一一,敬祈鉴纳指示,无任企幸。专此,祗颂勋安。

徐新六
李升伯
吴蕴斋
一月十二日

[经济部工矿调整处档案]

18. 工矿调整委员会等关于中兴赛璐珞厂材料滞留汉口拟拨交二十三兵工厂以资利用的有关文件(1938年1月20日—7月7日)

(1)工矿调整委员会致中兴赛璐珞厂训令(1月20日)

训令　矿整字第293号

令中兴赛璐珞厂

查本会为巩固后方军需起见,已一再通知该厂从速迁渝复工在案。乃该厂竟因循迟延,迄未前来办理,殊属有违政府爱护工业之本意。现以各方军需急迫,该厂存汉之机件虽不完全,但仍可迁川与兵工化学厂之机件配合,以作制造火药之用。为此,令仰该厂迅将所有全部机件及各项物料等运往四川,并派员与兵工署接洽利用办法。除函知兵工署外,即希遵照办理为要。此令。

中华民国廿七年一月二十日

(2)工矿调整处致兵工署公函(5月17日)

公函　矿整字第798号

查本处前令中兴赛璐珞厂将现有存汉全部机料迁川,并派员与贵署接洽利用办法,曾于本年一月廿四日函请查照办理在案。兹查该厂物料存汉已久,主办人员迄未来汉,闲置不用,殊为可惜,如贵署确有需要时,即派员前来本处洽商,并早日启运西行,以资利用,事关军需生产,相应函请查照见复为荷。此致

军政部兵工署

(3)兵工署复工矿调整处公函(5月23日)

军政部兵工署公函　汉造(二七)丁字第3594号

顷准贵处矿整字第七九八号公函。以中兴赛璐珞厂全部机料存汉已久,闲置不用,殊为可惜,如确有需要,请派员洽商迁川事宜。等因。经决定将此项机料交本署第二十三工厂运川。除饬该厂派员径与贵处接洽外,相应函复,即希查照惠予接洽为荷。此致

经济部工矿调整处

中华民国二十七年五月二十三日

(4) 林继庸致处长签呈(7月7日)

经已与该厂厂主周芗畊接洽,即行迁宜转渝。又查该厂前次遗留在仙女庙之大批机件亦已本处出险抵沪,正装运赴港转渝,所有由宜运渝及由港运渝两段运输,已介绍周君与兵工署杨司长于7月6日接洽,据复可以办到云。呈阅后归档。

林继庸

七月七日

[经济部工矿调整处档案]

19. 厂矿迁移监督委员会编到汉之工厂及物资表(1938年1月)

厂名	到汉日期	物资种类	吨数	工人数	备注
南京大同五金厂	一月二日	机件及原料	56.5	30	迁重庆
南京京华印书馆	一月三日	机件及原料	252.5	64	迁重庆
上海大中华火柴厂	一月五日	原料	43.1		
上海龙章造纸厂	一月六日	机器	394.3		拟迁北碚
上海中国实业机器厂	一月十六日	机件及原料	101.0	25	迁重庆
上海四明糖厂	一月十八日	机器及成品	117.0	2	已在汉局部开工
上海大中华橡胶厂	一月十八日	机器	31.3		尚有三船物资在途中失踪
无锡庆丰纱厂	一月廿日	棉花	20.0		机件现在泰州,拟设法运汉
无锡庆丰纱厂	一月廿六日	棉花	25.0		

[资源委员会档案]

20. 林继庸等编迁鄂工厂购地补助费表(1938年3月15日)

迁鄂工厂购地补助费概况表(3月15日止)

厂　　名	呈请补助亩数	补助亩数	补助金额	附　　注
新中工程公司※		55	8,250	该厂情形特殊,故核准亩数如左
华成电器厂	63	40	6,000	
铸亚铁工厂	30	20	3,000	拟函嘱迁渝
申新工厂※		15	2,250	该厂情形特殊,故核准亩数如左
中国铜铁工厂	15	8	1,200	
冠生园	6	6	900	
维锠机器厂※	6	5	750	
希孟氏历钟厂	11	5	750	
振华电器制造厂	6.6	4	600	
炽昌新制胶厂	30	4	600	
公信金属品制造厂	5	3	450	
中兴铁工厂	5	3	450	
福泰机器厂	6.5	2	300	
宝兴庆记翻砂厂	6	2	300	
亚洲制刀厂	2	2	300	
精一机器厂	6.5	2	300	一部分已迁渝,此项亩数系根据留汉机件核定
陈信记翻砂厂	3	2	300	
三北机器造船厂	20	20	3,000	以上业经核准
新昌机器公司	2	2	300	本次签请核示
慎昌铜铁铸工厂	4	4	600	本次签请核示
合计		204	30,600	

※表示已付讫,计三家共11,250元。

[经济部工矿调整处档案]

21. 上海姜孚制造厂陈述工厂迁川及在汉复工意见呈(1938年3月25日)

敬呈者:本月二十二日商厂蒙贵会函约开会,席间谨领林主任委员及李组长之详细指示,商厂钦佩之余,另感痛心,但以会场大庭广众之间,个人发

言主张或未尽善,且恐与利害厂家引起辩论,致乱会场秩序。今特拟愚见数点,呈明如后:

（一）商厂蒙贵会救济,指定盘[搬]来武汉,去年十二月间即设法装置,至本年一月十五日大部复工,现时生意尚可维持,暂时无力迁移,损失且大。既蒙政府津贴,此后遵政府命令,贵会指示为进退。

（二）指示各厂迁移四川后,何日可以开始工作,及工人到达该地未开工时之衣食住问题,及沿途机器运费办法。

（三）希望在该工业区由贵会呈请政府,设法建筑电灯厂厂房、工房,每间估定价目及月租,或售与各厂,俾迁机械到时即可装置开工生产。且该地既有厂房立足点,各厂既可化整为零,先迁少数机件及工人前往开创,在汉已开工者方不受重大损失。倘无设备迁去,亦不能开工,徒耗国币无益也。

（四）由申领津贴到汉尚未复工之厂,请贵会调查其实情,予以救济,迅速复工,以免机器锈蚀,或令迁移,不致无益滞留。武汉厂址集合一处,以利电力,固为各厂所欢迎,但已开工之厂装置颇费金钱,若再集合,已前装置完全损失,将来厂屋及装置金钱事实俱感困难,能否有好办法。

（五）免费分配技术人员,使各厂工作成水平线,法至良善。然各厂本位工作及出品均有胜任负责之人,遇异处之制作需要技术指示时,再为呈请补助。

林主任委员发表来汉各厂自私自利,未能于本位对国家效力,商厂闻之,实觉痛心,尤属我国工商之羞。譬如仁昌厂所谈定造迫击炮弹,事关抗战,至今未能办妥。

据仁昌厂所说,各厂抽出车床集合一处工作,余利均分,各厂车床贵会均有详细填明,出品厂以车床为修造模型之唯一主要工具,一经抽出,全厂不能工作,此法不能通行。兹商厂另拟一为国效力办法如下:

国家定造迫击炮弹若干数量,公定适当价格,翻砂价若干,车工若干,钳工若干,由贵会召集各厂,视其能力分配工作,不得借词推诿,如遇技术困难时,得先请求贵会派人指示造法。如此分工合作,出货甚快,于公于私两得其利,则各厂均能效力,无所规避矣。商厂只有一部六尺车床,情愿在日间或夜间抽出半日工作,为国家服务,以尽匹夫之责。嗣后政府定造国防用品,仍可照此办法,标价派做,无复推托之弊矣。倘再有自私自利,口称为国而心非者,即与众共弃。是否之处,务乞贵会鉴核,是为公便。敬颂经济部工矿调整委员会钧照

姜孚厂谨呈
三月二十五日

［经济部工矿调整处档案］

五、武汉暨迁汉工厂的迁移

1. 厂矿迁移监督委员会召集武汉各纱厂代表谈话纪要(1937年12月—1938年1月)

(1) 第一次谈话纪要(1937年12月29日)

二十六年十二月二十九日下午

迁移监督委员会召集武汉各纱厂代表谈话纪要

一、主席孙　报告开会宗旨,并盼各纱厂鉴于苏、常纺织工厂被毁惨状,赶早妥筹安全办法,以保实力而应需要。

二、裕华代表　以现在交通困难之情形,对于入川一层恐难实行。

三、申新代表　查装运时需用木板为数甚巨,现时决不易购到,将来在川建筑材料,如钢筋、水泥等能否供应?

四、高惜冰　说明有入川工作之必要。迁移时应加以选择,其设备较新者,可先运至于必需之防火房屋,其面积并不甚大,所需建筑材料尚易设法。以上所谈各种困难,似尚有解决办法。

五、童少生　报告解决运输困难问题。拟先采取在宜昌分散办法,一俟川江水位较涨时,即可转运。

讨论结果:由各厂家先行研究,订于二十七年一月二日午后四时再行集合,决定迁移与否。

十二月廿九日下午四时

大成纱厂　刘丕基

农产工矿贸易调整会运输联合办事处　童少生

第四部　陈世桢　高惜冰

震寰纱厂　杨锡五

厂矿迁移监督会　孙拯

工矿调整委员会武汉办事处　林继庸

裕华纱厂　苏汰余

申新四厂　张槭泉

民生公司　鲁履安

第一纱厂　宋□□　祝庸斋

第三部　李景潞

(2) 第二次谈话纪要(1938年1月2日)

工矿调整委员会厂矿迁移监督委员会
召集武汉各纱厂代表第二次谈话纪要

主席　孙主任委员

出席者　第四部　陈世桢　高惜冰

复兴公司承办第一纱厂　祝庸斋

申新第四无限公司　张槭泉

运输联合办事处　陈湘涛

裕华纱厂　苏汰余

大成第四厂　刘丕基　陆绍云

震寰纱厂　杨锡五

民生纱厂　鲁履安

水上运输管理处　陈国光

工矿调整委员会武汉办事处　林继庸　李景潞

时间　民国二十七年一月二日下午四时

地点　汉口克勒满沙街四号

一、开会如仪。

二、各纱厂代表报告迁渝研究经过：

甲、裕华纱厂拟迁2万锭子。

乙、大成、震寰二厂(查震寰系租与大成营业者)拟合迁1万锭子。

丙、申新四厂因尚未请得厂主同意，暂缓迁移。

三、主席及林主任分别解释纱厂迁渝用意,系奉政府命令,川省府希望至少须迁 5 万纱锭。兹以时间急促,不容刻缓,希望未迁厂家早有决定。至于在川厂基之选择,电力之供给,以及运输之方法等等,本地与四川省政府均筹有妥当办法。并告申新务迁 2 万锭,以足 5 万锭之数。

四、第四部陈代表主张,值此紧张时期,应由政府下令,依限迁入内地,不得藉故违避。

五、调委会联运处及水上运输管理处两位陈代表,分别报告今后运输改善情形,对于各纱厂所运之 5 万锭子,约计 4,000 吨,尚有办法。

讨论结果

甲、在汉纱厂共须迁 5 万纱锭前往重庆,由裕华、震寰担任 3 万,其余 2 万由申新配齐,赓即起运。

乙、由政府下令迁移,并布告各厂工人,不得无理阻挠拆运。

丙、各纱厂应尽量配齐纺织机器,以便各厂在渝可以利用本身所纺棉纱,织成布匹,以供需用。如织机不敷应用时,则由迁渝机器工厂设法制造。

丁、关于运输事项,由各工厂派员分别来武汉办事处面洽。

戊、裕华苏代表定于日内先行飞渝视察厂址,及筹备其他一切必需之设施。

六时散会。

[经济部工矿调整处档案]

2. 军委会工矿调整委员会饬迁武汉区域纱厂设备训令稿(1938 年 1 月 5 日)

震寰纱厂

训令　裕华纱厂

申新第四纱厂

案奉军事委员会委员长蒋交下军政部部长何应钦呈请迁移武汉区域纱厂工厂,以应军民需要原呈一件,令即办理。等因。奉此。查根据军事委员会核定厂矿迁移监督办法,迁移厂矿由本会设厂矿迁移监督委员会主持办理,并规定为国防上之必要,政府得强制迁移厂矿之全部或一部设备。兹纱布工厂之迁移既属军需必要,而寇氛方炽,敌机肆扰,武汉区域未尽安全,各纱布厂为国家计,为本身计,自应及早迁移,以维国家实力。除已令厂矿迁移监督委员会召集各纱厂代表面行晓谕外,为此令仰该厂迅将最新式 1 万锭完好之纱锭 2 万锭,连同全部配件,自即日起分批拆卸装箱待军,并限于二月十五日以前全部拆卸装箱 2 万锭完毕。至关于运输免税、免险及迁移借款,均可由本会量予援助,运到重庆之后,并可酌量代征地亩,以便建厂。该厂应仰体政府维护苦心,遵照办理,不得违误。再川省为纱布重要市场,现在加工制造机关尚感缺乏,各厂入川复工之后,自不患销路之不畅。惟当兹迁移更替之际,在在需费,各厂上年盈利特厚,为挹注起见,本期红利应行从低分配,以资弥补。所有各厂一部分设备迁移之后,债权人对于该部分设备,自仍可按照资产价值比例保留权利。此次迁移,系属国家政策,不得藉词阻挠,其职员工人等素明大义,亦不得藉端滋事致干法纪。并仰转行知照。此令。

[经济部工矿调整处档案]

3. 李贻棠:工厂二次迁移内地①(1938 年 2 月 1 日)

工厂二次迁移内地

李贻棠

(一)各工厂由京沪一带移武汉

自从八一三抗敌战事开展以来,在沪各工厂,不论是在租界里、闸北、南市以及淞沪附近的地域里,统统陷入停业现象中。大家彼此在观望,彼此都无办法,来使工作继续下去。当时政府为了长久抗战起见,认为淞沪各工厂,实在是中国工业的精华,如果设法搬到内地来,加以统制,督促生产,对于抗战,总有相当的补益。所以就有"工厂迁移监督委员会"的产生,并附属组织"上海工厂联合迁移委员会",纠合各厂家负责人,分任工作,以求用最迅速最妥善办法,使各厂家所有之机器、出品、材料等等安然搬运到内地来。同时政

---

①此文载于 1938 年 2 月 1 日《武汉日报》。

府又规定出相当经费,分别津贴各厂家,作为装箱费、迁移费与职工路费等等,办理完善,指示更是周祥[详]。各厂家全在极兴奋中,设法先后离开上海。至于运输方式,是由上海苏州河装民船到达镇江,然后再用轮船,送到武汉。在上海工厂联合迁移委员会方面,并分派负责人员,在镇江与汉口,照顾及指导各厂家、各项运输、报关等事宜,方便很多。

可是自我军退出上海以后,就再也没有其他厂家从苏州河来了。同时有许多珍贵的工厂,在中途民船上,曾被敌人炸毁炸沉的很多,曷胜可惜。

后来战事扩大,江南工业区的无锡,各厂家也设法抢出来相当的生产工具来,在南京方面,各厂也竭力向内地运输,除了不能运出的机件以外,很多自行破坏,免为敌人利用。

现在统计到武汉的各厂家有:大鑫钢铁工厂、顺昌铁工厂、上海机器厂、合作五金厂、新民机器厂、华东机器厂、启文机器厂、中国建设工务公司、合众电器公司、中国钢铁工厂、华成电器厂、中华铁工厂、华新电焊厂、茂利帆布厂、三雄铁工厂、新亚制药厂、中法药房、华光电机厂、家庭工业社、肇新化学厂、中国工业炼气公司、中兴铁工厂、五洲药厂、中国实业机器厂、中央化学玻璃厂、新昌机器厂、民营化学社、华成针织厂、中兴赛璐珞厂、谭洋电池厂、汇明电池厂、美亚织丝厂、姚顺兴机器厂、振华制造厂、中新公司、新大机器厂、希孟氏历钟厂、生活书店、中国铅笔厂、开明书店、孙立记电器材料厂、亚洲制刀厂、迪安针织厂、精华机器厂、中国工商橡胶厂、大来机器厂、东升机器厂、中国蓄电池厂、三北机器造船厂、美艺钢器公司、大公机械厂、昌明电气公司、华昌无线电制作所、益丰搪瓷公司、源大制革厂、中奥公司、中国无线电业公司、中国机器厂、铸亚铁工厂、永利电机厂、中国铅丹制造厂、冠生园工厂、明艺针织厂、镐锠铁工厂、梁新记牙刷厂、中国制钉厂、利泰翻砂厂、公信厂、中国科学仪器公司、天厨味精厂、天利淡气厂、天原电化厂、陈信记翻砂厂、福泰翻砂厂、华生电器厂、大昌机器厂、广利金钢砂砦厂、汉兴机器厂、亚光电器厂、中华辗钢厂、兴鸿昌机器厂、维昌机器厂、实兴翻砂厂、茂昌造船厂、公益中记铁工厂、康元制罐厂、慎昌翻砂厂、姚兴昌机器厂、建设委员会电机制造厂、新中工程公司、精一机器厂、利用五金厂等。

同时另外还有许多厂家,在京沪或者已经动身前来,而迄今仍未到达武汉的有:仁义翻砂厂、民兴翻砂厂、永丰翻砂厂、北津翻砂厂、宁兴翻砂厂、吴顺兴铁厂、姜孚铁厂、合众机器厂、可炽昌记铁厂、永大铁工厂、大隆机器厂、洗涌机器厂、合兴荣记铁工厂、新丰五金厂、永泰机器厂、华胜机器厂、远大森记铁工厂、中华辗铜厂、仲明机器厂、勤昌机器厂、吕永康机器厂、茂记机器厂、瑞泰机器厂、维昌机器厂、吴祥泰机器厂、胜实机器厂、和兴造船厂、光明安全灯厂、邓顺昌机器厂、和济罐头公司、耀华电气厂、胡鑫五金机器厂、大华无线电公司、大众笔厂、中兴文具号、大生造纸厂、上海图书服务社、民光印刷所、美新名片厂、晋新印刷所、华丰印字所、国民印刷所、粹华卡片厂、和丰印刷所、大陆油墨厂、标准牙刷厂、公盛厂、利文工艺厂、民生美术公司、吴永兴工厂、美丰制金厂、民通布厂、大华红丹公司、大明火柴厂、中国制梗公司、振华油漆公司、大中橡胶厂、万里油漆厂、大中华染料厂、美美染料厂、大中华火柴公司、华安颜料厂、兄弟皮带厂、新华玻璃厂、爱华瑞记香皂厂、协源淀粉厂、上海造纸厂、龙章造纸厂、上海协记糖厂、四明糖厂、烈新炭精厂、万国制药厂、信谊化学药厂、大元营造厂、华中营造厂、新亨营造厂、兴业瓷砖公司、求新石粉厂、复新纺织厂、新华棉布厂、大华纺织公司、通和布厂、精华锦织厂、精华锦织厂、苏纶纺织厂、纬纶绸厂、光明染织厂、达新染织厂、文年余染织厂、鸿新染织厂、普益经纬公司、大光明商行、大中华制带厂、上海营业公司、协兴工厂、适用原料厂、维新梅记实业社、泰顺易五金号、福裕五金号、华利升厂、上海华兴焦煤厂、新光德记厂、兴亚制造厂、鸿泰桅灯厂等。

(二)各工厂到达武汉以后

各厂家到了武汉以后,唯一目的,在设法开工,希求生产,所以先到几天的厂家,整天拼命在武汉找地皮。最先觉得汉口地势太低,不合适于建厂的条件,所以就决定在武昌进行。当初曾经选择武昌上游的石嘴,后来因为地皮可用的亩数太少,不敷各厂家分用,遂即再勘定洪山和播箕山附近一带地方。在政府方面,先后几次有人来武汉指示一切,并且批准了各厂家应得的地皮亩数和地点。在各厂家本身方面,也曾经把需用的地形,前后分别实地测绘出来，估计生产力量，并委托武昌的营造厂家，来建筑厂房。大家齐心合力整天去计划原动力的分配、运输的传布、原料的采购、工人的招雇等等问题，没有不想在内地彻底的奋发起来，努力生产，而对政府有所贡献与补助。

(三)再度迁移

关于二次迁移内地的原因，主要的是东线战事的波及，各厂家看到南京沦陷以后，武汉决不是理想的内地，大家都不愿意在辛辛苦苦所经营能够生产的机构，而不能永远的维持下去，所以到了这个阶段，大家全都存着等候的态度，相对唏嘘。另一方面是武昌农民的反对征用地亩，虽然经官方负责人，多番交涉，而都难成功，所以失去了在武汉建厂的一个要素。同时，各厂家所希求借到的建筑费，仍是无望，因之再度迁移内地的声浪，一天增高一天，一直到现在的实现。

(四)一点意见

继续"工厂迁移监督委员会"结束以后，是"工矿调整委员会"，来主持工厂再度迁移内地各种事件，曾经费了许多的心思，拟定了许多井井有条的请求迁移办法，迁移借款办法等等，尽善尽美。并且通知各厂家，把愿意自动迁移的地点，来请求各项迁移利益。各厂家正在痛苦无着，走投无路的时光，听到这个消息，感戴已极，除去许多因为各种原因而不能再搬，只好暂时留在武汉的家厂以外，其余的纷纷来请求再度迁移。至于迁移的地点，有重庆、宜昌、长沙、桂林、贵州、昆明等等地方。

但是，厂家对于迁移以后的一切问题，像运输的方法，原料的来源，社会的需要，生产的方式，原动力的供给，都很难有彻底的预算和考察。因为想去的那个地方，不但生疏的很，并且自从人口突增以后的现象，不知和以前差别到什么程度，现在有了搬走的机会，就只管冒然的去，完全持一个"到了那里再说的态度"，所以这样盲搬，也许会成了中国工业界的一个严重问题。

在上月底，虽然四川省建设厅负责人，曾在汉口对各厂家说明，那里的原动力、地方、流动资本、原料、生产需要、上游的运输，统统都有办法，可是各厂家仍然是害怕,是冒然的搬去!

　　所以我们想到,在战时的生产统制下面,如果放着许多有用的机器,搬来搬去的不能生产,确实可惜。□□搬去后的一切,完全又都盲目的前进,能不能达到生产的目的,实在没有一丝把握,如果能在这机会中,就各厂□□所有,完全由政府加以统制,指定地点,并代为运输,监督开工与生产,与国家生产机关一样的受政府督催,一切开支与收入,统由政府决定。这样,对于各方面,都有很大的利益,抗敌战争胜利之后,再还之于各厂家。不然,这种搬来搬去,取效只怕很微吧!

〔资源委员会档案〕

4. 湖南省政府等关于中国工商谊记橡胶厂再迁湘省事宜有关文件（1938年2月24日—3月21日）

（1）湖南省政府致工矿调整委员会代电（2月24日）

　　汉口工矿调整委员会公鉴:案据中国工商谊记橡胶厂厂长阮觉施呈为国防工业奉令迁湘,恳准征用民地,俾便价购以利进行。等情到府。查本省对于沪上厂家迁湘,极表欢迎,并愿尽力协助。惟此项事业与国防有关,该厂迁湘是否依法呈经核准,本省无案可稽。用特抄同原呈代电贵会,即祈察核见复为荷。湖南省政府。敬。印。

　　（附抄原呈一件）

中华民国二十七年二月

　　呈为国防工业奉令迁湘,请求迅赐依法征收土地,俾得备价购买,而利进行事。窃属厂原设沪上历有年。所专以制造橡皮气船、防毒面具、防毒衣裤等国防用品为业,如兵工部署及金陵兵工厂、西北实业公司、南京学兵队等处所需前项橡胶用品,均系由属厂定制,尤以兵工部署定购橡皮胶气船为军用交通之利器,而中国能制造是项气船者仅属厂一家。因此沪战发生后,属厂即奉军事委员会资源委员会指令,迁移武昌工作,人员及值价17万余元之机器原料等,业于上年十一月间先后到达。厂址亦经指定圈给武昌播箕山下水田40亩。讵正进行建厂之际,首都忽告沦陷,武昌人心一时之不安,建厂武昌逐告中止,旋又奉工矿调整委员会命令迁移来湘。据闻此次日寇作战,在蕴藻浜、苏州河、太湖、黄河等处得力于橡皮气船者甚多,以此兵工署又复催促属厂继续制造是项气船,是属厂之宜早复工业,属刻不容缓。兹觅得本城南门外沙湖砾接连空地两块,共计14亩1分8大厘,交通电力均尚适于属于建造工厂之用。查系太乙寿产业。特将地形平面图绘呈。素仰钧府提倡工业不遗余力,对于国防工厂尤属关心,备至呈请钧府迅赐根据军事委员会征收土地办法,每方1元至4元之价,即将该地全部征收,发交属厂备价购买,俾便早日建厂制造各种国防用品,以应前方急需,深为德便。谨呈

湖南省政府主席张

中国工商谊记橡胶厂厂长阮觉施

谨呈

附恳请征收地附追略图一纸(略)

(2)**工矿调整处复湖南省政府代电**(3月4日)

长沙湖南省政府公鉴:敬代电及附件敬悉。查中国工商谊记橡胶厂系经本会核准迁来内地。此次由沪迁湘,各工厂本会前曾开列名单,函请贵省建设厅查照,给予协助在卷。兹准前由,用特代电请查核协助办理为荷。工矿调整处。印。

中华民国廿七年三月四日

(3)**中国工商谊记橡胶厂致翁文灏呈**(3月21日)

呈为呈报迁移经过及实况,恳予鉴核事。窃属厂前在汉口呈准钧处准予再迁,仰承钧处扶助,并贷予迁移费5,390元,感戴弥深。爰将经过及实况条呈如次:

一、地址问题:属于原拟迁往衡山,以去冬河干水浅,运输无法,加以衡山电灯公司开工无期。经属厂再三考虑,决定即在长沙购地建厂。

二、运输情形:属厂到鄂机器原料等物,共计204.86吨,内105吨已于二十七年一月二十六日运抵长沙,又32.64吨已于二十七年三月二日运抵长

沙，现均暂寄存中国植物油料厂长沙厂栈房内。至属厂留存武昌播箕山栈房内之机器67吨，一俟武昌市内运输稍便，当即全部运湘。

三、在湘情形：前承钧处咨函湖南省政府请予协助迁湘各厂，该省府似属甚愿相帮，亦钧处之助也。现属厂正进行购地等事，一俟稍有眉目，当再详呈备核。上缕各节，委系属厂此次迁移经过及实况，现合备文呈报，敬乞鉴核。此呈

经济部工矿调整处处长翁

代表人 阮觉施

中华民国二十七年三月二十一日

[经济部工矿调整处档案]

5. 工矿调整委员会编已经内迁之工厂一览表（1938年2月）

（1）到汉重迁之工厂

起运日期	厂名	运往地点	运输方法	第批	物资吨数	随行工人数	备注
十一月二十日	大成纱厂	北碚	轮船	1	142.0		
十一月二十三日	大成纱厂	北碚	轮船	2	10.0		
十一月二十七日	美亚绸厂	重庆	轮船	全	110.0		已到重庆
十二月四日	大成纱厂	北碚	轮船	3	122.0		
十二月五日	三北船厂	宜昌	轮船	全	150.0	5	系避难性质
十二月六日	中华铁工厂	重庆	轮船	1	44.0	5	
十二月七日	大鑫钢铁厂	重庆	轮船	1	63.0		
十二月九日	合作五金公司	重庆	轮船	全	23.0		
十二月十一日	大成纱厂	北碚	轮船	末	100.0		
十二月十六日	家庭工业社	重庆	轮船	全	16.0		
十二月十七日	大鑫钢铁厂	重庆	轮船	2	105.0		
十二月二十一日	申新铁厂	重庆	轮船	全	5.0		全系铁皮，已到重庆
十二月二十八日	永利铔厂	重庆	轮船	全	200.5	3	

续表

起运日期	厂名	运往地点	运输方法	第批	物资吨数	随行工人数	备注
十二月三十日	大鑫钢铁厂	重庆	轮船	3	50.5		
一月一日	大鑫钢铁厂	重庆	木船五只	4	402.0		
一月二日	中法药房	重庆	轮船	1	9.4	2	
一月三日	天原电化厂	自流井	木船四只	1	169.0	5	
一月三日	天盛陶器厂	重庆	木船一只	1	24.0		
一月五日	大鑫钢铁厂	重庆	轮船	末	107.0		
一月五日	中国无线电社	重庆	轮船	1	84.8	26	
一月六日	大公铁工厂	重庆	轮船	全	48.0	15	
一月六日	精华机器厂	重庆	轮船	全	19.2	10	
一月六日	中央化学玻璃厂	重庆	轮船	全	29.8	6	
一月七日	民营化学社	贵阳	木船一只	1	14.6	26	
一月七日	工商谊记橡胶厂	昆明	帆船三只	1	104.8	62	
一月八日	康元制罐厂	重庆	轮船	全	29.0	10	
一月九日	天盛陶器厂	重庆	木船一只	2	36.5		
一月九日	上海机器厂	重庆	帆船三只	全	65.0	70	
一月九日	中国铅笔厂	宜昌	木船三只	1	86.1	10	
一月十日	中国建设公司	桂林	帆船一只	全	8.0		
一月十日	中国无线电社	重庆	轮船	2	31.7		
一月十一日	利用五金厂	西安	火车	全	13.0	11	
一月十二日	顺昌铁工厂	重庆	木船一只	1	25.9	5	
一月十二日	陆大铁工厂	重庆	木船二只	全	101.7	64	
一月十三日	生活书店	重庆	轮船	1	7.5		
一月十五日	汇明电池厂	重庆	轮船	全	18.2		
一月十五日	中华铁工厂	重庆	轮船	2	100.0		
一月十七日	中国铅笔厂	宜昌	轮船	末	19.2		
一月十七日	生活书店	重庆	轮船	2	8.0		
一月十八日	顺昌铁工厂	重庆	帆船二只	2	110.4	29	
一月十八日	益丰搪瓷厂	重庆	木船一只	全	25.7		
一月十八日	京华印制馆	重庆	轮船	1	187.5		
一月二十一日	中国无线电社	重庆	轮船	3	6.2		
一月二十二日	大中华橡胶厂	湘潭	木船一只	全	31.3		

续表

起运日期	厂名	运往地点	运输方法	第批	物资吨数	随行工人数	备注
一月二十三日	徐兴昌铸铜厂	重庆	木船一只	全	3.5	7	
一月二十三日	张瑞生电焊厂	重庆	木船一只	全	5.0	15	
一月二十三日	精一器械厂	重庆	木船一只	全	16.7	35	
一月二十六日	华光电化厂	重庆	轮船	全	2.5	8	
一月二十六日	中法药房	重庆	轮船	末	0.5		
一月二十六日	中亚药房	重庆	轮船	1	10.5		
一月二十八日	中国实业厂	重庆	木船三只	全	107.0	25	
一月二十八日	中国无线电厂	重庆	木船一只	4	20.3	2	
一月二十九日	工商橡胶厂	昆明	帆船二只	2	32.5		
一月二十九日	民营工业社	贵阳	帆船二只	末	4.8	1	
一月三十日	达昌机器厂	重庆	轮船	全	6.5	5	
一月三十日	建委会电机厂	宜昌	木船四只	1	109.0	13	
一月三十日	开明书店	重庆	木船一只	1	25.0		
一月三十一日	顺昌铁工厂	重庆	木船二只	3	54.7	9	

(2) 过汉未停之工厂

厂名	运往地点	第批	物资吨数
公记电池厂	长沙	全	21.1
金钢电池厂	长沙	全	11.0
大新荣橡胶厂	长沙	全	126.6
中国窑业公司	长沙	全	180.0

(3) 原设武汉之工厂

起运日期	厂名	迁往地点	运输方法	第批	物资吨数	随行工人数	备注
十一月二十三日	万成酱油厂	岳口	木船一只	全	12.7	1	系避难性质
十一月二十八日	裕华纱厂	重庆	轮船	1	131.3		
十一月二十八日	华西无线电公司	重庆	木船一只	全	41.0	2	全系生铁,重庆有厂

(4) 受本会协助迁运之机关

起运日期	机关名称	运往地点	物资吨数
	资委会机器厂	湘潭	135.5
	资委会钢铁厂	湘潭	94.0
十二月二十二日	建设委员会	湘潭	60.0
十二月二十三日	中国银行	常德	552.5
一月一日	建设委员会	宜昌	120.0
一月一日	建设委员会	长沙	40.0
一月八日	中国银行	常德	484.5
一月十日	清华大学	重庆	10.0
一月十二日	建设委员会	西安	0.3
一月十三日	建设委员会	宜昌	90.0
一月十五日	中国银行	常德	290.5
一月十七日	清华大学	重庆	70.0
一月十八日	山东大学	万县	40.0
一月二十四日	清华大学	重庆	100.0

[资源委员会档案]

6. 工矿调整委员会编各业工厂迁移统计表(1938年2月)

各业工厂迁移统计表(第八次修正)

迁移情形	业别	机器五金业	制罐业	造船业	电器及无线电	化学工业	印刷文具业	纺织工业	玻璃制陶工业	其他工业总计	总 计
到汉工厂	厂数	55	2	4	21	20	12	6	5	3	128
	吨数	4,409.9	50.8	191.8	2,979.5	1,925.9	2,406.5	835.7	632.0	206.0	131,617.2
	工人数	1241	58	24	459	162	223	27	116	41	2,351

续表

迁移情形		业别	机器五金业	制罐业	造船业	电器及无线电	化学工业	印刷文具业	纺织工业	玻璃制陶工业	其他工业总计	总 计
准备内迁工厂	别地到汉者	厂数	22	1	1	9	11	9	2	5		60
		吨位	2,252.8	36.0	150.0	685.5	901.4	1,916.9	484.8	497.7		6,925.1
		工人数	680	27		181	137	197		110		1,332
	原设武汉者	厂数	1		1	1		3		2		8
		吨位	228.0			655.0	22.0		3,500.0		54.9	4,459.9
		工人数	100			2	1		20		123	
	共计	厂数	23	1	1	10	12	9	5	5	2	68
		吨位	2,480.8	36.0	150.0	1,340.5	923.4	1,916.9	3,984.8	497.7	54.9	11,385.0
		工人数	780	27		183	138	197		110	20	1,455
已迁工厂		厂数	16	1	1	8	11	7	4	4	1	53
		吨位	1,699.2	29.0	150.0	523.6	796.0	1,053.5	781.4	301.8	2.8	5,337.3
待迁吨位			781.6	7.0	0	816.9	127.4	863.4	3,203.4	195.9	52.1	6,047.7

(1)本表材料截至二月廿四日止。
(2)本周无物资到汉。
(3)本周内批计者计:中国机业公司恩施12下,此外华西兴业公司加迁614下,万成酱油厂加迁7.3下。
(4)第七次修正表已迁工厂数字有误,兹更正如次:机器五金业15厂,化学工业11厂,印刷文具业7厂,纺织工业4厂。

[资源委员会档案]

7. 工矿调整委员会编工厂迁移内地统计表（1938 年 2 月）

工厂迁移内地统计表（第八次修正）

迁移情形		宜昌	重庆	万县	北碚	自流井	长沙	常德	湘乡	湘潭	桂林	贵阳	昆明	西安	岳口	恩施	总计
再迁到汉者	厂数	3	42		2	1	5		1	1	2	1	1	1	1		60
	吨数	795.0	3,814.1		1,175.3	169.0	527.7		31.3		169.4	19.4	204.9	13			6,925.1
	人数	153	979		5	40		2			26	63	11	13			1,332
准备内迁工厂原设武汉者	厂数		5									1	1	1			8
	吨数		4,197.9							228.0	100		22.0	12.0			4,459.9
	人数		22											8			123
共计	厂数	3	47		2	1	5		1	1	2	2	2	2	1	1	68
	吨数	795.0	8,012.0		1,175.3	169.0	527.7		31.3	228.0	169.4	19.4	204.9	13	220	12.0	11,385.0
	人数	153	1,001		5	5	40	2			53	63	63	11	1	1	1,455
已迁工厂	厂数	3	35		2	1	5	1				2	1	13	1	1	53
	吨数	539.4	2,983.7		975.0	169.0	437.8			31.3	8.0	19.4	137.3	13	20.6	2.8	5,337.3
待迁吨位		255.6	5,026.3		200.3	0	89.9			0	161.4	228.0	67.6	0	1.4	9.2	6,047.7

附注：（1）本表材料截至二月廿四日止。
（2）本周内已迁物资：中央玻璃厂重庆 2.5 下，中国机业公司恩施 8.6 下，万成酱油厂岳口 7.9 下。
新中公司重庆 2.8 下，中国铅笔公司长沙 99.1 下，中国铅笔厂宜昌 23.0 下，华丰印刷所重庆 50 下，华西兴业公司重庆 7.9 下。
（3）据宜昌办事处报告，截至二月十五日止，到宜昌之物资计 2,314.1 吨，由宜昌运往四川者计 337.61 吨。

［资源委员会档案］

8. 工矿调整处为武汉民营工厂再行内迁陈报办理情形呈稿(1938年6月11日)

呈

  案奉钧部汉总字第1378号密令略开:"准军政部何部长函邀会商各部器材迁移事宜,并出示委员长手令,将堆积宜昌、长沙、衡阳各地重要物品限七月底以前运毕。等因。仰妥速办理,并将重要物品种类、数量及迁移地点、运输办法克日具报。"等因。奉此。自应遵办。谨查本处业经筹划,将所有武汉民营工厂再行内迁,曾于本月六、七两日召集各厂代表谈话,估计约需船位15,000余吨。其中赴川省者约1万吨,赴湘西者约5,000吨,派员分别向运输机关接洽。现因所有运输工具将专备军事机关运用,故不得不将规模较大之工厂重要机件,在各军事机关物资未集合前,先行令其抢运一批,其余则拟利用外轮及木船陆续装运。然因数量过巨,恐难于短时期内全部清运。又为防止不良工人藉故阻挠起见,已函请武汉警备司令部出示晓谕,并于必要时派队镇压,在利进行。除其他协助迁移办法,如迁移借款等当另拟呈核外,奉令前因,理合将办理情形备文呈报,仰祈鉴核。谨呈

经济部

中华民国二十七年六月十一日

[经济部工矿调整处档案]

9. 刘益远报告裕华、震寰纱厂迁移机器状况呈(1938年6月14日)

签呈 二十七年六月十四日 刘益远

  窃职六月十四日奉命调查裕华、震寰两纺织厂迁移事,兹将两厂进行状况,撮要呈报如次:

  1.裕华 会晤王经理、祝工程师,并参观工厂。

  已办理者 纺锭5,700枚及前后机械、全套织机120台。准备浆机无。分两批付运。第一批业抵渝。第二批明日付太古轮运宜昌后,再转船。又重庆地基已购妥,正事平填工作,工人宿舍、货栈开始建设。至于厂房,以安利

英承办钢骨水泥未到,尚未动工。用电由重庆电厂供给。

现状　拆机未继续进行,其原因据称运输困难,建筑材料如钢骨、水泥等不易购得。

将来　有必要时拟拆机装箱存汉口法界。

2.震寰(即大成四厂)晤刘厂长、陆工程师。

已办理者　纺锭7,000枚,织机230台,前后机械俱全。纺锭4,000枚存宜昌,3,000枚存沙市,系由震寰方面主持。布机抵渝。重庆地基购妥,系由大成方面主持。

现状　未继续进行,其原因据称震寰、大成两方意见不一所致。

将来　未迁机械并无一定办法,已迁者听其放置中途。

查震寰与大成合作复工,以6年为期,当时大成出现款36万,震寰24万,故在事实上：

1.利益　大成占6成震寰占4成。

2.用人　大成主持。

3.营业　大成主持。

自抗战以来,机械价值提高,对厂内用人行政震寰或有不满,因迁厂而发生下列异议：

1.利益　震寰6成,大成4成。

2.用人　震寰主持。

3.营业　震寰主持。

4.重庆建厂,震寰负责。

以上在大成方面,对1项似有可商余地,4项当然赞同,2项、3项则反对。因之成为僵持现状。唯工厂迁移成为政府既定方针,迁后工厂从速开工,加紧生产,亦属必要,时局严重,不容再事迁延。拟以本处立场及债权人关系,就两方人力、财力及一往办厂成绩为根据,第一步招集两方予以和平调解,第二步予以指令办理。又裕华将来办法亦属不合,似亦有纠正必要。究应若何办理,敬祈钧核。谨呈

副组长　李

组　长　林

副处长　张

处　长　翁

职刘益远谨签

[经济部工矿调整处档案]

10. 工矿处业务组副组长李景潞报告参加历次武汉工人疏散问题谈话会经过签呈(1938年6月)

(1)6月21日签呈

签呈　二十七年六月二十一日　业发33号　签呈者　李景潞

窃职奉派前往参加六月十九日省市党部联合召集之武汉工人遣散问题谈话会,兹谨将该会谈话经过摘要恭呈于后：

一、参加人员　军委会政治部、中央党部、社会部、经济部、武汉实业界,如各纱厂、面粉厂、染厂、香烟厂等代表共30余人,由陈泮岭特派员主席。

二、报告事项　兹以奉令疏散武汉一带居民各厂工人要求给款协助迁移家属,或因工厂迁移,或因厂家缩小范围,而要求发资遣散,形形色色,颇不一致。为免除各厂家应付困难起见,特召集各有关机关工厂共同商讨一种协助方式,以利解决。

三、讨论结果

1. 发资先行遣散家属原则赞同,应总其名为遣散费。工友疏散家属时,得预先借支若干,余俟工作完全停止后,再行发给,以妨[防]工人藉辞疏散停工,影响后方生产。

2. 各项工业营业状况不同,应分别等级,规定发资标准(计定为甲、乙、丙三级)。

3. 先由各厂家按照本身财力情形,拟具每个工人发给遣散费数目,并廿二日以前密封送往陈特派员处汇齐,召集武汉有关机关共同研讨后,再行分令各厂遵照办理。

4. 上列办法仅适用于正式工人,其临时雇工或艺徒均不得援例。但各厂如历来订有特殊办法者,不在此内。

5. 外商雇工及商店伙员亦得视其类别与营业情形,按照规定等级酌予发给。

谨查该日到会代表中,以武汉纺织厂大多数,盼将上项各条办法早日实行者,亦以彼等为最急(查武汉纱厂工人现共有1.3万余人)。查本部工矿调整处曾于今年正月间召集各纱厂商讨分批迁移后方复工办法,嗣以纱价高涨,余利甚多,一再藉故供应军需,设法推延,迄今迁出尚不及武汉纱锭全数1/20。若当时即遵照政府训令办理,则各厂退步有着,工人决不致如此恐慌,于国于厂两有裨益。即使现时工人疏散办法得以解决,而对于10余万之纱锭、机器岂可任其损失。职于该日谈话席上,曾将上述问题提请各厂注意,仍盼从速按照本部工矿调整处迁移内地办法办理,以求两全。当经主席陈特派员重将此意提请各代表注意。所有该日参加谈话会情形,理合报请鉴核。谨呈

处长

副处长

职李景潞

(2) 6月25日签呈

签呈　二十七　六　廿五日　业发　41号　签呈者　李景潞

谨将本月二十三日奉派出席武汉省市党部所召集之第二次解决各厂疏散工人办法会议经过恭陈于后:

(一)出席代表

省市党部、中央社会部、政治部、经济部、警备司令部、卫戍司令部、汉口市政府、武昌市政处(劳资两方代表均未邀请),由陈特派员泮岭主席。

(二)报告事项

市党部代表报告:根据上次开会议决,汇集各厂疏散工人办法报告之整理经过,归纳该项报告,其疏散工人办法不外下列三原则:

一、可以发给疏散费,以后于平靖时得由工资内分月扣回。

二、可以发给遣散费。

三、仍须继续工作。

更就各厂疏散工人情形分析，可为下列五种：

一、劳资双方已有解决办法者

甲、福兴面粉厂　每人发40元，10个月内扣还，路远者多借10元。

乙、裕隆面粉厂　每人拟发40元，先发一半作疏散费，于必要时再发其他一半。此款于战事平靖后扣还。

丙、颐中烟草公司　在时局危急时，每人发给一个月全薪，另按各人储金5%发给遣散费。

二、厂方已订有办法而未得劳方同意者

甲、太平洋肥皂厂

1. 先借给疏散费10元，4个月内扣还。无家眷者不发。

2. 将来遣散时再补发工资1个月，并加给5元。

乙、华商纱厂联合会

疏散费定先发半个月工资，遣散时照1个月工资发给。

三、厂方尚未确定而劳方认为已有办法者

水电公司　疏散费按薪资之多寡分为三级

1. 发给3个月薪资，不满60元者补足。

2. 发给1个半月薪资，不满90元者补足。

3. 发给半个月薪资，不满300元补足。

按此三级，每人先付一半为疏散费，于必要时再行全付。但如在六月以前即拟离厂者，则一次付清。上项办法，市党部业已召集各方开会，听候解决。

四、未定办法者

南洋烟草公司

1. 不停工，于必要时可发给遣散费。

2. 工人分新旧二种，发给时旧者多，新者较少。

五、劳资双方尚无准备者

甲、中国煤气公司　正在迁移中。

乙、楚新火柴公司　以情形特殊,劳资双方合作,无庸规定。

(三)议决事项

一、各厂已有办法者,应维持原案。

二、各厂未有解决办法者,按照下列甲、乙、丙三级办法办理如下:

甲级:

1. 疏散费每人20元,于战事平靖时分期扣还。

2. 遣散费按工资2个月发给,其不满20元者补足之。外省者另加给5元。

乙级:

1. 疏散费每人15元,于战事平靖时扣还。

2. 遣散费按工资1个半月发给,其不满15元者补足之。外省者另加给5元。

丙级:

1. 疏散费每人10元,于战事平靖时扣还。

2. 遣散费按工资1个月发给,其不满10元者补足之。外省者另加5元。

谨查上项疏散工人办法,经议定各出席机关应严守秘密,以便将来遇有劳资纠纷时得根据此项原则办理。至各业厂家应如何规定分级一层,则由省、市党部会同武昌市政处及汉口市政府拟定后,再交下次会议公决,并密送出席各机关查考,以凭办理。所有该日开会情形,理合报请鉴核。谨呈

处长 翁
　　 张

职李景潞

(3)6月28日签呈

签呈　廿七　六　廿八　李景潞

兹谨将本月二十七日奉派出席省市党部召集之疏散武汉工人各机关联席会议经过恭陈于后:

出席代表与主席同前次。

讨论事项

提请修改前次议决之疏散、遣散费发给标准案。

议决：

甲种　照旧。共40元。

乙种　疏散费改为15元，遣散费最低15元。共30元。

丙种　疏散费改为10元，遣散费最低10元。共20元。

武汉各工厂应如何分别等级支发疏散、遣散费案。

议决：

甲　分级标准

一、暂先以合乎工厂法组织及厂家为对象，其他普通小厂得随时酌定。

二、以各业现时营业状况之优劣而分等级。

乙　分级种类

（甲）级　各棉纺织厂、各面粉厂、颐中香烟公司

（乙）级　各蛋厂、各肠厂、各漂染厂、南洋烟草公司、振兴饼干公司、冠生园食品公司、太平洋肥皂厂、汉昌肥皂厂、曹祥泰肥皂厂、各印刷厂

（丙）级　各织布、楚胜火柴厂、各机器厂、各榨油厂、各机器米厂

附记：各厂家如确有特殊情形，如开业未久，或营业衰败者，得由省市党部分别会同省市政府及市政处查明后，按实际情形斟酌办理。

调查各家营业状况应参照统税局税册办理。

以上两项，由市党部分别通知各有关机关，如遇有劳资双方因停工或疏散发生争执时，得按照上列标准解决，以资一律。此次会议至此告一段落。

理合将第三次出席会议情形恭请钧鉴。谨呈

处　长　翁

副处长　张

职李景潞

［经济部工矿调整处档案］

11. 刘益远报告申新第四厂迁移拆机进行状况签呈(1938年6月22日)

签呈　二十七年六月二十二日　刘益远

窃职六月二十一日奉命赴申新第四厂调查迁移事,兹将该厂进行状况,撮要呈报于次:

此行以私人关系入厂,并参观工厂,详查拆锭确数。

一、纺厂实有锭4.8万枚,已拆正装箱者3,600枚,其连带各部,如粗纺并条钢丝等数量相若。清花机未拆,因该机向不敷供给。已拆装者将存特三区某洋栈,其应拆锭数并无继续进行准备。

二、织厂实有织机657台,受军部统制者480台,已拆装80台。因此减少统制数计百台。所拆织机及其前后各机,将运往重庆。

三、染厂已拆装染缸8台,烘干机1台,拟同织机一并运渝。又有绦光机、染缸等,则同纺机存栈。并闻染厂因原布不足营业关系,在本月底结束。

综上情形,对外似属遵命拆机,查其实际,另有其原因。据称装箱织染机日内可运出70吨,但重庆地基至今尚未购妥。理合呈请鉴核。谨呈

副组长　李

组　长　林

副处长　张

处　长　翁

职刘益远谨签

[经济部工矿调整处档案]

12. 拆迁大冶石灰窑工厂第一次会议纪录(1938年6月28日)

拆迁石灰窑工厂第一次会议纪录

一、日期:六月二十八日下午三时

二、地点:武汉卫戍总司令部会议厅

三、出席人员:交通部代表王洸　经济部代表彭荣宾　迁建委员会代表张连科　湖北省政府建设厅旷运文　既济水电公司裴孔殷　武汉行营秘三

科朱若愚　爆破队阎夏阳、钟以文　兵站总监部尹伊中　工兵指挥部曾汉光　武汉卫戍总司令部叶其蓁、张麟舒、许宝光

四、主席：叶其蓁

五、纪录：李韶成

六、开会（如仪）

七、主席宣读委座密令

八、主席报告：

（一）已办各项

1.已由本部委派阎夏阳同志为爆破队队长，钟以文为爆破工程师。

2.已由本部令饬武汉警备司令部派兵一连，随爆破队前往担任警卫事宜。

3.已由本部呈请军政部发给爆破用材料（由阎队长派员径行洽领）。

4.已由本部密电大冶县向县长、鄂城县范县长，切实协助办理各工厂工人善后事宜。

5.已由本部密电该地驻军（第三集团军孙总司令稠萱，第二十九军团李军团长汉魂），协助阎队长办理一切事宜。

6.已由本部电请交通部准备拨大型载重驳船两只，大小火轮一只，随时交阎队长应用（此条有变更，参照讨论事项第1）。

7.已由本部垫款一千元作为办理经费（系依阎队长呈请）。

（二）工作分配

1.请交通部担任拆除铁路路轨并运输事宜。

2.请经济部担任大冶启新水泥厂及利华等煤矿机件拆迁之监督执行等事宜。

3.请迁建委员会担任拆迁汉冶萍公司一切机件事宜。

4.请湖北省政府建设厅担任拆迁湖北官矿局机件等事宜。

5.除拆迁者外，其应破坏者，即由爆破队担任爆破，并由工兵指挥部派相当官兵前往协助。

6.工人善后由武汉卫戍区兵站总监部派员负责办理，其要领如左：

(1)拆迁各厂之工人仍随厂迁地工作。

(2)被破坏部分之工人：甲、强壮者拨二千名归兵站总监部编组运输队，多余者交该团管区接收运鄂，补充新兵。乙、老弱者给资遣散（给资多寡于本会议决定之）。

九、讨论事项：

1.输运船只可否由武汉卫戍总司令部或各厂方直接向船舶运输司令部接洽拨派。（交通部提）

决议：(1)工作人员及爆破器材等输送船只（即前已办事第六），改由武汉卫戍总司令部函船舶运输司令部拨派。(2)各厂矿机件及随行工人等之运输事宜，仍由交通部负责统筹办理。

2.关于商办各厂矿拆迁等事，应否先予警告或召集各厂矿主事人予以说明，以利执行案。——（行营秘三科提）

决议：(1)由武汉卫戍总司令部命令知照，限三星期内拆迁完毕。(2)此命令由阎队长派员面投并加以口头说明。

3.拆迁办法应顾虑情况，先拆迁主要机件（即所谓心脏部分），并注意爆破后所遗钢铁破片，勿使敌便于搬运。——（迁建委员会提）

决议：通过。

4.交通部拆除铁路路轨之时机，须注意厂矿之机件运输不生障碍。——（建设厅提）

决议：交通部转饬工作人员注意与各厂拆迁工作人员确保联系。

5.爆破工作应请工兵指挥部多派工兵予以协助，以期迅速案。——（阎队长提）

决议：工兵指挥部派官一员，兵二十名。

6.工人善后问题应考虑：

（甲）与迁移各厂随行之工人，厂方如以经费关系，不愿携带时，应如何。

（乙）破坏部分之工人，如不愿来汉当兵，应如何，并可否先令登记。

（丙）倘工人不满破坏其赖以生活之厂矿，因而发生意外时，应如何。

（丁）老弱工人之资遣费是否责令厂方（商办者）发给。

决议:(甲)俟与厂方接洽。(乙)应强制执行。(丙)已电令该地驻军协助,应确取联络。(丁)暂保留。除上述各项外,兵站总监部应再详拟办法呈核。

7. 本日列席各员均以时间仓卒,无详细准备,且事体重大,亦应请示各该主官决定,可否另定日期再开会一次。——(行营秘三科提)

决议:(1)定本月三十日上午八时在武汉卫戍总司令部举行第二次会议(不另通知)。(2)第二次会议时,除本日出席人员的均列席外,并请各部分担任工作之主要人员列席,以资接洽。

8. 本月三十日第二次会议时,对左开各事应请各部分决定具体办法。——(主席提)

(1)应迁移机件吨数估计。

(2)拆迁步骤(某种机件先拆,某种后拆)。

(3)担任拆除工作人员及器材之准备。

(4)需要他部分协助(连系)之事项。

(5)开始拆除日期及预定完毕日期。

(6)迁移地点之指定(经济部办)。

(7)工人善后及经费(资遣费)负担。

(8)运输工具(船只)之准备(交通部办)。

决议:通过。

十、闭会。

[资源委员会档案]

13. 拆迁大冶石灰窑工厂第二次会议纪录(1938年6月30日)

武汉卫戍总司令部招集各机关及大冶各厂矿联席会议

(奉令拆迁及破坏大冶各厂矿案)

一、地点:武昌武汉卫戍总司令部

二、日期:六月三十日上午八时

三、主席:叶其荟

四、出席：经济部、交通部、湖北省政府、迁建委员会、卫戍司令部及有关军事机关、启新洋灰公司、源华煤矿及利华煤矿。

五、讨论事项：从略。

六、议决案件：

（一）大冶各厂矿自七月五日起，限三星期拆完，如情况许可，得延长拆迁日期，如时局转紧亦得提早破坏。

（二）拆迁步骤，拆迁时分机件为重要及次要两种，并各估计其吨量，以备交通部预备船只之标准。

（三）各厂矿机件迁移地点，由经济部招集各该厂矿商定，但经济部有最后决定权。

（四）工人善后分为三项办法：

1. 必须随行工人，仍由厂方继续雇用。

2. 壮丁而非必须随行工人，概由军事机关运送后方，编组运输队或充兵役，但有特别情形者，得由厂方给资遣散或由官方疏散。

3. 老弱且非必须随行工人，均由厂方给资遣散。

（五）象鼻山现存铁砂13万吨、大冶汉冶萍公司现存铁砂60余万吨之处置办法。

1. 封锁长江之利用，呈报军事当局备用。

2. 其余铁砂以运搬费时，且运价太昂，拟拆除铁轨路基，破坏交通，使无法外运为原则。

（六）组织大冶各厂矿拆迁联合办事处，并设主任及副主任各一人，主任由经济部派充之，副主任由交通部派充之。

（七）拆迁联合办事处所需经费暂由卫戍司令部领到之爆炸费1,000元拨填。

（八）拆迁联合办事处上行公文由卫戍司令部转呈行营。

（九）由经济部招集各厂矿于明日商讨进行步骤。

（十）参加工作之各单位，统限于七月五日上午十二点以前到达石灰窑启新洋灰公司聚齐。

(十一)闭会。(下午一点半)

[资源委员会档案]

14. 翁文灏关于纺织工业内迁困难情形致蒋介石呈稿①(1938年6月)

敬呈者:窃查上海及华北一带纱布各厂,抗战以还多以沦陷敌手。后方湘赣鄂陕滇粤等省所余纱锭仅得45万余锭,等于抗战前全国纱锭百分之十六。惟纱布关于军民被服资源,异常重要,为迅筹后方战时生产起见,曾于去年十二月间由前工矿调整委员会派员分赴芜湖、郑州办理拆迁纱厂事宜。乃当时因芜湖形势突变,该处中一纱厂未及迁出。至于郑州豫丰纱厂,业于今年四月间拆竣运汉,继续西迁,其机料现已运抵宜昌者,计有3,600余吨,运抵沙市者,计有4,400余吨。惜宜渝间运输困难,迄未能运抵重庆,筹备复工。至武汉原有纱厂,因当时地方稳定,纱布需要复亟,加紧生产,以应需要,与布置后方工业基础,两者均属重要,宜如何并筹兼顾,实应妥谋善策。前于去十二月间,奉钧座交下军政部何部长应钦呈,请迁移纱厂至后方生产,原呈与职处所定方针,初无二致,当于同月廿九日暨本年一月二日,迭次召集武汉各纱厂代表商会迅筹兼顾目前生产与布置后方基础之办法,将各厂一部分纱锭布机迁移内地,如重庆等处设厂,庶不致对军需纱布之供给骤生影响,并议决裕华、申新两厂各先拆迁2万锭,震寰拆迁一万锭。又各厂中惟震寰经济情形较欠充裕,并经职处由营运基金拨借迁移借款3.5万元,以后迭经派员催促。截至现在,除裕华纱厂拆迁3,000锭,已达重庆2,700锭,织机100余尚在途中,及震寰纱厂拆迁4,000锭已达宜昌,3,000锭已到沙市。申新四厂仅运出织机70台外,其余尚待拆运器材之重量约有5,300余吨,其所以不能迅速拆迁之原因,厥有三端:(一)为纱厂因纱价高涨,正可获利,不愿早迁。(二)为运输困难,(三)为原料不敷。兹谨为钧座缕晰陈之:查抗战以还,因供求关系,纱价逐渐高涨,本年一月间二十支纱每包市价计为310元,至六月

---

①原件无时间,按据内容约为1938年6月。

十二日,已达470元。武汉各厂均亟于目前之获利,而不愿即日迁移。盖迁移以后,即使运输便利,如期到达,而建筑厂房,装置机器,至少非八个月至一年不能竣工,所受损失自属甚巨。皆为各纱厂在本身立场上,因纱价高涨不愿迅即拆迁之原因一也。

又川江在去年十二月至本年五月期内,均在枯水期间,上游仅通小轮,运输能力每月仅六千吨,而各军事机关迁川物资数量甚巨,且因军事关系重要,须优生分配运输。即以兵工各厂而论,先后运达四川之器材,约有四万吨之多,其他机关当不在内。故所剩吨位以备迁移民营工厂之用者,为数殊微。计自本年一月至五月底止,民间工厂物资,由汉口运出者,计1.4万余吨,而到重庆者,仅4,000余吨,其余均滞存宜昌待运。是在办理迁厂而言,从不顾前述民间纱厂之利益,勒令拆运,但因运输困难,势必至今仍滞途中,不能到达,豫丰纱厂,即其实例,遑论复厂开工。则在此五六个月期内,倘使武汉纱厂20余万锭之工作,因拆运迁移而完全停顿,军民所需之纱布之供给,必将更形短绌。此武汉各纱厂感于运输困难未能迅即拆迁之原因二也。

再查四川全省每年棉产,根据四川棉作试验场之调查,计为皮棉30万担,以每万纱锭年需净花4万市担计算,则全川产棉尚不足供应7万纱锭之用,何况民间需用棉絮,为数甚巨,亦断不能悉供应纺纱之用。则棉花原料之供给,困难滋多。且川省所产能适用于纺制十六支以上细纱之棉,为数甚少。故欲在四川境内树立纺织工业之基础,必须同时改良棉种及增加产额。前经饬由农本局及四川建设厅采购脱籽棉种,运入四川播种,但非短期所能奏效。计惟有由鄂将棉花随各厂同时运川,以应目前需要,亦限于运输困难。此武汉各纱厂因原料供给关系未能拆迁之原因三也。

窃以纱厂器材繁多,所占吨位甚巨,为迁厂中最困难之工作。即在前述各项困难之外,尚有关于地点之选择,建厂之物料,电力之配置,迄今尚在努力设法,以谋解决之中。

最近汉渝轮只,复经规定,在本年七月底以前,专运军机关物资,虽先后派员参加军政部召集之运输会议中声述理由,亦仅得拨运一部分外轮运输力量中百分之五。此项运输力量,每月约有二百吨,实不足以供应迁运武汉纺织机料之用。当以事关军需用品，经函商军政部军需署意见。兹准该署复称：如水运不易，似可趁平汉、陇海路车畅通时，尽量设法运往陕西宝鸡等处。等由。查工矿调整处核定迁厂地点，系遵奉钧座电令设置后方生产，以川黔湘西为主，是以斟酌原料、动力、销场及安全生产等条件，核定各纱厂均迁往四川。军需署所拟陕西宝鸡等处，自不在钧令指定范围之内。且姑不论路运能否有此力量，地点是否安全，即动力已无法供给，销场又复弯远。且各厂如裕华、震寰均已一部分迁川，若中途变计，事实上亦有窒碍。倘能于七月底军事器材运输完竣以后，集中力量运输各纺厂机器及原料，或当可勉赴事机。所有办理纱厂迁移各情形，理合具折呈请鉴核。谨呈
委员长蒋

职翁〇〇谨呈

[经济部所属单位档案]

15. 李景潞检送大冶各厂矿拆迁联合办事处历次谈话纪要报告[①]
（1938年7月2日—8月13日）

（1）李景潞致翁文灏等签呈（7月2日）

窃职奉谕于六月三十日前往参加武汉卫戍司令部招集之拆迁石灰窑工厂第二次会议，除将详细经过情形面呈钧座外，该项会议纪录闻已由卫戍司令部直接函寄本部。兹根据是日决议案，由参加各机关暨各厂矿代表组织大冶各厂矿拆迁联合办事处，并经推定本部代表为主任，交通部为副主任，以便联系而利拆迁一案。职为迅速准备此项工作起见，曾于7月1日上午八时在本处召集联合办事处各关系代表谈话，商讨进行拆迁各事宜。兹谨将该项谈话纪要一份恭呈鉴核。再，职已定于本月四日早起程前往大冶，其共同前往之资源委员会指派之人员王文宙、彭荣宾两君，亦已分别面洽。兹以该会黄君涛一时未能前来，而水泥厂部分不可无专人照料，并拟令本处柯助理员俊随往，以资臂助。一俟面置就绪，如时间许可，职仍当随时返汉办理武次各工

---

① 原件缺第五次谈话纪要。

厂迁移事宜。理合检同大冶各厂矿拆迁联合办事处第一次谈话纪要一份,签请鉴核示遵,谨呈

处长翁、副处长张

职李景潞

大冶各厂矿拆迁联合办事处第一次谈话纪要

一、日期:七月一日上午八时

二、地点:经济部工矿调整处会议室

三、出席人员:

1. 武汉行营三科:朱若愚。

2. 湖北省建设厅:旷运文。

3. 交通部:吴有叟、陈兆之。

4. 启新水泥厂:胡慕伊。

5. 利华公司:黄师让。

6. 源华公司:熊子民。

7. 经济部:李景潞、彭荣宾、刘宝森。

四、主席:李景潞。纪录:经济部柯俊。

五、报告事项:

1. 根据六月三十日决议组织本办事处。当推经济部代表为主任,交通部为副主任。本处之使命为使各单位在工作上互相取得联系,并监督拆迁在大冶各厂矿之机料事宜。

2. 摘要报告昨日(六月三十日)决议各事项。

六、讨论事项:

1. 大会交办之各事项,经与各厂矿商讨计得以下结论:

(1)决定各厂矿运输吨位:分机料、煤斤二种,机料尽先起运。

利华公司:机料2,000吨,煤3.8万吨。

源华公司:机料5,000吨,煤3万吨。

启新水泥厂:机料4,000吨,煤□□。

总计:1.5万吨,煤6.8万吨。

(2)决定各厂矿迁移地点：

利华公司：运汉转川。

源华公司：运汉后再分水陆两路转湘。

启新水泥厂：大型机械直运湖南，其他零件运汉转湘。

官矿：暂定运至宜部。

(3)筹划运输：按照六月廿八日大会议案之第一项决议：各厂矿机件及随行工人等之运输事宜，由交通部负责统筹办理。

(甲)调查各厂矿现有之运输工具。利华公司有拖轮四艘，拖力300吨至500吨不等。源华公司有拖轮三艘，每艘拖力300吨。启新水泥厂有拖轮一艘，每艘拖重200吨。官矿现无运输工具。其中利华公司另有民船廿五只，每只载重约100吨。源华公司有民船20只，每只载重100吨。启新水泥厂有民船20只，每只载重自50吨至100吨不等。

(乙)除各厂已有之运输工具外，应由交通部拟具运送办法，分呈军事委员会及函武汉卫戍司令部，查核饬办，并派员与卫戍司令部接洽一切，务期于七月七日以前能将船只开到大冶应用。

2.进行事项：

(1)拆厂部分：

(甲)由各厂矿代表即日通知驻厂人员立即开始拆卸。

(乙)关于维持秩序事，请阎队长斟酌进行办理(由朱代表若愚面达)。

(丙)遣散工人应遵照大会交下之三原则办理：一、机器工人酌令随行，二、其他工人交兵站总监部分配服役，三、老幼工人发资遣散。

(丁)各厂矿应立即准备拆卸之工具及材料，如木箱、木板、洋钉、铁皮等。

(戊)规定拆迁各厂矿机器设备之程序：先拆原动力部分，再拆干部机器，其详细办法由经济部派专门人员就地指导之。

(2)运输部分：

(甲)起运时间。凡已拆卸之机料，应由各厂矿立即开始运输。待专轮运输之机料，至迟于七月七日以前运至码头候装。务求缩短船舶停留时间，以增输运力量。

(乙)护运：每次派兵二名护运（请阎队长斟酌办）。

(丙)旗帜：旗帜及封条请由卫戍司令部发给。

(丁)运费：专用轮船按船舶司令部之规定，由各厂矿照付，起卸费由各厂矿自理，起卸工人应先准备，以免临时召集困难。

3. 本办事处开始办公时间及地点：

(1)自即日起至本月三日止，暂在江汉关怡和大楼经济部工矿调整处办公（电话21897，21589）。

(2)自本月五日以后在大冶华记水泥厂办公。

(3)去大冶各方代表定于本月四日早起程出发。

七、闭会。

(2)李景潞致翁文灏等第一号报告(7月6日)

报告　第一号　于大冶黄石港　七月六日

窃职于五日早伴同资委会王工程师涛、彭技士赞荣、迁建委员会王工程师文宙暨柯助理员俊并拆装专门技术员数人（新中公司及铸亚铁工厂所推派者），乘轮由汉出发，当日午后三时抵黄石港。当即前往大冶铁厂与卫戍司令部爆破队、兵站总监部及第一五八师驻冶军队各负责人员接洽进行事宜。并请分派士兵二排前往源华、利华工煤矿矿区镇压，免生意外。再通知各有关机关厂矿于当日晚间八时在水泥厂开会商讨各厂矿之拆迁问题。考察各厂矿情形，对于迁移一层，已无异议。惟各方应有之准备工作如工人、工具、装拆材料等均极感缺乏，幸在汉时业已有相当之接洽，尚可应付裕如。总核各厂矿拆迁之时间，至少须一个半月，而又以水泥厂为最长（计需2个半月）。为顾及时局起见，已令各厂家拟具拆迁办法，再行规定先后次序。一方请爆破队非至必需时勿即牺牲生产工具。至于水泥厂则先拟拆一个单位（该处有二个单位），以能继续生产为原则。兹谨将当日谈话纪要录呈钧鉴。谨呈

组长林、处长翁、副处长张

职李景潞

大冶各厂矿拆迁联合办事处第二次谈话纪要

日期：七月五日下午八时半

地点：大冶华记水泥厂

出席代表：兵站总监部张云根,经济部之王涛水泥工程师、柯助理员俊,卫成司令部爆破队钟以文、阎夏阳,湖北建设厅官矿石□郏,华记水泥厂叶德之、王众佛,源华公司熊子民,利华公司黄师让、程行渐,经济部王文宙电力工程师、彭荣宾矿冶工程师、魏子拨新中公司工程师前来协助拆卸机器并随同包装厂经理一人。

主席：经济部李景潞

纪录：柯俊

报告事项：

(一)主席报告：

1. 本办事处组织经过。

2. 第一次在汉谈话纪要各事项。

3. 与交通部、长江航业运输联合办事处洽商运输办法事宜。

(二)各厂矿报告拆迁计划摘要：

1. 源华公司：拟自七月六日起停止一部分动力,即将矿内下层抽水机起出。现有工人、工具勉强足用,唯起重设备与技工稍有困难。

2. 利华公司：工人除技工、搬运工及木工外,已完全遣散。现有机工八九十人,搬运工三百人,木工四十人,起重匠四人。拟：(甲)先拆最深矿层抽水机,同时准备运输机料。(乙)先停最大发电机,即拆卸汽轮及工锅炉,再及拆卸抽水气机等。(丙)全部抽水机拆卸时,开山后汽机维持挂车交通,拆山前之小号电机、锅炉等。以上计划需时一个半月至两个月,拆装运至码头用费共约需13万元。

3. 华记水泥厂：拆卸程序如次：(甲)500吨材料尽先运出。(乙)开始拆卸动力部分。(丙)制灰机器先拆一个单位,再及第二个单位。以上部分全部拆迁计划需工人360名,计起重工人100名,机匠40名,铆钉匠七八十名(已有40名),零星杂工约100余名。该项工人拟委托新中公司魏工程师往汉招雇。以上计划共需时2个半月至三个月,需费15万元(拆工三万元、装箱材料三万六千元、运输至衡阳八万元)。

4. 象鼻山官矿:尽先运输钢轨存料,其他部分俟向建设厅请示后,方可决定。根据以上各厂矿拆迁计划约可归纳下列各条:(甲)各厂矿之五金材料于即日起设法运出。(乙)二煤矿定于七月六日起开始拆卸机器,官矿拆迁计划尚待请示,水泥厂须另添拆工。(丙)遣散工人问题均已有解决办法。(丁)运输工具各厂矿均感缺乏,盼交通部赶即拨船。(戊)各厂矿所需拆卸全部机件时间,平均为二个月。

讨论事项及结果:

一、各厂矿应将分期拆迁计划拟具书面计划书送办事处备查。

二、正式公布拆迁事,公推阎队长代表政府前往各厂矿,召集工人,宣示此次政府命令拆迁意义。

三、各厂矿已遣散之将矿工处置办法,按大会交下三原则之第二项办法,由兵站总监部斟酌情形办理之,有工作者明令保护,无工作者遣散之后由兵站总监部收容服役。

四、各厂矿运输工具筹划办法:在交通部未到前,请各厂矿将拆迁吨位通知驻汉人员,径自交通部长江航业联合办事处沈处长洽办,并盼于七月十二日以前将运输船只开到大冶应用。

五、汉冶萍公司通大冶县之铁轨,应速请交通部派员前来拆迁。

其他:

一、本办事处于即日起暂在华记水泥厂内办公,规定上午为与各厂矿接洽拆迁时间,下午则分赴各处查看拆迁工作,督察人员分配:水泥厂由王涛工程师及柯俊负责,各厂矿之动力拆迁由王工程师文宙负责,源华、利华两煤矿由彭技师荣宾负责。迁建委员会与官矿亦请随时派员与本处取得联络。

二、为便利代表联络起见,已借得手摇车一乘,按时来往铁厂与水泥厂之间。

三、各厂矿起运之机料于出发前,应采本处填写起运报告表,以便赴汉换取报关清单。

四、通讯方法。武汉石灰窑间仅可用电报。本地利用各厂矿原有电话网，于每日上午报告情报一次，用备拆迁之参考。

五、各厂矿应具备拆迁工作日记，用备督察员之查看。

闭会。

(3) 李景潞致翁文灏等第2号报告(7月11日)

报告　第二号　七月十一日于大冶石灰窑

谨查大冶各厂矿自七月七日开始拆运机料以来，业经五日，各厂矿拆机情形良好，各家拆迁程序亦已确定。源华、利华两煤矿及湖北省建设厅象鼻山铁矿均可七月底以前将重要机件拆卸完毕，预计华记水泥厂亦可于七月底将全部动力及制灰磨窑之一个单位(该厂制灰机器共两个单位)拆出。惟查汉冶萍铁矿内尚存有500匹新式柴油发电机全套、矿车、土车及零星机件甚多，无人拆运，置待破坏，似觉可惜，业经电资委会电矿两处洽商，俾能早日设法运出。至运输方面，交通部已派海瑞轮来冶，该轮载重2,000吨，已于八日抵港，但以各厂拆卸之机械无多，未能装满，然已通知各厂矿将存储之五金材料赶速乘此机会，先行装船，以期使该轮能于十二日晚起碇上驶。并为督促各厂矿工作起见，曾于七月九日晚八时召集第三次谈话会，确定各厂矿拆迁程序，并商订运费等事项。职以此间初步工作，似已筹划就绪，拟于十二日晚返汉面呈一切。谨先将第三次谈话纪要一份恭奉鉴核。谨呈

组长林、处长翁、副处长张

职李景潞

大冶各厂矿拆迁联合办事处第三次谈话纪要

日期：七月九日下午七时

地点：大冶华记水泥厂

出席代表：卫戍司令部爆破队阎夏阳，源华公司何盘宇，利华公司程行渐，湖北建设厅象矿刘云联，华记水泥厂张絜如、叶德之、王介佛，经济部李景潞、王文宙(电力工程师)、王涛(水泥工程师)、彭荣宾(矿冶工程师)。

主席：李景潞

纪录:经济部柯俊

报告事项:

一、主席报告:

1. 根据第二次谈话,决定进行事项办理之经过。

2. 运输事项,据悉交通部已派员随海瑞、新丰两轮前来。该两轮载重共4,000吨,海瑞已于昨午抵港。

3. 汉冶萍铁路已商得迁建委员会之同意,由该会负责拆迁。

4. 官矿铁路得悉交通部可派员工前来拆运。

5. 根据各厂矿送来之拆迁程序报告表,以现有之工人、工具计算,源华、利华二矿机器可于八月七日前全部拆卸完毕。华记水泥厂亦可在八月七日以前将第一个单位拆卸。故本办事处监督各厂矿重要机料之拆卸启运期间,暂以八月七日为限,计已超过规定时间十日,仍望各厂矿日夜赶拆装运。

二、阎队长报告:

1. 得道湾铁矿工人130余名已由兵站总监部派员前往调查,派服役。

2. 源华煤矿:包工计30余人,要求按职员待遇遣散,拟于明日予以适当处理。

3. 利华煤矿:工人已无问题。

4. 象矿:因工人原已遣散,所余者无几,均有工作。

三、各厂矿报告拆迁情形:

1. 华记水泥厂:该厂材料已装入海瑞轮三百吨,现时每日夜装船量可达40吨,30日内至少可达8,000吨。全厂拆卸工作分五部分进行,计(一)动务部(最大汽机零件已拆下待装箱)。(二)修理厂(已开始拆卸)。(三)模型部。(四)电力部(准备拆装)。(五)窑炉,因等候工具尚未开始拆卸。各项工作多已开始,惟装箱及铆钉匠人数不足,进行较缓。

2. 利华公司:各井抽水机、电机均已运至山前,正装箱中。现存机料500吨,已有百余吨装箱。但因装箱工人缺少,进行较缓,预计十五日以前除动力部分外,余均可拆迁完毕。拆迁程序调查表所报告之缺少工人,已有解决办法。

3.源华公司:未安装之新机及材料柴油等均有四五百吨,前已运往汉口,现存之材料于三日内可全部运装完毕。七月十日前可将全部抽水机由垅内起出。凡井中不拟拆迁之起重机,拟将其零件卸下,大件拟弃留井内。该公司华产煤气机一部已开始拆卸,但尚未装箱,另一部附电机可于七月十一日于全部抽水机起尽后,即行拆卸,一星期内亦可完毕。至于源厂大电机因车辆损坏,等于废物,如时间许可,方拟拆卸。关于修理厂之车床、钻床及源厂之小件机械均已装箱上船,大件待装,于四日内可装运完毕。尚存有洋松板值四五万元,亦拟运汉。

4.官矿:储存之路轨已在迁运中,机车顷已拆卸一辆,其余奉命缓拆或可有专轮西运。山内机器厂车床已拆完,山外修车厂亦已拆毕,拆迁费用已有着落。

讨论事项及结果:

一、关于拆迁事件,各厂应加工赶办,务期以不超过规定日期为准绳。所请免于爆破以继生产一节,因事关军令,碍难照准。但政府方面,非到必要时,决不执行破坏。

二、分配运轮吨位:1.海瑞除1,200吨已由长江航业运输联合办事处留用外,其余800吨拨交华记水泥厂装运材料赴汉。2.新丰轮载重2,000吨,分给官矿及迁建会装运机件赴宜。华记、利华因机件尚未拆足,暂不装新丰轮。3.源华现有船只暂敷运输,由本办事处电文请交通部拨发外,并由各厂家自行向汉口长江航业运输联合办事处接洽。

三、运费问题:关于长江航业运输联合办事处所提之三项办法:

甲:(一)政府工厂照迁建委员会规定。(二)商办工厂照前水道运输管理处规定。

乙:记长江航业联合办事处代办,一切用费实报实销,大轮船租金照船舶司令部规定付给,小轮、民船租金照一般市价付给(各厂矿原有小轮、民船统由航联处支配,并照租轮给价),长江航业联合办事处办事费用,照实际用支付给。

丙:照船舶运输司令部之规定付给(小轮、民船除外),但长江航联处只供给船舶,不负一切装卸及供给燃料之责任。

讨论结果决定采用甲项办法,轮船运费以吨位计算。

四、第四次谈话会定本月十二日下午七时在大冶铁厂卫生股、卫戍司令部爆破队办事处举行。

(完)

(4)大冶各厂矿拆迁联合办事处第四次谈话纪要(7月12日)

日期:七月十二日下午七时三十分

地点:大冶铁厂卫生股、卫戍司令部爆破队办事处

代表:卫戍司令部爆破队阎夏阳,兵站总监部王锡福,湖北建设厅象矿石兰邨,华记水泥厂叶德之、张粲如,利华公司程行渐,源华公司何盘宇,经济部王文宙、王涛、彭荣宾,迁建委员会王颂平、霍世廷、吴玉岚、郭培岑

主席:李景潞

纪录:柯俊

报告事项:

一、主席报告:

1. 报告第三次谈话纪要及办理经过。

2. 新浦轮除由官矿、迁建会分装并拨五百吨与利华公司,其详细分配办法,暂行保留。

3. 在汉召雇之工人已有五六十人到冶,自十一月起灰厂拆机工作已布置就绪。

4. 此后各厂矿拆迁应一律增加夜工,以缩短拆迁时间,并催促各厂矿自家船只来冶赶速装运。

二、各厂矿报告拆迁情形:

1. 华记水泥厂:甲、五百匹蒸汽机一部、发电机、两锅炉、修理厂车床、水泥机零件、灰磨等之配件已拆。乙、按包工者估计,水泥窑铆钉,于本月廿三日前可以拆完一部,全窑于本月廿六日或能全部拆卸。丙、起重匠廿名本月十三日可到,如进行迅速,各机件或可于限期内运抵江岸。丁、厂内小铁道已开始拆除。戊、挂线路定廿五日起拆卸。己、材料已装船四百吨,蔓船亦拟运

走。庚、军队拉夫,撤运工作时受停顿,请予协助。

2. 利华公司:甲、二层平巷泵已拆出,铁道因水急淹没,于十日晚曾抢出一部,现已开始拆卸锅炉、汽轮等,山后变压器亦已开始拆卸,惟人力抬运过山甚缓。乙、码头因军运关系,运输能力减低,希望解决。丙、各项机件材料,已有150吨装船,尚有200余吨待运。

3. 源华公司:甲、材料已将全部运出。乙、泵已拆完,但八寸泵,因井内水急,未及拆出,仅将电力机拆出。丙、华厂煤气机一部,全部拆完装箱。420千瓦煤气机及100匹汽机发电机、电板均已开始拆卸。丁、源厂动力一部已开始拆卸。戊、修理厂车床已大部拆卸装箱。己、拟租借五千吨海船一只,自汉来冶运煤,如能达到目的,则同时运送机件。庚、机器运出后,如时间许可,则拟将矿区小铁轨拆下。

4. 官矿:甲、该厂卫戍司令部已派人驻厂督促进行。乙、江边机厂机器已拆卸,惟装箱材料缺乏,矿车头已拆工部。丙、山上矿内上第二层之小铁道已拆下,十五日可拆完。丁、铁路拆运事,已在进行中,六日可以开始。

三、阎队长报告:过境军队征船事,经迭次交涉后,均已解决。华记被征工人查系临时雇工,因查系联保,以前所雇定。现既被征军运,暂毋庸议。惟此后除通知警察局,在厂工作工人无论临时或永久,均不得征用外,并知照区长查照保护以后不得于发生同样事件。

讨论事项:

一、保护运输工具及工人:各厂矿所有重要之运输工具,就各厂矿现驻有之军队中捐派数人前往各该厂矿码头,向征用军队解释拆迁意义,以免征用,并请兵站总监部随时派员协助办理之。工人一层应得由各厂矿制备符号,送请卫戍司令部爆破队,以卫戍司令部大冶厂矿拆迁工程队的名义分给各工人,以便保护。但各厂矿须将全部工人姓名于明日午前造具清册,送呈阎队长及巴公所备查。

二、大冶官商两矿、铁路拆运办法:为便利拆迁大冶矿内五百匹柴油发电机及顾及现时军运,拟定拆轨程序如图[略]。务盼于拆迁路轨时,迁建委员会、象矿及华记水泥厂应互相取得联络,免碍机料之运输。

三、运输事项:1.新浦轮之分配,利华500吨,象矿700吨,迁建会800吨,依次装运,直放宜昌。2.木驳由各厂矿驻汉人员自行向汉口长江航运联合办事处接洽,本办事处当予以协助,现有木驳,亦请尽量运输。3.各矿矿车,向交通部磋商,派长江号前来装运。

四、各厂矿之机器图样、工作记录及重要机件,应立即运走。

五、源华公司铁轨、各厂矿□船,最后应一律带走。

六、于本办事处正副主任不在大冶期间,各厂矿重要事件可向阎队长请示,于必要时,得由阎队长召集会议商讨之。

（完）

(5)李景潞致翁文灏等第三号报告(7月19日)

报告　第三号　七月十九日于大冶

窃查大冶各厂矿拆迁程序,前经会同各厂矿技术负责人员商订,自本月七日起均已开始按照该项计划次第拆迁在案。连日以来,各厂矿拆运情形核与规定速度,尚能符合,预计至八月七日止各矿重要设备及水泥厂第一个单位,均可拆卸完竣。惟以近来空袭绵绵,一般工人惊骇万状,大多私自潜逃,其影响拆运工作至深且巨。曾设法增加工资,促其返厂继续工作外,并来汉添招技工数十名送往前方备用,而免停顿。至于运输工具,因交部船只多被拉差,极感缺乏,经已饬令各厂将原有之木驳、拖轮尽量载运机料。但□□民间燃料之供给亦所必需,并商得燃料管理处之同意,由该两煤矿另行租雇大轮装运,以免间断,既可维持后方日常之需要,又能增加其收入,以免迁移运费。如此调动,则各厂矿重要机料约计8,000吨,均可于下月半以前全数运出矣。

复查大冶铁厂余存机料甚多,迁建会限于船只、吨位,不拟全数迁运。查其中能合于普通工厂之用者为数颇多,若令其遗弃厂中或任人破坏,实属可惜。职拟于十九日随工人50名,前往大冶择优迁运,以备后方各厂之需,预计可拆运机料五百吨,每吨平均经费10元(运费以地点不同另行估计),分运湘西、四川等处,所有开销费用将来仍可承受者收回。是否有当,谨检同拆迁调查表各矿现有设备调查草表三张[略],签请鉴核示遵。谨呈

组长林、处长翁、副处长张

职李景潞

(6)李景潞致翁文灏等第四号报告(7月24日)

报告 第四号 七月二十四日于大冶

窃查大冶各厂矿拆运情形,迄至现时止,尚能按照预定程序办理。惟以缺乏运输工具,拆卸之机件未能及时运出耳。电机会套业已拆就,并已运汉,其他可用之物料仍在赶运中。总期于下月七日以前一律办理完竣。兹检同第六次各厂矿拆迁谈话纪要恭呈鉴核备查。谨呈

组长林、处长翁、副处长张

职李景潞谨呈

大冶各厂矿联合迁移办事处第六次谈话纪要

日期:七月廿三日下午七时

地点:大冶华记水泥厂

主席:李景潞

纪录:柯俊

讨论事项:

一、主席报告:

(1)在汉为接洽运输工具及召集各厂矿代表谈话经过。

(2)筹划各厂矿在内地复工问题。

(3)报告各厂矿拆运机料情形,均能按原定拆迁程序办理,现已起运者计有华记500吨,利华360吨,源华620吨,象矿约300吨,余协助资源委员会来冶拆运之500匹柴油发电机及其他物料等,亦已拆运完毕。

二、各厂矿报告:

1.华记水泥厂

(一)除继续拆卸第一个水泥机外,并已同时拆运第二个单位。

(二)前因起重工匠缺乏,稍延时日,一俟召雇之工匠上工后,其第二单位预计于八月内亦可拆完。

(三)因感运输困难,曾与汉口信记签订合同,代为运输七百至一千吨,但能否办到,尚无把握。

(四)昨日运出机料二船,计130吨,连前共500吨。

2. 利华公司

(一)新式涡轮发电机已拆运完毕,其锅炉部分于廿八日始能起运。

(二)250马力之汽机已提前于廿三日起拆卸。

(三)山后机件已有百分之八十运至山前。

(四)已运出360吨,六成为物料,四成为机料。

(五)现时极感拖轮缺乏,请予协助,将来如遇必要时,拟用□船装运机料。

3. 源华公司:

(一)源厂除二百马力汽机外均已拆运完毕。

(二)其他各部亦已按原定计划进行拆卸。

(三)运输困难拖轮尤为缺乏,现仅余一艘,所有三艘,一被炸伤待修,一被征用。

4. 象矿

(一)该矿所有机器设备均已拆卸完毕。

(二)唯起运者仅有一船约300吨。

(三)路轨因征用之民夫手艺未见整齐,迟缓已极,正拟设法补救中。

讨论事项:

一、汉冶萍铁路拆迁办法:全路计有卅五公里,迁建会仅需廿公里,其余由交通部负责拆运,其分配办法,俟由各该部呈请核定后即可施行,但交部先拆铁山段,迁建会于廿六日起自得拆起,唯须顾虑江边华记水泥厂之运输。凡所有需用该路由山上运出物料者,统限于廿六日以前一概运毕,其运输钢枕、钢轨办法应由迁建会斟酌拟订之,务期以全部运出为目的,其不用之矿车及车辆则先期送入至得道湾义道停放,不得弃置江岸。

二、船只之分配:前次商定之运输之新浦轮装运分配办法,现以该轮驶窑无期,事实上难于实行,应予修正。航业处允设法派拖轮前来应用,唯不能在此久候。嗣后各厂矿应逐日晚间八时将已装就待运之吨位船只通知本办事处,以便统筹拖轮运输吨位分配,并希望随时与阎队长及迁建会取得联络,互相携助。

三、源华提议请更改破坏该矿办法,因事属军令,当即转请卫戍司令部爆破队请示办理。

(完)

(7)李景潞致翁文灏等的报告(7月31日)

报告　七月三十一日于大冶石灰窑

窃查大冶各厂矿拆迁情形,迭径呈报在案。查至本月底止,各厂矿拆迁工作尚能按照原定计划施行,其重要部分,多已装箱完毕,唯以交通部运输轮驳迄未开到,仅将各厂原有船只陆续装运数批,计共2,800余吨,约占全部重要机件五分之二,较预定速度稍缓。

关于本处之拆机工作,至今日止,已将冶厂余存而能合乎后方需要之机物料如车床、钻床、刨床、制冰机各一部、高压铜线六吨,电瓷瓶八百只,马达约廿余只、电吊扇十四只以及钢铁、铜料、避雷针、瓦仑铁皮等,共计八十余吨,均已拆毕,装箱完毕,待船运汉,其他能用之物料如生铁、角铁、大角铁、起重机等尚多,现以运输困难,暂时留置。如雇得船只,再行起运。兹造具七月底止各厂矿运输情形表一纸[略],暨第七次谈话纪要一份恭请鉴核,谨呈

组长林、处长钧、副处长张

职李景潞

大冶各厂矿拆迁联合办事处第七次谈话纪要

日期:七月二十九日下午七时

地点:卫戍司令部爆破队队部

出席代表:阎夏阳、钟以文(爆破队)、徐彦翘、吴玉岚(迁建会)、管维屏(汉冶萍公司)、彭荣宾(经济部)、卢开瑗、王众佛(华记)、程行渐(利华)、黄申叔(源华)、石兰邨(象矿)

主席:经济部李景潞

纪录:柯俊

报告事项：

一、主席报告：

(1)各厂矿自二十五日起迄今拆运概况。

a.各处工作均较前加紧,困难与阻碍亦已减至最低限度。

b.已运出机料共有2,800吨,华记水泥厂占1,050吨,源华有650吨,利华有500吨,官矿亦已运出600吨。

(2)前以时局吃紧,曾通知各厂矿将拆迁工作设法提前于七月底完成,其重要机件至迟均不得超过八月二日。查多数均能积极赶办,间有一二处,因有特殊关系,仍较松弛。

(3)交涉运输工具,颇少成绩,刘专员亦在汉设法进行。

(4)曾由阎队长召集拆迁铁路紧急会议,统限于八月三日以前完工,查现时拆迁情形仍报迟缓,事属军令,万难任其一再拖延,请随时共同研究补救及协助办法。

(5)查第六次会谈讨论结果第一项铁路拆运办法,系由交通部及迁建会共同负责,现已改由迁建会全部负责,限期拆运。

(6)第六次会谈决议结果第二项关于各厂矿应逐日将已装木驳待运船只吨位,通知本办事处,迄未切实实行,应请注意。

(7)上次会议讨论结果第三项源华公司呈请华厂平巷免予爆破一节,已另由爆破队批复。

二、各厂矿报告：

(1)华记水泥厂：

a.第一个制灰单位已拆至百分之九十五以上,月底当可拆完。

b.运输工具现在接洽中,如所接洽船只即可来窑,一星期内船只分批送到,当可将第一单位运输完毕。

c.希望各厂矿能互相协助,俾将该厂第一单位全部提早运出,以免功亏一篑。

(2)利华公司：

a.1,200千瓦汽轮发电机及锅炉二只已全部运出。

b. 2,500 千瓦汽机发电机已拆完,并运出一部,月底除锅炉外,或可全部运出。

c. 全部填表拟拆之机件,可于八月三日全部拆运完毕。

d. 运输工具缺乏,已动用码头之木船运输,重要机件尚有300吨待运,次要者亦将继续拆运。

(3)源华公司：

a. 拆运情形已有进展,现雇到木船四只,并为二组,运输机器。

b. 给阎队长命令后,运煤木驳每次已带装百分之三十之机器。

c. 自己木驳六只已到冶装运,机煤各半。

d. 所拟拆之机器可于本月底拆完。

e. 华厂之次要机械汽机一部,定本月卅日起开始拆运。

f. 龙飞拖轮已修好,军队征用者亦可放回,现又雇到拖轮一只,将来运输上较有把握。

g. 待运之重要机械尚有八百吨。

(4)官矿：

a. 因职工缺乏,对于拆运计划,略有延迟。

b. 山内机械已于七月廿一日全部运出(按照规定时间,超过五天)。

c. 修理厂机械除锅炉外,已全部运装完毕。

d. 机车头五部已拆完四部,运出有三分之二。

e. 轻便铁轨2,600根,40磅钢轨400根已运出。

f. 大冶县征用之民夫100名,毫无工作能力,已解雇,改用包工,又因与地方民众发生争执,延误至十五日止,仅拆一华里。

g. 昨日起,民众又来扰乱,经派兵弹压,结果尚未知悉。

h. 未拆铁路尚有卅二华里,运输甚为困难,建厅派来木驳六只,载量过小,无大补助,未运机械约有百吨,钢轨约有1,000根。

(5)汉冶萍公司大冶厂矿,于廿六日起始运出矿车77辆,厂内尚存三辆。

(6)迁建会：

a. 因工人工具缺乏,于廿六日起始在江岸开始拆轨。

b. 今日已自得道湾铁山同时开拆，现有一百四十工，并将加开夜工。

c. 交通部拆路工人已调来石灰窑新厂拆轨。

d. 运下钢轨已有七百根。

三、阎队长报告：

（1）象矿堆存之废铁奉令于必要时准由民众收藏。

（2）汉冶萍铁路拆运事奉令全部由迁建会负责办理。

（3）已与得道湾驻扎之游击队接洽，派兵一连，自明日起试拆铁轨，如能顺利，则可请该队同志前来协助，或给资交其依限拆完，如官矿拆轨秩序不能维持，则亦可将所有工具交队拆轨。

（4）各厂矿机械于必要时将一律破坏，希各厂矿加紧依期拆运，减少损失，且免资敌。

讨论事项：

一、提前完成拆运工作。

（1）各厂矿仍应维持原案，于本月底前将重要机械全部拆卸，赶即运出。

（2）铁路拆运事可请游击队派兵协助拆除，并由阎队长派工兵指导，工资按照预算付给。

（3）交部工人40人可加入士兵指导，如该部工人工作不甚努力，则将其工具留用，工人令其返汉。

（4）官矿拆轨工作，如于明日不能达到预期程度时，亦可利用军工拆路办法。

二、运输事项，各厂矿仍应取得联络，互相协助，以期能达到早日拆运完竣之目的，煤船应改装机器，如往查出来能切实执行，则即征用。

三、拆运后工匠运送问题，应由各厂矿分别随机器运输船运往后方。

四、电请湖北建设厅将班期民轮维持通航，不仅有福难民便利工人来往，且能传达武汉消息。

五、迁建会未运出之机械，凡属重要配件或其余一部分者，应立即运出以免散失。

六、催请交通部刘专员来冶指导拆路工作及协助运输事宜，迁建会拆路负责人员,亦将暂时居住阎队长处,俾便接洽而利拆运。

(完)

(8) 李景潞致翁文灏等呈(8月13日)

窃职代表本部召集各大冶厂矿及有关机关组织拆迁联合办事处以来,迄今已逾一月,其间经过情形以及各次召集谈话纪要业已先后呈报在案。兹以各厂矿重要机件均已次第起运来汉,其尚未运出者可于十二日前运清,该联合办事处之任务既已终了,似应结束,以便交由卫戍总司令部爆破队办理善后事宜。爰于八月四日在大冶石灰窑召集各关系方面第八次谈话会,除由各厂矿报告拆迁情形外,同时并宣布该联合办事处即日停止工作。职即于次日乘车返汉,其他本部人员至迟于十二月以前亦可完全撤退。兹谨将此次拆迁经过情形摘要禀陈。敬请钧鉴:

一、厂矿拆迁程序之规定及办理经过。此次预定拆迁之厂矿计铁矿、煤矿各工及水泥厂一所。查各厂矿之生产事业既不相同,机件设备与新旧程序亦复各异,故应按机件之重要,分别先后,规定拆迁程序,以谋工作之进行,并期于最短期内迁往后方,免受爆破。查各厂矿拆运机料所需之时间,经一再与有关厂家负责人商议,经核定利华公司于八月四日,源华公司于八月七日,官矿于七月底以前各将重要机料拆运完毕,而华记水泥厂则因机件笨重,拆卸不易,规定仅拆一套制灰机器,亦限于八月七日前完工。至各厂矿之拆运情形,除由本处派遣之驻厂人员随时督察外,并由职逐日依照计划程序分别考察。截至联合办事处结束时止,各厂矿之拆运情形,均能依循计划办理。前以战事吃紧,爆破工作势在必行,复经督促各厂矿加紧工作,日夜拆运。现查重要机件均已运离大冶,凡不拟拆运之陈旧或笨重之设备,亦已开具清单,移交卫戍司令部爆破队阎队长负责予以相当处置,以免资敌。

二、拆运机料数量及价值之统计。查各厂矿原定拆运机料共约13,000吨,嗣经实地考察后,其能迁往后方从事生产者计8,500吨,计华记水泥厂2,300吨,利华1,100吨,源华1,300吨,官矿3,600吨,汉冶萍公司大冶厂矿200吨。自七月五日各厂矿次第开始拆迁以来,截至结束时止,重要机件先后起运者共有6,500吨,计华记2,300吨,其第一制灰单位已完全运出,第二个单位之重要配件及一部分机器亦带出,用备补充,该厂运出机料估计物料值50万元制灰机器现值25万元,两共75万元。利华公司现拆迁1,100吨,该厂重要机件及其他新式设备均已完全拆运离窑,即江边之□船亦已设法拖运抵汉,各项机料据该厂报告至少可值150万元,其中机器物料及动力设备各值50万元。源华公司设备颇旧,而此次拆迁工作亦以该矿为最迟缓,须至十二日方可运完,而留存矿内因水涨井没无法抢运之抽水机与轻钢轨等为数尚多(据说该厂股东方面阻止拆迁甚力,多有主张将煤井封闭,以待随后继续开采者),查该矿此次已拆运之机件约占全部之百分之九十,估计总值约60万元。至于湖北省建设厅之象鼻山铁矿所有设备经职协同拆迁者约计1,600余吨,惜以该厅所发之船只太少,所抄之机料如钢轨、车头等均存江岸候运,尚有千余吨,闻该厅似积极设法抢运中,估计总价值约为24万元(详情见附表一、二、三)。

三、运输工具缺乏之情形。关于运输,此次大冶拆迁工厂之机件,曾议决请由交通部负责筹划代雇,并经该部拟具实施办法,呈奉军委会核准在案。惟迄至结束时止,该部所指派之船只,仅海瑞轮前往大冶装载一次,运出机料500吨,当时以石灰窑空袭危险,未装满即起程返汉,嗣后仅有小拖轮二只,木驳六只,总载量不及四百吨到窑外,对于规定之运输工具计划之数量,函电催促不下百数十次,始终未能得相当解决办法,与该部原定计划相差甚远,现各厂矿所以能运出6,300吨者,均赖其原有之轮驳连续运输,并以重价与轮船公司签订合同,租赁船只,以便抢运。各船运均系昼伏夜行,虽迭遭轰炸,幸能全数妥抵汉口,尚无损失。

四、冶象两矿铁路拆迁之计划。查该项任务原非联合办事处所主管,惟以拆路负责人员一再变更,复以进行迟缓,将误军令,特代为计划,以期达到拆迁任务。查大冶象鼻山及得道湾两矿,蕴藏矿砂甚富,为避免资敌计,曾与爆破队研讨破坏办法,但以铁矿系地面开采,既无隧道,又无陇井可资爆破,经一再研讨,与其破坏矿山令敌易于开采,则莫如彻底破坏江岸与矿山间交通,以阻其运输。查江岸与矿山间之铁道计有二条,分属建厅及铁厂,共长八十四华里,现象鼻山铁道已由湖北建设厅负责拆运,曾经因经费与工人关系自七月廿五日始起始工作,预计每日可拆二华里,较原定计划已迟缓十日,但全部路轨仍可在限期前全部拆除。至于冶矿铁路,前以迁建委员会与交通部互相推诿,延缓半月始正式动工,继以负责无人,工作异常迟缓。当经与有关机关磋商补救办法,并拟定拆轨计划,加雇拆工及抬夫共三百余人。复又以交部工人拆轨速度迄未能达到预定数目,致延时日。乃于八月五日起决定放弃中间路线约长八公里,改自下陆车站拆起,期于七日内拆至石灰窑江边,以阻敌人利用,并与交部商定添派船只前往装运,用各后方筑路之用。

五、各厂矿复工之准备。查华记水泥厂已决定迁往辰溪,并由工矿处借款在案。该厂负责人员称,如运输不发生困难,在六个月之后即可将第一单位恢复生产(日产灰六七百桶)。源华煤矿公司亦定前往该地开采烟煤,其与资委会合资拨用之机器设备,现亦已拆运离窑,凡留存汉口之机物料亦拟监督其继续迁往内地,以免滞此可惜。至于利华,原拟前往祁阳煤矿,但以粤汉沿线一带,仍非安全之地,现拟前往川省继续工作,其一部分重要机件,均已起运赴宜。至于建厅官矿于拆迁后有何计划,因事属湖北建设厅主管,其详细办法,当另有决定。查此次各厂矿拆迁之机器,根据拆迁程序表,所有机料总价值约值3,400,000元,对于后方经济建设,实深赖焉。

六、汉冶萍铁厂所有之机料:设备均经迁建会分别迁往四川备用,其不及拆运之五百匹马力柴油发电机、各种电机开关、户外高压电线、瓷瓶,以及各项工作机器、火砖、铁瓦等,共值廿万元,均属后方必需之品。已就便雇工拆带来汉,分交与电业处、华中水泥厂及第一铁工厂接收备用。惟尚有小制冰机一全套,则拟迁往重庆,其利用办法拟另行呈报。查冶厂留存之废铁机料尚多,现以拆运两难,姑予弃置。冶厂所有之车辆除一部分留作运输拆卸机件、钢轨之工具及少数已由迁建会拆运者外,其余存矿车约共60余辆,均系新式出品,爆破费事,业已送存山上矿内,然后将路轨拆除,即使不加破坏,将来敌人亦无法利用。

他如各厂矿之记录、画册以及重要之参考书籍等已饬其先期运往内地保存。各厂矿之工匠约共有3,000余人,十之八九已先期发资遣散,现留矿者尚有500余人，其中技术工人约占300余名，将令其随厂西行，余200名，一俟拆迁工作完毕后，则交卫戍司令部分配股役。至于石灰窑与黄石港两地人民与妇孺，在铁路未拆以前每月特备难民车一列，多已疏散至山内各地而免将来受难。

总括此次各厂矿拆迁经过，其拆迁工作进行较速，而各厂矿亦均能按照规定程序进行，惟所困难者，厥为运输工具之缺乏与空袭绵绵，全部工作仅能于夜间施行，而拆卸之钢轨因木船不敷应用，尚未及全数运出耳。

查此次拆迁工作，能得顺利进行者，考其原因有下列数点：

一、此次本处与当地驻军及卫戍司令部所派之爆破队均能取得密切联系。对于各厂矿则先晓以大义，继则告以本身利害关系，最后则示以军令，违者当不惜牺牲，彻予爆破。因此各厂矿负责人员均能了解现时局势，明知依靠外人旗帜亦难避免（水泥厂悬德旗、利华悬比利时旗、源华挂英国旗），迅速办理拆机，自行抢运离冶。

二、爆破队负责人员确能维持各厂矿之秩序，并有士兵驻守，始终未发生有任何罢工闹事之风潮。

三、对于各厂矿之技工，事先即已宣布善后办法，老幼者发资先行遣散，技术优良者则可随机西行，留厂拆运机器者除加倍发给工资外，并保障其工作之安全与负责于最短时间护送出险，再发给符号一个，以免被人拉差。因此种种各处工友均能安心工作，决无私逃与偷懒之事。

四、各厂矿高级员工均能亲自前来指挥，更予各工友以良好印象，遇事即可立决立行，其节省时间，尤其小焉者也。

五、所有拆卸工作均系取包工制度，并规定提前完成增发奖资办法，因此各处工作较为紧张，虽时遭空袭而工作进展未曾少减。

六、预先将当地土豪劣绅加以拉拢，使之服从军令，不致从中阻挠拆运。

七、规定拆迁程序，循序进行，便利查考。

以上诸点似可备作拆迁工厂之参考。

此次本部随同前往工作人员计有：柯俊：工矿调整处，负责拆华记水泥厂之责，自七月五日至八月七日。彭荣宾：资源委员会，负责拆源华煤矿之责，自七月五日至七月十六日。刘宝森：燃料管理处，负责拆利华煤矿之责，自七月四日至七月十四日，七月二十九日至八月十三日。王文宙：迁建会动力股，负责拆迁各厂矿动力之责，自七月五日至七月十四日。均能称职，谨此附呈。

兹检同已拆迁之机件吨位调查表、价值估计表与联合办事处末次谈话纪要各一份以及拆迁程序表四张，恭呈鉴核。谨呈

组长林、处长翁、副处长张

职李景潞谨呈

附：各厂矿拆迁情形及吨位调查表一份、各厂矿拆运机料价值估计表一份、各厂矿运输情形比较表［略］、联合办事处末次谈话纪要一份、拆迁程序表［略］。

中华民国二十七年八月十三日

一、大冶各厂矿拆迁情形及吨位报告表

厂矿名称	华记水泥厂	利华煤矿	源华煤矿	象鼻山铁矿	附记
拟定拆迁之设备	制灰机器一套，计汽机2部、电动力及发电机各4部，锅炉4只，修理设备全部，原料煤及水泥磨各1套，旋窑1只，运转工具及修配材料500吨	1,000千瓦汽轮发电机、250千瓦汽机发电机各1部，锅炉3只，井内水泵、绞车、铁路，井外变压器、排风机、马达、修理机械、船、挂线路运转机械及材料300吨	150匹马力柴油机、150马力汽机、280马力及420马力煤汽机及200千瓦汽机发电机各1部，水泵、修理机械及材料300吨	汽机发电机1部，锅炉3只，机平头5部，修理设备、材料100吨及小钢轨等	大冶之官商铁路共长84华里，其官矿铁路已由该矿拆除，惜未运出，至冶矿铁路之拆运事宜，原非职之责任，但鉴于该路拆运之负责人工作迟缓曾帮同计划，予以协助，现该路已拆除一部由交通部派船只设法运出，其无法运出者，则拟抛弃江心，以免资敌
拟拆吨位	2,300吨	1,100吨	1,350吨	3,600吨	
至八月十三日运出吨位	230吨	1,100吨	1,300吨	1,600吨	
附注	其另一套制灰机器之重要机件及配件均已全数运出	该公司之委源口矿机械亦已拆运，其石灰窑矿留存者仅排风机及山内120千瓦汽机电机及挂线	该矿轻便铁道未能拆运	该矿之钢轨虽已拆卸，但因运输困难，未及运出，运矿车亦然	

二、各厂矿拆运机料估价表

拆运部分	名称	吨位	估价(元)
华记水泥厂	制水泥机2套及第二单位配件	1,800,250,000	
	材料及修配零件	500	500,000
	总计	2,300	750,000
利华煤矿	动力及机械设备(汽力发电机、锅炉、水泵、马达、□船等)	800	1,000,000
	材料	300	500,000
	总计	1,100	1,500,000
源华煤矿	机械及动力设备	100	350,000
	材料	300	350,000
	总计	1,300	700,000
象矿	机车、汽机、修理设备、小钢轨等	1,600	240,000
本部拆运汉冶萍公司大冶厂矿机料	500HP柴油发电机全套	90	150,000
	电机、电表、高压电线及其他电气材料	20	27,000
	车刨床7部零件及刨床1部	20	6,000
	造冰机1部	5	3,000
	其他(火砖、铁瓦等)	65	14,000
	总计	200	200,000
总计		6,500	3,390,000
附记	1.本表估价均系该机械之现值 2.象矿及冶矿之铁轨、钢轨虽运出少数,因无法估计,未列入本表		

三、各厂矿运输情形比较表[略]

四、大冶各厂矿拆迁联合办事处末次谈话纪要

日期:八月四日上午十时

地点:卫戍司令部爆破队部

出席代表:阎夏阳、钟以文(爆破队)、彭荣宾(经济部)、吴玉岚(迁建会)、刘存勤(交通部)、王涛、王众佛(华记水泥厂)、程行渐(利华公司)、汪筱舫(源华公司)、石兰邨(象矿)

主席:经济部李景潞

纪录:柯俊

报告事项:

一、主席报告:奉令监督各厂矿拆迁以来,已逾一月,查应拆迁之机件大

都均能如期完工,间以运输工具之缺乏或有未即能全部拆迁者,但为数亦不甚多。现以时局较前紧张,似应从速结束,以便交由爆破队办理善后,特此召集末次会议。一方面办理结束拆迁工作,一方面由阎队长宣布对于各项处置办法事宜。务望各厂矿遵照阎队长所订办法,逐条办理。凡拟拆运而未拆运者,限于二日内赶办完竣,其不拟拆运者,则请于五日午前将其名称数量列表,抄送爆破队及本办事处,以备存查。至于拆路工程,无论官商两路均未能达到预定目的,应如何补救之处,尚请负责人员提出确实办法,以免延误军令。

二、阎队长报告:

(1) 战局吃紧,本队于廿九日已奉令按原定计划开始彻底爆破,嗣以各厂矿之拆迁工作正在积极进行,曾依据现时局势,呈请延缓五天执行。兹规定:甲、自五日起破坏得道湾铁山及象鼻山各矿山内之设备。乙、自八日起破坏石灰窑厂矿留存之机件。丙、自十日至十三日破坏一切应破坏者。

(2) 各厂应将所有未运机件于本月七日以前赶快运出,否则一律破坏。

(3) 各路已拆钢轨应于十日前全部搬完,希望拆路负责人员对日期及搬运方法等尽最后力量,切勿自误。

(4) 各厂矿保管人员之姓名人数应于七日前通知本队,以便保护。

(5) 破坏时间内无论何人不得在警戒线以内,否则即以临时办法处置之。

三、各厂矿报告:

(1) 华记水泥厂:甲、现时机器虽未全部运出,但在限期内第一单位可以搬运完毕。乙、十日以前次要机件仍拟尽量搬运,当可运至百分之九十。丙、轮驳均有办法。

(2) 利华公司:甲、截至今日止,应搬机件已大部运出,小部分已装船,少数重件已装□船待拖,需拖轮二只。乙、自今日起至八日止,尽量拆除山后150千瓦汽机发电机及挂车线零件。丙、在限期内,既定工作可全部完成。丁、委源口矿内重要机料于限期内均可上船。

(3) 源华公司:甲、尚有六百吨未运,运输木驳已足,但缺乏拖轮,无法运出。乙、华厂汽机已停工,但拆运需至十日始能完毕。丙、源厂机器明日可以运至江岸。丁、如华厂至江岸运输顺利,亦可于限期前竣工。

(4)官矿:甲、车头四部已拆装80箱待运。乙、修理厂内尚有新刨床一部未拆。丙、迄今仅运出600吨,尚有1,500吨待运,殆无办法可以运出。丁、路轨已拆至萧家铺,尚有十六华里,至本月十日即可拆完。戊、厅令昨午有拖轮一艘、木驳二只来冶,但迄未抵港。己、盼各方对于船只加以协助,俾所拆物料不致资敌。

(5)迁建委员会:甲、前存江岸之机料已装船五百吨,尚有600吨,如汉口方面放下之木驳十只即可到冶,则七日以前可以装完。

讨论事项:

一、各厂矿缺乏之拖轮木驳由刘副主任电交通部饬派。

二、官矿及迁建会运输钢轨缺乏船只甚多,可电请主管人员依照华记租雇大木船办法速向汉口租用,赶速输送,如以关系不及运走时,即由爆破队予以处置。

三、在各方请示雇用木船办法尚未决定时,得先由经济部代表电调该项木驳来窑装运,以免迟延,贻误时机。

四、拆路办法:

(1)官矿,仍积极赶拆,限本月十日拆完。

(2)冶矿,以前拆迁过缓,时迫事急,万难久待,应于明日起改由下陆向江边起拆,限六日内拆完,并由刘主任来往督率。

主席宣布本办事处结束:查此次各厂矿拆迁之情形,以各方面能相互合作,进行极为顺利,复承阎队长种种协助,所有特殊困难亦已迎刃而解,军政民三部分如此密切合作,实为少见。此后仍望各厂矿抱着此种同舟共济之精神,根据以退为进的原则,继续在后方努力建设,以增抗战力量。经济部对于发展后方之实业,早经订有详细计划,甚愿以最大努力,给予各厂矿以便利或协助,以期能达到建设救国,云云。此外并代表各厂矿致谢阎队长、钟工程师及汪连长及全体弟兄们!

利华公司代表程协理代表各厂矿致谢词。

摄影散会。

五、拆迁程序表[略]

[经济部工矿调整处档案]

16. 经济部抄发关于蒋作宾转达处置湖北石灰窑各厂工人意见致工矿调整处训令(1938年7月28日)

经济部训令　　汉工字第1826号

令工矿调整处

奉行政院交办非常时期服务团委员会呈,为据第四队队长程起陆电陈处置石灰窑工人意见一案,会行抄发原呈,令仰该处查照参考。此令。

计抄发原呈一件

中华民国廿七年七月廿八日

抄附原呈

据本团第四队队长程起陆本年七月文酉代电称:职于本月八日到达黄石港。该处距石灰窑仅九里,为湖北长江下游工业区域,出产以煤铁、水泥、石灰为大宗。煤矿水泥机件因时局影响,现正拆卸待运。铁厂机件于两月前已拆运西去,一切生产均告停顿,良足痛惜。查各该厂原有工人2万余,其间接养活者,当更不止此数。煤矿工人解散时每名发国币15元,铁厂工人每名各发工资三月。水泥厂工人如何发给,尚未解决。若辈多贫无立锥,加以分子复杂,行动难免越轨,转瞬疏散费告罄,生活必感困难与恐慌。欲其随分报国以为抗敌后盾,以属不易,且恐为敌利用。筹思至再,谨贡愚忱如下:(一)将各厂技术员工由政府一律调至后方工厂容纳,免致弃置可惜。(二)普通工人一律运至后方较远地带,如能用以生产固好,否则分散遣散,以分割其集体,使之另谋生计。(三)对籍隶外省无身家工人,应特别加以注意。以上所陈各项,是否有当,理合电请核等。等情。据此,查该队队长所陈各节不无见地,应否由钧院饬令主管机关注意。理合具文呈请鉴核施行。谨呈

行政院院长孔

行政院非常时期服务团委员会主任委员蒋作宾

[经济部工矿调整处档案]

17. 汉口市政府召集各机关及各工人代表讨论工厂迁移安全地点办法谈话会纪录(1938年8月5日)

时间:二十七年八月五日上午十时

出席人:黄仁霖　牧恩波　艾　黎　刘广沛　王　洸　张兹闿　林继庸　许琪光　杨　格　黄周文　祝庸齐　范怀卿　赵厚甫　孙瑞鏖　张械泉　陈容贵　张世劢　樊恺清　陈福掺　胡毓琴　方柏庭　程云山　金纬镛　张步云　王治安　邓廷珍　刘仲文　龚静齐　黄辉堂　杨文慧　李国华　王幼卿　吴国桢　杜季书

主席:吴国桢

主席略谓:今日召集各位代表谈话,系奉委员长谕,以现值抗战时期,武汉各工厂应迅予迁移至后方安全地带加紧生产,增加抗战力量,倘犹豫不迁万一有失,如上海、河北之例,恐厂主既不能保全其产业,则必资为敌用。政府于不得已时惟有予以毁坏,总以速迁为宜。至于如何搬迁及工人尤其是女工能否随厂迁移,请各位共同讨论。

张处长略谓:本人代表工矿调整处希望各工厂迅予搬迁,凡搬迁者本处发给特种护照,可免缴转口税,如需要运费较多,厂主一时无力担负或搬至新地址后修盖房屋添配机件一切费用,本处均可酌量情形借给款项。至于搬迁地点,以湘西及陕西省之宝鸡、汉中等处较为相宜,迁宝鸡与汉中者可径与本处接洽,迁湘西者可与本处在沅陵所设之办事处接洽。凡预备迁移之各工厂如有其他疑难之处,请向本处接洽,当竭力赞助一切也。

大成纱厂代表谓:本厂锭子共26,000,在沙市有3,000,在宜昌有4,000,现在武昌者尚有19,000,本厂地址机件均系震寰纱厂租给的,如何搬运,容俟与震寰厂主商洽后方能答复。

决议:在沙市、宜昌之锭子应立即运往重庆,在武昌者应即迁往宝鸡。

裕华纱厂代表谓:本厂锭子共42,000,在重庆已置有厂地,锭子前已拆卸5,000,有一部已运到重庆,拟再拆15,000,继续运渝,其余22,000尚在另行设法。

决议:该厂尚未拟拆卸之22,000锭子如能自行搬迁,应于一星期内将办法呈府,否则搬至宝鸡。

申新纱厂、福新面粉厂代表谓:本纱厂锭子共46,000,李经理前赴香港,今日即回,如何搬迁,俟经理到汉再行陈报。

决议:应于2日内将搬迁办法呈府。

复兴纱厂代表谓:本厂系前第一纱厂所有,闻该厂欠安利英[洋行]借款900余万元,机件如何搬运,本厂无权主持。

决议:由政府与安利英洋行商洽办理。

平汉路局杨处长提:各工厂搬运机件其重量若何应请市政府先与铁道运输司令部接洽,以便备车。

决议:照办,并请铁路当局先作第一批5,000吨之准备。

主席提:各纱厂工人,尤其是女工能否全部或一部随同工厂迁移,应由各厂自行决定,连同迁移办法一并报府核办。

决议:通过。

主席提:其余各工厂应搬机件分重要次要及工人能否带同前往,均应迅速规定。

决议:限于本月七日以前由各工厂开具说明径送本府社会科转陈核办。

刘广沛先生提:今日到会者俱系大工厂,其他较小工厂似亦应饬令一律搬迁。

决议:由市政府通知汉口中小工厂一体照办。

[重庆申新纺织厂档案]

18. 福新第五厂申新第四厂迁厂节略(1938年8月6日)

一、迁厂地点,陕西宝鸡及四川重庆,分配如下:

(一)宝鸡:福新粉机一套,每日产量3,000包。申新纱锭一万枚,布机400台,染厂1套。原动,另单列后。

(二)重庆:福新粉机两套,每日产量7,000包。申新纱锭3.6万枚,布机400台。原动,另单列后。

二、应需交通工具及机器吨位：

（一）宝鸡：由火车自厂门前铁轨直达宝鸡，计需火车6列半，每列如能装400吨，计2,600吨。

申新布机、染机以及各种附属机件，及马达物料等，共计1,900吨。

福新粉机及附属机件，一切物料用具等，计260吨。

（二）重庆：由汉至宜轮运，可不生问题，由宜待船装上，共计5,640吨。

申新纱锭、布机以及附属机件，各种五金物料、马达、电线等，共计4,580吨。

福新粉机及附属机件，一切物料、用具等，计1,060吨。

三、应需用迁厂经费：

（一）宝鸡：拆车及装箱费，福新6,500元，申新4.75万元；上下力，福新2,080元，申新1.52万元；运费，不在内。

（二）重庆：拆车及装箱费，福新2.627,5万元，申新10.45万元；上下力及驳费，福新1.266万元，申新5.496万元；运费，福新9.54万元，申新41.3万元。

四、建筑临时堆栈，福新200万，申新600万，共计800万，约须建筑费6.4万元。

总计85.207,5万元。

申新福新迁厂机器吨位及需要预算书[略]

中华民国廿七年八月六日

[工矿调整处档案]

19. 汉口南洋烟草公司等陈报内迁准备工作与困难情形有关文件
（1938年8月6—9日）

(1) 南洋兄弟烟草公司致汉口市社会科函(8月6日)

径启者：昨承招集会议，训示各节，敝厂自应恪遵。查敝厂各种机器，早拟全部搬运。惟因选择地点于制造与营业双方不得不兼顾，及现在只有重庆与西安可以迁移。而西安将来原料来源困难，营业运输尤多不便，故决迁往重庆。敝厂前也有一部分机器运去。但由宜昌至渝，至今无船装载。该机件留滞宜昌，因无房屋租放，露天处置，以致日晒雨湿，无形毁弃。现敝厂尚有卷烟机八部，连同其他机件约重400吨。如经济部能有船只直达重庆，则装置极易。所有未运机件，藉以撑支制造，揆诸刻下抗战大义。其目的系一面保护资源，一面不令生产机器资敌利用。按敝厂机器极易毁弃，至必要时当作牺牲。谨将敝厂准备情况，据实具报，请祈察核为荷。此致
市政府社会科台鉴

南洋兄弟烟草公司桥口制造厂厂长陈容贵启
民国二十七年八月六日

(2) 裕华纺织公司致汉口市市长呈（8月6日）

为呈报事，商公司仰体德意，决计全部撤迁重庆。谨将准备搬迁计划及积极办理情形简报如次：

一、商公司现有纱锭三万八千枚，连箱皮约重二千吨，约装木箱几千箱。现拟紧急处置，约五星期可以拆装完竣。

二、商公司准备全部撤迁。昨已派员至工矿调整处商妥，已承其允予转知水道运输处，向招商、民生落汉宜段轮船吨位2,000吨，并增发二千吨特种运输护照。

三、为赶造木箱，昨已将应需木板、洋钉购齐。并增雇木匠，日夜赶造。

四、工人遣散费，除已发两个月工资外，现拟照案增发，每人20元。但工人良莠不齐，一旦停工，难免不滋生事端。必须卫戍部派弹压部队到厂，方能全部停工，给费遣散。查商公司全部撤迁计划已经决定：惟应请钧长迅赐转电武汉卫戍总司令部颁发布告，并派队驻厂弹压，以利进行。理合具报，伏乞鉴核办理，至为公便。谨呈
市长吴

裕华纺织股份有限公司
中华民国廿七年八月六日

(3) 福兴漂染整理厂致汉口市政府呈(8月6日)

敬呈者:日昨承钧府召集各厂会议。众以敌军逼近武汉,各厂机器如不从速迁移安全地点,难免轰炸之虞。嘱令各厂将所有机器即速搬迁。等语。当此非常时期,搬移机器为各厂不可延缓之举,敝厂甚表同情。因敝厂位居桥口以上,危险更大,故已将机器拆卸一小部分,移至特三巴卜内门洋行堆栈内,藉资保障(查敝厂与卜内门洋行有债务关系,须将机器移至该行存放)。至于其他大部分机器,因经济困难,未能即时搬迁,殊为痛恨。既钧府能贷款协助。则敝厂机器已有完全拆迁之希望,实所欣慰。拟向钧府借用搬移费5,000元,俾可积极迁动,所有贷款手续均照规定办理。如何尚祈钧裁示复为祷。此致

汉口市政府　社会科

汉口福兴漂染公司谨上
中华民国二十七年八月六日

(4) 楚胜火柴公司致汉口市政府呈(8月6日)

为呈报事,窃商公司奉钧府本月五日召开会议,以值此非常时期,为策后方生产计,所有汉口各工厂限即日按照指定安全地带,迅予搬迁。等语。商公司自应遵照办理。但其中尚有特殊情形,亦应陈明钧府鉴核。查商公司厂址虽位于汉市,其范围极为狭小,所有各部均属人工制造。至其机器配件,全厂不过10吨左右,且无大量发电马达,实可谓手工艺业,不足与其他各厂相较,兼之制造原料无一不购自欧洲各国。自上年卢沟桥事变后,商公司所用各种原料来源均告断绝,仅厂存寥寥之数。迄今年余,商公司所存原料尚不过供给月余。似此情形,商公司之工作亦将有不能久延之势。即令遵照会议择安全地带,其如各项用途,故在所不惜,但原料之不能供给,又将奈何。且商公司之原料非其他各厂所用者可比,如纺织、面粉、榨油各厂,只采择其产棉、产煤、产麦、产豆之地带即可生产。商公司不惟购自欧洲各国,设不便水陆交通之处,运输极感困难,且商公司之机件既不健全,范围复陷于狭小,原料又将告尽,恐将来不惟生产之不能,及有碍国家税收。商公司祝此困难情

形，理合呈报钧府谅情鉴核，准予商公司迅速将该月余之原料赶制，既可维后方之安宁，尤可裕国家之税收。如万一至必要时，商公司再行呈报钧府鉴视，自愿毁坏，决不留一部之完存，为此不胜翘企待命之至。谨呈
汉口市政府

具报人楚胜火柴公司经理万泽生
民国二十七年八月六日

(5) 应城石膏股份有限公司石膏物品制造厂拆运机器计划书 (8月7日)①

一、本厂计75匹马力发动机、轧石机、整理机各一座，铁磨二个，及附件约计重量40公吨。

二、各机一星期左右可拆卸完竣起运，溯襄河而上，起存老河口。至必要时再运往陕西汉中。

三、各机拆卸搬运费约须法币1万元，拟请经济部工矿调整处借给，搬运及老河口起存机器栈租等费法币1.5万元。并请发给护照，以免沿途关卡留难。将来如在老河口或汉中建厂装机时，并请工矿调整处借给建装费，法币3万元，流动资金3万元。

四、搬运机器所需船只拟自行雇用，装运石膏之大民船，所有技术人员拟令随船押运，其余工人（无女工）均非固定，系雇用散工，按目计资，未便携带。

以上拆运机器计划理合呈请鉴核，俯赐转请工矿调整处发给护照及借给搬运栈租等费，并乞示遵。谨呈
汉口市市长吴

应城石膏股份有限公司石膏物品制造厂主任陈穉齐
中华民国二十七年八月七日

---

① 此件沿用原标题。

(6)善昌新漂染厂致汉口市政府呈(8月9日)

昨聆训示命令各厂迁移后方,合亟将本厂各情分别列左,以凭核查。

(一)本厂前奉军政部令迁往重庆,以船只不便,未果。现为避免敌机损害机器计,特先暂将各部漂染机器依其性质重要,先后装箱迁往法界,待所派入川觅址人员复电及船只商妥后,即行迁川。

(二)本厂机器重量约共180吨之谱。

(三)本厂工人因多半为临时雇工,此刻自动离厂者已逾半数,其余工人均有陆续离厂之意。不离厂者,本厂时当将其带往。谨呈

汉口市政府

汉口善昌新漂染厂谨呈

中华民国二十七年八月九日

[经济部工矿调整处档案]

20. 迁移武汉各纱厂谈话会纪录(1938年8月7日)

(一)日期:八月七日上午十时

(二)地点:工矿调整处

(三)出席代表:军委会政治部眭光禄,交通部郑熙,武汉卫戍总司令部王昊,汉口市政府杜季书、徐文光,工矿调整处张兹闿、林继庸、李景潞,纱布丝麻四局整委会陈鼎卿,复兴纱厂祝庸齐,申新第四纺织厂章剑慧,裕华孙瑞麐,震寰纺织厂刘梅生、杨锡五,大成纱厂刘丕基

(四)主席:张兹闿　纪录:李荃孙

(五)开会如仪。

(六)主席报告:关于武汉纺织工厂迁移事宜日前汉口市政府业经召集会议并经吴市长声明:(一)地点仅能视交通工具及安全情形为标准及(二)重要机件先行拆迁两原则,请各厂勿再犹豫,否则最后必出诸毁坏之一策等情形,并限3天内各厂拟具迁移计划呈送市府备核,谅各厂均已遵办,本处昨奉委员长蒋电饬将武汉各纱厂速即迁往宝鸡并将女工童工一并遣送。等因。兹特约请各有关机关及各纱厂代表工莅临本处商讨进行程序,以便拟具计划

呈报备查，现值时期迫促，务希迅速遵照办理为要。

（七）决定事项：

（1）各厂拆迁机件应按性质之重要分别缓急，依次办理，大概可分为下列各阶段：（甲）纱锭、（乙）动力、（丙）布机物料，即可起运。（2）限两星期内一律拆迁完竣，否则即行爆炸并定自明日（八月八日）起停止工作，如有未完工部分必须赶完者亦限于三天内为止，由武汉卫戍司令部、工矿调整处分别派员前往各厂督促之。（3）在拆迁时期内为防止工人阻挠起见，由卫戍总司令部派队前往各厂弹压。（4）关于运输问题，每日以遵奉电令开行两列车为原则，交通部指派平汉铁路车务处副处长杨恪、工矿调整处指派李组员荃孙负责接洽，各厂应将需要吨数、运输日期即日列表送呈工矿调整处，以便排定次序，每厂至少每 3 天必须运出 1 列，约 500 吨，一经派定车辆后，装车时间须力求迅速，至多不得超过 12 工作小时，机器材料按工厂迁移例照普通运价减半收费，所有拆迁工人应由各厂造具名册呈送武汉卫戍总司令部，每人发给符号一个，以资识别而免征役。（5）所有各工厂工人之遣散，以及女工、童工之遣送等问题，俟新生活运动促进总会、军委会政治部及武汉卫戍总司令部三机关遵令会商办法后再行通知各厂，惟各厂应先将随行工人举办登记。（6）此项迁移计划应绝对保守秘密。（7）各纱厂概由现在主持厂务人员负拆迁全责，以资迅速而赴事功。（8）复兴纱厂迁移事现尚须等候吴市长与英商安利美行商洽后再行决定。（9）建设厅官纱局及官布官麻两局即已决定开始运宜，是否应改运宝鸡，可由该厅另行呈请核示。

（八）散会。

[重庆申新纺织厂档案]

21. 翁文灏陈报商定武汉迁移各纱厂办法情形呈稿（1938 年 8 月 8 日）

敬呈者：案奉钧座支戌侍秘鄂电，饬将武汉纱厂机锭及女工、童工迁移宝鸡。等因。奉此。遵经电饬工矿调整处在汉召集会议，决定拆迁应办事项，除检同会议纪录呈请鉴核外，尚有关于各纱厂个别问题，及与迁移后复工有

关之事项,兹谨拟具办法,分条述之如下:

(一)迁移各厂实况　查现拟迁移各厂中,申新原有404万锭,布机657台;震寰2.6万锭,布机500台(归大成四厂租用);裕华4.2万锭,布机504台;湖北官布局4万锭,布机648台。除裕华有5,000锭,及布机128台已迁抵重庆,震寰有7,000锭,及布机250台拟迁重庆,现暂滞宜昌、沙市外,余数共计14万锭及布机1,931台,估计吨数(连动力设备在内),申新约4,000吨,裕华约3,000吨,震寰约1,500吨,官布局约3,000吨,总共1.05万吨左右。

以上4厂,除已迁川者外,业经饬其遵照钧令迁往宝鸡。其中官布局尚须提交省府会议再行决定。又裕华一厂以已在重庆平地建厂,足容数万锭,力请再迁1.5万锭往渝,以便凑足2万锭。当以奉令指定宝鸡一处,未允所请。但如就运输情形可能范围内,各厂自备动力,请求分迁两处,可否酌为核定,以减少铁路运输之负担,拟请批示祗遵。

(二)缓迁之纱厂　查复兴纱厂系租用第一纱厂,有纱锭8.8万枚,为武汉最大之纱厂。该厂尚欠英商安利英洋行巨额债款,以机器财产为抵押,前在市政府开会时,曾商定由吴市长国桢向业主及债权人商洽,另案商办。

(三)筹备迁移费　查各纱厂近一年来因纱价高涨,获利甚为优厚,本无须代为筹借,惟据申新第四纱厂呈称,该厂因欠中国、上海两银行债务,向由银行派员管理出纳,故凡款项收支,均须得银行同意,近一年来所获利润,事实上已由银行拨还债款。故债务已由300余万减至40万元左右,虽已减轻债累,但现金则无结余,倘再向银行商借款项以充迁移费用,银行均不愿增加债额,以致无法筹措。故拟向工矿调整处借款。等情。当以情势迫切,未便稽延时日,业已饬知该厂,如能提出银行拒绝借款确证,即由该处酌为借款,以赴事机。

(四)规定拆迁负责人员　查各厂凡系自行经营者,事权较为统一,拆迁自可迅速。震寰纱厂系归大成四厂租用,订有合同,而大成四厂又为震寰及武进大成纱厂合办,震寰占四成,武进大成占六成,亦订有合同。乃前此西迁入川之纱锭7,000枚,双方曾发生争执,震寰坚持收回自办,但无力筹措资金,曾由工矿调整处借给运费3.5万元。惟至今不仅机锭滞留宜昌、沙市,在重庆方面对于厂基毫无布置,复以运费不足为藉口,续向大成四厂借款3万元,足见不尽由运输困难,而缺乏办事人员亦为重大原因。前为迅赴事功起见,特规定迁移机件一律由现任厂务人员主办,似此情形,则震寰不致以物主资格再事争执,业由该处分令大成四厂及震寰遵照,并规定原有租约依旧有效,则将来复工亦可有人负责。

（五）拆迁程序　各纱厂拆卸机器,应按性质之重要,分别缓急,依次办理:(甲)纱锭及配件;(乙)动力;(丙)布机。并规定自八月九日起开始拆运,统限于两星期内将重要机件拆运完竣。

（六）运输办法　遵照钧座鱼侍秘鄂致吴市长代电,每日由交通部饬由平汉路局按日筹开工列车,每厂每三天至少装运一列,排定次序,如期办理。运费即援迁厂器材案,减半收费。

（七）女工幼童之安置　关于工人之处置,遵奉钧座支戍侍秘鄂电,先由火车运送女工、幼童到宝鸡,归陕西省政府安置。后奉钧鱼侍秘鄂代电,迁厂后之工人由政治部与武汉卫戍总司令部,及新生活运动总会设法安置与救济等因,当已商定于停工后,即由新运总会妇女指导委员将女工、童工之愿由政府统筹运送者,办理登记,确定人数,再行分配,并由卫戍总司令部从政治部派员到厂处置,停工后关于劳工事项,以利拆迁。至于女工、童工之运送,遵令指定宝鸡,兹并由职在重庆商定,尚可在重庆容纳女工约6,000人,一面接洽运输,如船运筹有办法,拟不妨多僻途径,亦已转达指定主办机关,以供参考。又技术人工及熟练工人,亦已商由各该纱厂尽量自行携带前往,以利复工。

（八）复工之初步准备　查宝鸡设厂最大困难为动力所需之发电机及煤。迁移各厂中,申新可自备电机,裕华电机太旧,不拟拆迁。大成系用汽动,惟汽动设备所需建筑应力求坚固,宝鸡方面建筑材料极难取给,故大成亦须改作电动,因之裕华、大成均须设法供给电力。目前向国外购买电机设厂,困难太多。兹拟分别就国内已有发电设备,设法抽配运装,以应需要。至开发当地煤矿,亦经遵令电饬陕西建设厅,就近派员先行探勘,以资迅速。均俟筹有办法,自应随时呈报。其他复工所必须具备之条件,如原料之棉花及厂基之地亩,在宝鸡方面尚无困难,已饬各厂早日派员前往筹划,并当由该处派员前往协助,以便进行。

查纱厂有关军民被服,应如何保全,已有生产机能移置后方,历经随时筹划,除已迁之郑州豫丰纱厂及现正迁移之武汉各纱厂外,尚有长沙之湖南第一纱厂(5万锭),沙市之沙市纱厂(2万锭),似亦应稍作准备。职前已函达并派员与湖南省政府商议,先筹湖南第一纱厂处置办法,俟有成议,即可着手准备。奉令前因,所有商定迁移武汉纱厂办法各缘由,是否有当,理合具摺呈请鉴核,批示祇遵。谨呈
委员长蒋

职翁○○谨呈

[经济部工矿调整处档案]

22.工矿调整处通知武汉各工厂迁往陕西训令稿(1938年8月11日)

训令

令○○○○

查本处迭奉委员长蒋电,饬将武汉工人迅即迁移陕西。等因。奉此。自应遵办。仰该厂迅即迁移复工,以利生产,否则于必要时应即另筹紧急处置,免资敌用。仰于文到一日内派负责人亲到汉□□码头怡和大楼本处陈报迁移办法。合亟令行遵照为要。切切。此令。

令:立丰油厂 福新面粉厂 东华染厂 瑞华纱线厂 福昌油厂 福建油饼厂 振兴糖果厂 曹祥泰米厂 瑞昌锯木厂 金刚军鞋厂 隆昌染厂 和兴布厂 胡尊记机器厂 楚胜火柴公司 福源榨油厂 光华布厂 亚东织布厂 南洋兄弟烟草公司 裕隆面粉厂 合作社机米厂 胜昌新染厂 福新染厂 公记机器厂 吕方记机器厂 兴商茶砖厂 顺泰锯木厂 精益眼镜公司 四明糖坊 宝善米厂 义春和锯厂 建华油漆厂 中兴诚油厂 公记三合料器厂 汉口煤球厂 冠昌机器厂 胜新丰记面粉厂 阜成

轧石厂　华中机染厂

中华民国二十七年八月

[经济部工矿调整处档案]

23. 张兹闿报告办理武汉各工厂迁移情况致翁文灏密电稿(1938年8月13日)

重庆翁部长钧鉴：○密。(1)文电谨悉,已分别转达。(2)奉委座真代电钱宗泽电称：迁厂每日二列车感困难,拟隔日一列车。等语。恐缓不运急,应改为每日先拨一列。等因。现裕华决全运川。大成再运3,000锭,凑足10,000锭入川,余16,000至宝鸡、申新26,000入川,20,000至宝鸡。似此车运已减少,每日一列亦足用。已排表送交通部。但官布局尚未拟定装运日期。(3)复兴工人要求发解散费,现罢工。拟趁此疏散女工、幼童。又面粉厂五家及南洋烟草、楚胜火柴均已商定停工拆迁。颐中烟草女工甚多,拟请市府查明外资关系后,即进行疏散女工办法。(4)第一批登记女工及家属约1,000人,新运会拟即送川。但宜渝运输已商定否。祈电复,以便决定。(5)皖省府函请借设小铁工厂、小织布厂费10万元,拟准。乞电复。职闿叩。元。

[经济部工矿调整处档案]

24. 王海清等为请令武昌复兴第一纱厂按政府计划迁厂工人随厂搬迁并明令发给工人疏散费呈(1938年8月14日)

呈为请愿事：窃武昌复兴第一纱厂,全体工人六千余人,为近来武昌屡遭敌机狂炸,各工厂应照政府命令,将各厂机器搬迁后方继续生产,扩充抗战力量。于本月十日武昌复兴第一纱厂忽然改换英商安利英洋行,显系把持中国产业,阻碍政府搬迁机器政策,并拖延前经党政军机关议决案,在必要照给工人每人疏散费洋20元,致陷工人在敌人轰炸之下,作无谓之牺牲。今特备文呈请钧部,准予工等要求,明令复兴第一纱厂经理,依照下列办理：(一)第一纱厂原系中国产业,于何年何月抵押英商安利英洋行,请调卷查阅。(二)实行政府搬厂政策,全体工人要求随厂搬迁,在后方继续生产。(三)请明令复兴第一纱厂经理,在本月十五日前,速将全厂工人疏散费洋20元及全厂工人之存工一律发清,俾早日随厂迁后方,以争取抗战最后胜利!谨呈

国民政府经济部部长翁

武昌纺织业产业工会一纱分会筹备会筹备员王海清谨呈

[下略8人]

中华民国二十七年八月十四日

[经济部工矿调整处档案]

25. 张兹闿等关于汉口第一纱厂迁移及其债权问题致翁文灏函及有关文件(1938年8月19日—10月1日)

(1)8月19日函

部长钧鉴:继庸今日飞渝,想已晋谒。带上第一纱厂节略,谅荷钧察。今晨职与周星堂、宋立峰晤面。其中仓库借款原以成品为抵押,但在一九三六年十月一日合同已改以财产作押,与职节略内所揣测正相符合也。

宋谈证明上海申新七厂(押与汇丰)、九江利中纱厂及中福之成例。日人对英人权利必可尊重。第一纱厂已于年初由英大使函达日方,已有定案云云。职签以武汉情形与上海等处容有不同,且如果陷落,即不没收亦断无复工之希望(宋对此层亦以为然,证明上海怡和纱厂每日用汽车送工人,复工之困难可知),则不如迁往他处。在我国范围内,仍可照常工作。全迁或局部迁移均可。后引福公司为例,宋颇动容,约好与安利洋行 Brayre 一谈。但谓渠与白来恩均不能作主,须请示上海云云。

下午蒋夫人再召会议,各厂主列席。当场议定纱厂捐20万元,再添10万元为加工人解散费每人十元之代价,共为20万元,按锭数分摊。厂家甚满意,惟刘君甚为不满,但蒋夫人已答应,亦无可如何也。蒋夫人后告贺衡夫,每一纱厂以迁为宜,因上海永安纱厂本为英国注册,现亦为敌人没收云云。职会后将所研究第一纱厂内容略为报告,并谓正与安利洋行设法接洽。蒋夫人尚为满意。节略亦已交黄仁霖、史良一份。但永安人告知为郭氏之生意,

自不能与安利同论,将来交涉亦将如何,尚难逆料。职自当尽力劝说,容后再为陈报。仍请指示为祷,专肃敬颂崇绥。职兹闾谨肃,八月十九日。

(2)张兹闾与白来恩谈话纪录(8月23日)

八月二十三日上午十时张丽门、黄仁霖偕同安利洋行宋立峰往将一巴安利洋行访问白来恩,谈话要点如下:

(一)负债情形　原欠本息约974万余元,去年偿还约128万元,尚欠850余万元,内包括本金560余万元,利息286万元。白来恩表示该厂所欠债务尚有850余万元之多。根据一九二四年估计资产约值620万元。故在债权方面,认为仅足抵偿。张谓按目前外汇高涨,资产价值应已加倍,约在1,300万元左右,超过债额,为数甚巨。

白谓应按外汇法价,则价值较前并无变更,不能按外汇市价计算。因债务由于安利售予该厂机件而起,如因外汇黑市上涨,以致吃亏,则债权人亦难承认。目前正向该厂提商,按法价将债务折成外汇,尚未能得该厂同意。至于厂产,债权人有抵押及管理权,均有合同规定。本年二月间,亦经英国当局将一切情形备函并绘图通知厂方,证明上海申新七厂及九江利中之前例,自可无虞。

张谓借款虽由购买机件而起,但前订系国币借款合同,并未提及与购买机件有关,故安利洋行所提之办法,自无法律依据。

(二)主张迁移之理由:

(甲)避免万一时有资敌之危险,所举上海申新七厂及九江利中纱厂之例,究无充分把握。

(乙)在目前政府因疏散工人,因无法开工,如万一沦陷,则更无在敌人势力下开工之可能。故开工可谓遥遥无期。如能内迁,则准能于相当期内(六至八个月)复工,与债权人有利无害。

(丙)在抗战期内,亟须在后方发展棉纺织工业,以应军民被服之需。如能内迁,则更可表现中英合作之精神。

(三)复兴实业公司之盈余,据白君声称,截至本年七月底,复兴盈余约400余万元。但该厂尚有存货甚多,如全部售出,则盈余可增200万元,故实在盈余在600万元左右。除去百分之十六公积金及红利外,可分配之盈余亦尚在500万元以上(按此数与本处估计相合,复兴故意积存棉纱,一则预备日后抬价,二则免目前盈余太高。可见前此所告本处盈余不达600万元之理由,当不足信)。如按合同以百分之六十还债,则可还300万元左右。又积欠利息之200余万元,现已商改为入股(第一纱厂股本原为300万元,现拟增至600万元,即以欠息入股)即改为入股,即不复成为债务矣。惟复兴坚持租约规定年终结账,尚未届期,故不能确定盈余,而存货又不肯售,以致迁延,而安利则本急于收账,如能使复兴从速售货及提前结账,亦为安利所乐闻也。

(四)办理之步骤及有关问题:

(甲)促进欠息280万元改为入股合同之签订。

(乙)催令复兴速售存货及提前结账。关于第二项,复兴能否据实报告存货及本处如何查核为较难解决之问题。

(丙)安利债款余额如何解决。给甲、乙两步进行后,估计安利债款当减至二百万元略强。其中除去浙江兴业银行(亦由安利代理)债款可以设法缓还外,实久安利债款当不达二百万元。债额既减至此数,如迁移后,仍使安利有抵押权,则债权之保障甚为可靠;但白君表示安利以收账为目的,如账不能还,则宁可使抵押品完全不动,如移至内地,则无法保管。惟此款如能筹还,则债务已不存在,可以自由处置云云。此款第一纱厂既无力清偿,如政府能贷予借款偿还之,因属最善。但事实上恐难办到。否则如政府能出为担保本息,则目前无须归还,似亦易得债权之同意。所谓政府担保,恐须由财政部主办,不在本处职权之内,故此意尚未便径向安利提出也。

(丁)迁移及复工费用问题。即使债务方面能加上述逐项解决,则迁移费将从何出。在复兴方面,因系承租人地位,对于保存厂房机器并无责任,不愿出资迁移。在第一纱厂方面,即有意迁移而无实力。债权人之安利,则一再声称以收账为目的,亦不肯再垫巨款。核计复工,即全迁宝鸡,亦非300万元以上不办。何况宝鸡是否宜于建此项大厂,亦系问题。如须分迁重庆,则两处合计非500万元不可。此款决非本处所能胜任。故经连日接洽,该厂之迁移,法律上已无可争论之点,而尚待解决者,实为所需款项之筹划也。

(3) 8月25日函

部长钧鉴：昨肃寸缄当荷钧览。昨晚复探悉，安利与复兴对于存货不售，意见不能相同，由来已久。存货不售，以隐藏盈余，在去年已为复兴抱定之方针。故去年仅还债128万元，安利即已不满。职再事考虑，如强迫复兴从速售货，提前结账，其结果只是代安利促进收账，故安利实际上是利用机会收账而已。闻安利在沪早已大批预结外汇，故目前亦亟于收账，俾得将款用为收结外汇。似此则代安利收账，反致资金外流。在国家立场上，自不能视为善策也，此其一。

再第一纱厂如迁移成为事实，则仍须藉复兴之资力活动。如提前结账，分配盈余，则复兴之活动能力减少，此其二。

因此两层关系，故职又觉昨函所主张先从减低洋债入手，似非上策。

昨奉钧电示知陈参事意见，似乎应可以积极下令拆迁矣。但再经考虑，则第一纱厂既无负此重任之能力，而且无管理权。似此则交涉之对手方，既为安利，情形决不如此简单。故已拟命令，又未发下。

昨夜复就债权、财力、人力三方面着想，姑拟下列办法，陈候核定：

（一）去年已还债128万元，应要求安利release价值相当之机件，拆迁2万锭，立即办理。

（二）拆迁由复兴负责办理（援大成拆迁震寰例），似此则拆迁不多，速复工100万元已足，复兴应有力担负。

（三）年底结账时，还债若干，即照此例再拆迁若干。

似此办法，则眼前无须大资力，复兴可易就范。而债权人仍留下6万余锭，抵偿债务，尚可有余，不必牵扯到减低债务问题，如时局允许，则年底仍可再拆迁。

为此项办法得邀我公同意，是否须先签呈委座再为磋商。职在此所最感困难者，实为无适当途径，可以事先征最高当局意旨，此事又乏成例，故不得不渎陈也（先接洽，后签呈，抑先签呈，后接洽？）

此事如照官场办法，则尽可根据政治部签奉批准之一项（前已电陈）下令第一纱厂迁移。该厂必呈复已移交债权人管理，及无资力。如此，则本处必又下令饬与债权人商拟具复。该厂必又呈复困难,并附安利洋行不允迁移之函。如此,则本处可呈部转外交部办理。惹大件事,全以公文了之。但恐非公意所许,故不得不就事实上,阻力最少,人力、财力之所能及,另谋可以速为推进之办法也。

如办法可以得邀我公同意,而又须先签呈后接洽,即请赐电,以便即将签呈早为拟就呈核也。专肃敬颂崇绥。职兹闿谨肃

八月廿五日

(4) 9月3日函

部长钧鉴:第一纱厂事,连日经与各方面接洽如下:

(甲)第一纱厂董事长周星棠表示尊重政府命令,但费用无所出,如可筹得的款,愿遵办。

(乙)复兴代理董事长贺衡夫表示,租户不能担负费用,经说明系代第一纱厂垫款,由该厂承认此项债务,贺君表示,如由本届第一纱厂六成盈余内垫拨,似较便利。但此事须得债权人同意,恐办不到,仍须由复兴垫拨,以保全租约为交换条件。贺君尚未完全接受,正在考虑。

(丙)债权人安利洋行白来恩表示,兹事体大(1)事实上运输及筹款有无办法,在债权人自不愿再垫款。如其他方面垫款,万一要求第一重担保,则债权人变为第二重担保,则尤难同意。(2)债权人之利益保障,现尚欠850万元,本年度还款尚未照分。如拆迁2万锭后,则债权人利益,可否足抵,殊成问题。因债权人志在收账,而收账端赖营业获利,现勒令停工,以后无利可获,已深认为遗憾。若再拆迁一部分,则债权人利益更觉危险。

经签复第一点,运输已有车辆,(白谓有货存郑州,尚未能运来,对此稍有怀疑,经告已指定每日有一列车。)决无问题。关于筹款,则迁移2万锭,目前需款不多,可商诸复兴。至迁移垫款所占担保先后次序,自可磋商,总以不影响债权为原则,故第一点不成问题。至于第二点,则所余6.6万锭及900台布机,尽足抵债有余,而且本处督迁各厂,对于债约租约,均以维持原状为原则。故拆迁之部分,仍不失为抵押品,(此层各方均愿意,可以仍刷英国旗。)故债权人利益,亦

不成问题也。职复阐明本处立场,一方尊重政府对外信用,但一方面仍应竭力保护本国人民利益。该厂财产目前价值,较债额超过甚多,武汉如遇有万一之变化,安利对于厂产,能否保护,如何可以保证,应请考虑。

白君答称:(1)保证虽不能明白给予,但自信有保全之能力。(2)关于维持债权、租户、业主三方面之关系一节,因属甚佳。但租户之复兴,实对于纱厂,完全外行,经营未尽得法。如迁称成为事实,仍令其主办,则前途殊属渺茫。最后表示,本人实无权可以立即答复,因尚有沙逊洋行及浙江兴业,即安利方面,亦须由等董事会决定。承晤谈见教,容与上海方面接洽再行奉告。等语。

经再告以时局甚为迫切,本处奉命办理,不能久候。白君允于最近期内答复。根据此种谈话情形,关键仍在安利,目前彼此谈话,仍系极端和平磋商。万一将来答复不能同意时,本处应采如何对策,自亦应预为考虑。

目前拟先办下列各项:

(1)由本处下令第一纱厂,饬令迁移,并饬与债权人商洽。困难已分途接洽,但系个人谈话形式,并无书面根据。在本处自应有书面上通知之必要。但命令内是否应将委座电令叙入,抑应仅以本处主动之口气下令,似应考虑。因委座原令口气不似可以对外传达者。而历次代电封面向系致钧座勋启字样,独此次代电系用密启两字,故不得不格外小心也。是否命令内应叙入委座电文,敬乞指示(电文前已电达,兹再抄奉副本)。

(2)同样令饬复兴,谓查该厂现归该公司租用,应仰会同该厂商定办法具复。先下此两道命令,如安利答复同意,顺利进行,自可由该厂等按商定办法具复。如安利答复提出异议,而当局抱定有强制执行之决心,则亦可以此两道命令为办理之张本也。所拟是否有当,及关于命令措词一节,尚乞标示为祷。专肃敬颂崇绥。

职张兹闿谨肃
九月三日

(5)经济部致工矿调整处训令(10月1日)

经济部训令　川工字第11244号　中华民国二十七年十月一日发

令工矿调整处

案准该处二十七年九月八日矿整字第1339号呈报:关于协助办理第一纱厂拆迁情形,当以本案既奉委座电饬会商办到,全部拆迁。等因。该处所拟处置外债,由政府担保,按照合同付还本息办法,实属必要。又该厂迁移复工,须拨款300万元,亦属事实需要。经抄同原附件,资请财政部榜办见复在案。兹准财政部第2466号代电开:大咨奉悉。查武汉第一纱厂迁移一案,军委会既意在全部拆迁,以防资敌,自应积极办理。至该厂所欠英商债款500余万元,除仍以该厂原有财产担保外,可由政府予以保证。所需拆运费67.4万元似应依照厂矿迁移原则,由工矿调整处于原拨调整基金项下,酌予补助。其购地建筑复工等费220万余元,系属营业投资。在此时期纱厂营业获利甚厚,应由该厂径向四行商请贴放,勿庸由政府拨助。准咨前由,相应电复,即希查照转知洽办为荷。等由。准此。合行令仰该处查酌办理,仍将办理情形随时具报为要。此令。

部长　翁文灏

[经济部工矿调整处档案]

26. 美亚织绸厂再迁困难与协助搬迁事宜有关文件(1938年8—9月)

(1)蔡声白致林继庸函(8月20日)

继庸仁兄先生大鉴:久疏通候,神驰靡已,维政祺休畅,允符遥颂。昨今迭据汉口敝分厂函电,藉悉工矿处奉军政当局令,饬敝厂立即迁移,否则将予以紧急处置云云。道远词简,未审详情,闻讯仓猝,诚惶诚恐。揣工矿处暨军政当局之意,原为爱护厂商,保全物力,亦所以防微杜渐,避免资敌,此情此理,凡我国民,谁不服膺。敝厂去年之由沪迁汉、渝各地,悉索敝赋以从事者,即所以实践此义耳。在汉未期年,大半时间、金钱耗于房屋、机械之装修,实际工作者仅仅数月,艰苦备尝,喘息未苏,若今再使迁徙,困难之点实多,事实上有所未能,谨为执事陈之,幸垂察焉。

一、敝厂去年到汉,初以厂房难得,逗留月余,继始租得现有房屋,业主为怡和洋行,由德商休士洋行所转租。订定租约每月租金1,600元,年约2万元,租期5年,共计10万元,以全部机械作为保证,如中途毁约,须缴付全部租金。故仅就此项租约而言,敝厂业已无迁出之可能。

二、然敝厂于第二期抗战结束后,亦未尝不思搬出一部分,以减轻在汉万一之牺牲,故于六月间装出机子25台,计150箱,交三北公司运往重庆。敝厂孰意时越两月,而150箱机械尚滞存宜昌荒滩上,雨淋日晒,锈损不堪,几时再能西上,漫无把握,深悔当初不该装出,目前或仍须装回汉口也。此系厂商身经之困厄,覆辙可循,安有继续装出之可能。

三、在重庆,敝分厂半年以来,日思扩充,遍觅房屋,迄无相当。上述25台织机装出以后,觅屋之事更切,而卒未能有成。若言购地建屋,已非敝厂力所能胜。故目前对于25台织机到后之安置问题,尚在忧虑之中,更何能以大批机械西运。

四、且就重庆敝分厂本身而言,筹备经年,迄未完全开工,最大原因为电力之供应,材料之配备,装修困难多端。一物之微,动须购取于数千里之外,以一部分之未能传动而使全厂停顿,此苦已备尝之矣。汉厂纵或迁移,仍以重庆为较宜。因丝织厂之原料取给,材料配备与出品推销,在西域以重庆为最适宜。在南区以广州为最便利,断不容深入穷乡僻壤,自陷绝境,以坐耗仅有之资金。而此二处本厂均已分设,现在半无增加机械之必要。

五、再以敝厂所有织机,完全限于丝织精细物品,不能改为布机,或粗重织品,以供大众需要,非若布机之可以随地取给原料,销行于任何乡镇村落者也。

六、织绸机装置庞大,而构造简单,故制造成本轻微,远道搬运殊不值得。此所以敝重庆厂纵或有地可以扩充之时,亦将就地制造,不欲再事搬运矣。

凡右所陈,俱系实情,敝汉厂之不容搬移,尚荷明察。倘时势不幸,竟至于在次不能工作,唯有将人员暂行退出,机械任其弃置,一俟失地光复,再行复工。区区苦衷,惟希亮鉴。对工矿处及军政当局各方面恳予解释,本去年以来扶植之宏旨,始终维护,俾免各界误会,使敝公司在汉虽或停顿,而在渝在粤仍得进行工作,为民族工业保持一分元气,不致同遭波折,曷胜感幸之至。专肃,敬颂台绥。

弟蔡声白启
中华民国廿七年八月廿日

(2)林继庸致工矿处签呈(9月2日)

谨查该厂所述各节,均是片面之辞,前已在汉与该厂负责人解释明白,兹谨列举如下:

一、该厂所租休士洋行房子,租期五年,不能迁出一节,可分三项办法:1.由处命令迁移,表明该厂是奉命而行,房主不得阻挠。2.只将重要机件之容易搬运者拆迁,而将笨重之框架等项留存,房主亦不得加以阻挠。该厂人员不得藉洋商势力以反抗政府,致取罪咎。3.汉口洋商推栈早已租赁一空,虽愿多出价钱亦不容易租得,该厂有此宽大厂房,不独不愁租金之无着,或可趁此时机取得意外收入。

二、关于运输问题。查该厂第一批物资织机60台已于去年底到渝,第二批人造丝十七箱亦于今年三月间到渝。至于第三批织机25台于六月间由汉装出尚未抵达,诚有其事,但亦不是毫无办法,转瞬洪水退落,可用白木船运输。

三、在重庆觅厂房之困难问题。查各厂在渝初来时均有此种困难,然努力以求,均已次第解决。该厂之重要职员均长居香港,乐不思蜀,只顾香港分厂之营业发达,以吸收国内资金外流,勇于图目前近利,不思兴奋于艰难困苦中,以其资金人力为国家创造内地工业基础。他人可不必论,惟该厂之蔡声白先生,康元制罐厂之项康元先生,新亚药厂之许冠群先生、天厨味精厂之吴蕴初先生等均以实业界领袖高呼救国抗战者,而卒假爱国救国之美名,在港以为设厂之计,遂使香港变为上海第二,而资金外流,其害尤甚于上海。不肖者更进而购买敌人原料,或竟购敌货,更改其装潢以充国货。除吴蕴初先生尚能在渝进行天盛、天元、天利三厂,功能补过之外,如上述蔡、项、许诸位爱国实业家,咸未一履汉、渝。故该厂所云在渝觅厂房困难情形,其困难固有之,要亦人谋之不藏也。

四、关于原料问题。陕西无丝,不可设厂,广西有丝,而习俗不穿罗绮,亦不可设厂,曾告以可迁重庆。若无人造丝以为原料,则尽可用土产丝以代之,且巴蜀习俗不禁穿绸缎,故销路仍可无虞。

五、机件笨重者不必搬迁,只择其精细零件迁渝,在渝可自制框架,配合使用。

上述五项情形均已在汉对该厂人员解释。兹拟批复该厂,仍须将汉厂精细机件迁渝,是否有当?敬候钧核示遵。

职林继庸

九·二

(3)工矿处给美亚织绸厂训令稿(1月6日)

训令

令美亚织绸厂

案准经济部工业司函,以据美亚织绸厂总经理蔡声白来函,陈述汉口分厂迁移困难情形,除函复仍劝该厂设法迁移外,抄送原函,希察照等由。附抄原函一件。准此。查该厂去岁由沪内迁,分在汉、渝、粤、港设厂制造,原为保全生产增加抗战力量而设。嗣以武汉形势吃紧,迭奉军事委员会令饬将武汉工厂再事内迁,藉策安全,并经本处一再督促,并予协助。兹查武汉各工厂多已遵令内迁,而该厂现犹意存观望,固失政府爱护工业之苦心,复违该厂抗战内迁之初衷。现在事机紧迫,应由该厂迅将汉厂精细机件,克日迁渝,毋再延迟,以符功令。合行令仰该厂遵照办理,并将办理情形具报备查。

此令

中华民国廿七年九月六日

(4)工矿处致经济部工业司函稿(9月14日)

笺函

案准贵司廿七年八月廿九日函,以据美亚织绸厂总经理蔡声白函陈该厂汉口分厂迁移困难情形,除函复仍劝该厂设法迁移外,抄送原函,请察照参考等由。准此。查此案前据该厂呈报迁厂困难,不拟搬迁等情到处。经批令克日筹划迁移内地,图谋复工去后,嗣据呈,为拟迁往嘉定,请津贴运费及拨借资金,并请协助退租怡和栈厂屋等情。复经批示准予照办,并准息借运费25,000元,及准予协助栈厂房退租、运输,暨复工借款等项,各在案。兹准前由,

除令饬该厂迅将汉厂精细机件克日运渝外,相应函复查照为荷。此致
经济部工业司

中华民国廿七年九月十四日
[经济部工矿调整处档案]

27. 汉市机器厂之调查①(1938年8月23日)

(一)冠昌机器厂

冠昌机器厂址在汉口云樵路70号,经理为梁永坤。该厂为武汉唯一大厂,系民国七年创办,已有二十年历史。初创时资本近7万元,经历年扩大资本,已在20万之谱。平日工人有180名,职员12名。因感时局紧急,乃于七月廿五日停工。该厂现有机床20张,已搬法租界培林洋行堆栈寄存(以造币厂名义寄存),每月交费500元,其他零件则存平和洋行。该厂房屋即以该厂有股之美国人杨志中(音译)名义接收,故该厂现悬美国旗。工人均已遣散或介绍内地工厂工作,职员待厂务全部结束后亦行遣散。

(二)公记机器厂

公记机器厂厂址在河南街,经理陈信礼,工人约有五六十人。仍照常开工,负修理船舶,修理铁路路轨及其他机械零件。该工厂现拟不迁移,据该厂负责人称,该厂历年来专做美国英国海军与英美船舶各项修理工程,现有意托英领事向我市政府过户藉资保护,紧急时挂英国国旗,并请英海军保护。但我政府能否许可,尚在考虑中。

(三)振华电器厂

振华电器厂厂址在花楼街282号,经理人为陈庚年。该厂原做交通部或其他商户电器工业,现以原料缺乏目前专做军用口杯(即津磁茶杯),及洋磁饭碗。现有机器五部,工人10人,工作忙时或临时雇用16人或18人,内有女工3人。计每日出产洋磁饭碗可3,000只,或出产口杯可4,000只。该厂以现有原料开工可到月底,以后如无原料接济当即停工。唯该厂负责工人陈庚年因年高体弱,目前不能来汉。该厂原拟迁祁阳,但祁阳无电力,同时亦因经济困难(曾一

---

①此件沿用原标题,该件为汉口市市长吴国桢致工矿调整处公函之附件。

度向商会借款,但商会答应须有殷实保人并以机器抵押,亦只限借贷 600 元。)无力迁移,故尚未有具体计划,将来或毁或设法寄存,尚未有具体办法决定。

[经济部工矿调整处档案]

28. 经济部陈述办理武汉纱厂迁移情形报告[①](1938 年 10 月)

补救纺织工业办法案

本案奉国防最高会议常务委员第 95 次会议决议,交本部切实统筹办理,兹将办理情形分述如下:

一、迁移武汉纱厂　查武汉原有纱厂 6 家(内有外商巨数债权),共计纱锭 27.9 万余枚,现由本部工矿调整处严加督促,尽量运往陕西、四川等地者,已有 6 家。计为裕华、震寰、申新、湖北官布局及军政部华安,经给予所需贷款,及运输便利,以期早日复工。所余第一纱厂一家,因英商债务合同条件问题,现正商洽解决,正在进行之中。

二、推广棉田[略]

三、推行木制纺纱机[略]

[经济部档案]

29. 工矿处等关于令迁沙市纱厂暨调查迁奉节后情形有关文件(1938 年 8 月—1939 年 11 月)

(1)萧伦豫致工矿处呈(1938 年 8 月 23 日)

案奉钧处汉字第 113 号训令开:查本处迭奉委员长蒋电,令饬将武汉纱厂以及女工、童工迅即迁移。等因。经已分别令饬遵行在案。兹查该厂距离武汉非遥,自亦应先事筹备,以策安全,俾于必要时得以迅速迁移而保国力。合亟令仰于文到三日,拟具迁移计划及酌定迁移地点,呈报备核,勿延为要。此令。等因。奉此。具见钧处关怀民族工业,保全国力之至意。惟按迁移厂址,事关敝公司根本大计,经理无权擅专决定,当已于奉令后,分别呈请香港敝公司杜董事长月笙,及上海敝公司董事会核示,应俟复到方能呈复。理合

---

① 节录自"国民参政会第一次大会决议各案经济部办理情形报告"。

先将情由呈报,敬祈察照。谨呈

经济部工矿调整处

处长翁

沙市纺织公司经理萧伦豫呈
中华民国廿七年八月廿三日

(2) 工矿处给沙市纱厂训令稿(1939年10月21日)

训令

令沙市纱厂厂长萧伦豫

查该厂2万锭机件早经拆迁奉节,前已令饬迅谋复工在卷,现已历时数月,该厂尚未将复工办法具复。当此后方纱布需求正殷之际,亟应设法尽量利用已有机件增加生产,藉资救济。合行令仰该厂长迅即遵照前令各令,将择地复工切实计划,限文到一个月内拟定呈核,并将该厂迁存奉节机件、材料详细列单呈报,毋得再事迁延,是为至要。此令。

(3) 李充国致工矿处签呈(1939年11月14日)

奉谕赴万县办理麻厂,并往奉节视查沙市纱厂各情形,遵于十月二十五日乘轮,二十六日抵万,当与鄂建厅田技正镇瀛晤谈,始知该厂业由鄂方收回自办。职遂将处方经手事务移交清楚,更将几月来垫支该厂之一切费用收据,交田技正查点记账后寄处备查。同时余款2.188万元已由中央银行汇来,不日当可收到。该麻厂现正组织筹备处,开始平土方,但工作迟缓,正式开工决非短期间内所能实现。

万县事结束完毕,遂于十一月二日前赴奉节调查沙市纱厂近况。查该纱厂由去岁十一月起始由沙市迁移奉节,至本年九月始将一切机件运完。机器可分两部:一为原动部分;一为纺纱部分。原动部分有引擎机1座,德国出品,M-A-N牌。

式样　四循环内燃6汽缸直立式。

马力　750匹。

转数　每分钟250转。

燃料　柴油。

该机奉令西迁时,在途损失机件甚多,兹将损失各重要机件业经勘明者,载列如左:

(1)汽缸大支柱两座。

(2)钢质长螺丝 7 套。

(3)底基螺丝全套,计 14 个。

(4)湾轴总步司 7 套(势须购自德国,如无此零件,原动部分无法开工)。

(5)湾轴箱内全部机油管子。

纺纱部分全部机器为英国 ASA-LEES 公司出品,其中一部购于 1930 年,另一部购于 1935 年,机件之优良为其他迁川各纱厂所不及。迁移时其重要损失为钢丝车之大西林 15 个(全厂原共有 80 个),其余机件尚称完整。该厂共有锭子 2 万,因钢丝车西林之损失,将来可开一万六七千锭绝无问题。

所有机件尽堆集临时仓房,秩序井然,风雨不侵,工人 20 余每日将机件擦锈加油,保全方法颇堪赞许。惟因地面狭小,仓房相距太近,空袭时来,危险万状。加之另有棉花千件(每件 420 斤),亦夹杂仓房之间,更堪忧虑。

敌机共袭奉节 6 次,投弹 1,000 余枚,县城及其附近繁华处所已成焦土,凄凉景象实所罕见。纱厂距城仅 2 里许,四邻俱被轰炸,该厂亦中数弹,但幸均未爆炸耳。近来奉节惊报频传,一夕数惊,人心惶惶,不知所止。似此情形,该处不当设厂,理至显然。宜严令促其内迁有电力及设防城市(重庆抑或成都),实为刻不容缓之举。

所有奉命赴万办理麻厂及勘察奉节沙市纱厂各情形,理合具文报请

鉴核施行。谨签呈

处长　翁
　　　张

职李充国谨签

十一月十四日

[经济部工矿调整处档案]

30. 翁文灏报告武汉各厂拆迁情形代电稿①(1938年8月26日)

代电

委员长蒋钧鉴:真、巧、皓等日侍秘鄂代电奉悉。

(一)武汉纱厂拆迁,遵已按各厂机器吨位、运输方法、分配装运日期(见附表),计于本月底,如无其他障碍,当可将申新、裕华、大成、官布局4厂迁移完竣。自本月十一日起至二十五日止,已拆下台数2,863台,计6,578吨(见附表二)。运输方面,连运原订自十六日起,每日一列车,嗣以由循礼门至玉带门铁轨修筑工事,又码头工人及驳船均感不敷,经加紧催促,开出五列车。船运原订于十六日由江华运送裕华机件,嗣因该轮改装军用品,改订于廿一日由江安装运,装出约250吨,现不足数已订于廿五日由江新装运。此五十日中,照预计所少运之机件,拟设法于今后五日中增运,期能照原定计划办理完竣。

(二)其他各厂经已督饬拆迁者,面粉业中,除金龙一厂以其机件陈旧,拟暂缓迁移,俾能继续生产以供目前需用外,福新厂分迁重庆、宝鸡、宝庆,胜新两厂分迁宝鸡、重庆,裕龙厂迁宝鸡,五丰厂迁沅陵,其现存材料赶于二十五日以前制成面粉,以供军用。织染业中,有善昌、东华工厂迁往宝鸡,和兴、亚东、远东与华中4厂,及其他手工织布业23厂迁往湘南与广西。机器工业、化学工业及普通手工业中,共有12家,分别迁往内地,均在拆迁机器,准备装运中。所有十五日来拆迁工厂等情形,理合检同附表2份,电呈鉴核。职翁○○叩。

[经济部工矿调整处档案]

31. 工矿处等关于英商沙逊、安利等洋行以债权作梗阻止武昌第一纱厂拆迁有关文件(1938年8—10月)

(1)翁文灏致蒋介石代电稿(8月30日)

抄八月卅日汉发178号呈委员长代电

委员长钧鉴:关于拆迁武汉各纱厂,除已另电陈报申新、裕华、大成、官布局四厂拆运情形外,其第一纱厂规模最大,因有英商沙逊洋行、安利洋行,及

---

①文内附表均缺。

浙江兴业银行债务关系，故由本部工矿调整处会同有关机关、先令承租之复兴实业公司，将童工、女工随同他厂一律疏散停工，再议拆迁机器办法。经饬该厂将英商债务关系之各项合同文件送处详加研究，并与该厂董事长周星棠面洽，得悉该厂产业业经抵押，并移归债权人管理。目前处置办法，似可分为二种，（甲）全部迁移；（乙）一部分迁移。（甲）兹先陈明全部迁移办法。有应行解决之问题二：（一）英商债务问题。除去年年终归还128万元余外，该厂截至停工之日止，现尚欠英商债款本金约560余万元，积欠利息约286万元，两共850余万元，除以复兴本年盈余依照合同可偿还约300万元外，尚欠500余万元。此款第一纱厂既无力偿还，该厂机器已依照契约归英商管理，事涉对外，自宜慎重办理。解决之法，拟由政府对英商债款与以本息之担保，因此项英商债款已经湖北省政府备案，其他各案不得援例。（二）迁移复工费用。该厂现有纱锭8.8万锭，布机1,200台，动力4,000千瓦，估计运往宝鸡，拆迁费及建筑、复工费用约需300余万元，势亦非政府协助不能举办。查本工矿调整处营运基金仅1,000万元，为协助内迁各厂迁移、建筑、购储材料及各省原有工矿之发展等，已付及允付款额甚多，所余无几。上述迁移、复工费用，为数过巨，实为该处资力所不及。如果必须全迁，拟恳钧座令由财政部拨款协助。（乙）局部迁移办法。第一纱厂已于去年付过英商债款128万元价值相当之机件、约纱锭2万锭，布机300台，拟先令第一纱厂及其租户复兴就此范围先行速即拆迁宝鸡，并催令速售成品，归还债款，续行迁移事实上能迁移之数量，自视武汉大局形势而定。

以上二种办法，究以何种较为妥善，谨请钧座早为核定训示，以便遵照办理。职翁○○叩。

（2）蒋介石致翁文灏代电（8月31日）

侍秘鄂字第2939号

汉口工矿调整处转翁部长勋鉴：第178号卅代电悉。第一纱厂事希先照乙种办法，迅即拆迁一部，仍一面向财部商洽，最好能办到全部拆迁为幸。中正。世侍秘鄂。

中华民国二十七年八月卅一日汉口发

(3)工矿调整处带略(10月)
第一纱厂拆迁交涉办理经过节略

(一)廿七、八、五　吴市长召集各机关工厂会议拆迁,关于第一纱厂(现由复兴纱厂租办)议决案如下:

复兴纱厂代表(祝庸斋)谓:本厂系前第一纱厂所有,闻该厂欠安利英借款900余万元,机件如何搬运,本厂无权主持。

决议:由政府与安利英洋行商洽办理。

(二)廿七、八、七　工矿调整处召集各机关、纱厂再商迁移具体办法,关于第一纱厂、安利议决如下:

复兴纱厂(即第一纱厂)迁移事,须等候吴市长与英商安利英洋行商洽后,再行决定办法。

(三)廿七、八、十四　工矿调整处令饬复兴及第一纱厂各将租约及借约呈处候核。

详情见节略,附后[略]。

(四)廿七、八、廿七　工矿调整处(用翁部长名义)折呈委员长,拟定先局部迁移,以后陆续分批迁移,至全部迁移为止。

查本问题有两层亟待解决之问题:(一)凡遇有租赁及债务问题之工厂,迁移时均有困难,因租户本不负有担任迁移费用之责任,厂主大都无力,而债权人亦必不肯担负迁移费用,其势非政府担任代筹不可。该厂规模太大,工矿调整处无完全担负之能力。(二)外债问题,势须妥为处理,不使政府处境困难,此为拟完上项办法之主要原因。

(五)廿七、九、一　奉委员长代电,先照(乙)种办法(局部拆迁),仍一面向财部商洽,最好办到全部拆迁。

(六)廿七、九、五　工矿调整处令饬第一纱厂先迁2万锭,及布机300台,并与债权人迅商。又令复兴纱厂协助迁移。

(七)廿七、九、十二　复兴呈复遵令协助,但得债权人函开:查租约规定,在未得第一纱厂及敝行认可以前，尊处无权将任何部分之机件移动，务请据实呈复为祷。等语。

同日第一纱厂呈复，已函债权人商确等语。

（八）廿七、九、十六　艾黎（Rew alley）——行政院技术专员、主办合作协会——送来英总领事函，并附致翁部长函一件，内系抗议第一纱厂迁移事，请将命令予以修正。

工矿调整处因安利英洋行迄无回答，除已由第一纱厂转商外，并由张副处长兹阎偕同黄仁霖先往访该行白来恩君，亦以向沪请示为推辞，故又托艾黎君向英总领事商酌，请其劝告该行。据云渠第一次晤英总领事时，本极表示赞成，乃第二次往访，即未接见。随即接总领事函，并附致翁部长函副本，故特转达（查致翁部长函系直接寄渝）（附抄本）〔缺〕。

（九）廿七、九、廿四　翁部长函送英总领事驳复，并请转达英大使予以谅解（附抄本）〔略〕。

（十）廿七、九、廿二　军委会办公厅贺主任召各机关查询在汉工厂迁移情形，当由工矿调整处报告经过，当以工矿调整处以职权关系，无对外交涉之权，仍责成吴市长与英方交涉。

（十一）廿七、九、廿三　吴市长电话告知已晤英总领事，渠表示当再电上海请示。

（十二）廿七、十、十　吴市长函，转来英总领事复函内容（附抄本）〔略〕。

（十三）廿七、九、七　工矿调整处呈经济部转咨财政部，请担保安利英债务，并拨款充迁移及建筑费。

（十四）廿七、十、三　财政部函复经济部，迁移费请由工矿调整处酌借，建筑费向四行贴放会请求借款。

按迁移费须100万元左右，工矿调整处现存基金除已支配者外，已无余力全部担任，而四行贴放会借款，尤非短时所能成议。目前债权人对迁移原则尚未赞同，但即能赞同，如建筑费尚无着落，恐亦难具体实现。目前自可仍先劝告债权人对于迁移原则接受，再行磋商具体办法。

(4) 翁文灏致蒋介石代电稿(10月16日)

代电　汉字317号

　　委员长钧鉴：武昌第一纱厂拆迁事，前遵照九月一日侍秘鄂代电指示，一方面由工矿调整处令饬第一纱厂及复兴实业公司先行局部拆迁，一方面咨商财政部对该厂所欠英商债款由政府予以保证，以期达到全部拆迁之目的。嗣准英国驻汉口总领事九月十五日函，对政府拆迁该厂命令提出异议，请予修正，当即据理驳复，请予谅解，并以1455号代电呈报鉴核各在案。兹复准汉口市政府转来英总领事致该市政府函略开：关于中国当局建议将第一纱厂机器迁运一事，兹再为申叙，即该项迁运实违反该厂与安利洋行所订之抵押合同，故此项拆迁办法不应实行。至关于该厂机器之损坏，曾向贵市长当面声明，倘该厂机器被非法分子或华方当局之自动而使其受有损坏，则中国当局须负其责。并再有声明者，如因日本人之动作致机器有所损坏，日本政府亦应负相同责任。等语。查工矿调整处前后督定拆迁郑州豫丰纱厂，武汉申新、裕华、大成、官布局各厂，并自行派员到上海迁运中央棉纺织实验馆机器，计共拆迁内地之纱锭约24万余锭，布机2,600余台。其原在湘、粤、滇、陕之纱厂尚有纱锭11万余锭，布机700余台，积极促令复工，亦有相当数量，而现在滞存武汉之其他方面重要机料尚多。衡以目前水陆运输能力，纵令英领谅解拆迁，车船吨位似亦未便尽运纱厂机件。今该英领既坚持未肯同意，如必须拆迁，惟有由政府命令强制执行。或近有职员建议，于必要时即予炸毁，又恐有损中英交谊，未敢擅专。对该纱厂之机件究应强制执行拆迁，抑以保障该厂机件不资敌用为条件，函复英总领免予拆迁之处，理合缕陈办理经过，请示祇遵。职翁文○叩。

(5) 蒋介石致翁文灏代电(10月18日)

侍秘鄂字第3476号

　　汉口工矿调整处转翁部长勋鉴：第317号铣代电悉。武昌第一纱厂准以保障该厂机件不资敌用为条件，函复英总领事免予拆迁可也。中正。巧侍秘鄂。

中华民国廿七年十月十八日

[经济部工矿调整处档案]

32. 关于拆迁谌家矶财政部造纸厂部分设备有关文电(1938年9月4—29日)

(1) 柯俊致翁文灏等签呈(9月4日)

签呈　二十七年九月四日

窃职奉命调查汉口谌家矶财政部造纸厂及武昌白沙洲纸厂现有设备情形,当于八月卅日及九月四日两度前往谌家矶纸厂,于九月二日前往白沙洲纸厂调查,谨将所得结果,录呈签核。

一、白沙洲纸厂　该厂停工已十余年,由湖北建设厅保管,现尚有造纸机一部,打浆机三具,球形煮罐二只。已由湖北建设厅派工程师罗某于七月间开始拆迁于前往调查时,装船准备运往宜昌,其复工计划尚未确定。

二、谌家矶纸厂　该厂停工亦十余年,其间保管人几经转换,先作收容游丐,继又驻军,最近作为伤兵修养院,现已空置。其机器设备大都损坏,近房屋建筑之可拆卸部分,亦已由城防工程部队拆卸,供该地附近建筑防御工事之用。其所余存之机件,除见于附图外,其详情如次:

1. 动力部

甲、BW 低压锅炉二只,系供发电之用,机械锅条及配件已失,水泵已坏,锅管已锈蚀。

乙、二汽罐水管式锅炉四只,系供煮料及动力蒸汽之用,炉管中水锈甚厚。该四锅炉共附预热器一只。

丙、立式汽机发电机二只,汽机已坏,线圈已毁烂。

丁、卧式汽机一部,供造纸厂各部动力之用,已损坏。

2. 煮料部

甲、除尘机一具,仅余躯壳。

乙、十八尺球形煮料罐一只,外部尚完好,内部情形不明,重逾十五吨,体积又巨,运输不便。

3. 打浆部

甲、打浆机五部,零件及辊轴盖已失,浆槽木板亦为城防部队拆去,仅有嵌有钢凿之辊轴及山形部(Backfall)而已,五具辊轴中则仅二具钢齿完好无损。

乙、荷兰机工具,仅余嵌有钢齿之辊轴埋于堆置之灰土中。

4. 造纸机

七尺长网式造纸机一部,除机架外,余有胸辊轴(Breast roll)、伏辊轴(Couch roll)各一只,压榨辊轴二只,干燥筒二套,共二十只,及熨具(Smoothen)一套,砑光机一具,计辊轴八只及卷纸轴(Reel)二只,均尚完好,而造纸机之运转调整及真空泵等,均已无存。

5. 加光部

甲、十层堆积式五十四寸加光机(Spur Calender)一具,计冷钢轴四、弹性轴六,尚完好可用,附有电动机一只,惜线圈已完全损毁。

乙、切纸机一具仅余机架。

6. 其他

甲、用途不明之干燥筒八只,装于机架上,尚完好。

乙、纸板机一具,零件尚无损失,但轴承部均已锈蚀。

丙、已拆毁之造纸机一具,机件多破毁堆置一处。

以上二纸厂除白沙洲纸厂已在拆迁外,谌家矶纸厂仅造纸机之各辊轴十六只、干燥筒二十八只及堆积式加光机一具尚可供后方已有纸厂作补充修配之用,其他机件或已全部损毁或其主要机件业已损失,已无价值可资利用。

谨检同谌家矶纸厂余存机件位置图二纸[缺],呈请鉴核,谨呈

组长林、副组长李、处长翁、副处长张

职柯俊

(2)工矿调整处致财政部代电(9月14日)

财政部公鉴:查谌家矶纸厂废置已久机件且多散失,本处奉令拆迁厂矿,拟将该厂较可利用之加光机一具、干燥筒二十八只,约重三十吨拆运来渝,由本处斟酌各厂应当补充情况,予以处分,以作补充后方纸厂生产之用。利用现设备,事关补充造纸需要,请荷允许。该项机件即请贵部准予拨用,所需运费由本处垫支。除电知本处驻汉人员办理外,相应抄同本处派员调查谌家矶纸厂报告一纸,电请查照见复为荷。经济部工矿调整处。寒。印。

附谌家矶纸厂调查报告一件[略]

中华民国二十七年九月十四日

(3)财政部复工矿调整处代电(9月19日)

经济部工矿调整处公鉴:寒代电暨抄件均悉。谌家矶纸厂所存加光机一具、干燥筒二十八只应准拨用。除急电知保管该厂之汉口市政府照拨外,希即电知驻汉人员就近洽办。财政部。皓。渝钱。印。

(4)柯俊致翁文灏等签呈(9月29日)

窃奉命招商拆卸汉口谌家矶财政部造纸厂之一部分残留机件,当经与市政府接洽,饬令该厂之保管机关救济委员会派员点交全部有用之机件及钢架屋梁,其中一部分机械因适合湖北省建设厅白沙洲造纸厂迁往巴东复工时补充之用,奉准拨交该厅派来之罗工程师。除清拆运外,其他机械商由新中工程公司承包拆卸,拆卸装箱费约需5,800元,限开工后三星期拆卸完毕,全部机件重约250吨,估计价值约7万元。此项机件除锅炉运往宝鸡外,其他机件全部运往重庆备用,计需搬运费3.12万元,共拆运费3.7万元。

理合检同机件清单、拆机预算书、拆机合同副本及拨交湖北建设厅之机械清单各一份呈请鉴核。谨呈

组长林、副组长李转呈

处长翁、副处长张

职柯俊

中华民国二十七年九月二十九日

拆运汉口财政部造纸厂机件预算书[略]

拆卸汉口财政部造纸厂机械设备清单[略]

拨交湖北省建设厅拆运之财政部造纸厂机件清单[略]

[经济部工矿调整处档案]

33. 工矿调整处迁运沙市信义面粉厂的有关文电(1938年9月7日—1939年8月23日)

(1) 信义面粉厂致翁文灏呈(1938年9月7日)

呈为呈复事:案奉钧处汉字第164号训令开:查本处迭奉委员长蒋电饬武汉工厂迅速即迁移内地。等因。奉此。当经分别令饬遵行在案。兹查该厂距离武汉匪遥,自应先事筹备,俾于必要时得以迅速迁移,以策安全而保国力。合亟令仰于文到五日内,拟具迁移计划及酌定迁移地点,呈报备核,勿延为要。此令。等因。奉此。窃属厂仰体委座扶植工业,保全国力,接济民食,维护工厂之至意,自应遵办,曷敢稽延自误,削减国力。查属厂系旧式机器,范围狭小,每天出货仅四五百包,于必要时拆散迁移,自较他厂为易。惟购办原料,则非择产麦区域不可。除业经遴派干员分向鄂西、川东暨在偏僻乡区实地查勘,一俟觅就妥善地点,遵即拟具迁移计划,呈报备核。奉令前因,理合备文复请鉴核,实为公便。谨呈
经济部工矿调整处处长翁

沙市信义元记面粉厂经理范纯夫
中华民国二十七年九月七日

(2) 蒋介石致翁文灏代电(1939年5月11日)

快邮代办电　渝第4618号

经济部工矿调整处翁兼处长:据长江上游江防司令部电陈:查沙市信义面粉公司及各碾米厂机器,因歇业日久,运费无着,刻尚未拆运。除电湖北省政府请即派员代运或购运外,拟于必要时施行破坏。等语。查此项生产工具为后方所亟需,特电希速设法迁运为要。
渝中正。办四。真未。印。

(3) 工矿调整处致军委会代电稿(1939年8月17日)

国民政府军事委员会钧鉴:五月办四渝字第(5399)号陷代电敬悉。查沙市各厂机器拆迁案。据报有信义面粉厂不愿拆迁,经分电长江上游江防司令部暨湖北省政府请予协助饬令遵办。一面仍饬原派技术员白燕武督促拆迁

在卷。除据报仍无结果外,兹先后准长江上游江防司令部六月齐申义长电,暨湖北省政府八月回省建四施代电,复饬办。详情究应如何办理之处,理合抄附原齐申义长电,暨回省建四施代电连同江陵喻县长原呈,电请鉴核示遵。经济部工矿调整处兼处长翁。( )叩。附抄呈长江上游江防司令部六月齐申义长电一件[缺]暨湖北省政府八月回省建四施代电连抄件各一件。

湖北省政府快邮代电　省建四施字第1033号　中华民国二十八年七月二十四日发

急。重庆经济部工矿调整处公鉴:案查前准贵处阳电嘱,协助拆迁沙市信义面粉厂机器一案,节经电据江陵县政府电复,会同沙市警察局,督迁情形,并电达查照在卷。兹据复江陵县县长喻建章本年六月建三字第354号感代电呈报:此案办理经过详情,请鉴核示遵,等情到府。查贵处奉命迁运该厂机器,究系全部,仰仅一部分,前电未经叙明。现据感代电称:江防司令部与警备司令部召集会议议决情形又略有差异,可否准予按照该市需要,除修理厂外,暂准留用,或饬全部拆迁,以免资敌之处,本府未便悬揣。相应抄同该县长原呈,电请查核见复,以便饬遵为荷。湖北省政府回省建四施印。附抄江陵县长原呈一件。

恩施省政府代主席严钧鉴:本月十四日据沙市信义面粉厂股东代表谢伯渊等联名呈称:为蓄意资敌,蒙蔽官厅,请求传案彻究,并恳监督撤迁,以符公令,而维股本事。窃沙市信义成面粉公司,原系商民等合资开办,历来本厂重大事务,必由全体股东会议议决方可实行。前四月间,迭奉军警长官转奉上峰,令催撤卸,甚至补助撤迁经费,便利运输船只,足见政府爱护厂机无微不至,凡属热血分子,自应遵令履行。不料,商民等正在召集股东筹划拆迁事宜间,讵有假借本厂董事长之邓心田,与报载被人检举汉奸之吴孝先等,乘此时局紧张,股东四散之际,一面以厂机朽坏无力撤迁为词,蒙蔽官厅缓办,一面勾结商会主席何瑞麟私相租赁,以作将来媚敌礼品。商民等利害攸关,不能缄默。妨害股权,实属不容狡饰。除已电召少数星散股东候齐会议主,并登报声明,及对否认外,为此呈请兼长俯赐察核,依令迅将蓄意资敌之邓心田、吴孝先、何瑞麟等,传案彻究。并恳先将厂机监督撤卸,或由商等集资官督商办。如蒙准许,愿以利得半数,贡献政府作为地方自卫经费。可否之处,恳祈指示祗遵,为公德两便。等情。正核办间,奉钧府元省建四施电,以准经济部工矿调整处阳电转奉军委会真未代电,饬派员会同沙市警察局协助督迁沙市信义面粉厂机件,等因下府。遵即派员前往会同沙市警察局严督拆迁去后。兹据该厂董事长邓心田呈称:昨奉钧府委徐委员介庭,特钧府建三字第 321 号训令,以奉湖北省政府元省建四施电,准经济部阳电奉军委会真电,转饬派员会同沙市警察局督令拆迁属厂机件。除函沙市警察局外,令饬来厂会同沙市警察局,严督拆迁具报凭转。等因。窃查面粉厂现时仅属厂一家,因前沙市地方需要,据请求最低限度须留面粉厂一家,米厂五家,以维军民日食。嗣经江防司令部于五月七日下午一时,在沙市召集长江上游江防区党政军联席会议决议,碾米机器准留二部或三部,面粉机器除酌留一部分必须机件外,应择有价值者,由政府派船尽速运走。由王司令金专员分别负责处理,暂留之机件,必要时仍应运至后方,各等语纪录在卷。复于五月九日下午五时由警备司令部,为处理留用及拆迁机器数目事宜,召集会议。经决定属厂面粉机器暂准留用,但须即日开工,否则仍须运走。属厂遵即筹备,租由隆记,即日开工,以维军民日食。至其他应行拆迁之机件,现时业已遵令拆卸,装就大小木箱 10 件。并于六月十六日呈经荆沙警备司令部核发护照,以备起运在案。正呈复间复奉荆沙警备司令部删代电,以奉司令郭齐申义长电开:准经济部工矿调整处阳电:奉军委会办四渝字 461 号真未代电物密,饬日设法迁运沙市信义面粉厂及各碾米机器一案,遵经派员前往办理,并定于四月二十八日代电请协助在卷。兹据报信义厂不愿拆迁,电请协助等由,即希遵照。除许可部分外,希即强制执行为要。等因。查该厂附设之修理厂系在迁移之列,希即遵照迅速拆运,并将拆运情形具报,以凭转报为要。等因。除已将遵令拆迁其他机件,一俟护照发下,即行起运呈复鉴核外,理合谨将属厂遵令留用情形,备文呈复钧府,俯赐鉴核,恩准据情转呈,仍准暂时留用,以维军民日食,而安地方,无任感祷等情。除以呈悉据称奉到荆沙警备司令部删代电,指定该厂附设之修理厂系在迁移之列,应即遵照克日拆运,其余部分是否许可留用不迁,来呈所录警备司令代电中并未指明。再前据该厂股东代表谢伯渊等联名呈控该董事长,蓄意资敌请求将全部机器迁移后方。等情。今该董事长所请照议案留用一部,是否经股东会议同意,亦未据明白申叙,应候一并转电省政府及警备司令部核示到府,再行饬遵可也。等语。指示印发,并以养申电先行呈报钧府察核,暨分电荆沙警备司令部核示外,究应如何办理之处,理合将本案详情电呈钧府鉴核示遵。湖北第四区保安副司令兼江陵县县长喻建章叩。感。印。

[经济部工矿调整处档案]

34. 翁文灏与英国驻汉总领事惠达默交涉武汉第一纱厂迁移事宜来往函(1938年9月15日—10月17日)

(1)惠达默致翁文灏函(9月15日)

径启者:据报中国政府拟将武昌第一纱厂之机器运走。查此厂系抵押与英商新沙逊洋行者。故本总领事官顷奉本国驻华大使训令,饬为函告贵部长。如果将该厂之机器运走,则有碍该洋行应享之利益,特此提出抗议。至于该厂抵押合同第五条所载:"押方不能拆卸或移动该厂之制造厂机器房、存货房、堆栈、住房及其余建筑物,并房屋外面之各项设备,及汽涡轮发电机、汽锅制棉厂,及修理各制造机器之各项物品,所有能搬动及不能搬动之机器并器具等。如需移动,必须得受押方书面准许(此种准许,必须受押方之意旨认为抵押品不受价值低落之影响者,方可给与)。倘有房屋机器因损坏,确有移动之必要,则不须受押方之书面准许,但必须更换价值相等者。等语。由此观之,该条所载甚为明显,想贵部长必能洞察。倘若将机器运走,系完全与此合同之第五条所规定大相违背。用特函达贵部长,希即查照即将对于该产业所发之命令,予以更改,是为至荷。此致经济部部长翁

总领事官惠达默
九月十五日

(2)翁文灏复惠达默函(9月24日)

准贵总领事九月十五日函。以武昌第一纱厂经已以其厂房机器抵押于新沙逊洋行,依照借款合同第五条规定,是项财产无抵押权人之同意不得拆卸移动或迁移。对本处拆迁第一纱厂之命令请予修正。等因。查本国政府在必要时迁移工厂,系为保存物资,以保护人民利益起见。第一纱厂既为本国注册公

司,自应统案办理,至该厂此项拆迁,并非将机件分散或弃置,乃在政府督导之下,另择安全地点建设复工。原有之债权债务关系仍当有效。前方战争日烈,武汉轰炸堪虞,设该厂仍留原地,不幸而毁于敌手,该厂之财产固被牺牲,新沙逊之债权亦疏无着。本处前令该厂拆迁,直接保全该厂物资,间接即所以保障新沙逊洋行之债权。再就前述借款合同第五条规定之意义定之该厂厂房及机器之拆迁,在下述两条件下,抵押权人不得拒绝:(一)当是项拆迁不致减损抵押财产之价值时。(二)当抵押财产被消耗或毁损必须新置财产为之补充时。今以是项条款衡诸现在事实,该厂财产现在虽尚未被毁,但时有被毁之危险。拆迁内地,补充修整,装置复工,较之仍置武汉供敌轰炸或停用生锈,其价值当不致减损。是该厂拆迁正合合同保障债权之意义,债权人理应同意。况第一纱厂所欠新沙逊洋行之债务业于民国廿六年偿还一部,现有财产价值超出债额。本处饬令先行拆迁纱锭2万锭,布机300台。所余纱锭6.8万锭,布机900台以之抵偿债务绰有余裕。对于债权人之利益更无损害之可言。尚望贵总领事以上述诸原由转陈贵大使惠予谅解。至为纫荷。

此致大英国驻汉口总领事

中华民国二十七年九月二十四日

(3)惠达默致翁文灏函(10月7日)

径启者:案准本年九月廿四日台函。关于汉口第一纱厂迁运机器一事,曾提及拟迁一部分之机器,其余留作保证新沙逊洋行抵押权。等由。准此。经本总领事官报告本国驻华大使去后,现奉令对于一部分之搬迁该英商新沙逊洋行之意,仍须严重抗议,并饬向贵部长声明:倘该厂机器被非法分子或华方当局之自动而使其受损,则华当局须负其责。如果因日本人之行动致机器有所损毁,日本政府亦应负相同责任。等因。奉此。相应函达贵部长希即查照为荷。此致

经济部部长翁

总领事官惠达默
十月七日

[经济部工矿调整处档案]

35. 翁文灏陈送武汉工厂迁移状况表等件代电稿（1938年9月24日）

委员长蒋钧鉴：武汉工厂拆迁情形迭经呈报在案。兹再将最近进行状况择要缕陈：（一）各纱厂拆迁机件又运出七千余吨，约合总吨数百分之六十（见附表一）。查纱厂运输，本已按吨位排定日期，其未能全运者，均已于附表内注明理由，正在催促加紧赶运。其中官布局一厂拆卸，未能迅速，业经工矿调整处随时予以技术上协助，并饬令加紧办理。申新第四纱厂原定分迁川陕，其迁陕部分仅余小数未运。因循礼门至玉带门铁路工事于九月十四日始竣工，赶修路轨日内即可运出，推迁川部分虽经屡次分配吨位，乃仍迁延不运，近经再行剀切申令，已定本月二十四日由新浦轮运出。谨将职处训令该厂原文录副附呈，深冀其能切实遵办。（二）第一纱厂遵奉钧座侍秘鄂2939号代电，业已训令第一纱厂先行局部拆迁，及租户复兴公司予以协助，并函财政部商筹全部拆迁费用，及对英商债权由政府予以担保办法在案。嗣据该厂等呈复已转达债权人，一俟得复再行呈报。等情。正待呈复间，复准汉口英总领事来函，以奉英大使令，依照该厂与新沙逊洋行借款合同第五条之规定，该厂财产无抵押权人之同意，不得拆迁。对工矿调整处拆迁第一纱厂之命令，请予修正等由，当以（一）拆迁该厂直接系保全该厂物资，间接即所以保障新沙逊洋行之债权；（二）依据上述合同条款，当是项拆迁不致减损抵押财产之价值时，抵押权人不得拒绝；（三）该厂财产价值超出债额，先行拆迁一部分，所余部分以之抵偿债务，俾有余裕，对于债权人更无损害之可言。三项理由，由工矿调整处函复该英总领事转陈英大使予以谅解，尚未见复。今复赓续进行，自当于保持对外友好关系中，期达我保存物资之目的。（三）其余各工厂面粉业中，本拟将金龙一厂缓迁，嗣因裕隆一厂机件亦过陈旧，而军需用粉复殷，经允其复工，但已由该厂具结，于必要时即行破坏。其余迁往桃源之五丰已运出大部分。至分迁川陕之福新，一俟玉带门循礼门路轨修竣，即可将未运部分运出。胜新一厂拟改迁沅陵，亦已批准照办，□□即可起运（见附表一）。织布业中，除已迁26厂外，又有5厂分迁川陕。化学业中，汉中制革厂、建华油漆厂已迁川，敌厂日华、三菱、三井三油厂及电厂、水厂，均已拆完，现在装船中。兹谨检同武汉工厂历来拆迁情形表(见附表二)、武汉主要工厂名称及拆迁情形表(见附表三),电呈鉴核。职翁○○。印。敬。

附表一:武汉纱厂面粉厂迁运状况表(截至九月二十日止)

类别	厂名	目的地	总吨位	已定吨位	待运吨位	附记
纱厂	裕丰纱厂	重庆	3,000	2,574	426	机器已运完,待运者为物资
	官布局	宝鸡	3,500	1,859	1,641	该局办事过于迟缓
	申新四厂	宝鸡	2,200	1,717	483	一俟循礼门车站工事完毕路基完全修好即可运出
		重庆	1,300	65	1,235	该厂故意迟延
	大成四厂	宝鸡	1,100	1,058	42	
		重庆	330	313	17	
面粉厂	福新面粉厂	宝鸡	1,000	80	920	循礼门车站附近路基完全铺好即可运出
		重庆	400		400	
	五丰面粉厂	桃源	250	167	83	待运机器即可运出
	胜新面粉厂	沅陵	204		204	机器已拆完待运

附表二:曾来本处接洽之工厂迁移状况表

类别		机械	电气	纺纱	织布	漂染	化学	食品	医药	文化	建筑	矿业	日用品	总计
已迁厂数	武汉三镇	37	1	5	31	3	7	7		6			2	99
	外埠迁来	61	14	3			24	3	4	10	4	3	5	132
	合计	98	15	8	31	3	31	10	4	16	4	3	7	230
待迁厂数	武汉三镇	39			6		3	2					2	52
	外埠迁来	3			6		3	2					4	12
	合计	42			6		6	4					6	64
未迁厂数	武汉三镇	16		1	35	14	3	4						73
	外埠迁来	14	5		1									20
	合计	30	5	1	36	14	3	4						93
总计		170	20	9	73	17	40	18	4	16	4	3	13	387

附表三:武汉有价值迁移之工厂一览表:[略]

[经济部工矿调整处档案]

36. 工矿调整处业务组制武汉纺织染工厂迁移概况表（1938年9月）

纺织染厂拆迁标准：

（一）国人经营之纱厂应全部拆迁。

（二）拆迁之纱厂所有布机应一律随厂拆运。

（三）小型织布手工业亦设法协助其内迁，以增生产。

（四）染厂之拆迁与地点之分配，均以能适合该地主需要而足。

一、武汉纺织工业迁移情形

类别 是否已迁	厂名	地点	机器数目	备注
已迁	裕华纱厂	重庆	清棉4组、梳棉144部、棉条18组、粗纱51部、细纱101部、摇纱198部，共4万纱锭、布机351部	
	申新第四纱厂	重庆宝鸡	清棉4组、梳棉146部、棉条19组、粗纱46部、细纱104部、摇纱214部，共48万锭、布机720部	
	大成第四纱厂	重庆宝鸡	清棉2组、梳棉74部、棉条9组、粗纱48部、细纱50部、摇纱150部，共2万纱锭、布机250部、净纱车15部	
	湖北省织布官局	宝鸡	清棉6组、梳棉150部、粗纱77部、棉条17组、细纱86部、摇纱140部，共4万锭、拆15,000纱锭、布机300部、经筒车各3部	
	湖北省纺纱官局	宝鸡	共计纱锭5万，现配合拆2万（包括清花、粗棉、棉条、细纱等）	
外埠纺织厂由汉迁移内地者				
已迁	大成第一、二、三纱厂	重庆	纺纱机械及零件	该厂系由常州迁来现准备继续迁往重庆
	豫丰和记纱厂	重庆	纺纱机械及零件	由郑州迁来，现已迁往重庆
局部迁移	美亚织绸厂	重庆	新式提花龙头10部、道别机提花龙头17部、提花□蔑10万枚、机械附件3箱	由上海迁来，仍准备继续拆迁

二、武汉机织手工业迁移情形

类别 是否已迁	厂　名	地点	机械及工具数目	备　注
已　迁	远东布厂	常德	织机59部、提花机18部、筒子1部、染锅2个、褥子、平光、打光各1部、摇线机5部	
	亚东布厂	常德	织机46部、提花机14部、纬纱机2部、筒子机4部、合纱机1部	
	国华布厂	祁阳	织机11部、摇纱车1部、导纱车13部、筒芋壳1箱、零件1箱、综篾2件	
	吴仁记布厂	祁阳	织机9部、摇纱车1部、导纱车12部、染锅1个、筒芋、零件各1箱、综篾2件	
	王永顺布厂	祁阳	织机4部、摇纱机1部、导纱车4部、筒芋壳1箱、综篾1件、零件1箱	
	刘幼记布厂	祁阳	织机4部、导纱车4部、筒芋壳1件、零件1箱、综篾1件、千梳架1部	
	同兴布厂	祁阳	织机3部、导纱车4部、零件1箱	
	慎记布厂	祁阳	织机2部、导纱车4部、综篾1件、筒芋壳1件	
	汉华布厂	祁阳	织机4部、摇纱车1部、筒芋壳1箱、零件1箱、综篾1件、导纱车6部	
	正泰布厂	祁阳	织机3部、千梳架1部、导纱车6部、筒芋壳1箱、零件1箱、综篾1件	
	徐永发布厂	祁阳	织机4部、千梳架1部、导纱车5部、筒芋1箱、零件1箱、综篾1件	
	王永记布厂	祁阳	织机3部、千梳架1部、导纱车4部、筒芋壳1箱、零件1箱、综篾2件	
	杨福盛布厂	祁阳	织机4部、导纱车2部	
	万春布厂	祁阳	织机4部、千梳架1部、导纱车6部、筒芋壳1箱、零件1箱、综篾1件	
	王义兴布厂	祁阳	织机4部、导纱车3部、综篾1件、筒芋壳1箱	
	协盛布厂	祁阳	织机3部、摇纱车1部、合纱车1部、导纱车4部、零件1箱	
	徐新发布厂	祁阳	织带机3部、零件1箱	

续表

类别 是否已迁	厂 名	地点	机械及工具数目	备 注
已 迁	永和布厂	祁阳	织机5部、摇纱机1部、导纱车10部、零件2箱、综篾1件	
	徐万兴布厂	祁阳	织机3部、导纱车2部、综篾1件、筒芋壳1件	
	傅春记布厂	祁阳	织机3部、导纱车2部、零件1箱、筒芋壳1箱、摇纱架1部	
	汪谦记布厂	祁阳	织机2部、千梳架1部、导纱车2部、筒芋壳1箱、零件1箱、综篾1件	
	林胜利布厂	祁阳	织机9部、千梳架1部、导纱车5部、筒芋壳1箱、零件1箱、综篾1件	
	福东布厂	祁阳	织机9部、摇纱车1部、导纱车12部、筒芋壳2箱、零件1箱、综篾2件	
	谢祥源综篾子厂	祁阳	综架子20个、篾蔑2件、铁钳子两把	
	陈云记修机厂	祁阳	铁布机零件2箱、钻床1部、锉15把、钢锤5把	
	林裕丰布厂	祁阳	织机6部、大花机3部、合纱车2部、千梳架1部、筒芋壳1箱	
	合兴带厂	祁阳	织机4部、导纱车3部、零件2箱、千梳架1部	
	复兴布厂	祁阳	织机4部、千梳架1部、导纱车3部	
	成功织袜厂	宝鸡	织衣袜机30部、零件3箱	
	同济轧花布厂	宝鸡	轧花机20部	
	和兴布厂	宝鸡	烘干机2部、锅炉1部、合纱机1部、染缸8只、织机8部、车床1部	
	协昶布厂	宝鸡	布机30部、导纱机35部、摇纱车2部、络纱车8部、合纱车3部、零件8箱	
	德记布厂	宝鸡	布机30部、导纱车25部、摇纱车1部、络纱车8部、合纱车2部、零件8箱	
	义泰布厂	宝鸡	布机20部、导纱车25部、摇纱车2部、络纱车8部、合纱车2部、零件7箱	
	正大布厂	宝鸡	布机10部、导纱车10部、摇纱车1部、络纱车4部、零件2箱	
	协昌布厂	宝鸡	布机12部、导纱车15部、摇纱车1部、络纱车6部、零件3箱	
	必茂布厂	宝鸡	布机8部、导纱车10部、摇纱车1部、零件2箱	
	维新药棉厂	宝鸡		俟将所欠军区署之货交清后再迁
	同泰布厂	宝鸡	织机4部、摇纱车1部、导纱车12部	
	彭兴发布厂	常德		

续表

类别 是否已迁	厂　名	地点	机械及工具数目	备　注
已　迁	冯兴发布厂	常德		
	汪谦记布厂	常德		
	陈炳记布厂	常德		
	陆炳记布厂	常德		
	张春记布厂	常德		
	张福记布厂	常德		
	新盛布厂	祁阳	织机8部、导纱车8部、摇纱车1部、综篾2件、筒芋壳3箱	
	新成布厂	祁阳	织机15部、导纱车15部、摇纱车2部、零件1件	
	国成布厂	祁阳	织机7部、导纱车7部、摇纱车1部、综篾2件	
	震华布厂	常德	织机1、导纱车1、摇纱车1、综篾2及附件等	
	魏福记布厂	常德	织机5部、摇纱车1部、导纱车1部	
	张兴发布厂	常德	织机1、导纱车1、摇纱车1、综篾1及附件等	
	光明布厂	常德	织机1、导纱车1、摇纱车1、综篾1及附件等	
	张宏发布厂	常德	织机1、导纱车1、摇纱车1、综篾1及附件等	
	张正记布厂	常德	织机1、导纱车1、摇纱车1、综篾1及附件等	
	永顺记布厂	常德	织机1、导纱车1、摇纱车1、综篾1及附件等	
	陈鹏记布厂	常德	织机1、导纱车1、摇纱车1、综篾1及附件等	
未　迁	裕通布厂		织机130部	迭经通知,无人前来接洽
	永安布厂		织机30部	迭经通知,无人前来接洽
	精华布厂		织机10部	迭经通知,无人前来接洽
	三星布厂		织机8部	迭经通知,无人前来接洽
	瑞丰布厂		织机37部	迭经通知,无人前来接洽
	复泰布厂		织机6部	迭经通知,无人前来接洽

续表

类别 是否已迁	厂名	地点	机械及工具数目	备注
未迁	魏福记布厂		织机5部	已移迁移栏
	松茂长布厂		织机6部	已移迁移栏
	新盛布厂		织机10部	已移迁移栏
	泰兴布厂		织机10部	已移迁移栏
	振记布厂		织机5部	迭经通知,无人前来接洽
	怡记布厂		织机9部	迭经通知,无人前来接洽
	刘恒昌布厂		织机7部	迭经通知,无人前来接洽
	顺记布厂		织机4部	迭经通知,无人前来接洽
	震霞布厂		织机4部	迭经通知,无人前来接洽
	甄复布厂		织机4部	迭经通知,无人前来接洽
	李长发布厂		织机2部	迭经通知,无人前来接洽
	汉和布厂		织机8部	迭经通知,无人前来接洽
	晋丰布厂		织机10部	迭经通知,无人前来接洽
	华光布厂		织机12部	迭经通知,无人前来接洽
	潘福记布厂			迭经通知,无人前来接洽
	范成记布厂		织机7部	迭经通知,无人前来接洽
	熊汉记布厂			迭经通知,无人前来接洽
	协盛布厂		织机7部	迭经通知,无人前来接洽
	同泰布厂		织机4部	已移迁移栏
	三兴卧单厂		织机4部、导纱车9部、千梳架1部、筒纬1箱、印花家具1套	负责人返乡,无法接洽迁移
	华成布厂		织机17部	负责人返乡,无法接洽迁移
	义昶布厂		织机20部	负责人返乡,无法接洽迁移
	大丰布厂		织机6部	负责人返乡,无法接洽迁移

续表

类别\是否已迁	厂　名	地点	机械及工具数目	备　注
未迁	永春布厂		织机 5 部	负责人返乡,无法接洽迁移
	吴胜昌布厂		织机 8 部	负责人返乡,无法接洽迁移
	华丰布厂		织机 20 部	负责人返乡,无法接洽迁移
	熊德记布厂		织机 44 部	负责人返乡,无法接洽迁移
	复成布厂		织机 40 部	负责人返乡,无法接洽迁移

三、武汉漂染厂迁移情形表

类别\是否已迁	厂　名	地点	机　器　数　目	备　注
已迁	东华漂染厂	宝鸡	烧毛机 1 部、伸幅、开幅机各 1 部,漂缸 2 个,浣布、脱水、码布、平绸机各 2 部	
	善昌新染厂	宝鸡	烘干机 4 部、折布机 2 部、拉宽机 1 部、染缸 20 个、锅炉 4 具,其他附件等	
	华中染厂	桂林	立式烘干机 1 部、卧式烘干机 2 部、染缸 17 个、折布机 1 部、刮绒机 1 部	
未迁	福兴漂染厂		大小压光机各 1 部、丝光车 1,起雪光车 1,烧毛机、柴油机各 1 部、缸 1 部、水汀马力 1 座	因欠英商卜内门洋行债务,将全部机械移入该行内另行保管
	兴昌染厂			以设备简陋不拟迁移
	隆昌染厂			以设备简陋不拟迁移
	有新染厂			以设备简陋不拟迁移
	庆华染厂			以设备简陋不拟迁移
	悦昌染厂			以设备简陋不拟迁移
	华安染厂			以设备简陋不拟迁移
	达昌染厂			以设备简陋不拟迁移
	鼎新染纱厂			以设备简陋不拟迁移
	沈茂记染厂			以设备简陋不拟迁移
	维新丝光纱厂			以设备简陋不拟迁移
	华商军装染厂			以设备简陋不拟迁移
	公和永记染厂			以设备简陋不拟迁移

[经济部所属单位档案]

37. 工矿调整处业务组制武汉机器五金电气无线电业工厂迁移概况表(1938年9月)

拆迁选择标准:查武汉机械工业,设备较全者,原本不多,均系普通修理厂所,此次拆迁办法:

一、资财在5,000元以上,规模较大者,则令其单独迁移。

二、设备虽较简陋,但能制造工兵器材,能承担某项器材之一部分者,则饬其自行合组,共同迁往一处,联合生产。

三、所有原动设备,尽量拆迁。

四、普通翻砂铁铺,除仍劝令其拆迁外,并去函介绍前往工业协会酌办。

五、凡不拟迁移之机器工厂之优良技术工人,协助其迁往后方,给予工作。

六、各厂所有生铁废料,尽量督促迁往后方备用,免予资敌。

一、武、汉、阳三地工厂拆迁概况

	厂　　名	地点	吨位	主要机件数量	附　　记
已迁各厂	(一)机器五金业				
	周恒顺机器厂	重庆	500	锯床1部,车床12部,刨床4部,铣床2部,钻床3部,冲床1部	
	胡尊记机器厂	沅陵	90	车床5部,钻床3部,刨床2部,虎钳8具,20HP煤气机1部	
	中国煤气机厂	长沙	184	制造煤气机工具机器	
	和兴机器厂	沅陵	8	车床3部,刨床3部,钻床2部,虎钳10部,3HP马达1部,滚床1部	
	仁昌机器厂	沅陵	14	车床2部,刨床1部,钻床2部,4HP马达一部,3HP马达一部,滚床1部	
	韩云记机器厂	沅陵	3	车床1部,钻床1部,虎钳7部	
	苏裕泰机器厂	沅陵	3	车床1部,钻床1部,冲床1部,虎钳3部	
	张鸿兴机器厂	沅陵	25	车床3部,刨床1部,钻床3部,冲床1部,虎钳8部,剪刀床1部	
	秦鸿记机器厂	沅陵	15.5	车床2部,刨床1部,铣床2部,钻床2部,虎钳8部,3HP马达1部	
	正昌机器厂	沅陵	3.5	车床2部,刨床1部,钻床3部,虎钳4部,3HP马达1部	
	周复泰机器厂	沅陵	15.5	车床3部,刨床1部,钻床5部,6HP马达1部,8HP柴油机1部	

续表

	厂　　名	地点	吨位	主要机件数量	附　　记
已迁各厂	周义兴机器厂	沅陵	3	车床2部,刨床1部,钻床1部,虎钳5部,2HP马达1部	
	精益铁工厂	沅陵	18	车床1部,大轧刀2部	
	仲桐机器厂	沅陵	27	车床7部,铣床1部,钻床3部,虎钳13部,2HP马达1部	
	兴顺机器厂	沅陵	4	车床3部,刨床1部,钻床1部,虎钳6部	
	彭宝泰铁工厂	沅陵	3.5	钻床2部,冲床1部,虎钳6部,剪床1部	
	李胜兴机器厂	沅陵	3	车床3部,钻床1部	
	义华机器厂	沅陵	2	车床1部,虎钳6部,□床1部	
	谢洪兴机器厂	沅陵	11	车床1部,钻床1部,虎钳6部,3HP马达1部	
	复鑫祥机器厂	重庆	4	车床4部,刨床1部,钻床1部,马达1部,柴油机1部,虎钳8部	
	洪发利机器厂	重庆	28	车床4部,刨床2部,轧床1部,发电机1部,邦浦4部,电焊机1部	
	永和机器厂	重庆	4	车床3部,钻床3部,马达1部,虎钳10部	
	美丰纽扣厂	常德	16	车床1部,钻床1部,冲床10部,剪床10部,压床1部	
	金炳记机器厂	常德	4	车床2部,钻床1部及材料等	
	汤义兴机器厂	常德	4	车床2部,钻床1部,虎钳7部	
	鸿泰机器厂	常德	12	车床3部,钻床3部,虎钳9部,3HP马达1部,锯床1部	
	顺丰机器厂	常德	65	车床2部,螺丝床1部,铣床3部,钻床1部,虎钳7部	
	大荣机器厂	祁阳	10	车床4部,刨床1部,剪床1部,钻床1部,5HP马达1部	
	宝泰机器厂	祁阳	6	车床4部,钻床2部,虎钳13部,3HP马达2部	
	福顺机器厂	桃源	30	车床1部,刨床1部,钻床1部,打风机1部,3HP马达1部	
	洪顺机器厂	宝鸡		车床9部,刨床4部,钻床1部,虎钳6只	
	润新机器厂	应城	5	车床2部,钻床1部	
	吕方记机器厂	西安	30	车床3部,钻床2部,刨床2部,虎钳8部	
	瑞丰记汽车修理厂	贵阳	17	车床3部,钻床3部,虎钳18部,马达2只	
	毓蒙联华公司	汉中		柴油机1部,剪刀机2部,开齿机3部	
	山泰翻砂厂	沅陵	25	马达1只,风箱1套	
	陶国记翻砂厂	常德	4.5	翻砂2具	

续表

	厂　　名	地点	吨位	主要机件数量	附　记
待迁各厂	鼎泰机器厂	沅陵	6	车床2部,钻床1部,马达1部,虎钳6部	
	万声永记工厂	沅陵	24	车床1部,钻床1部,船壳锅炉	
	振华机器厂	沅陵	13	柴油机2部,车床5部,刨床1部,马达1部,钻床2部,铣床1部	
	胜昌机器厂	沅陵	10.5	发电机1部,冲床1部,车床3部,刨床1部,钻床2部,虎钳9部	
	魏源顺机器厂	沅陵	9	车床2部,刨床1部,钻床1部,虎钳10部	
	德大机器厂	沅陵	8	车床8部及材料等	
	周顺兴机器厂	沅陵	8	电焊机13件,马达1部,钻床1部	
	老荣泰机器厂	沅陵	4	车床9部,虎钳4只	
	新华机器厂	沅陵	3.5	车床5部,钻床3部,冲床1部,3HP马达1部	
	万运兴机器厂	沅陵	3	车床2部,刨床1部,钻床3部,3HP马达1部	
	义复昌机器厂	沅陵	3	车床3部,刨床1部,钻床1部,3HP马达1部	
	张兴发机器厂	沅陵	3	车床1部,钻床2部,3HP马达1部	
	洪昌机器厂	沅陵	3	车床7部,冲床2部,钻床1部,3HP马达1部	
	谢元泰机器厂	沅陵	4	车床2部,刨床1部,钻床1部,3HP马达1部	
	新泰标记机器厂	沅陵	6.5	车床3部,钻床2部,马达2部,虎钳8部	
	恒记铁工厂	沅陵	5.5	车床1部,钻床2部,马达2部	
	邵定兴翻砂厂	沅陵	31	化铁炉2套,3HP马达1部,风箱1套,翻砂工具等	
	协兴翻砂厂	沅陵	28	生铁及生铁砂箱约15吨,炉灶5套,马达、风箱1套	
	恒记翻砂厂	沅陵	2.7	2HP马达风箱1套,翻砂工具生铁砂箱等	
	百利机器厂	常德	4	车床1部,钻床1部,锯床3部,马达1部,虎钳8部	
	彭宝盛翻砂厂	沅陵	16	化铁炉3套,砂箱、马达、风箱各1套	
	刘义昌翻砂厂	沅陵	3	化铁炉1套,马达风箱1套,砂箱1只	
	方兴发翻砂厂	沅陵	3	风箱,化铁炉,砂箱等	
	大生机器厂	沅陵	14.5	车床2部,刨床2部,钻床4部,冲床3部,虎钳10部	
	正大利机器厂	沅陵	1.75	车床2部,钻床4部,马达1只,虎钳9部,冲床1部	
	闵燮记机器厂	沅陵	3	车床2部,钻床2部及原料等	
	瑞昌制造厂	重庆	2.5	车床2部,刨床1部,钻床2部,虎钳8部	
	成昌机器厂	重庆	8	车床3部,刨床1部,钻床1部,虎钳6部	

续表

	厂　　名	地点	吨位	主要机件数量	附　记
待迁各厂	张同兴机器厂	重庆	4	车床1部,钻床1部,虎钳12部	
	洪泰机器厂	重庆	4	车床1部,钻床1部,虎钳3部,冲床1部	
	萧兴隆机器厂	重庆	4	车床1部,钻床1部,马达1只,虎钳10部	
	萧复兴机器厂	重庆	3	车床1部,钻床1部,虎钳4部	
	周谊记机器厂	重庆	3	车床1部,钻床1部	
	新泰祥机器厂	重庆	3.5	钻床3部,虎钳10部	
	三鸿昌翻砂厂	沅陵	8.5	马达1部,风箱3部及翻砂工具等	
	泰记机器厂	祁阳	8.4	车床3部,钻床1部,马达1部	
	东桐记机器厂	常德	22		
	俞森记工厂	万县	8		
未迁各厂	冠昌机器厂			机器已拆迁他处,负责人员均已星散	
	公记机器厂				因须留汉修理船只
未迁各厂(因设备简陋或停工已久不拟迁移)	周鸿发机器厂				
	裕春机器厂				
	隆泰机器厂				
	胜泰机器厂				
	彭万泰机器厂				
	陈东记机器厂				
	秦合兴机器厂				
	谢祥发机器厂				
	肇昌机器厂				
	李兴发机器厂				
	汉昌机器厂				
	李源记机器厂				
	刘洪盛机器厂				
	宋正发机器厂				
	(二)电气无线电业				
已迁各厂	特四区发电厂	衡阳	200	柴油发电机3部,蒸汽发电机1部	内50吨运常德

二、由外埠迁来而由汉陆续内迁之工厂拆迁概况

	厂　名	地点	吨位	主要机器数目	附　记
	（一）机器五金工业				
已迁各厂	大鑫钢铁厂	重庆	707.9	电气炼钢炉4部，车床16部，刨床7部，钻床7部，铣床1部	
	顺昌铁工厂	重庆	262.1	车床2部，搪床1部，铣床2部及其他工具	
	工矿调整处第一铁工厂	桂林	230		
	合作五金公司	重庆	156.7	车床19部，铣床9部，电动机22部，冲压床22部，刨床3部	
	美艺钢铁厂	重庆	238.5	马达7部，车床10部，刨床3部，钻床7部，冲床17部，铣床2部	
	上海机器厂	重庆	85.1	刨床1部，车床12部，钻床2部，磨床1部，5HP马达1部	
	新民机器厂	重庆	66.4	车床14部，铣床2部，刨床5部，钻床6部，铡床1部，锯床1部	
	精一科学仪器厂	重庆	25.7	车床5部，铣床1部，钻床1部，冲床2部，滚床1部	
	大公铁工厂	重庆	61.7	车床10部，刨床2部，钻床1部，铣床1部，虎钳72部	
	中国实业厂	重庆	101	车床20部，铣床7部，磨平床1部，刨床3部，冲床2部	
	中新铁工厂	重庆	4.5	车床1部，马达3部，电焊机1部，锯床1部，冲床3部	
	公信记金属品厂	重庆	26.9	冲压床24部，螺丝机5部，车床1部	
	新昌机器厂	重庆	25	刨床2部，车床3部，铣床8部，钻床3部，马达1只	
	镐锠铁工厂	重庆		该厂机件系随美艺钢铁厂起运	
	姜孚制造厂	重庆	17	冲床35部，车床1部，钻床1部，3HP马达3只，剪刀机1部	
	利泰翻砂厂	重庆	17	风箱1只，化铁炉1套及翻砂工具	
	精华机器厂	重庆	13.2	车床3部，钻床3部，锯床5部，压床2部，打头机2部，马达2只	
	广利砂荟厂	重庆	26.5	车床5部，钻床1部，刨床1部，锯床1部，锯板增1部，马达2部	
	达昌机器厂	重庆	36.5	车床3部，钻床2部，磨光车1部，剪床1部，虎钳6部	
	中国建设公司	重庆	9.2	车床3部，冲床3部，钻床1部，锯床1部，剪床1部，刨床1部	
	福泰翻砂厂	重庆	9.4	3HP马达1只，风箱1只，砂箱50只及材料等	
	东昇机器厂	重庆	7	车床8部，钻床2部，虎钳10部，马达1只	

续表

	厂　　名	地点	吨位	主要机器数目	附　　记
已迁各厂	徐兴昌翻砂厂	重庆	3.5	翻砂工具及材料等	
	启文机器厂	重庆	3.5	车床1部,刨床1部,铣床1部	
	张瑞生电焊厂	重庆	3.1	电钳工具	
	大来机器厂	重庆	4.2	车床1部,马达1部,铣床1部	
	萧万兴铜器厂	重庆	3.7	车床2部,冲床3部,马达1部	
	陆大工厂	重庆	85	车床22部,刨床2部,冲床2部,剪床1部,马达3部,电焊机3部	
	大同五金号	重庆	57	五金材料	
	震旦机器厂	重庆	21	材料	
	华西兴业公司	重庆	417.1	各项车制机器及五金材料	
	永利公司铁工厂	重庆	410.6	修理工具机器	
	招商局机器厂	重庆	350	机械材料	
	六河沟铁工厂	重庆	70	机械材料	
	康元制罐厂	重庆	29	车床3部,钻床3部,刨床2部,冲床22部,铣床1部	
	洽生工业公司	重庆	17	车床7部,钻床3部,铣床2部,马达1部	
	协昌机器厂	重庆	16.5	车床4部,刨床1部,冲床2部,虎钳17部	
	永丰翻砂厂	重庆	8.2	马达1部,风箱1部,化铁炉2部,钻机3部	
	老振兴机器厂	重庆	4		
	鼎丰制造厂	重庆	2.4	车床3部,钻床5部,马达1部	
	启新电焊厂	重庆	1.9	电钳工具	
	兴明机器厂	重庆	2	车床3部,钻床1部,虎钳6部,马达1部	
	荣昌机器厂	重庆	9	车床2部,虎钳5部,马达1只,铣床1部	
	公益铁工厂	重庆	8.5	车床4部,刨床1部,钻床1部,马达1部	
	中华铁工厂	柳州	169	车床12部,钻床3部,刨床1部	
	新中工程公司	桂林	360	现分在长沙、祁阳两处开工	
	慎昌翻砂厂	桂林	85.5	砂箱1,150只,熔铁炉3部,马达2只	
	中华碾钢厂	桂林	48.8	碾钢架8只,风箱1只,剪刀机1部,碾钢辊14只	
	中兴铁工厂	桂林	24.6	车床9部,钻床2部,磨床1部,引擎1部	
	陈兴记翻砂厂	桂林	16	钻床3部,马达1只,炉子1部,6HP引擎1部	
	华中铁工厂	桂林	8.6	火石磨床2部,铁镫31只,压床4部	
	强华机器厂	桂林	7.5	车床4部,刨床1部,虎钳5部,钻床1部,马达1只	

续表

	厂　　名	地点	吨位	主要机器数目	附　　记
已迁各厂	中国机器厂	辰溪	21	车床7部,刨床1部,钻床2部,马达1只,虎钳4只	
	姚顺兴机器厂	沅陵	29.4	车床7部,马达2只,冲床2部,虎钳22部,钻床5部	
	亚洲制刀厂	沅陵	10	磨刀机4部,冲床3部,马达7只,磨光车5部	
	徐顺兴铁厂	沅陵	7	风箱2只,铁锤、炉灶、铁镫等	
	耀泰五金号	重庆	5.13	车床6部,冲床1部及翻砂工具	
	华丰机器厂	辰溪	4	车床4部,刨床1部,钻床2部,冲床1部,马达1只,虎钳15部	
	利用五金号	西安	13	车床4部,刨床7部,钻床1部,磨床1部,马达7只	
	华新电焊厂	重庆	2.5	并入中国炼气公司	
	华光电焊厂	重庆	2.5	截焊车,调粉车,马达及原料	
待迁各厂	三北造船机器厂	宜昌			暂时留汉修理船只要时运宜昌
	希孟氏历钟厂	重庆	16	马达1部,车床7部,铣床2部,钻床5部,冲床4部,刨床1部	
	振华电器厂	衡阳	25.5	车床2部,冲床25部,刨床1部,钻床2部,碾圆车2部,剪刀车2部	
	张怀记翻砂厂	长沙	9.5	砂箱140个及工具等	
未迁各厂（业已改组或停业之工厂）	维昌机器厂		24.5		该厂机械已售于交通兵团
	中兴网球公司				该厂网球多已售出
	中国钢铁工厂				该厂机件所存无几,原料亦多迁往他处
	可炽铁厂		74		
	兴鸿昌机器厂		68		
	汉兴机器厂		18		
	大昌机器厂		2		
	吴祥泰机器厂		2		
未迁各厂	公盛记铜纽扣厂		6		
	宝兴翻砂厂		6.5		
	姚兴昌铁厂		5		
	三雄铁工厂		2.5		
	新大铁工厂		2		

续表

	厂　　名	地点	吨位	主要机器数目	附　　记
	（二）电气无线电业				
已迁各厂	华生电器厂	重庆	1123.4	电器、电动机269及五金材料	
	资委会电厂	重庆	278	龙头式汽机发电机全套340kW柴油机及附件	
	中华无线电社	重庆	167.9	交流马达1,地轴、拋车3,烘箱4,零件材料	
	中国无线电公司	重庆	189.2	刻字机1,烧杆机1,烧线机1,手压机1,水压机1,抽气机1,烤炉2,冲床1,车床6,虎钳等	
	中国蓄电池厂	重庆	41	冲床4,压平车1,车床3,刨床1,钻床1,打电池机2,打电机4,滚边机1,马达1,炭精机1	
	汇明电池厂	重庆	18.2	打电机3,喷砂机1	
	孙立记电池厂	重庆	13	车床5,钻床3,冲床1,马达3,成品材料	
	亚浦耳电池厂	辰溪	17	烧丝车20,喇叭车3,斯丹姆车3,封口车4,新旧式油邦浦10,水银邦浦12,专排气车12,大小马达13	
	公记电池厂	长沙	21		
	金刚电池厂	长沙	11		
	华成电器厂	桂林	134.5	冲床8,车床22,桌9,其他20,工具原料	
	永利电机厂	桂林	13.8	车床5,刨床1,马达冲床9,脚踏冲床2,钻床1,马达7,电木机3	
	谭泮电池厂	昆明	5.5		
未迁各厂	昌明电器厂		125		
	合众电器公司		120		
	中央电验行		30		
	亚光电器厂		8		
	华昌无线电厂		30		

[经济部所属单位档案]

38. 工矿调整处业务组制武汉化学暨其他业工厂迁移概况表（1938年9月）

迁移标准：

一、生财在5,000元以上者。

二、设备较新者。

三、后方有需要者。

四、设备工具与其他工业有关系者。

五、该项技术工人为后方所缺乏者。

凡合于上述标准之一者,先由本处通知前来接洽,经派员实地考察后,再行决定。

一、武、汉、阳三地工厂拆迁概况

	厂　　名	地点	吨位	主要机件数量	附　记
	(一)化学工业				
已迁各厂	汉中制革厂	重庆	41.3	锅炉2、马达4、转鼓5、其他重要机件13	
	建华油漆厂	重庆	69.5	大小辊磨1、三速平磨1、压滤机1、马达1	
	特四区冰厂	重庆	60	制冰机3、柴油机2及附件	
	华中制药厂	辰溪	20	马达1、锅炉2、织机布30及附件	
	财政部造纸厂	重庆		造纸机件零件及附件	
	沪汉玻璃厂	衡阳	36.5	机械、火砖及材料	
	汉口玻璃轧厂	重庆	8	粗砂机1、细砂机1、石朝机1、红粉机1、发电机1及原料	
	中国植物油料厂	重庆湘西	800		系敌产
拟迁各厂	三合公记器料厂	宝鸡	20		拆运中厂方临时变改,不拟起运
	汉昌肥皂厂				机件甚少,仅锅炉1只,拟拆
不迁各厂	祥泰肥皂厂			机件甚少	
	太平洋肥皂厂				
	楚胜火柴公司			机件陈旧	
	(二)食品工业				
已迁各厂	福新面粉厂	重庆宝鸡	1400	锅炉2、汽轮发电机2及其他机件	
	五丰面粉厂	桃源	250	发生炉1、气引擎1、狄塞尔引擎1及其他机件	
	胜新面粉厂	桃源	204	电动机、吸尘机、烘麦机、洗麦机等	
	振兴糖果厂	重庆	6	柴煤发电机1、压面机1、夹糖机1	
	福源油饼厂	老河口	100	压缩空气榨油机60具、锅炉2具、汽机2只	
	万成酱油厂	岳口	22.5	蒸豆锅1、铁炉100、缸233	
	南洋兄弟烟草公司(迁一部)	重庆	400	卷烟机8部、切药机10部、锅炉2只、烤烟炉2部、发电机8部、打火盒机4部	

续表

	厂　　名	地点	吨位	主要机件数量	附　记
拟迁各厂	裕隆面粉厂				机件过旧已令其暂留,必要时将重要机件拆去
	宝善米厂				动员会函暂缓拆迁该厂以维民食
未迁各厂	金龙面粉厂				该厂地处租界,电力无害,示令其暂缓拆迁
	中兴诚油厂				机件过旧且因市场及原料关系不能迁移
	汉华长记油饼厂				机件过旧且因市场及原料关系不能迁移
	一成榨坊				机件过旧且因市场及原料关系不能迁移
	(三)文化工业				
已迁各厂	汉益印刷所	重庆	15.5	印刷机、铅字、纸料	
	汉兴印书馆	重庆	11.6	印刷机、铅字、纸料	
	汉口正报馆	重庆	10.5	印刷机、铅字、纸料	
	七七印刷工厂	重庆	6	印刷机、铅字、纸料	
	国光印刷公司	桂林	6.1	印刷机、铅字、纸料	
	新华日报馆	重庆	48	印刷机、铅字、纸料	
	(四)物品部				
已迁各厂	应城石膏公司	老河口	52.9	发动机、原料磨	
	华兴制帽厂	重庆	2.14	机器材料	
拟迁各厂	精益眼镜公司	重庆			机件轻便、必要时拆迁
	头昌板厂	衡阳			机件简单,必要时拆迁

二、外埠工厂由汉继续内迁者

	厂名	地点	吨位	主要机件数量	附记
	（一）化学工业				
已迁各厂	永利化学公司	重庆	910.9	铁工机件大小560件、电焊机9及钢铁材料	
	天原电化厂	重庆	375.7	土壤分析仪器1、电炉1、电分析器1、离机1、烘箱1、变电器2、调和器1	
	天利淡气厂	重庆	49	空气压送机、氮化合器、燃烧炉、压缩机、发电机、硝酸分离机、氧压缩机	
	家庭工业社	重庆	28	马力轧石膏机、打盖机、石印机、电术机、撒粉机	
	中央化学玻璃厂	重庆	38.7	全部炉灶工具及原料	
	久大精盐厂	重庆	85	柴油机1、发电机2、冷风机3、马达4、车床5、5HP马达6	
	龙章造纸厂	重庆	600.2	透平机1、马达5、锅炉3、加煤机3、造纸机器1	
	中国铅丹厂	重庆	6.3	磨车、风车、分析器、收集器及原料	
	炽昌新制胶厂	重庆	1200	马力1、蒸汽机提炼炉1、真空浓缩机1、鼓风机4、火砖	
	大新荣橡胶厂	桂林			
	中国工商谊记橡胶厂	柳州深圳		锅炉2、马达13、炼和机10、硫化压力机17、切料机4、制浆机4、括胶机1、冷气机3	
	中兴赛璐珞厂	重庆		马达11台、粉碎1、硝化铁锅8、离心机3、冲床2、压平机4	
	科学仪器馆化学药品厂	重庆		显微镜1、大秤1、化验工具、已成药品	
	中国工业炼气公司	重庆		电杆、电石、机件工具	
	大中华橡胶厂	湘潭	31	马达1、炉子1、大滚筒4、传电器1、面子车1	
	民营化学工业社	湘潭	19.4	马达1、水压车2、邦浦1、手压车2、抛车7、冲床7、钻床1、车床8	
	汉光玻璃厂	重庆	10	磨口机1、刨口机1、轧口机1、坩锅18、半制品、火砖材料	
	江西光大瓷业公司	桂林	160	发电机2、马达20及制瓷机器全部	
	益丰搪瓷厂	重庆	25.7	马达7、调和车1、亚克车2、冲床2、车床1、滚泥机2、压土机1、括刀2、摇手车4	
	天盛陶器厂	重庆	109	陶器机全部	天原电化厂属厂
	瑞华玻璃厂	重庆	19		机械名目不详
	光亚锰粉厂	重庆	90		机械名目不详
	中国窑业公司	长沙	180		机械名目不详
	华记水泥厂	辰溪	2262.7	原料磨1、灰磨1、煤磨1、窑1、马达7及其他重要机件锅炉4	材料500下系石灰窑迁来

续表

	厂　　名	地点	吨位	主要机件数量	附　记
已迁各厂	中国制茶厂	恩施	8.6	木炭煤气炉1、引擎1、发电机1	
	青年协记烟厂	贵阳	8.6	卷烟机2、马达1、切丝机1、磨刀机2、烤烟炉1	
	冠生园罐头厂	重庆	6.1	床车1、钻床1、橡皮车2、返边车2、冲床2、封口机3、大锅炉4	
	(三)医药工业				
已迁各厂	新亚药厂	重庆	21.7	制药用机器全套,制造医疗用器械机件全套	
	中法药厂	重庆	9.5	□□□分离机、真空机连马达制丸机4、电动机3	
	海普制药厂	重庆	2	机件、仪器、材料、原料、成品	
	民康实业公司	重庆	22	纺纱机件全套、火砖、药品、五金材料	
	(四)文化工业				
已迁各厂	时事新报	重庆	9.6	印报全部机件、报纸	汽车1辆
	京华印书馆	重庆	201.7	铅印部机件、彩印部机件、铸字	
	华丰印刷所	重庆	60		
	开明书店	重庆	30		所运均属材料
	生活书店	重庆	37.4		所运均属材料
	科学印刷所	桂林	63.3	印刷机件、铅字、纸张	
	大东书局	重庆	24	印书机全部、铅字、马达	
	时代日报社	重庆	12	印刷机、铅字	
	长兴印刷公司	贵阳	14	印刷机、铅字	
	中国铅笔厂	重庆	422	制铅笔机件全套、印刷品、钻床、马达、风箱、原料	
	(五)物品部				
已迁各厂	植物油料厂	重庆	12.5		机件名目不详
	三星工业社	重庆	120		机件名目不详
	金刚橡胶鞋厂	重庆	9		机件名目不详
	迪安针织厂	昆明	1	织袜机、纺织机、压平机、地轴	
	梁新记牙刷厂	重庆	6.5	机件7、附件4、白鬃及牛骨	
	(六)建筑工业				
已迁各厂	馥记营造厂	重庆	109.7	钢筋、柏油、自来水管、五金玻璃、炉子	
	上海扬子建业公司	重庆	15.7	铁斗车23、枰车10、滚筒2、水风箱4	
	六合建筑公司	重庆	151.4	水泥拌机、引擎、水泥、小车、钢条	
	建业营造厂				待查

续表

	厂　名	地点	吨位	主要机件数量	附　记
	(七)矿业				
已迁各厂	源华煤矿公司	辰溪鄂西	500	煤气机2、柴油机1以及附件	石灰窑迁来
	利华煤矿公司	重庆	507	汽轮发电机2、锅炉3及机械设备	石灰窑迁来
	中福公司	重庆	1,056	全部机件、钢轨	河南焦作迁来

三、外埠迁汉工厂未继续内迁者

厂　名	地点	吨位	主要机件数量	附　记
(一)化学工业				
肇新化学厂				该厂由沪迁来,机件不全,致未开工,不拟迁
大中华火柴厂				改组或停止
老大瓷厂				停业或改组
(二)食品工业				
天厨味精厂				主要机件迁渝,小部分留汉工作
四明糖厂				该厂由沪迁汉,经改组或停止营业
(三)物品工业				
明艺针织厂				左四厂经改组或停止营业
华成针织厂				
源大制皮厂				
强华实业公司				

[经济部所属单位档案]

39. 汉口市机器米业同业公会等关于停歇米厂拟迁鄂西事宜有关文件(1938年10月)

(1)汉口机器米业同业公会致工矿处函(10月12日)

敬启者:日前列席市府会议,决议歇业米厂由本会调查造册3份,分送各机关。兹造具歇业米厂调查表1份，随函奉上，即希贵处查核。惟应说明者，宝善、曹祥泰两家并未歇业，因各有机器2部，除以一部照常工作外，表内所填者，乃已拆卸之另一部，且已拆移他处，其机件细数及重量体积无法估计，故表内从略。至迁移与否，宝善须候其厂东武昌市政处决定，其余各厂，因负责人不易会晤，故不能定其行止。特此陈明，统希察照为荷！此致

经济部工矿调整处

汉口市机器米业同业公会谨启

附已歇业米厂调查表一件

中华民国廿七年十月十二日

汉口歇业米厂调查表

厂名	厂址	厂主或经理姓名	机件种类	重量	体积	备考
曹祥泰	沈家庙河街18	刘茂堂	锅炉			
宝善	汉水街9	陈秀珊	柴油			
协记	汉正街404	陈干卿	电气	1吨内外	约5方尺	
永泰	汉正街299	刘舜阶	电气	1吨内外	约5方尺	
茂生	米厂河街274	郑玉成	电气	1吨内外	约5方尺	
亿丰	民生路921	夏臣	电气	1吨内外	约5方尺	
新丰	江汉路41	陈文彬	电气	1吨内外	约5方尺	
协丰	汉正街44	朱耀阶	电气	1吨内外	约5方尺	已迁长沙
喻恒泰	郭家街42	喻显桢	电气	1吨内外	约5方尺	已装民船备迁南县

(2)武昌机器米业停业各厂调查册(10月15日)

武昌米业公会武昌机器米业停业各厂调查册

厂名	厂址	厂主或经理	机器种类	重量	体积大概
胜兴	望山门内正街	胡汉卿	25匹马力柴油机车垒全	3吨	1方5尺
源泰	武泰闸港边	孙姓	25匹马力柴油机车垒全	3吨	1方5尺
乾元	王惠硚边	毛松涛	24匹马力柴油机车垒全		1方5尺
张洪发	鲢套车站	张姓	24匹马力柴油机车垒全	3吨	1方5尺
永济	平湖门马路	方耀莹	24匹马力柴油机车垒全	3吨	1方5尺
元茂	文昌门敦义堂	冯姓	24匹马力柴油机车垒全	3吨	1方5尺
荣森昌	长虹桥街		24匹马力柴油机车垒全	3吨	1方5尺

续表

厂名	厂址	厂主或经理	机器种类	重量	体积大概
农民	长虹桥街	廖姓	24匹马力柴油机车垒全	3吨	1方5尺
洪泰顺	长虹桥街	张姓	12匹马力柴油机车垒全	2吨	1方
大同	长虹桥街	周姓	12匹马力柴油机车垒全	2吨	1方
福华	武泰闸港边	吴姓	12匹马力柴油机车垒全	2吨	1方
胡永兴	武泰闸港边	胡姓	12匹马力柴油机车垒全	2吨	1方
王裕源	积玉矶	王姓	24匹马力柴油机车垒全	3吨	1方5尺

(3)湖北省政府致工矿处代电(10月18日)

湖北省政府快邮代电　省民三武字第917号　民国二十七年十月十八日

汉口工矿调整处：查武汉歇业机器米厂迁移鄂西一案，业经饬据汉口市政府召集有关各机关团体商定办法，并据武汉两米业公会呈送歇业米厂调查表在卷。兹查表列歇业米厂，计汉口9家，武昌13家，其他已经歇业而未列报者尚有数十家，自应一并限期尽量拆迁。除分电汉口市政府、武昌市政处迅即督饬各歇业米厂立即设法拆迁，并派员径赴贵处商洽处，相应电请查照，迅予设法供给船只，以利进行，并希见复为荷。湖北省政府。巧民三武。印。

(4)工矿处致湖北省政府代电稿(10月19日)

代电

湖北省政府公鉴：巧民三武代电悉。查米厂前经本处饬令拆迁，嗣因供给军民粮食关系，复经第九战区动员委员会饬令留汉，从缓拆迁，即贵省府武昌市政处所经营之宝善米厂，亦曾向本处声复不能拆迁之理由。现在时机迫切，各方迁移器材为数太多，所有大轮吨位早经完全分配，而民船又经船舶运输司令部限期饬令驶离武汉，各米厂事前与本处毫无接洽，而关于运输亦分有主管机关。而本处并无运输工具，惟平时协助工厂迁移与主管航政机关接触较多，但处目前情形之下，恐亦无能为力。再查贵省政府原有航业局，似对于筹措运输较本处易于设法。至于迁厂所需护照，本处仍当照常发给，以利遄行。相应电复查照为荷。经济部工矿调整处。皓。

[经济部工矿调整处档案]

40. 工矿调整处关于拆迁沙市电气公司电机有关文件(1938年12月17日—1939年3月27日)

(1)工矿调整处训令(1939年12月17日)

训令

令沙市电气公司

查沙市自疏散人口后,电力负荷日渐减少,自应将剩余电机拆迁后方,以资安全。前经令饬遵照在案。又查该公司共有发电机四部,除应留存最小一部供应当地需要外,其余三部经与迁建委员会綦江铁矿及资源委员会电气处洽妥,决以二部由綦矿、一部由资委会分别拆迁,所有拆机迁运工作,均由各该机关负责办理。至所需购价,当会同各方妥慎估计,以昭公允。除已分别通綦江铁矿及资源委员会电业处即日派员前往办理拆迁,并分函当地军政警机关,予以保护外,仰即遵照为要。此令。

中华民国二十七年十二月十七日

(2)工矿调整处呈(1939年3月27日)

呈

案奉钧部工字第二三八二八号训令:以据沙市电气公司呈:以燃料来源断绝,二月底即停放电。等情。该公司装有柴油机四部,容量四〇二千瓦,应即设法拆迁利用,饬核议具报。等因。奉此。查该公司于去年十月间,曾向本处呈请协助迁厂,经令饬宜昌办事处就近办理,并洽妥先将一百匹马力小电机一部价售綦江铁矿。去后,嗣据宜昌办事处呈报:已会同綦矿代表赴沙市拆迁,惟因电厂系公共事业,一经拆迁,全市将受极大影响。当地军警机关及商会均表示须俟柴油用罄,奉军事委员会令准后,方许拆迁。等情。各在卷。顷复据该公司代表来处声称:柴油业已用尽,停止发电,已呈请军事委员会准予拆迁。等情前来。惟查綦江铁矿前拟价购之一百匹马力电机一部,因

当时未能迁出,已另购煤气发电机,该项柴油发电机已不需要,自可另商其他购主。奉令前因,理合将办理经过具文呈请鉴核。谨呈

经济部

中华民国二十八年三月廿七日

[工矿调整处档案]

41. 王野白陈报萍乡煤矿职工矿警处置情形密电(1939年4月27日)

资源委员会均鉴:密。(4011)电顷奉悉。兹将本局遵令七日停工后撤退情形缕陈如下:(1)自产煤焦元(十三)运完,土煤依湘桂要求寒(十四)开始运存全县,本局即在该地设处保管,惟土煤曾付定款约2万元,现更须垫付费用至巨。(2)重要机件哿(廿)可拆竣,惟透平电机锅炉现正应用,拟于首批机件撤完,时机许可仍继续撤运,否则由派来工兵并平巷直井及其他建筑物破坏,所撤迁机料,除平桂需件运桂林外,余均运全保管。(3)工人3,723名,均已发给三个月工资,少壮技工登记随同撤退者,约1,200名,暂留担任撤迁工作,嗣后择优良者500名,每日按名发伙食三角,随同撤退至全俟命,其余老弱亦均免费运送株洲解散。(4)职员除外埠暂不能收来外,计232名已遣散132名,均发给三个月遣散费,尚留100名督工撤迁,清结账项,亦均预借三个月薪安置家属,俟事竣,分别去留。(5)矿警官警原312名,除调会36名,借拨钨锑处20名,缺额2名外,现裁汰老弱60名,均发三个月遣散费,下裹健全官警194名,已改编,亦借三个月饷安置家属,随同撤退。谨闻。职白叩。(4152)。[萍乡]

[资源委员会档案]

42. 工矿调整处等关于沙市各机厂迁移事宜有关文件(1939年4月27日—5月10日)

(1)工矿调整处关于沙市各机厂迁移注意事项致白燕武文稿(4月27日)①

兹奉本部训令,本处会同资源委员会,速将沙市各机器厂迁至安全地带营业。等因。除将该项训令及沙市各厂名单附函抄发外,仰即前往沙市洽办为要。其应注意事项如下:

(一)附函寄致郭忏司令代电一纸,应往接洽,请其协助,如能由该司令另出一布告更佳。

(二)资源委员会派员来时,诸事可与商办。

(三)应就已停业之各厂先行拆迁。本处以小型发动机较为合用,其中又以用煤炭作燃料更为经济,一百匹以上,资源委员会如有可让其洽迁,否则须择机件较佳者先运。

(四)与各厂商洽拆迁时如请贷款,须令各厂按手续径呈本处,最好机器先迁宜昌,以后再谈贷款问题。

(五)附寄发致各厂空白训令十八份,按表查明填写,转发各厂(电灯公司可不必再发)。

(六)附寄空白护照十张及已盖印之报关清单三十张,应用如能同时起运,则可共同填发。

(七)各厂迁运后方地点,应以重庆为目的。

(八)办理情形应随时报处。

此致白技术员燕武

附致郭司令代电一份、各厂训令十八份[训令略]

经济部工矿调整处业务组

代电

宜昌长江上游江防司令部郭司令忏吾兄勋鉴:密。查沙市各工厂机器应令其迁至安全地带营业一案,经奉经济部训令,本处会同资源委员会迅即办

---
①此为拟稿时间。

理。等因。自应遵办,除由本处训令各厂遵照迁移后方,并派本处驻宜昌技术员白燕武君,即往沙市协助迁运事项外,相应电请查照,并请惠予协助为荷。翁文〇。印。

(2)资源委员会致工矿调整处公函(5月1日)

经济部资源委员会公函　密渝秘第487号

案奉经济部二十八年四月二十五日工字第二六四二九号训令开:案奉军事委员会办四渝字第三八〇三号代电内开:据长江上游江防司令郭忏呈称:沙市各机器厂除电灯公司现用之一部机器,应暂留用,以维治安,其余各厂机器拟请饬主管机关,令其迁至安全地带营业。等情。附送沙市各机厂现在机器数目及营业概况一份。据此,兹特抄发原件,电饬从速办理。等因。附沙市各机厂现有机器数目及营业概况表一份。奉此,合行抄发附发,仰该会会同工矿调整处迅即办理具报为要。等因。奉此。查本会前已向沙市电气公司购买100马力柴油发电机一座,运至宜昌,兹奉抄发表内,该公司尚有300马力油机发电机一座,可供本会宜宾电厂初步供电之用,业已饬由本会电业处电致该公司经理吴继贤,迅即拆运宜昌,由本会承购。此外,本会所办各工厂,尚拟购用24马力柴油机两座,拟请贵处设法,连同其余各机器一并内迁。除呈复外,相应函达,并抄送原表,即希查照统筹办理,并盼见复为荷。此致

经济部工矿调整处

　　附抄沙市各机厂机器数及营业概况表一份

　　　　　　　　　　　　　　　　　主任委员　翁文灏

　　　　　　　　　　　　　　　　副主任委员　钱昌照

　　　　　　　　　　　　　　　中华民国二十八年五月一日

沙市各机厂机器数目及营业概况表

厂名	机器部数	马力数	燃料为何	是否营业	停业者机运何处	厂址	备考
裕丰	1部车	25匹	炭	营		崇文街首	
豫兴	1部车	50匹	柴油	营		崇文街20号	
豫明	1部车	25匹	柴油	营		三民街191号	

续表

厂名	机器部数	马力数	燃料为何	是否营业	停业者机运何处	厂址	备考
大有丰	1部车	24匹	柴油	停	未动	中山街70号	
和丰荣	2部车	74匹	炭	营		中山街63号	1部50匹 1部24匹
电气公司	3部车	1.300匹 2.150匹 3.55匹	柴油	停停开	准备西运未动		
麟顺祥	1部车	25匹	炭	营		中山街59号	
中孚	1部车	25匹	炭	营		便河东一街18号	
成记	2部车	45匹	柴炭	营		旅寄坊49号	1部20匹(坏) 1部25匹
均益	1部车	25匹	炭	营		纯正街36号	
济楚	1部车	24匹	柴油	停		纯正街	
乾亭	2部车	100匹 40匹	炭 柴油	停		三民街	
宝丰	1部车	24匹	柴油	停	未动	纯正街	
吴永兴	1部车	12匹	柴油	停	未动	纯正街	
沙市号	1部车	20匹	柴油	停	未动	纯正街	
冯源兴	1部车	12匹	柴油	停	未动	90铺	
信义面厂	1部车	100匹	炭	停		三民街	
正明面厂	3部车	12匹 200匹 75匹	柴	停	准备西运	崇文街	
合计	1,825部①			营10 停8②			

(3)经济部致工矿调整处训令(5月8日)③

经济部训令　工字第27080号

　　令工矿调整处:案奉军事委员会办四渝字第4032号代电,以据沙市王司令修身电称,沙市电灯公司及各碾米厂机器,除留用一部分外,均于10日内一律迁至宜昌以西,特电查照。等因。合行抄发原电,令仰知照。此令。

　　附抄原代电一件

部长　翁文灏

---

①原稿如此,合计中应为25部、营8、停10。
②原稿如此,合计中应为25部、营8、停10。
③此为发文时间。

抄原代电

经济部翁部长勋鉴：奉交郭司令忏来电一件，为据沙市王司令修身电称，沙市电灯公司除择55匹及150匹马力机器两部留用外，其余300匹马力机器及沙市各碾米厂等所有机器，已限10日内一律运送宜昌以西地区营业。谨电备查。等语。并奉谕由厅转达经济部查照。等因，特电查照。渝军事委员会办公厅。办四。寝。印。

(4)工矿调整处复资源委员会公函(5月10日)①

公函

　　案准贵会5月1日密渝秘字第487号公函，以奉令会同办理迁移沙市各机厂机器一案，嘱查照统筹办理见复等由，准此。查本处前奉经济部训令，同前因，遵经分令各该厂遵照，将原动机部分及较优之机器设备，先行拆迁后方复工备用。并代电长江上游江防司令部惠予协助，暨饬派本处驻宜人员白燕武赴沙市办理迁运事项，随时与贵会所派人员洽商，并由本处业务组于4月28日，以业字第422号函请贵会电业处查照，派员前往宜昌，会同白技术员转沙办理，见复在卷。查此项电机既为贵会电发处所需自以迳行派员洽办为宜，因阅于议价验收、运输、保险等项均须有能负全责之人员主持。至于本处所派人员，自可随时协助。准函前由，相应复请查照，仍即指派专员前往洽运为荷。此致

经济部资源委员会

处长　翁文灏

［工矿调整处档案］

43. 荆州警备司令部检送拆运各米厂机器讨论会议纪录函(1939年5月11日)

　　查荆沙一带机器奉令拆迁一案，业于本月九日下午五时，在本部召集各

---

①此为拟稿时间。

有关机关暨省府等各代表,及碾米厂厂主开会商讨拆留办法、决议事项经录在案。兹特检同会议纪录一份,随函送达,希即查照为荷!此致经济部工矿调整处

附纪录一份

荆沙警备司令部启

五、一一

拆运机器讨论会议纪录

时间　二十八年五月九日午后五时

地点　警备司令部大礼堂

出席人员

江陵第二区署　高开阳	江陵第三区区长　李照国
省政府　田镇瀛	经济部　白燕武
省动委会　邓建黄	警备司令部　方少石
江陵县政府　徐介廷	警察局　张文生
草市米厂　刘承廉	乾亨米厂　周施安
沙市号米厂　章亭	和丰荣米厂　陈曦朗
玉华米厂　彭汉亭	公记米厂　姜福元
楚丰米厂　陈明元	裕丰米厂　廖叔纯
济楚米厂　李质金	麖顺祥厂　丁南生
荆州丰年永厂即电灯厂　李质金	豫明米厂　李治轩
荆州栋记米厂　章亭代	宝丰米厂　刘俊臣
均益米厂　萧云鹏代	中孚米厂　黄祥生
大有丰米厂　俞世坤	成记米厂　潘宝臣
岑河口复合米厂　李从周	岑河口顺昌米厂　郑滨臣
岑河口同丰米厂　刘传标	

主席　方少石

纪录　慈荫培

一、开会如仪:报告(略)。

二、议决事项：

1. 暂时留用及拆迁机器数目，应如何办理，请公决案。

决议：

(1)沙市暂留3部烧煤机器。(2)荆州暂留1部烧煤机器。(3)岑河口暂留1部烧煤机器。(4)草市机器不留。(5)信义元面粉机暂留用,但须即日开工,否则仍须运走。

2. 沙市留3部机器,应留何厂者,请公决案。

决议：

以拈阄为定,经拈定留用裕丰、和丰荣、中孚三厂之机器。如上留三部机器出米不敷用时,得由豫兴电灯机器代为碾米供应。

3. 荆州应留何家米厂机器,请公决案。

决议：

留丰年米厂机器一部。

4. 岑河口应留用何米厂机器,请公决案。

决议：

以拈阄为定,经拈定留用同丰米厂机器。

5. 其余运走之机器拆运期限应如何办理案。

决议：

拆运期限：沙市以本月二十五日以前拆运完毕,荆州、草市、岑河口三处以本月底以前拆运完毕,否则统由政府没收运走,或于必要时破坏之。拆运机器之特种护照,由各厂径向经济部工矿调整处白委员燕武给领。

6. 拆运机器应由何机关负责监督,请公决案。

决议：

沙市由警察局负责,荆州、草市、岑河口均由县政府负责。

[经济部工矿调整处档案]

44. 军政部军需署等办理沙市各业工厂内迁有关文件(1939年5月11—23日)

(1) 军需署致工矿调整处公函(5月11日)

军政部军需署公函　渝需丙字第2583号

案查沙市正明、信义两粉厂及纱厂一家,业经本部电请李司令长官协助,限期拆运来渝一案。兹奉交李司令长官副一敬电复开:经饬沙市王警备司令修身遵照办理,去后顷据该司令马电复称,沙市正明粉厂正拆卸装运中,纱厂机器已运往重庆,信义面粉厂,因运费无着,待与经济部接洽,电灯机器除留一部应用外,其余连同各碾米厂机器,业经令饬于十日内一并运至宜昌以西各地营业,并分电专员署、警察局督同协助各等情。据此,相应电请查照等因,转发到署。除正明粉厂已派本署粮秣场金场长接洽办外,其余各厂,既经限期西移,相应函请贵处查照,统筹办理,并希见复为荷。此致

经济部工矿调整处

署长周骏彦

中华民国廿八年五月十一日

(2) 工矿调整处致军事委员会代电(5月23日)

国民政府军事委员会钧鉴:办四渝第4618号未真代电敬悉。查沙市各工厂之拆迁,本处于上年八月间即已着手督导进行,如沙市纱厂已将2万纱锭及机件全部迁运奉节筹划复工。其女工等则先来重庆,入各纱厂工作。沙市正明泰记面粉厂已由本处贷款迁渝,并函准军需署协助建厂复工。沙市信义文记面粉厂原拟留沙生产直至最后时期,以供前方军用面粉,现亦在磋商拆运中。沙市电气公司电机已由处洽商资源委员会购运二部,其余小型发电设备及动力机等并于上月底派技术员白燕武前往拆迁洽购,函商资委会派员会同办理。至关于拆迁沙市各碾米厂机器一案,前奉经济部训令转奉钧会办四渝字第3803号代电,已令饬本处技术员白燕武会同资源委员会派员前往洽办,业经代电长江上游江防司令部协助办理,一并呈复经济部鉴核各在卷。

奉电前因，理合将办理经过情形电请鉴核。经济部工矿调整处兼处长翁○○。漾。叩。

[经济部工矿调整处档案]

45. 湖北省政府秘书处编制湖北省抗战期间各工厂拆迁概况表① (1940年4月10日)

厂名	原设厂址	现迁厂址	机料吨数（吨）	拆迁费用（元）	备注
总计			11,054,101	1,208,992	
洪发利机器厂	汉口	重庆	28.0	2,200	
复鑫祥机器厂	汉口	重庆	6.0	550	
永和机器厂	汉口	重庆	5.0	700	
秦鸿记机器厂	汉口	重庆	21.2	720	
周复泰机器厂	汉口	重庆	18.0	620	
振华机器厂	汉口	重庆	25.0	10,000	
新华机器厂	汉口	重庆	9.5		
黄运兴五金厂	汉口	重庆	8.5		
周义兴机器厂	汉口	重庆	3.0	150	
方兴发机器厂	汉口	重庆	50.2	10,000	
杨正泰冷作厂	汉口	重庆	5.5		
洪昌机器厂	汉口	重庆	6.5	250	
联益汽车修理厂	汉口	重庆	5.0		
杜顺兴翻砂厂	汉口	重庆	4.3		
胡洪泰铁工厂	汉口	重庆	3.1		
邓兴发翻砂厂	汉口	重庆	6.1		
汤洪发铁工厂	汉口	重庆	5.7		
王鸿昌机器翻砂厂	汉口	重庆	3.0		
汉口机器厂	汉口	重庆	3.0		
田顺兴铁工厂	汉口	重庆	3.1		

① 此件节录自湖北省政府秘书处统计室所编《抗战期间湖北省概况统计》。

续表

厂名	原设厂址	现迁厂址	机料吨数（吨）	拆迁费用（元）	备注
顺昌铁工厂	汉口	重庆	63.0	20,000	
荣昌机器厂	汉口	重庆	9.0	1,000	
招商局机器厂	汉口	重庆	350.0		国营
既济水电公司	汉口	重庆	500.0	120,000	机件已售与资源委员会
通艺无线电公司	汉口	重庆	10.0		
汉昌肥皂厂	汉口	重庆	278.9		
建华制漆厂	汉口	重庆	69.0		
汉中制革厂	汉口	重庆	49.0	5,000	
科学仪器馆化学药品厂	汉口	重庆	6.1	1,300	
国华精棉厂	汉口	重庆	3.2		
汉口车光玻璃厂	汉口	重庆	8.3		
汉光玻璃厂	汉口	重庆	10.0	1,000	
亚东布厂	汉口	重庆	24.0		
和兴染织厂	汉口	重庆	32.5		
南洋烟草公司	汉口	重庆	1,085.0		
振兴糖果饼干厂		重庆	5.2		
新华日报	汉口	重庆	48.0		
白鹤印书馆	汉口	重庆	24.0		
汉光印书馆	汉口	重庆	18.5		
劳益印刷所	汉口	重庆	15.5		
申江印刷所	汉口	重庆	11.7		
汉口正报馆	汉口	重庆	10.5		
七七印刷厂	汉口	重庆	6.3	800	
振明印务局	汉口	重庆	4.8		
汉口新快报	汉口	重庆	3.0		
汉益印书馆	汉口	重庆	15.5		
杨子印书局	汉口	重庆	5.0		
寿康祥锯木厂	汉口	重庆	8.5		
孙舟眼镜公司	汉口	重庆	1.5		
民康实业公司	汉口	重庆宝鸡	32.5	3,000	

续表

厂名	原设厂址	现迁厂址	机料吨数（吨）	拆迁费用（元）	备注
申新纱厂	汉口	重庆宝鸡	6,147.7	252,200	
福新面粉厂	汉口	重庆宝鸡	448.5		
震寰纱厂	汉口	重庆宝鸡	2,000.0	34,292	
精益眼镜公司	汉口	重庆昆明	2.8		
赵金记机器厂	汉口	衡阳	150.0		
宝泰机器厂	汉口	衡阳	16.0	300	
大丰马鞍机器厂	汉口	衡阳	3.0		
沪汉玻璃厂	汉口	衡阳	36.5	800	
福顺机器厂	汉口	沅陵	32.5		
仲桐机器厂	汉口	沅陵	21.2	1,200	
华商军服厂	汉口	沅陵	250.0		
张鸿兴机器厂	汉口	沅陵	24.9	1,100	
山泰翻砂厂	汉口	沅陵	22.0	1,000	
仁昌机器厂	汉口	沅陵	16.0	600	
鸿泰机器厂	汉口	沅陵	15.0		
谢洪兴机器厂	汉口	沅陵	11.0	700	
和兴机器厂	汉口	沅陵	7.3	380	
金炳记机器厂	汉口	沅陵	7.2		
汤义兴机器厂	汉口	沅陵	4.0		
谢元泰机器厂	汉口	沅陵	10.0	200	
华森翻砂厂	汉口	沅陵	3.5		
李胜兴机器厂	汉口	沅陵	3.0		
韩云记机器厂	汉口	沅陵	2.4	150	
陈东记机器厂	汉口	沅陵	1.0		
范兴昌翻砂厂	汉口	沅陵	2.0		
李兴发机器厂	汉口	沅陵	2.5		
聂兴隆铁工厂	汉口	沅陵	2.0		
黄福记铁厂	汉口	沅陵	6.2		
兴顺机器厂	汉口	沅陵	4.0	150	
周庆记翻砂厂	汉口	沅陵	6.7		

续表

厂名	原设厂址	现迁厂址	机料吨数（吨）	拆迁费用（元）	备注
义华电气工厂	汉口	沅陵	1.0		
华中药厂	汉口	沅陵	20.0	850	
民生制药厂	汉口	沅陵	7.6		
林森军服厂	汉口	沅陵	3.0		
新盛布厂	汉口	沅陵	3.0		
金钢机制鞋厂	汉口	沅陵	6.5		
中国植物油料厂	汉口	重庆沅陵	1,048.5		
美丰机器厂	汉口	常德	16.0	1,000	
顺丰机器厂	汉口	常德	10.0		
陶国记翻砂厂	汉口	常德	10.0		
正昌机器厂	汉口	常德	4.0	200	
苏裕泰机器厂	汉口	常德	3.0	180	
义复昌机器厂	汉口	常德	11.30	150	
华协兴铁工厂	汉口	常德	2.0		
吴善兴机器厂	汉口	常德	3.0		
张乾泰机器厂	汉口	常德	2.0		
瑞生机器厂	汉口	常德	3.0		
恒兴盛铁工厂	汉口	常德	3.0		
江源昌机器厂	汉口	常德	3.0		
周锦昌翻砂厂	汉口	常德	6.5		
合记铁工厂	汉口	常德	3.0		
隆泰工厂	汉口	常德	6.0		
李锦泰五金厂	汉口	常德	2.0		
胜泰机器厂	汉口	常德	3.0		
刘洪盛机器厂	汉口	常德	2.0		
德昌永铁工厂	汉口	常德	2.0		
远东布厂	汉口	常德	30.5		
名利布厂	汉口	常德	10.0		
张宏发布厂	汉口	常德	10.0		
张兴发布厂	汉口	常德	10.0		
张福记布厂	汉口	常德	10.0		
张正记布厂	汉口	常德	10.0		
张春记布厂	汉口	常德	10.0		
冯兴发布厂	汉口	常德	18.0		
魏福记布厂	汉口	常德	18.0		
彭兴发布厂	汉口	常德	18.0		

续表

厂名	原设厂址	现迁厂址	机料吨数（吨）	拆迁费用（元）	备注
陆炳记布厂	汉口	常德	18.0		
陈鹏记布厂	汉口	常德	18.0		
王顺记布厂	汉口	常德	18.0		
震华布厂	汉口	常德	18.0		
永顺布厂	汉口	常德	18.0		
光明布厂	汉口	常德	18.0		
大荣机器厂	汉口	祁阳	10.0	420	
林裕丰布厂	汉口	祁阳	7.0		
华兴布厂	汉口	祁阳	4.0		
国华布厂	汉口	祁阳			廿三家布厂迁祁阳合作
仁记布厂	汉口	祁阳			
玉记布厂	汉口	祁阳			
兴记布厂	汉口	祁阳			
正记布厂	汉口	祁阳			
保记布厂	汉口	祁阳			
富记布厂	汉口	祁阳			
汉记布厂	汉口	祁阳			
同兴布厂	汉口	祁阳			
宏升布厂	汉口	祁阳			
洪兴布厂	汉口	祁阳			
协盛布厂	汉口	祁阳	23.0	500	
祥泰布厂	汉口	祁阳			
王四记布厂	汉口	祁阳			
宏升四记布厂	汉口	祁阳			
李二记布厂	汉口	祁阳			
林胜利布厂	汉口	祁阳			
吴在明布厂	汉口	祁阳			
马春记布厂	汉口	祁阳			
张合记布厂	汉口	祁阳			
殷合记布厂	汉口	祁阳			
傅春记布厂	汉口	祁阳			
杨福盛布厂	汉口	祁阳			

续表

厂名	原设厂址	现迁厂址	机料吨数（吨）	拆迁费用（元）	备注
精益布厂	汉口	祁阳			
新成布厂	汉口	祁阳	6.0		
国成布厂	汉口	祁阳	6.0		
善昌新染厂	汉口	宝鸡	125.0		
隆昌染厂	汉口	宝鸡	120.0		
同济轧花厂	汉口	宝鸡	1.0		
成功袜厂	汉口	宝鸡	1.0		
协昌布厂	汉口	宝鸡	18.0		
义泰布厂	汉口	宝鸡	18.0		
正大布厂	汉口	宝鸡	18.0		
同泰布厂	汉口	宝鸡	18.0		
必茂布厂	汉口	宝鸡	18.0		
协昶布厂	汉口	宝鸡	18.0		
吕方记机器厂	汉口	西安	30.0		
东华染厂	汉口	西安	151.0		
中国煤气机厂	汉口	贵阳	228.0	5,000	
瑞丰汽车修理厂	汉口	贵阳	77.0		
青年卷烟厂	汉口	贵阳	23.6		
长兴印刷公司	汉口	贵阳	20.0		
泰昌桐记铁工厂	汉口	藕池口	20.0		
汉昌铁工厂	汉口	藕池口	5.0		
润新工厂	汉口	应城	6.0		
善同工业社电池厂	汉口	刘阳	9.5		
德记药棉厂	汉口	南郑	20.0		
华中染厂	汉口	桂林	150.0		
国光印刷所	汉口	桂林	14.1		
隆和染厂	汉口	万县	2.0		
麻织工厂	汉口	万县	380.0		本府与工矿调整处合办
隆昌织染厂	汉口	北碚	108.1	5,300	
武汉印书馆	汉口	北碚	55.0		
胜新面粉厂	汉口	桃源	154.0		
中国机茶公司	汉口	恩施	10.8		
福源油饼厂	汉口	老河口	100.0		
万城酱油厂	汉口	岳口	22.5		

续表

厂名	原设厂址	现迁厂址	机料吨数（吨）	拆迁费用（元）	备注
京城印刷公司	汉口	长沙	3.6		
华兴制帽厂	汉口	合川	3.3		
万声记机器厂	武昌	重庆	40.2		
裕华纱厂	武昌	重庆	7,068.3		
湖北省纱布局	武昌	宝鸡	2,810.0		省营
周恒顺机器厂	汉阳	重庆	485.5	45,000	
毓蒙联华公司	汉阳	重庆 湖北均县	40.1	4,000	
胡尊记机器厂	汉阳	常德	91.0		
洪顺机器厂	汉阳	宝鸡	95.0	4,500	
五丰面粉厂	汉阳	桃源	350.0		
六河沟炼铁厂	谌家矶	重庆 桂林	2,300.0		中央迁建委员会主管
财政部造纸厂	谌家矶	重庆	122.0		
华记水泥厂	石灰窑	湘西	2,961.5	600,000	
利华煤矿	石灰窑	重庆	92.5		
源华煤矿	石灰窑	重庆	500.0		工矿调整处与资源委员会合作
沙市电厂	沙市	宜昌 重庆	90.0	65,300	100匹马力一部售宜昌永耀公司，300匹，150匹马力共二部售经济部
沙市纱厂	沙市	重庆	2,000.0		
正明面粉厂	沙市	重庆	151.4		
大有丰米厂	沙市	重庆	14.0		
成记米厂	沙市	重庆	5,050.0	1,500	机料吨数内计黑油机2,000吨，煤油机3,050吨
万记米厂	沙市	重庆	6.0	740	
玉丰米厂	沙市	重庆	7.0	360	
信义隆面粉厂	沙市	重庆	5.0	1,500	
豫明米厂	沙市	宜昌	5.0	600	
王同心米厂	沙市	宜昌	4.0	180	机件已售与民生公司机械股
和丰米厂	沙市	宜昌	12.0		已运宜昌25匹马力一部，尚有25匹马力一部经省动委会许可营业
乾亨米厂	沙市	万县	15.0	1,350	
宝丰米厂	沙市		3.0		已出售
沙市米厂	沙市		4.0		已出售经济部，装箱待运

续表

厂名	原设厂址	现迁厂址	机料吨数（吨）	拆迁费用（元）	备注
济楚米厂	沙市		4.0		已出售经济部,装箱待运
吴永兴米厂	沙市		3.0		已出售经济部,装箱待运
均益米厂	沙市		15.0		该厂机件未运,拆卸在厂停放,装箱保存
永耀电气公司	宜昌	重庆	100.0		
华成印书馆	宜昌	重庆	16.5		
合和面粉厂	许昌	西安	80.0		
应城石膏厂	应城	老河口	52.9		

说明:本表系根据经济部工矿调整处材料及本省各埠警察局调查资料编列。

[经济部档案]

46. 中国战时生产促进会转陈泰记机器营造厂迁存鄂西川东器材经过拟运渝复工请免税放行公函(1942年6月6日)

中国战时生产促进会公函　渝产字第1885号　民国三十一年六月六日发

　　径启者:案据本会会员泰记机器营造厂业主张和泰六月一日来函内称:会员向在湖北宜昌县福绥路门牌第50号开设泰记机器营造厂,迄今十有九载,专营土木建筑机器工厂,并贸三游洞机器冰厂及捞救长江上游轮船工程,曾依法和入宜昌县营造业暨机器业两公会,并转呈宜昌县政府注册立案给照各在案。自民国二十六年国府西迁入川以后,商厂即预将一部分材料、机器、工具、生财等件陆续移储鄂西之青滩镇,川东之碚石,与丰都县属白沙沱三处,准备完全移设重庆,增强后方抗建力量。无奈交通困难与人力、物力种种关系,未及运完。迨至二十九年六月十二日宜昌沦陷,尚有一部分材料、机器、工具、生财等件连同承修英商怡和洋行新昌和轮船被敌机炸毁,未完工程一并损失,所有商厂请领之营业执照、注册证件,暨委状、聘书等等亦被敌人搜毁,会员仅以身免。困处彝陵,艰苦备尝,多方设法脱离虎口,幸于三十一年一月间潜行逃出,渡河突围,经由枝江、松滋绕道宜都,抵鄂属三斗坪地方,行逾三阅月,始达渝市。目睹重庆为首都所在,又为大时代后方工业重心,拟将存储上述沿途青滩、碚石、丰都与原在三游洞之机器、冰厂机器、材料、工具、生财等件赶速再予西迁，完全集中，藉图恢复，努力生产。顷已觅就江北县头塘青草坝正街第45号为厂址，又本市林森路第9号义记五金号三楼为驻渝办事处，从事进行运输程序，向有关官厅呈报手续，一面召集旧有员工，以期早日开工，上以贡献政府生产建设之需要，下以维持沦陷区域归来之旧属。顷已具备应运机器、材料、工具、生财清册，呈请经济部工矿调整处发给军事委员会货运特种护照，俾沿途关卡免税放行，并转饬交通机关赐于二十七年迁建委员会装载迁川工厂机器、材料、工具、生财等件查案减纳运费优例待遇，以轻负担在卷。伏念贵会扶植生产事业，增加抗建力量，会员虽属劫后余生，尚有不少生产工具，颇堪用为政府抗建臂助。为此恳请贵会维护，赐予致函经济部工矿调整处，证明会员确系迁川工厂，准予继续援案免税，以轻负担而利迁建。等情。据此。查所称各节，确系实情，值此后方建设更须加倍努力之际，该厂主徒以不甘久处沦陷区域，毅然从事西迁工程，并率属来归，其人其事实堪嘉尚。除函复外，相应据情函达所请，援照迁川工厂先例，货运免税放行，以轻负担一节，务乞贵处准如所请办理，并希见复为荷！此致

  经济部工矿调整处

理事长　毛庆祥

［经济部工矿调整处档案］

47. 章剑慧拟申新第四纺织公司重庆分厂迁川记

  卢沟桥七七事变，如燎原之火，日本以精备之师，逞侵略之欲，陷平津后，复取我国工业重心之上海。举国上下，在政府全面抗战政策之下，莫不尽力以赴，为挽救国家存亡而奋斗。

  廿七年九月，抗战烽火，及于华中。本厂鉴于沦陷诸地各工厂，机械被拆，物资被掠。乃在政府督助之下，毅然内迁，以维军需，藉为2,000余员工共负抗战之责，即以一部分迁陕西宝鸡，一部分迁重庆。溯本厂于民国十一年十月，创立于汉口宗关。初只有纱锭万枚，至廿六年，陆续增至纱锭5万余枚，布机1,200台，漂染整理厂日出色布2,000担，完成自纺自染之工程。

  惟在军务紧急之际，运输船只，全应军政之用。本厂机件由汉达宜昌后，一

时无法内运,搁存三月。时敌机复日来侦察,继即轰炸,军公物品,损失堪重,本厂机件,存于隔江,亦遭轰炸,幸损失尚轻。感于轮运难谋,乃在重庆招雇本船驶宜,抢运来渝。蜀道之难,向为旅行者所畏。第一批木船 4 艘,于十一月廿五日由宜上驶,行经青滩下游牛肚马肺峡处,失吉 1 艘,全船机物,随波沉没。第二、三、四批各 4 艘,相继而行,每至激流险滩,辄有船漏绳断之报,并在巫山、万县两地设临时办事处,为运输木船之联络站,随时报道各批船只之行程。历尽艰辛,各批木船相继达渝,惟重要机物,均受湿损,幸押运人员均无恙。

运输机件,计有纱锭万枚,力织机 80 台,木布机 100 台,染布机 4 对(布机及染布机主要机件在宜昌均遭炸毁),即勘定南岸猫背沱兴建厂房。当时建筑材料之采购、经济之筹划,处于各业迁建、竞争时间之中,倍感困难。纱厂部分于廿八年一月开工,为迁川各纱厂第一生产者,至廿九年二月始全部装竣,复工后曾一度改称庆新实业公司,廿九年三月始更今名。

[申新纱厂档案]

48. 鸿昌机器厂创立及迁川经过略述[①](1948 年 11 月 10 日)

本厂系陈经理国卿于民国十五年五月在湖北宜昌创立,名为宜昌鸿昌机器厂,专门修造及施救轮船等工程,曾修理有三北公司之富华等轮,其施救船只有招商局之峨嵋等轮。惨淡经营凡 12 年,第扩充范围之际,时值民国二十六年七七事变,抗战军兴,南京不保,武汉继之沦陷。于二十七年本厂随政府内迁,运输上幸赖平素与航业界保持良好之联系,得以顺利迁移抵渝。当由民生公司卢作孚先生之代表童经理少生及杨经理成质相邀,投资合作,改组为重庆鸿昌机器厂股份有限公司,在江北溉澜溪设厂复工。郑璧成先生为董事长,由陈经理国卿负责主持其业务,仍为修造及施救轮船,并制造纺织机件等工程,曾经修理民生公司之民宪,施救出险军政部船舶管理所之同德军舰,以及制造中国毛纺织厂纺织机等……

[重庆市工业同业公会档案]

---

①沿用原标题,此件系 1948 年 11 月 10 日鸿昌机器厂致迁川工厂联合会函附件。

49. 武汉地区内迁工厂统计(1948年5月)

当抗战开始,武汉区工业界大部响应政府号召,内迁复厂,为战时生产而艰苦奋斗。全国内迁工厂总共452单位中,武汉区占223单位,竟达总额之半。其统计数字于次:

迁移地区	内迁单位
迁川	91
迁湘	102
迁桂	6
迁陕	21
迁黔	3
总数	223

如以迁移工业类别而言,其表如下:

工业种类	内迁单位
机械	96
电器	5
化工	18
纺织	75
食品	7
印刷	17
其他	5
总计	223

这200余单位的工厂,都毅然离开了工厂根据地的江海区域,追随政府,为战时生产而工作,与前方将士的拼命杀敌,同样确保了抗战胜利的基础。

[中国工商要览,1948年5月]

50. 资源委员会关于港九技工迁渝的公报(1942年10月)

内迁技工已有安置

港九技工由金城江、贵阳转送来渝者已有200余人,并已由工矿调整处转介各厂矿分别安插。

[《资源委员会公报》第三卷第五期]

51. 民生公司1939年止运输器材数量统计①(1940年)

抗战以来本公司航运除普通商运之外,最多者厥为迁建及兵工器材。此项器材运率虽低,为□甚巨,除差运不计外,二十六年下半年起至二十八年中,每轮上水多少均装载此类器材。其中或有一件即重10余吨至二三十吨者,公司经多方设法,设置有起重机之囤船,使能起重至30吨以外,复以时间紧迫,急需扫运入川,又作分段运输计划,按段设站起卸。二十八年初枯水季到来时,滞留宜昌之器材已所余无几,二十八年更努力逐段上运,终克于年底枯水季之前分别运毕。计所有器材约有16万余吨,其中除其他航业公司承运5,700余吨之外,余数概由公司运入四川。其约数分举如下：

兵工器材	9.6万余吨
航委会器材	1.5万余吨
公物	2.7万余吨
迁厂器材	1.6万余吨
械弹	6,870余吨
服装辎重	3,780余吨

至于部队之输送,则二十七年曾达30万人以上,二十八年亦达8.8万人。本公司不惜牺牲,夙夜匪懈,为抗战服务之事实,于此可见。

[中国银行重庆分行档案]

---

① 此件节自《民生公司1939年度工作概况》。

六、湖南暨迁湘工厂的迁移

1. 姚文林陈报湖南省各工厂现状及迁移意见致张兹闿等函（1938年7月28日）

丽门、继庸两兄：长沙及长沙附近稍具规模之工厂，有湖南第一纺纱厂、湖南炼铅厂、湖南炼锌厂、湖南造纸厂、湖南机械厂、湖南电灯厂、湖南面粉公司、保华玻璃厂、和丰火柴厂等。除湖南面粉公司、和丰火柴厂及保华玻璃厂为商营外，余均由省政府经营。

弟此次在长沙除机械厂、电灯厂、面粉厂及火柴厂外，或亲往参观，或与各厂负责人暗谈。关于各该厂情形，分别撷要如下：

湖南纺纱厂，纺锭五万余锭，附线布机五百台。厂长唐伯球君晤面时曾谓，目下营业每日可获利1万余元，如果迁移，则损失太大。

余厅长对弟亦作此语。且谓迁移后须时半年始能复工，目下所失，似太可惜。

湖南炼铅厂目下照常开工，每日产量7吨。湖南炼锌厂因天热停工，修理炼炉，两场炉座，多系砖制，一经迁移，则价值丧失，且迁移后之原料亦成问题。有人谓炼铅厂万一不能工作时，拟在水口山用旧法提铅。

湖南造纸厂，机器尚可用，日可出纸六十令，停工已近一年。其停工之原因：（一）由于所用原料为纺纱厂之废棉。废棉在纺纱厂方面原不取值。嗣因废棉在长沙有行市，故成本增高，不能获利。（二）因营运资金不足，无法周转，该厂机器设备一如欧阳毅君呈部所言，勿庸再赘。弟曾面询余建设厅长，对于该厂之计划，余厅长谓该厂如复工，需资金四五万元。财政厅方面因该厂自成立以来，费去廿余万元，而一无所获，故不愿再出钱经营。弟询以有无迁移该厂之意，彼谓不甚易于迁移（实并不难）。询以有无招为承办之意，彼谓可以商量。约略估计，该厂可以迁移之机器约值十一二万元。目下纸价大涨，该厂机器若弃置不用，殊觉可惜。迁移后复工约需五六万元（建筑打浆池、滤水水塔及补充机器）。另需要营运资金三四万元。总共复工需款约十万元，迁移后原料可用稻草和竹，湘西情形若何不得而知，桂黔方面，俟调查后再定。（湘西陈主任渠珍拟出资五万元，设一土法造纸厂——官商合办。弟询余厅长何以不将此厂迁至湘西，由陈主任主办，余未答，柢言陈拟用土法。）

保华玻璃厂为湖南玻璃厂中之最大者，技术尚佳。惜所出种类太多（七百余种），以致成本提高。除玻璃外，又制瓷器及耐火砖，五花八门，闹得资金不敷周转。透支湖南省银行款十二万余元，亦不能偿付，以致停工。自本年四月起，由省银行接收经营，复工后以三阅月，制品种类减少，瓷器亦不再做，故收支可以相抵。现因天热停工一月，根据省银行估计该厂财产总值约九万二千余元。计产地房屋原值 23,600 美元。炉窑原值 6,904 美元，机器 21,786 美元，模具 15,435 美元，物料 15,385 美元，颜料、药料 6,577 美元，什物用具 260 美元，总共资产总值 92,280 美元，资产中之可以迁移者为机器、模具、物料及药品等共值国币约六万元。

沅江酒精厂，设在沅江，亦为省经营，资本约二十万元。以红薯为原料，每日产量约八百加仑，销路畅旺。曾劝省府移往湘西。

总之，省政府面对省营及民营各工厂，尚未做任何应付危急局面之准备，对于目前近利，似乎看得太重。尤以对于纺纱厂为甚。弟曾对余建设厅长作以下之建议：

（一）纺纱厂不妨先迁一部分至湘西。

（二）水口山炼铅厂、炼锌厂，水口山方面努力增加矿砂产量，炼锌厂提前复工。铅锌两厂努力增加出产，俾炼出成品，易于运输。至相当时机，可迁之机器应尽量迁移，其不能迁移者（如炉座、蒸馏甑等）炸毁或损坏之。

（三）造纸厂如省府方面不愿继续经营，工矿调整处方面或可代为设法利用，或代为招商经营，或由调整处自办。其方式或租或买均可考虑。但均需迁出长沙（湘西或其他省份）。（余厅长对此层表示可行，但如迁出湖南，须与财厅商酌。）

（四）沅江酒精厂最好迁湘西，迁往其他省份亦好。如需要工矿调整处之

协助,请随时示知。(余谓可暂从缓)

(五)其他工厂至相当时机可迁移者,不妨尽量迁移。目下不妨先预拟一计划,免得临时措手不及,留资敌用。

昨晚建设厅第三科陶科长来旅邸称:余厅长本人对于湘省各工厂之安全甚注意。唯张主席认为时机太早。工厂调整处之意,余厅长已认识。惟难于对张主席提起,如能由工厂调整处来一函致省政府促其注意,预作筹划,则易见效,等语。弟已面允将此意传达,兄等尚认为可行,请即转陈部座为感。

弟决乘公共汽车至衡阳,盼能于今晚或明晨接到兄等函复。关于购硫事,则弟三十日即可赴衡矣。

余容明日再陈,敬颂暑祈。

弟文林谨上
七月廿八日

[经济部工矿调整处档案]

2. 工矿调整处办理长沙电厂等迁移有关文电(1939年3月10日—5月24日)

(1)李庄寿致翁文灏等电(3月10日)

翁、张处长、林、李组长钧鉴:湖南纺织厂已迁柳林。水电厂有7,500基罗瓦特完全无损,2,000、1,000、5,000基罗瓦特稍损,须修。迁移事正在召集股东会议中,惟地址及需要问题,乞指示,此外,有江南惟一无二,日产千匹之福星机器漂染厂,因仓库损失甚重,不愿他迁,自营而愿出售,计全部机械、煤气引擎、蒸汽锅炉、马达等价约值10,000元,颜料及辅助料等约12,800元,可否议价接受迁移祁阳或归桂林纺织厂开办,以应军民被服染色之急需,盼裁妥即复。其他尚有面粉厂、机器厂。机器厂未迁亦正在寻觅股东交涉中。长沙南门外礼贤街多福星一号江苏商号李庄寿。十日

(2)李庄寿致翁文灏等电(3月18日)

翁、张处长、林、李组长钧鉴:电悉。(一)电厂迁移,湘省府赞成。惟厂方

提出办法四项：甲、买卖将7,500基罗全部机械作价250万元。乙、政府租用缴证金100万元，年租20万元。丙、公商合办，公方光缴100万元，双方权利按资金享有。丁、代为疏散。以上各项详细另函录呈。（二）福星染厂因机料名称太多，另表函呈，均请核定电复。职李庄寿。巧。印。

(3) 李庄寿致工矿调整处电(3月30日)

工矿调整处：电悉。60基罗无锅炉，难单售，须与2,000基罗共用。7,500基罗如无办法，电厂决自行分迁。1,000、2,160基罗两部转请钧处指定地址，并贷款协助。可否，即盼裁复。李庄寿。陷（卅日）。

(4) 翁文灏至薛岳密电稿(4月20日)

电（特急）长沙湖南省政府薛主席勋鉴：紫密。湖南电厂奉悉。湖南电厂拆迁事工矿调整处曾派李庄寿赴湘造谒，并与该厂洽商，未成事实。兹准来电，业已电驻湘张主任传琦、单助理员吉端分由沅陵、衡阳赴长沙前来协助。至于所需借款，亦由该员按实需数额核借，届时并请贵省府对于运输等项惠予协助保护为荷。翁○○ 贺。印。整。

(5) 工矿调整处致张传琦密电稿(4月20日)

特急。沅陵张主任传琦：天密。薛主席来电，以长沙电厂机件尚全，代请商借10万元为拆运衡宝沅辰费用等由。查此事本处前派李庄寿在长商洽未成，兹以时机已迫，业已电复薛主席，由张主席即日赴长商洽，按以下方案办理：（一）已电单吉端在衡祁抽调华成、新中拆机匠、起重匠100名，由单及领班分批携带工具前往抢拆起运，由该主任指挥。（二）电厂应先拆运1,000及2,000千瓦电机装备全套运桂，次及7,200择重要部分先运存衡阳，内河最好拆机及运输，均由华成、新中承办，费用照实需额借给，惟以勿超过所请10万元为度，并以该项全部机器作抵。（三）长沙福星染厂前经庄寿商由该厂拆迁或以廿万元由本处与农本局收购运渝。曾电庄寿及农本局驻长章副主任，惟庄寿已返桂林，盼再按此原则协商，该厂物资清单已电庄寿由桂寄长。如该厂愿迁，即由该主任按商定地点实需运费核借。如须收购，即与章副主任会核办理，但运输恐途中危险，可分运沅陵及桂林，由该主任酌定。（四）桂记机器厂如机器完全，可允借3,000元运桂复工。（五）大中华橡胶厂尚有器材十余吨存长沙水陆洲，前曾饬该厂驻沅人员与该主任商迁桂林，亦盼催运。（六）其他工厂，省营如沅江酒精厂，盼与省府商切实拆迁办法，由该主任核办。（七）赴长时将借款规则带去，以凭办买借款手续，并乘本处汽车赴长，以备随时应用。（八）天密电码及印电纸带长，常德办理情形随时用特急电呈报本处。该主任到长电报后，即将需款电汇。4148.20.18.

（6）张传琦致工矿调整处密电（5月2日）

工矿调整处：密。（2818）电悉。（一）电厂迁厂委员会由省府核定，于廿日成立，廿六日由该会将全厂拆迁工作全部包予该厂原有领班，廿七日已分别开始，惟完工限期为六月十五日，正商催提前。迁移地点拟定零陵附近之冷水滩。省行借款额为54,000元，已动用四千元，归还限期为六个月。应拆各部分机件实施工作及运输方法均由迁委会决定办理。财厅暨电厂虽极愿本处借款，但迁委会并不甚积极。职等意既已开始拆迁，未免另生枝节，阻碍进行计，本处借款似可缓议。谨电请示遵。（二）桂记暨其他厂正商洽中。张传琦。（02.10）。印。

（7）工矿调整处致张传琦密电稿（5月24日）

电（挂号）。沅陵张主任：天密。（21.07）电悉。湘电厂迁移事项又得薛主席电：以省行垫款，原拟本处借款，成立时归还，请核借54,000元，以便归垫。等因。已于漾日电复，文曰：电厂拆迁前，据张专员传琦报告，已于贵省府成立委员会主办，从平桂矿局拟购电机一部各节，兹准台电，业再电该员就近洽办。惟工矿调整处基金系四行垫拨，办理贷款以生产为目的，并经定有规章。该厂此次拆迁，未审已否拟定利用复工生产办法，又还本付息等项条件如何，均请电示，如系该厂出面借款，并希转告径与张专员在沅接洽。等语。如对于利用及借款条件有具体方法，可以仰即迅商具复，如在沅不便接洽，沅长交通仍属便利，盼仍赴长商定。4148.24.12.

[经济部工矿调整处档案]

3. 工矿调整处办理五丰面粉厂迁移有关文电(1939年3月21日—)

(1)张传琦致翁文灏等呈文(3月21日)

经济部工矿调整处驻湘办事处呈文　湘字第405号　民国二十八年三月廿一日发

　　案奉钧处矿整字第2384号训令略开:查由本处协助前往湘西桃源面粉厂,计有五丰、胜新两厂,已否全部运到,筹备情形。又经本处协助迁移湘西之工厂尚有未得消息,兹开单附发设法查明。至自行迁往湘西之工厂,详为调查联络,以兹调整,统仰遵照办理,随时具拟为要。等因。并附发清单一份。奉此。经据五丰面粉厂函,本厂全部机件运至桃源流石套,因无资金,未有建厂。如再西移,财力实无办法。等情。致胜新面粉厂、亚东、远东布厂等,前已函请袁君子英就近调查,现无消息。奉令前因,除随文遵照,附发清单,缮填呈送外,理合备文呈请鉴核存查。谨呈
处长翁、张

驻湘办事处主任张传琦

　　附呈遵查迁往湘西无消息之工厂表一份[缺]

(2)工厂调整处致陶守成电稿(4月26日)

　　急。2530。沅陵陶守成:(一)黔省府即派员前来接洽迁运桃源五丰面粉厂往筑复工,盼即令该厂配齐制面粉500包,机件全套,以装运,并希届时陪往洽办。(二)机械厂及青年香烟厂黔省亦有需要,希查卷协办。4148.26.18。

(3)张传琦致工矿调整处密电(10月14日)

　　工矿调整处:天密。十二日电奉悉。接柳国泰由常来电话称:(1)五丰对抢桃可遵办,但须于三星期内全部拆迁,令颁下,否则,须本处以15万元担保之。(2)常宜仍畅通,但需速运,一个半月后恐将水浅。再,查近来湘北战事

日有进展,常长水路亦有开放汛。职意五丰机件终须分运蓉桂,拟请仍按二日钧电办理,盖运沅既险多费昂,且筑方亦似不需用此该机。当否,祈急电示遵。张传琦。1414。

(4) 工矿调整处复张传琦电稿(10月16日)

急。2530。沅陵:无密。1414电悉。水运常宜可照办。迁令交白、刘二君,18日离渝赴宜带桃,请刘君拨分五丰机器,柳君负责运桂,白君负责运渝。希转饬该员遵办。4148.10.16.

(5) 张传琦致翁文灏等呈(11月2日)

呈　湘字第912号　二十八年十一月二日于沅陵

谨呈者:职于十月二十一日抵桃源,当与五丰面粉厂保管人柯仁卿晤谈,二十二日转轮来常,当与柳君国泰会商,翌日桂林、广西纺织厂所派刘振周君亦抵常。兹将办理收购棉花暨筹够迁运五丰机件事宜经过详情报告于左:

一、常德一带棉花近以收购者太多,致价暴涨,经多方设法,已由津市购得细绒皮花四百担,常德交货,每担价洋国币72元,现已装船,余正各方设法采购中,待购齐后,及全体运桂。然以常长水路不畅通,须由洪江路搭汽车运衡转桂,唯洪江至衡阳汽车费既不属资,且甚难设法。

二、五丰机件运宜拖船已由交通部航政局介绍与拖轮公司,原则决定全程拖宜,每吨运费38元至40元之间,中途提驳一切均由彼方负责,须俟刘君到达拆分,估计吨位后即可签约。

三、该厂机件在汉拆卸暨在桃起坡之工人等,均在此间,据知该厂在桃卸货工资总计国币3,000元。现水浅,驳船不能直达厂门码头,下货须过驳,故起重工头竟索价3,500元,现正商减中。

四、运桂部分之困难问题

(1)常长水路临池口段封锁线仅解除一部分,小件物品装划船可勉强通过,然时□□□

(闻盐船以冒险划过),但抵霞凝港距长沙四十里处则完全不能通过,前曾一度决定于十月二十五日开放。现由海军部分方面探知,全部一时无解除可能,故运桂机件经长转已绝无把握。

(2)倘经洪江转汽车运衡,则以二百吨计算,约需汽车百辆。设部中拨发,自无问题,否则,无处筹措如此巨量卡车。

(3)桃源滩险甚多,且目前正当水浅之季,沉船时闻。多数面粉机一经浸水即失效用,故职曾于长途电话中恳请钧座全部运渝,示以原则上分为二单位拆运,自当遵照。但以运输如此棘手,职意俟白、刘二君到来拆分,现将运宜部分运出,再视常长水路情形,若封锁线解除,自当运衡转桂,设似无闭放消息,职意似以全部运渝为宜,而收实际之效。如此办理,未悉是否有当。

五、机件拆分分二单位后,其中一单位可较完全,余一单位则将残缺不全,须与迁移处之当地面粉厂合作,方可不失效用。职意不完全之一单位最好运川,可收合作之功。

六、拆分暨装船均需相当时日,现水势日退,倘三周内不能起运,则水再浅,不特运费势须增高,且中途必增多提驳次数,大件机件起装匪易,故此,职再电话转饬白、刘速来为要。

七、五丰保管人柯红卿对此次抢运之意见:

(1)倘全部机件运蓉或桂,该厂似可以股东名义参与建厂复工。但拆运因机件损失太大,要求作价。

(2)在迁运期间所有机件遭任何损失,须由处方负责。

(3)迁运后桃地厂内职员须由我方发以回籍川资。

八、对柯红卿所提之第一条件,职已表示须由总公司指定负责人后再议,二项当予拒绝,三项职当时答复本处为该厂抢运机件,至机件所有权仍属厂方,厂中职员不妨参加押运。

九、兹因离沅日久,须回处料理。一俟白刘两君到达常德,再前往商洽,或提先往常。谨呈。

处长翁、张

驻湘办事处主任张传琦

[经济部工矿调整处档案]

4. 军需署抄发薛岳关于将长沙碾米磨粉机器运往后方工作函（1939年6月18日）

军政部军需署公函　渝需丙子3533号

案准后方勤务部俞部长佳申经渝代电，为奉委座五月卅川待参代电，抄发第九战区薛代司令长官请将长沙碾米磨粉机器运往后方工作，寝电一件，希会商办理，等因，转请核办电复，以凭转呈，等由。除第一项碾米机器，已由本部另案办理，并电复外，相应抄同原电，函请查照，洽迁长沙磨粉机器备用为荷。此致工矿调整处

附抄原件一份

署长周骏彦

中华民国二十八年六月十八日

抄薛代长官寝电一件

（衔略）据本战区粮食管理处长白两生报告：（一）本战区向后方运存稻谷数量自巨，倘不事前筹购碾米机器制成食米，以供军民之需，恐将来各方需用孔急，临时无以充分供给，致误事机。查长沙各厂商尚散存碾米机不少，本处拟即价购买，至湘南、湘西储粮地点设法备用，所需款项，请转呈军委会拨款50万元专供购机设备之用，该费用将来实报实销。（二）本处除稻谷外，拟即购运大量麦籽，以济谷米之不足，故面粉机器亦须早筹。查长沙和湖南面粉公司存有一部，应请呈军委会令饬经济部转饬工矿调整处迁建委员会，负责将上项机器运往后方，设厂工作。等语。查该处长化称各节，尚属目前办理粮食亟应筹备事项。时机迫切，理合据情电呈钧座鉴察，电示祗遵。

[工矿调整处档案]

5. 工矿调整处等协商常德鼎新电灯公司拆迁有关文电（1939年6月20日—11月12日）

（1）张传琦至工矿调整处代电（6月20日）

经济部工矿调整处驻湘办事处代电　湘字第581号

经济部工矿调整处处长翁、副处长张钧鉴：案据常德鼎新电灯公司经

理王新民、协理李寄鸿呈称:窃本公司原备有柴油机一部,计344基罗瓦特,煤机二部,共计34基罗瓦特。因海口封锁,柴油来源断绝,抵得停开油机,勉以煤机发电。乃因本县于本月十三日被敌机空袭,投烧夷弹多枚,至全市繁盛商场焚毁十之八九。本公司沿街之架空线路及大小变压器同被焚,估计电杆98根,高低压铜线48,400呎,白料520个,铜扁担136块,变压器12座,容量290开维爱,及本月将届期应收之电度费,损失不下3万余元。查公司上年营业亏损15,000余元之巨,其所以未停业者,良以电气有关地方治安,故此勉力支持,不幸遭此意外重大损失。所需输电配电设备材料焚毁无余,不仅无法购买,且无款可购,纵令局部通电,而燃料等之消耗、工资等之开支为致巨大,不能减少。至于被焚之商店一时不能恢复,无人用灯、无款可收,则开支无从措办。根据以上种种困难,实属无法维持,只得宣传停业,拟将电机迁于安全地带,以资利用而免损失,究应如何办理,静候示遵。等情。据此窃职前次奉派抵常督运时,业经注及该公司,将来必要时,如何迁移安全地带,设法利用,并派杜君汉前往调查厂内机件情形,未雨绸缪,以备万一,并又计划迁移目的,何处需用,迟迟未报,待时而行。鼎新厂内计有180及167千瓦透平电机各一座,344千瓦柴油机一座,共三座。为沅陵电厂无备用机,洪江光雄电厂陈渠珍主办行署时曾拟整理以上两机。请函咨资源委员会各分迁一部,光雄电厂闻缺乏富有技术经验人员,如迁机前往,须派干员督促办理,加以调整。至于柴油电机一座,或念钧处或他方需要否。查六月十三日午后,敌机十八架飞临常德市区狂炸,并投烧夷弹,全市精华付之一炬,死伤人民1,000余名。该公司此次损失颇巨,现仅局部发电,专供海军监造处有关各厂赶造封锁物品之用。其他军政商各界均无法供给电流,商店复业想一时难能办到,倘不需要,似请停业迁移后方,似属事理所有。鼎新电灯公司屡请转恳准其停业,并指示迁机办法,缘由除电呈外,是否有当,理合据情代电呈请鉴核,迅即示遵,俾便转饬遵照不胜待命之至。内附常德鼎新电灯公司暨洪江光雄电灯公司机件调查表一份[缺]。专员兼驻湘办事处主任张传琦叩。号。

(2) 工矿调整处驻湘办事处呈(8月29日)

经济部工矿调整处驻湘办事处呈文　湘字第763号　民国二十八年八月廿九日发

案奉钧处矿整字第5151号指令略开：据为常德鼎新电灯公司请转恳准予停业等情，均悉。该电厂可拆运湘西或四川让渡条件，希转洽询。至停业应呈部核办，仰转饬遵办。此令。等因奉此。查职在渝与资源委员会电业处陈君皓民面洽，即转电鼎新公司等，询其机件等愿让售否，并各机单价若干。兹准该公司函，以奉艳电等因，查本公司暂时停业，呈奉层峰核准在案，至机件让售事，各董事长均疏散，难以召集，并将机件拆卸大半运乡，相应函复查照等因在案。奉令前因，除再函询该厂机件究竟能否让售，以免运置乡间抛弃不用可惜外，理合将办理情形先行具复，呈请鉴核备查。谨呈
处长翁、张

驻湘办事处主任张传琦

(3) 工矿调整处驻湘办事处代电(10月13日)

经济部工矿调整处驻湘办事处代电　湘字第879号　民国二十八年十月十三日发

经济部工矿调整处处长翁、副处长张钧鉴：案准钧处业务组业字第751号函。祗悉职于九月二十三日偕同湘西电厂厂徐一贯前往常德鼎新电灯公司商洽让售机件事。该厂经理王新民迁寓沅陵，仅将厂中机件逐项检查。以据助理员杜毓汉经往调查之所报告机件情形，由本办事处湘字第581号呈文呈报在案。查所呈报之机件经此次亲自调查原单之汽涡轮，实系蒸汽机之误。兹另单开列，以利查考。前据该公司函称，所有机件均迁乡间距城八十里之夹嘴岩，股东疏散无法召集各等情，实则所迁仅为167kW蒸汽机与柴油机两部之轻便零件及电表材料等，其他机件机身均未拆卸。探悉主要股东唐生智之弟唐生明，现任常德警备司令，即与徐厂长往访，由吕副官长征强接见。征悉该公司已有数年未发红利，股东方面极愿一次让售，但需与王经理接洽。二十六日回沅陵又与徐厂方一再会访，始于昨日晤见。王经理先坚持

以港币作价出售，经再磋商决定办法：一、先拆机运渝暂不作价，以期敏捷。二、将来由政府负责归还同等机量机器。三、请严令常德鼎新电灯公司准予拆迁，不得阻碍，以免股东责难。惟王经理要求本公司共有机器三部，最好拆运一部，其余两部留俟市面恢复应用，是否合当，除电呈请示电遵并随文呈录机件名单外，所有会同办理鼎新公司让售机件经过情形，理合代电具复，仰祈鉴核祗遵。附常德鼎新电灯公司机件补充清单一份[略]。经济部工矿调整处专员兼驻湘办事处主任张传琦印。震。

(4)资源委员会致工矿调整处公函(10月19日)

经济部资源委员会公函　兹渝电字第11047号　中华民国二十八年十月十九日发

关于拆运常德鼎新电灯公司机器一案，本会现已电饬湘西电厂派工程师王恺谋前往办理，除分电该公司暨常德警备司令部唐司令予以协助外，相应抄同有关各电，函请查照，即希迅予转饬该公司遵照办理，并电饬贵处湘西办事处予以协助及便利为荷。此致

经济部工矿调整处

附抄电三件

　　　　　　　　　　　　　　　主任委员翁文灏
　　　　　　　　　　　　　　　副主任委员钱昌照

抄电三件

一、沅陵徐厂长：密。张主任传琦(9913)致工矿调整处电称：常机让售事拟(一)先拆运渝，暂不作价，以期敏捷。(二)将来由政府负责归还同等机量机器等语。本会甚同意，着即派王恺谋至常德拆卸，一机一炉连同零星合用材料运至宜昌待命，运费由新电厂工程处垫付，计需若干。径电照汇，除电鼎新暨常德唐司令并函达工矿调整处外，仰即连办具极。资。皓。

二、常德鼎新电灯公司鉴：兹派湘西电厂工程师王恺谋至贵公司，将一机一炉拆运至宜昌转运入川，以利后方建设，将来由本会负责以同等机量机器归还，希即照办。经济部资源委员会。皓。

三、常德警备司令部唐司令勋鉴：本会派湘西电厂工程师王恺谋来常拆运鼎新电灯公司一机一炉，以利后方建设。务祈惠加协助，并予以运输之便利为荷。经济部资源委员会。皓。

（5）张传琦致工矿管理处电（11月12日）

工矿调整处：4148，并转资源委员会。无密。鼎新拆机事。因应地方要求，筹备复业，故前洽拆一机一炉难照办。兹会同常警备部洽商：（1）拆让344千瓦柴油机全套。（2）先行拆运，以期快捷，并由会处即令县政府转令该公司遵办。（3）股东要求作价让售，并按原价以美金折算，故暂拟俟查明后公平定给价。是否有当，乞电示复。常交行。张传琦。

[经济部工矿调整处档案]

6. 经济部关于迁移湖南省重要工厂有关文书（1939年7月28日—8月8日）

（1）经济部致工矿调整处训令（7月28日）

经济部训令　汉工字第1831号

令工矿调整处

准军事委员会办公厅本年七月廿六日办一通字第2448号公函开：案奉交下第九战区陈司令长官养未编代电。为据该部兵站总监部白副监雨生签称，倘能将长沙、咸阳两处酒精厂移至四川江津、泸县等处，以制酒精，对火药原料及汽油燃料必有补救。等由。查酒精关系军用至大，厂址应早日迁移，以期避免损害。奉交前因，相应抄同原代电函请贵部查照，迅予筹划移设适当地点，俾策安全。并祈饬属加以研究，负责指导改良，以重实用。等由。准此。除分令资源委员会酌移咸阳厂外，合行抄发原附抄电。令仰该处商移长沙厂入川，切实加以改善。俾资增产。仍将办理情形具报为要。此令。

抄发原代电一件

部长翁文灏

中华民国二十七年七月二十八日

抄原代电一件

武昌委员长蒋：据本部兵站总监部白副监雨生删日签称：近因职负责修筑公路，时向军政部领用汽油。得悉汽油储存量无多，且来源及运输均感困难。在此长期抗战中，对于各种燃料倘不早为设法补救，是将影响抗战前途。职曾在大同创设酒精厂一所，并以酒精加编苏油（煤炭炼焦时剩余之废物），以代汽油。晋绥公私汽车用之称便。但因出品不久，即遇七七事变，机厂被毁。社会人士闻者甚少，且酒精为黄色火药最主要原料，各火药厂均感缺乏。查目下无沦陷之酒精而在战区内为敌人轰炸之目标者，尚有两处，一在湖南长沙，一在陕西咸阳。该两厂或因原料过昂，或因技术不良，对国家之贡献甚少。倘军事委员会能照上海炼钢厂之办法，将两厂机器移至四川江津、泸县等处，利用土人制糖之糖渣（为土人遗弃之物）以制酒精，则成本当至低廉，不但在抗战时间对于火药原料及汽油燃料有所救补，即在平时对各种化学工业品之供给关系亦甚重大。但四川无炼焦厂，编苏油不易购得，至纯酒精仅能代替汽油30%至50%耳。拟恳将以上意见转请军事委员会，请军政部及经济部加以研究，以利战机。等情。查白副监过去在山西办理酒精颇具成绩，所称各节不无见地。谨电转请钧裁。陈诚。养未。编。

(2) 工矿调整处致湖南省政府公函稿(7月31日)

经济部工矿调整处公函　汉字第74号

案奉经济部汉工字第1831号训令内开：准军事委员会办公厅本年七月二十六日办一通字第2448号公函开：案奉交下第九战区陈司令长官养未编号代电。为据该部兵站总监部白副监签称，倘能将长沙、咸阳两处酒精厂移至四川泸县等处，以制酒精，对火药原料及汽油燃料必有补救。等由。查酒精关系军用至大，厂址自应早日迁移，以斯避免损害。奉交前因，相应抄同原代电函请贵部查照，迅予筹划移设适当地点，俾策安全。并祈饬属加以研究，负责指导改良，以重实用。等由。准此。除分令资源委员会酌移咸阳厂外，合行抄发原附抄电。令仰该处商移长沙厂入川，切实加以改善，俾资增产，仍将办理情形具报。等因。奉此。查本处在前军事委员会工矿调整委员会期内,奉委员长蒋电令:布置后方生产,应以川、黔、湘西为主。等因。经将迫近战区工厂迁移致指定区域内,以期加强后方生产。近自战区扩大,迁厂范围亦遂增广。兹奉部令前因。查贵省工厂之具有规模者甚多,自不仅沅江酒精厂一处。应如何适应事实之需要,早事筹维,预为布置,俾可保全国力,以增加后方生产,谅在贵省府统筹之中,兹拼就本处见闻所及,略举重要工厂及所拟商方案,撮述如下:

（甲）沅江酒精厂　原电商拟迁入四川,自属不为无见。但如办理困难,可否迁移致湘西沅陵附近。如决定迁移,本处尚可酌量借款。

（乙）湖南造纸厂　查该厂停工已近一年。际此纸料供给缺乏之际,亟应从速迁移复工,以应需要。如可迁至湘西辰溪复工,可任择以下一种方式:（一）由本处代为招商租用承办。（二）有本处购让或租用主办。（三）由本处与贵省政府合办。（四）由本处借款以机件及出品作抵押,仍由贵省政府主办。

（丙）湖南第一纱厂　目前纱布需要甚亟,营业状况极佳,自不妨继续生产。惟审兹时势,以亦应预决迁移办法,以策安全。查纱厂锭机,原可局部拆迁,如能较好之纱锭一万枚迁往湘沅陵、辰溪间建设分厂,同时并准备装箱材料,必要时再立即尽行拆迁,庶不致措手不及。最近各纱厂获利均极优厚,应可担负迁建所必需之资金。至于炼铅、炼锌两厂、锡矿山锑厂及民间工厂,如湖南面粉公司、和平火柴厂、宝华玻璃厂、湖南制钉厂等处,本处所知未能详尽。拟并请贵省府统筹保全方策,务期在抗战期内,仍可利用生产,以供需求。如有须本处协助之处,自当量力赞助。相应函达,尚希查照见复为荷。此致湖南省政府

翁文灏

中华民国二十七年三十一日

(3) 湖南省政府复工矿调整处代电(8月8日)

汉口经济部工矿调整处公鉴:汉字第74号公函敬悉。现值抗战紧张。湘省位处后方,不时遭敌机空袭轰炸。各重要工厂及较大之企业机关为国家

经济资源所系，自应准备迁移安全区域，以期充实抗战力量。查设立长沙市之官营工厂，如湖南机械厂、湖南公路局大修车厂、湖南第一纺织厂、湖南炼铅厂、湖南炼锌厂，均以经费支出，谨饬令择要分别迁移。他如官商合营之湖南面粉公司、和丰火柴公司、宝华玻璃厂，亦因运输资力有限，尚在考虑计划。惟是兹事体大，似应由政府组设专管机关，分别轻重缓急，审视地势、交通、财力、统筹、主持，督促办理，较为妥善。贵处既愿意尽力协助，并设法借垫经费。拟请组设驻湘办事处，选派干员常川驻湘，随时与本府主管各机关洽商进行，可否，即希酌夺。至沅江酒精厂应如何迁移，造纸厂应如何开发，俾免停顿。候另案议复，再行奉闻。湖南省政府。齐。印。

[经济部工矿调整处档案]

7. 中国建设工程公司为已迁长沙请予保障的有关函（1938年4—5月）

（1）中国建设工程公司致工矿处函（4月25日）

敬启者：敝公司在汉呈请迁往桂林，曾蒙钧会照准，无任感荷。后敝公司鉴于长沙设厂较为合宜，且便于遵循钧会之教导，遂即改至长沙。刻下已租妥长沙上碧湘街长春巷3号民房一所，作为厂址，业获开工，得以略尽抗战时期中努力生产之天职。今后尚祈时加指示，以策前进是盼，并请钧会函达湖南省政府予以保障，尤为感祷。至于去岁在沪所具领之津贴，各项极销，已挂号寄上，俯祈鉴核是荷。此致工矿调整处委员会①

中国建设工程公司谨启

二十七年四月廿五日

（2）翁文灏至湖南省建设厅公函稿（5月6日）

公函　第　号

案查前自上海奉令前往长沙、湘潭等地设厂复工各厂，业经本处函请贵

---

① 此时工矿调整委员会已改为工矿调整处。

厅,予以实力协助在案。兹中国建设工程股份有限公司,亦已迁抵长沙,租妥长沙上碧湘街长春巷3号为厂址,并已开工。相应函请,查照前案一体协助为荷。[此致]湖南省建设厅

处长翁○○
中华民国二十七年五月六日
[工矿调整处档案]

8. 中国工商谊记橡胶厂为再迁柳州呈(1938年7月24日)

谨呈者:属厂原定在长沙开工,兹因时局日紧,不得不再向内迁移,最初计划拟将全厂迁往昆明,但路途遥隔,除转道香港、安南外,别无运输办法。现经再四商讨,决一面将全场机件迁往广西柳州,一面将制造浮舟部分机件模型,先在广州附近或深圳借厂制造,既可使全厂迁至安全地带,又可使浮舟工程不致停顿。是否有当,谨乞察核示遵,并继续多赐援助,实为感荷。谨呈经济部工矿调整处处长翁

中国工商谊记橡胶厂
厂长阮觉施
廿七年七月廿四日
[工矿调整处档案]

9. 钱贯之陈述精益铁工厂拟先行在常开工暂不往沅陵稍缓改迁辰溪理由呈(1938年9月26日)

窃本厂奉令迁移沅陵,早经决定在案。讵料到常以来,方悉运输极端困难,以故逗留再次瞬将两月,兹为维持本厂现状计,拟先行在常开工。谨将不能前往沅陵,并须改往辰溪之理由分别缕陈在下:经济困难,因在汉所借之款为数甚微,甫到常德既经告尽。而人地生疏,实感无处可挪借。其一也。运输发生阻碍,以致不能前往目的地,兼之用费超出原来预算,经济顿起恐慌,倘再往沅陵久候开工,各厂商由汉到常停工已近两月,供给工人膳宿等费损失殊大,如再停两月,势将无法维持,工人星散,此其二也。各厂商到常以后,

曾推派代表至钧处驻湘办事处商请救济,转奉钧谕:厂房尚未动工,各项工作须待两个月之后方有把握,其他救济毫无办法。奉悉之下,万分焦急,故决意在常先行租地建告[造]临时厂房,藉以维持现状。其三也。沅陵方面,房屋稀少,空地极端难觅,但工人住宿之处更属无法找寻,虽一室半间之微,储藏工具亦成问题。此其四也。沅陵电厂近始创办,最近因运料之船沉没,须另往汉口、香港去购料,延迟日时在所不免,最快须在两日以后方能发电。需用电力之工厂,暂时无法开工,纵然前去,亦无办法开工。此其五也。兵工署第十一工厂等地址,原定迁移地址在沅陵、辰溪间之沪溪,今已变更。第十一厂改迁烟溪,第一、二工厂迁至辰溪,商厂为求便利计,亦须随同变更。现钧处为各厂商觅定之地在沅陵东门外,而兵工署第一、第二工厂在辰溪过去四十五里之松溪口,该处均属山地,路程如此遥远,输送何等困难。各商厂之地址均愿与兵工厂相隔二三里路程,因领料交货输送时间与经济两相便利,收效较大。此其六也。日前各厂商推派代表至沅陵,与钧处驻湘办事处接洽,传谕尚须分一部分工厂到辰溪,此实为刻不容缓之善策,现不知此项离兵工厂较近之基地能否找到,何日可以建造,各商厂盼望正殷,此其七也。汉阳炮厂已在常开工,海军部工厂房屋亦已竣工,均将有工作包出,在常可找临时工作,到沅陵在短期内无工可做。此其八也。各厂商在常与兵工署第一、二两厂驻常办事处一再接洽,要求承包工作,据云辰溪地址正在动工铲平山脚,厂房底脚尚未做,就将来辰溪方面如造铁房架及水箱、装铁烟囱、造锅炉等,以及其他工程甚多,至沅陵方面有无工作,不敢预揣,且中央钢铁厂亦迁移此处,辰溪发展较大,云云。此其九也。本厂现拟在常工作两月之后再往辰溪,届时若因水浅船不能运,虽由陆路徒步数百里,艰难困苦亦所不辞,决不致以在常即作为久留之地。此其十也。常德有电力、有厂房,有工人宿舍,如有料,在此开工做圆锹、十字镐等,可以即日动工,不致停顿。而在沅陵方面,须在两个月之后,不免坐失机会,且向香港购料运送沅陵,必须经过常德,由常德运沅亦须延迟至一月有余,方可到达,何能应军用急需。此其十一也。各厂商在常在沅承包工作,均为国家服务,于兹全面抗战时期,增加后方生产,实属切要之图,有刻不容缓之趋势。而钧处设计将战区内各工厂迁移后方,可称擘划周详，无微不至，裨益于抗战，前途至大且巨也。综上所陈各点，本厂拟恳先行在常开工，暂时不往沅陵，稍缓改至辰溪，但沅陵方面即时有工作可做，仍可放弃前议，毅然前往，任何牺牲在所不惜。所陈是否有当，理合具呈。仰祈鉴核，俯赐备案。除径呈钧处驻湘办事处外，特此分呈备查。谨呈

经济部工矿调整处处长翁

精益铁工厂经理钱贯之谨呈

中华民国二十七年九月二十六日

[工矿调整处档案]

10. 袁子英办理常德迁移工作情形致翁文灏报告（1938年10月7日）

常渝字报告第一号　十月七日于常德

敬呈者：九月廿七日、廿九日手谕与各附件及本月二、四日两电敬悉，兹谨将在常进行各工作情形分述于下：

一、硫磺已于九月卅日由杜毓汉技术员押运到常，除即已电汉报告外，其在汉寿遇风损失情形，另附详杜君报告，不赘。至该项硫磺船现已令全数驶泊河洑，除已由职设法请行署派兵十名，官一名在船上警卫看守，其伙食由本处发给外，其所需往辰装运船只，亦正在万难中，各方催逼前行，设法拉雇船只备用，以期能早日全数做一批上驶（届时拟仍由杜技术员押运前往）。今明日即可装毕七小船，约50余吨，其余船只正努力中。俟装齐启运时，当再报告。

二、第一批到河洑之516.50吨废铁，已装就十船共154.14吨，于昨日启行前往沅陵，两星期即可到达。其余当俟硫磺全部装毕后，始能设法索船上驶。

三、废铁运沅，硫磺运辰所用运费、放空费及津贴等，一切均按照华中水泥厂方法办理。兹谨抄附该厂与大顺船行所定合约一份，呈请钧阅。查现时在常因各方需用船只过多，以致供不胜求（其情形曾详复议报告），船价大长，钱少亦为他机关拉去。水泥厂不得已于合约所订运价放空运费外，并每吨又加给津贴一元（合约中未规定）。即运往沅陵每吨须运费十四元，放空费一元之外，另加

给津贴一元,共十六元。运辰则每吨十五元,放空费一元四角,另加给津贴一元,共十七元四角(其他机关有每吨十八元及廿元者)。本处磺、铁运费自亦照此办法支给,则计算两项已到常之物料七百十六吨余之运费,已达一万二千元。此外上下力费(在常两次,沅、辰各一次)三次,每吨以一元计算,约需二千元,以及由汉运常废铁应付孙连生四成之运费,一千六百余元,暨第二批二〇吨生铁及第二批二千担、第三批二千担之硫磺,应需运费及上下力费等共约七千余元,与装船前后应给之船夫伙食费(每人日支一角五分),行署所派押运兵士之伙食费(官每日四角,兵二角),又其他各项杂支费用,似尚不敷一万三千元。拟请核察,早日汇常,仍交水泥厂收管,以便随时支付为祷!

四、汉口机器各厂除已到沅有六家之外,其余均在常、桃(连未在本处登记者闻约有卅家)不愿动身,并已有若干在常开工者。其工作问题,经职与汉阳兵工厂丁厂长面洽,允按各厂开工之生产能力酌给工作,惟职因各厂到常后情形不一,已令各厂速填详表,以凭转请兵工厂办理。此外海军司令部人员在此亦正与接洽中。精益铁工厂已在常建筑厂房,据云承造工兵器材(十字镐、圆锹),所需材料已有把握,职已令其呈具确实凭证,因该厂主持人钱贯之,所有浮滑之处。至在常各厂原借款往沅陵者,一时不愿西上,如何办理之处,仍祈示知。又彼等拟在常组织"迁常工厂联合会",职未表示许可,闻该厂等即将呈张主任核办矣。

五、河南农工器材厂所需之煤,职已在常与辰溪煤矿李汉屏主任接洽,允设法酌予供给,尚即函知程烟厂长,请其来常面洽。其工作问题,丁厂长已允供给。

六、本处一五〇匹马力汽机200吨生铁何时自汉启行,汽机是否仍运存沅?接奉通知,悉汉处已于五日结束,以后湘渝相隔更远,尚祈时赐示谕指导为祷!

余容续报。谨呈

组长 林 转呈
      李
厅长

职袁子英谨呈

[工矿调整处档案]

11. 张传琦为在常务厂再迁沅长附送汉口市五金机器同业公会在常德会员工厂调查表呈(1939年1月5日)①

　　案据汉口市五金机器同业公会沅陵办事处呈略称,以奉钧处湘字第215号训令转饬在常德复工各厂迅即迁移沅、辰两地复工等因,并迭次奉令转饬催促。奉此。遂即通知在常各厂,并派员调查各厂情形,据称:各厂均因停工日久,无力西迁,拟以沅、常两地会员之工俱暂借押国币五千元整,将在常本会员各厂工俱分批提选需要约200吨,先运沅、辰两地,以便复工而增生产等情。并附成会员工厂调查表一份。据此,该会所呈似属情中。自常德一度紧张后,运费骤增,各该厂前所借领之迁移费尚不敷用,自行耽搁,坐失良机。本处为各厂安全设想,增强抗战力量计,职责所系,未敢缄默,恳请拟由钧处借予该会西迁工具费2,500元整,提选需要工具100吨运往沅、辰,亦免遇有机器工活缺乏工具,不能承包制品,颇为可惜。不过江潮日落,河水干涸,以后输运能否畅行,未便预定。倘蒙钧座准予所请,将来偿还办法,本处拟以该会每批接收工作金额10%分次偿还,而以存储银行之公积金为担保,于必要时尽先由该项公积本利一并扣除之。并附呈调查表一份。是否有当,理合具文呈请鉴核,令饬祗遵。

　　谨呈

处长 翁
　　 张

驻湘办事处主任张传琦

附汉口市五金机器同业公会常德会员工厂调查表十份

汉口市五金机器同业公会常德会员工厂调查表

厂名	吨位	工人数	备注
精益铁工厂	18.0	240	现已迁来沅陵一部分
中国机器厂	21.0	15	
姚顺兴机器厂	29.4	50	
周义兴机器厂	3.0	5	

① 此系工矿调整处收文日期。

续表

厂　名	吨位	工人数	备　注
正昌机器厂	3.5	10	
江源昌机器厂	2.0	4	
方兴发机器厂	3.0	40	
新华机器厂	3.5	12	
汤义兴机器厂	4.0	7	
鸿泰机器厂	12.0	6	
福顺机器厂	30.0	25	
周复泰机器厂	15.5	8	
陶国记翻砂厂	4.5	10	
秦鸿记机器厂	15.5	22	
美丰纽扣厂	16.0	10	
顺丰机器厂	6.5	15	
仲桐机器厂	27.0	6	
谢洪兴机器厂	11.0	6	
苏裕泰机器厂	3.0	10	
徐顺兴铁厂	8.0	20	
范兴昌翻砂厂	3.0		
吴善新机器厂			
黄运兴机器厂			
振华机器厂	13.0		
义复昌机器厂	3.0		
谢元泰机器厂	4.0		
张乾泰机器厂			
李兴发机器厂			
瑞生机器厂			
华丰造船厂	20.0		辰溪
胡尊记机器厂	90.8		
总　计	369.2	521	

[经济部工矿调整处档案]

12. 陈惠卿等为常德五十七家机厂迁移辰溪请协助搬运有关文件（1940年6—7月）

（1）陈惠卿电（6月26日）

翁部长钧鉴：时局紧张，在常德复工机厂大小57家，工具俱计：车床70余，刨床6部，原料铜、铁、铅200余吨，技工784名。既无力自迁，又恐不迁资敌，乞俯允救济，借57家迁辰溪运输费20,000元，协助搬运。倘蒙赏准，当以上开工具作担保。时机逼迫，祈电示祗遵。常德57家工厂代表陈惠卿叩。

（2）张传琦代电（7月16日）

重庆经济部工况调整处处长翁、副处长张钧鉴：查常德各厂迁移辰溪借给迁移费事，业经以01.05、08.18两电奉呈。职在常时曾调查各厂迁移吨位，及已否着手迁移，获悉各厂漫无组织，有数厂极其微小，有数厂正在装运，情形既不一致，借给迁移费担保尤无把握。故于08.18电中呈明，饬正式申请，再行核转。陈惠卿电所开吨数，不甚确实，请借2万元系包括迁移费、工人维持费及复工建筑费，似无需此数。兹为担保稳妥计，拟仍按正式手续，饬令各厂先行申请借款数目，提供担保，再行核定借给若干。至极小之厂，则拟饬附于较大之厂并借，以求稳妥。即派单组员喆端驻常负责办理，估计共借1万余元即可足用。谨将调查常各小厂现况列具简表，随电送呈，敬祈鉴核示遵。驻湘办事处主任张传琦叩。元。

附表一份计二纸

中华民国廿九年七月十六日七点分发

常德各厂拟借迁运费一览表

厂　名	起运机件名称	吨位	请求借款数额				拟定借给迁移费数额	备　注
			运费	维持费	复工建筑费	共计		
德昌永行军锅炉灶	行军锅灶材料熟铁、生铁、机器	8	$400	$100	$200	$700		无机件,不予借款
张乾泰机器工厂	车床、铣床、钻床、老虎钳、机器零件	3	$200	$100	$100	$400	$250	工人厂名,加入建国
李兴发机器工厂	车床、刨床、大钻床、老虎钳、材料	5	$300	$100	$200	$600		合组中亚机器厂
王隆泰机器工厂	车床、铣床、钻床、生熟铁、煤气、马力、老虎钳、补助机	11	$700	$300	$500	$1500	$500	实查约共7吨,工人20名,加入建国
自强铜铁机器翻砂铁工厂	钻床、老虎钳、翻砂炉、五金大小工具	1.500	$100	$50		$150	$150	工人三名
应和兴铁工厂	红炉、材料	1	$100			$100		无机件,工人亦不多,拟不借款
云龙机器工厂	钻床、铣床、车床、老虎钳	15	$100			$100	$100	工人5名
德记翻砂厂	翻砂炉、砂箱、刨子、刨钳	2	$200			$200	$150	工人11名
骆兴昌铁工厂	红炉、铁座、小川	2	$200		$100	$300		无机件,工人亦不多,拟不借款
刘洪盛机器厂	车床、小铣床、钻钳、钻床、铁座、铁川、铁锹等	3	$200	$200	$100	$500		合组中亚机器厂
金记机器工厂	钻床、老虎钳、铁锹、风箱、铁料	1						
漆洪盛铁工厂	机关板川、铁座、铁曾、铁锤、风箱、钳子、太平板、湾川样、熟铁	4	$250	$100	$150	$500	$250	工人8名

续表

厂　名	起运机件名称	吨位	请求借款数额				拟定借给迁移费数额	备　注
			运费	维持费	复工建筑费	共计		
华泰五金工厂	大小钻床、老虎钳、翻砂炉、铁曾、风箱、铁凳、铜铁	1.50	$100	$100	$100	$300	$150	工人7名
袁义兴铁工厂	红炉、成品、元条	2	$150		$150	$300	$100	工人20名
公大铜铁翻砂厂	钻床、老虎钳、翻砂炉、铁曾、风箱、铜	2.50	$150	$100	$150	$400		合组中亚
同兴硬胎翻砂厂	翻砂工具、砂刨、铜料	1	$100			$100	$100	工人7名
李锦泰机器厂	老虎钳、铣床、钻床、行军锅灶、工具、材料	2	$100		$100	$200	$100	工人4名
宝丰机器工厂	车床、钻床、煤气车、马达、夹头、铁管、铜铁、老虎钳	10	$300			$300		据称机件多系租借，未经证明前不予借款
周洪发机器工厂	车床、马达	1	$200			$200		合组中亚
陈东记机器厂	车床、钻床、铣床、老虎钳、刺刀、铁料、零件模	3	$300			$300		合组中亚
中华机器工厂	大小钻床、铣床、老虎钳、小马力、大小元条、○○、生铁							
杜顺兴铜铁翻砂厂	车床、青铅、铜	2.50						合组中亚
仁昌机器厂	车床、刨床、老虎钳、钻床、马达、煤车	10	$500	$300	$400	$1,200		该厂机件经装船，经济尚可自给，无需借款

续表

厂　名	起运机件名称	吨位	请求借款数额				拟定借给迁移费数额	备　注
			运费	维持费	复工建筑费	共计		
周正兴铁工厂	铁曾、大小锤子、风箱、铁钳子、熟铁、铁、钢料	1.50	$200			$200		无机件,工具亦不多,拟不借款
王宏发机器厂	车床、钻床、老虎钳、红炉工具、钢曾、材料	3				$500	$200	工人6名
民实机器厂	元床、刨床、钻床、煤气马力、马达、天轴、老虎钳、机器零件、工具、铜铁料	12.90				$3,000	$700	工人30名
中亚机器厂	煤气马力、天条、马达机、铜铁铝材料	4	$250	$200	$1,000	$1,450	$450	系由和兴、陈东记、杜顺兴、公大、胜泰、刘洪盛、李兴发、周洪发八家合组而成,拟由各该厂共同签约借款
胜泰机器厂	车床、火炉、磅秤、冰机	2				$200		合组中亚
和兴机器厂	车床、龙门刨车、钻床、马达、老虎钳、熟铁	4				$400		合组中亚
国记翻砂厂	马达、风鼓、熔铁炉、翻砂箱、车床、生熟铁、焦煤、各种铁样	9.50	$500	$200	$200	$900	$400	工人8名
聂兴隆锉刀厂	水雷铁座、成功烟刀、毛铁、锉刀、工具零件	1.50				$150		无机件,拟不借款

续表

厂　名	起运机件名称	吨位	请求借款数额				拟定借给迁移费数额	备　注
			运费	维持费	复工建筑费	共计		
建国机器铁工厂	车床、柴油引擎、老虎钳、铜铁铅管子	4.50				$150	$400	工人15名
贺兴发机器厂	老虎钳、机器工具、生熟铁	2				$200		无机件，拟不予借款
湖北第二工厂	车床、钻床、老虎钳、马达、生熟铁	12				$2,000	$750	工人20名
张鸿兴机器厂	车床、大钻床	3.50						
瑞生机器厂	车床、煤气车、马达、老虎钳、钻床、材料、工具	11				$1,500	$600	工人22名
总　　计		149.90				$23,050	$5,350	

[经济部工矿调整处档案]

13. 姚文林陈复为湘南吃紧预筹衡阳各厂再迁事宜(1941年10月3日)

经济部工矿调整处广西办事处呈　桂总字第3326号　民国三十年十月三日

案奉钧处(30.11)电,以湘南吃紧,各厂须审查情势,预作再迁或破坏准备,盼即日赴衡祁,偕同单组员与各厂家洽商迁移费用,可酌为核货战区各厂,如有迁出者,应妥为安置。等因。自应遵照办理。查自湘事吃紧,职曾预向衡阳各厂驻桂或来桂人员面授机宜,令作万一准备,且曾据华成电器厂及新昌植物油灯厂等厂,领去运照,预备向后方疏散。奉电前因,即经转达单组员喆端,审察情势,相机办理,并指示：

(一)先尽衡阳各厂商洽迁移。

(二)召集衡阳各厂负责人商洽迁移办法。

(三)核定各厂应迁吨位。

(四)倘湘桂铁路交涉车辆不能生效时,可由水路先运至冷水滩。

（五）各厂迁移目的地暂定桂林。

（六）各厂必需货用运费者，得向本处货用运费，全数70%，利息六厘，以及远本期限及由工厂三家担保，亦有适宜规定。并嘱如有由战区迁出工厂经过衡阳者，应妥为协助。去后并由职处保管款内先行电汇8万元，并发去空白货运特种护照及钢铁运输执照各拾张，以备随时填发各厂应用。一面并函铁道运输司令部交涉车辆，一面请广西纺织机械工厂孝课长右陵赴衡阳协助，并随时与单组员用长途电话互通消息，用备相机应付。查近日以来前方局势尚无重大变化，既经函嘱单组员体察情形，分别准备随时电商。倘至事态严重，职当立时前往，督饬各厂尽力抢运。惟查各厂，如果相继迁出，所需运费自不在少。由桂汇衡之8万元恐不敷用。拟请钧处俯赐核汇款项来桂，以备万一，并请指示机宜，以便遵办。除以（02.10）电呈覆外，谨呈

处长翁、张

广西办事处姚文林

［经济部工矿调整处档案］

七、国营厂企的迁移与交通运输

1. 兵工署促速迁汉与上海炼钢厂往来电(1937年8月)

(1)兵工署电(8月27日)

辣斐德路601街9号转张厂长:有辰及有申两店均悉。公密。一、工具材料等速运汉,员工可派一部分前往;二、王技正怀琛自汉来电,请将钢厂炼钢厂炼钢主要原料运汉,不足者速向国外订购,并请调王汝麟随带工人往汉协助,仰酌办;三、防护事已签请部长、委员长核;四、迁汉事应速进行,以便早日开工。大维。感(二七)造成。

(2)兵工署电(8月28日)

辣斐德路9号张厂长:宥电悉。公密。重要材料机器尽力迁运武汉,车辆与胡处长商洽,如迫不待可试用小轮运豪兴。大维。俭,已造。

(3)上海炼钢厂复电稿(8月30日)

南京。兵工署署长俞钧鉴:宥造、感造成及俭已造三电均奉悉。公密。连夜督率开工,工人多不到。到者亦观望;敌机且不时夜袭,以故工作甚鲜效率,电炉已遵令拆卸,平炉拟停修理,砂模车制二部,现侧重结束半成品及拆运机器工具。将来全厂员工拟分为三批随迁运车船赴汉。第一批为钢炉部、修理部、轧钢部,第二批为砂模部、木工部,第三批为车制部、零件部。每批酌派事务人员数名同行,抑定遵令分列名单呈报,刻正积极准备材料机件之搬运。惟自昨日南站被炸后,车运又为之一阻,而小轮运输断绝,纵有亦多困难,但当时连仍与胡处长商洽,竭力办理中。谨闻。职张○○叩。○○。印。

[钢铁厂迁建委员会档案]

2. 兵工署关于各兵工厂不作迁移暂维持工作问题的训令（1937年10月17日）

军政部兵工署训令　造（二六）丙字第6428号

令上海炼钢厂

查现时军需补给至关重要，前后方固站在同一战线上，各兵工机关非特应维持现有工作，且须增加效率至最高限度，方克有济。但最近大多数兵工厂已受轰炸，不能维持原有工作，倘事迁移，势必旷日费时，缓不济急。兹订定办法四条如左，仰即遵照办理。

一、各厂非至不得已，不作迁移之举；虽遇轰炸而不致有重大损害时，应注意消极防空，使职工身心上得到适当安全。

二、各厂应即着手施行日夜两班制，如易受轰炸之地，可使员工稍事疏散，即以原有员工分作两批工作，轰炸减少之后，即可日夜加以扩充，以增产量。其不受轰炸之厂，应尽量加工，昼夜不停工作。

三、各厂应注意其同地区可以利用之民间工厂，设法使之服务或统制，派匠教练，发签照制，使厂之机能在可能范围内有其分散与灵活性。

四、各厂有受不断轰炸较为可虑者，在可能范围内利用同区内民间空厂房或庙宇，以为移装或移藏之用，而达到疏散之目的。迁移之原则，应尽轻巧部分（轻重以各部分之最大机器计算）先搬，以免装卸费时太多。

中华民国二十六年十月十七日

[钢铁厂迁建委员会档案]

3. 军政部制呢厂关于机件运渝经过给军需署的呈稿（1938年1月25日）①

窃查本厂及纺织厂所有机件器材除由怡和、太古聚等洋行由汉口直运重庆约1,080余吨外，其余均系由汉口运抵宜昌转船来渝，只以宜渝段交通工具过少，各机关公物过多，华商轮船之运输复有一定之限制（详附表），以致宜

---

①据考证，此件时间为1938年1月25日。

渝段运输感万分之困难。兹者所有两厂滞宜机件器材业已完全抢运离宜,谨将宜昌运输之各情形胪陈于后:

(甲)宜昌对于转船运输之准备

(1)控制驳船

宜昌为军品麇集重地,机件存在仓棚(本厂在宜下铁路坝空地搭盖仓棚2座存置机件,曾呈报有案)目标过大(各机关均在下铁路坝空地搭有仓棚为数甚多),空袭堪虞,故在宜多方设法雇妥驳船24只,装妥待运,机件停泊在怡和码头,借减少损失,此项驳船每日租价自2.5元起至9元止,以其载重量之多寡并参照各机关租价而决定。

(2)统制抬夫

抬夫在宜昌甚少,且因各机关均抢运军品,纷纷征雇抬夫,本厂与宜昌下铁路坝夫头陈德章、杜理祥订有契约,每日拨抬夫50名至100名,专为本厂抬运机器。重在3吨以下者每吨每次抬费8角,其余重件每吨每次抬费6元(计起坡一次,入库一次,卸坡一次,共三次)。

(3)租雇拖轮

本厂在宜昌雇妥拖轮3艘,月租千元者两艘,拖力为400公吨,月租540元者1艘,拖力为200公吨,煤炭有本厂供给,1艘专为拖机器驳船,装轮船之用(宜渝段轮船均泊江心),1艘为拖本厂木船自宜昌至南沱,1艘系由南沱拖至黄陵庙(离宜昌90余里),盖本船装妥机器后为避免空袭及因时局关系早日离开宜昌计,此项拖轮为必不可少之工具也。

(4)拆改机箱

本厂在汉口装箱时,因恐零件散失及配备关系多,以1吨1箱为基准,汉宜段各轮船仓口既大,夫力又强,故不觉困难。讵宜渝段凡有钓杆之轮船(如民元、民本、民权、民风等)均为兵工署独占,其他各轮舱口狭窄,在1吨之机件必须由钓杆钩装,为抢运此项机器,必须改装小件,既能装无钓杆之轮船,且能装木船,故决定选留两厂职工100名及各部负责技士,在宜拆改机器。计自九月十六日起随拆随运,至十一月底始行完竣,费时一月有半,虽添购木板、洋钉、稻草、擦油等及拆改工资略费约1万余元,实为能抢运离宜之主要因素。此种拆改机箱情形曾呈报有案。

(乙) 宜昌运输之情形

(1) 由外商轮船运渝者

华商轮船既受政府之制限,为抢运滞宜机件,不得不利用外轮,计由太古洋行万县轮运渝者,计座车2部,每部运费950元正,由聚福洋行福源福同两轮运渝者,计机器材料约计1,200余吨(因此2轮均无钓杆所装机箱,均系在宜拆改者)。系按英镑计算,均经呈报有案。

(2) 由华商轮泊运渝者

计民生公司运渝者计400余吨,遵照交通部长江航业联合办事处之运费规定,在本年十一月以前,凡属公物在1吨以内之机件,每吨运费为36元,在1吨以上之机件,每吨运费为48元;自十一月一日起,因系枯水时期运费规定1吨以内之机件,每吨运费为48元,1吨以上之机件则为60元,均以量尺吨为标准,材料每吨则按"迁厂类"计算,每吨运费为50余元。

(3) 由差轮运往庙河、巴东、万县转渝者

计由本部差轮管理所宜昌分所民勤差轮运至万县者共计40吨,到万县后改装木船来渝,由同德差轮运至巴东者计20余吨,已装民生公司意康铁驳,由该公司派轮拖带至万,由江汉鸿利两轮运至庙河者共计100余公吨(庙河距宜昌180里),此两轮正在试驶上游,约在最枯水时或可驶至万县,入至本年年底仍停泊庙河无法上驶时则再雇木船由庙河装载来渝。

(4) 由木船运渝者

本厂鉴于轮运之困难,时局之迫切,空袭之可虞,遂自本年8月起即利用木船输送,经万县帮会首罗直甫在宜昌雇妥木船40只,自宜至渝,每吨运费为60元,以实际装载重量为计算之标准(曾呈准在案),后以时局严重,驻宜各机关均感轮运之困难,纷纷抢雇木船以致供不应求,船价陡涨。本厂为抢运滞宜机件遂电驻万县人员在万封雇木船,放空来渝(由万雇来木船76只),每木船酌给放空津贴(船舶司令部有规定),以争取时间之迅速。迭经后方勤务部船舶运输司令部,召集各有关机关会议决定宜渝段木船每吨运费为66元(运费为55元,到渝加付2成奖金,合66元),不得任意封扣木船。本厂续

由万县雇妥放空来宜之木船，即按照船舶司令部之规定运费付给之，每只木船装载器材之重量为其载重量之对成，藉减少途中之危险，运费在宜先付八成，到渝提卸后再付二成，途中若有不幸事件发生时，则打捞费用归本厂负担，如木船损坏者则由船主自修，明定整后再行接运，沉没者则由本厂另雇木船接运。本厂前后共装出木船 116 只，载重约达 3,000 吨之谱，实为宜渝运输段之主力。

（5）由民生公司拖带本厂铁驳至渝者

本厂及纺织厂重件机器，如锅炉、发电机、高热器、凝结器、变压器等重件机件重量既重，体积又大，除能装民元、民本两轮外（此两轮钓杆能钓 15 吨，舱口均宽大），其余所有宜渝段轮船、木船均不能装载。民元、民本两轮久为兵工署独占，遂迭次交涉，只前后拨给 60 吨，吨位装出有限，其余者尤为开工所必需，势在必运，遂与本部船舶管理所宜昌分所索拨铁驳两只，一为鸿安十号，一为汉冶萍十九号，经宜昌美敦测量公证所洋员验明，认为均可拖带，鸿安可载 120 吨，汉冶萍可载 150 吨，既将所有重件经租用民生公司之民乐钓杆吊装完竣。经民生公司民固拖轮（民固即巴渝兵舰所改者）拖带至秭归再换轮拖至重庆，总计铁驳运费鸿安十号日租为 35 元，自十一月二十二日起归本厂起，汉冶萍十九号日租为 41 元，自十一月二十八日起归本厂起租（系根据船舶管理所发字第 362 号公函所办），验驳费每驳 50 元，宜昌民乐起重费为 600 余元，民固拖渝费，每只为 8,000 元，共 1.6 万元整（民生公司均有规定）。

（6）由民生公司意康铁驳运渝者

民生公司意康铁驳拨给本厂 60 吨，计在宜昌装 35 吨，在巴东装 25 吨，至重庆运费均自宜昌起算，系按照该公司拖带章程，以实装重量摊算托运费。

（7）怡和包运之滞宜机件处置办法

纺织厂在汉口经中国旅行社由怡和、太古直运重庆机件达 800 余吨，除太古所运者已完全到渝外，怡和尚有 151 件机箱滞宜未运。该公司宜渝段原有轮船两只，一为嘉和船甚大，一为新昌和船只甚小，嘉和不幸搁浅，致此次机件久未运出。本厂为赶速运输计，遂提出 52 件，转装民生轮船，其余 92 件该公司允自138次新昌和起运陆续运完,提出之机件应退之运费仍正责成由中国旅行社负责办理交涉。

综上所述,宜渝段运输既最艰难,而情形又亟特殊,多为原预算时所不能想象者,且有时因运输时机之关系而不及陈报备案者势所难免,现在两厂滞宜机件、器材、人员业已完全离宜,理合将经过实情呈请鉴核,俯赐备案,实为公便。谨呈。

署　长　周

副署长　熊

附宜渝段船舶调查表

军政部制呢厂厂长　张乃恒　呈

宜渝段华商轮舶调查表

局别	船名	估计载重量	支配机关	备　考
招商	协庆	150吨	兵工署独占	无钓杆
三北	富华	220吨	航委会独占	无钓杆
民生	民元	500吨	兵工署独占	有大钓杆
民生	民本	500吨	兵工署独占	有大钓杆
民生	民权	300吨	兵工署独占	有钓杆
民生	民风	300吨	兵工署独占	有钓杆
民生	民俗	200吨	兵工署独占	有钓杆
民生	民熙	150吨	兵工署独占	有钓杆
民生	民享	100吨	兵工署独占	有钓杆
民生	民治	100吨	兵工署独占	无钓杆
民生	民口	120吨	航委会独占	无钓杆
民生	民康	120吨	航委会独占	无钓杆
民生	民政	180吨	航委会独占	无钓杆
民生	民安	80吨	航委会独占	无钓杆
民生	民福	80吨	航委会独占	无钓杆
民生	民贵	200吨	兵工署三分之一 航委会三分之一 民生公司三分之一	无钓杆
民生	民俭	120吨	民生公司支配	有小钓杆,其他各机关商号只有此船可搭载
民生	民意	60吨	民生公司支配	至巴东无钓杆

[军政部制呢厂档案]

4. 军政部制呢厂由武昌运输机器数量表（1939年12月2日）

民国二十八年十二月二日

机器名称	数量	单位	备考	机器名称	数量	单位	备考
变压器	2	具		哔叽梳毛机	1	架	
大镟床	1	架		复洗机附针梳机	1	具	
小镟床	1	架		头道球针梳机	1	架	
大钻床	1	架		二道球针梳机	1	架	
小钻床	1	架		成球机	1	架	
刨床	1	架		圆式球针梳球	1	架	
万轮刨床	1	架		单头针梳球	1	架	
砂轮	1	个		双头球针梳球	1	架	
抽水泵	1	架		磨钢丝机	1	架	
四槽洗毛机	1	架		交叉针梳球	3	架	
英欧伸梳机	3	架		展幅洗呢机	1	架	
16锭英末伸机	1	架		重缩呢机	1	架	
78锭初纺机	3	架		单刀剪毛机	1	架	
76锭初纺机	5	架		双刀剪毛机	1	架	
36锭三纺机	3	架		脱水机	1	架	
180锭飞叉式纺机	1	架		磨剪刀机	1	架	
180锭帽式纺机	6	架		天平	1	架	
240径双合股机	1	架		显微镜	1	架	
120径四合股机	1	架		象限识纱器	1	架	
喷雾剂及装置	1	具		手摇络纱机	1	架	
40锭绕经机	1	架		电焊机	1	架	
裂鼓绕经机	1	架		轧灰机	1	架	
卷纬机	1	架		烘毛机	1	架	
自动整理机	1	架		废纱机	1	架	
哔叽织机	22	架		废呢机	1	架	
整经浆机	1	架		走锭纺纱机	4	架	系在武昌时湖北建设厂拨借

续表

机器名称	数量	单位	备考	机器名称	数量	单位	备考
刺果起毛机	1	架		整经机	1	架	同上
烧毛机	1	架		呢绒织机	18	架	
筛土机	1	架		缩呢机	3	架	
轧光机	1	架		三轮起毛机	1	架	
返烟锅炉	2	个	系在武昌时湖北建设厂拨借	单轮起毛机	1	架	
小锅炉	2	个	同上	单刀剪毛机	1	架	
抽水泵	1	个	同上	强烘机	1	架	
江边抽水泵	1	个	同上	刷呢机	1	架	
锤形打土机	1	个	同上	蒸煮机	1	架	
脱水机	1	个	同上	磨幅洗呢机	1	架	
和毛机	1	个	同上	水压机	1	架	
小和毛机	1	个	同上	滚压机	1	架	
呢绒梳毛机	2	架		成包机	1	架	
洗呢机	4	架	同上	成绞机	2	架	

[军政部制呢厂档案]

5. 兵工署炮兵技术处关于枪炮两厂运渝分配任务办法呈稿(1938年5月8日)

查关于枪弹两厂机器移川一案迭奉钧属汉造(二七)字第2501号训令伤将枪弹机全部运渝移交;又冬汉造代电伤将所有机器运渝积极督促办理,宜昌以上水路运输由署派员统筹协助各等因。奉此,遵经本处于微日电陈运输机器及材料估计约4,000吨,恳代向民生公司接洽,支配运输吨数与日期,并以虞电恳查示本处机器能否由汉装民生轮运输在案。刻因本处自奉令迁川筹备成立炮弹厂后,业已派员多人赴渝勘觅厂址、办理测量及计划建筑工程事项;一面又须将株处一切建筑土木工程分别予以结束,任务殷烦,人手陡感缺乏。为通盘筹划,分工合作,俾速事功,免误限程起见,兹谨拟具本处机器运输分配任务办法列举如次:

一、所有全部机器请拨车辆与装车、卸车及装船等事务由本处负责办理。

二、与民生及其他轮船公司接洽拨用船只仓位及规定运输日期，一切拟恳钧署代办。

三、枪弹机器由枪弹厂人员负责押运，到达重庆时由龚委员就近照料转运厂地。

四、动力机及炮弹机器与各项材料等由各该管理员负责押运。到达重庆时由本处驻渝【办】事处【押】运。

谨按三、四两项押运事务须由各该厂人员担任，原因以押运员必须熟谙机器品名、内容，方能指导押运方法，随时随地予以保护安全，无虞缺损。以上所陈，勿乞俯赐核准，并予令饬龚委员查照办理，俾利运输而赴事功，理合备文呈请鉴核，电示祗遵！实为公便。谨呈

署长俞

全衔　庄○

五·八

[第十兵工厂档案]

6. 经济部转达蒋介石对汉冶萍公司等处置意见致工矿调整处训令（1938年6月27日）

经济部训令　汉工字第1561号

令工矿调整处

案奉军事委员会委员长蒋本月二十四日回侍参鄂代电开：石灰窑各工厂机件应即设法从速搬迁，兹为万一迁移不及计，已饬准备破坏工作。希分别查照，密饬汉冶萍公司铁厂迁建委员会杨主任委员及各工厂知照，以免误会为要。等因。奉此。合行令仰知照并立即转饬知照为要。此令。

部长　翁文灏

中华民国廿七年六月廿七日

[经济部工矿调整处档案]

7. 兵工署炮兵技术研究处迁移运输情形报告表①(1939年8月14日)

二十七年六月起至二十八年四月止

起止地点	运输工具	时间	数量(吨)	待运数量(吨)
株洲至宜昌	火车、轮船、民船	二十七年六月	776,430	
同上	同上	二十七年七月	1,669,949	
同上	同上	二十七年八月	668,655	
同上	同上	二十七年十月	150,000	
同上	轮船、民船	二十七年十一月	30,000	
宜昌至重庆	轮船	二十七年七月	252,018	以下各项机料系株洲运来者
同上	同上	二十七年八月	680,000	
同上	同上	二十七年九月	834,000	
同上	同上	二十七年十月	449,000	
同上	同上	二十七年十一月	160,000	
同上	同上	二十七年十二月	25,000	
同上	轮船、柏木船	二十八年三月	75,000	
宜昌至奉节	轮船	二十七年十一月	120,000	
同上	同上	二十七年十二月	180,000	
宜昌至万县	同上	二十七年十月	197,000	此项机料即系由株运宜转奉者
同上	同上	二十七年十一月	202,000	
同上	同上	二十七年十二月	100,000	
同上	同上	二十八年三月	66,960	
奉节至万县	同上	二十八年二月	21,000	以下各项机料即系由株运宜转万者
万县至重庆	轮船	二十七年十二月	315,000	
同上	同上	二十八年一月	18,000	
同上	同上	二十八年二月	21,000	
同上	同上	二十八年四月	90,000	

附注：除上列数量外，尚有①在株移交第五十工厂者约3万吨，②运交汉阳炮厂及其第一分厂者约60吨，③留株未及西运之建筑钢材、洋松等约500吨，以继续运桂，均未列入本表，合并注明。

[第十兵工厂档案]

---

① 此件为兵工署炮兵技术处1939年8月14日炮技字(二八)第2055号呈的附件。

8. 中国植物油料厂为拆迁机器到达南沱请拨木船装运入川呈（1938年12月2日）

谨呈者：窃查属厂由汉口撤迁之机器，现有200余吨已运到宜昌上游之南沱。刻以川江水落，运输拥挤，乏轮运载入川。而属厂渝厂兴建在即，不克久待。兹闻汉口航政局在渝征用木船300艘，专供运输军需品及工厂机器之用。该项船只经分配后，据闻尚有余额，拟恳请六艘，赴宜装运机器入川，俾厂方工程可以早日完竣。无任感戴。用谨函陈，敬祈钧察赐转，俾得早日拨用为祷，谨呈

经济部部长翁、次长何、秦

职张嘉铸　谨肃
廿七年十二月二日

[经济部工矿调整处档案]

9. 兵工署第二十工厂1938年器材迁运统计表（1938年）

（1）一月至六月

项别＼品名	起止及经过地点	吨数	运输方式	起运及到达日期	备考
机器	南京至重庆	235	火车及轮船	二十七年一月起至六月底止	
材料	南京至重庆	1,237	火车及轮船	同上	
其他	南京至重庆	5	火车及轮船	同上	工具及零件等

（2）七月至十二月

项别＼品名	起止及经过地点	吨数	运输方式	起运及到达日期	备考
机器	西安经汉口至重庆	238	火车及轮船	二十七年七月起至十二月底止	
材料	西安经汉口至重庆	184	火车及轮船	同上	
其他	西安经汉口至重庆	396	火车及轮船	同上	工具及零件等

[第二十兵工厂档案]

10. 兵工署第五十工厂 1938 年下半年器材迁运统计表(1939 年)

项别 品名	起止及经过地点	吨数	运输方式	起运及到达日期
机器	由广东湛江经株洲、宜昌到达重庆	780	(1)火车(湛株) (2)拖船(株宜) (3)轮船(宜渝)	二十七年五月三日开始装运,至年终运毕
材料	湛江至郭家沱 香港至郭家沱	597 210	火车、木船及轮船	同上
其他	湛江至郭家沱	264	火车、木船及轮船	同上
备注	运输方式即指用轮船、火车或木船、卡车等方法运输			

[第五十兵工厂档案]

11. 钢铁厂迁建委员会 1938 年迁运器材数量表①(1939 年 1 月 12 日)

本会起二十七年六月五日迄同年十月二十二日,共由汉阳、汉口、武昌、谌家矶、大冶、岳州、监利、长沙、香港等处迁运器材 56,819.195 吨,其中纯属本会各股矿室者 37,252.338 吨,属于兵工署各厂处库及有关厂商者 19,566.957 吨,其器材交运及实运吨数及损益百分率如:

武汉附近本会迁运器材情形表(二十七年十月二十六日)

器材所属部分	交运吨数		运出百分率
	交运	实运	
本会			
技术室	2.376	2.376	100%
会计室	0.390	0.390	100%
总务股	77.270	77.270	100%
铁炉股	11,725.082	12,862.843	110%弱
钢炉股	6,186.609	5,651.256	91%强
轧机股	5,809.342	5,799.952	100%弱
动力股	4,403.561	5,178.123	117%强

---

① 此件节录自《钢迁会 1938 年 7 月 12 日事业报告》(底稿)。

续表

器材所属部分	交运吨数		运出百分率
	交运	实运	
建筑股	1,000.000	1,088.029	109%弱
运输股	1,578.955	3,624.085	230%弱
各股矿工有	38.995	38.995	100%
綦江铁矿	1,635.921	1,838.178	112%强
南桐煤矿	1,137.855	1,090.741	96%弱
合　计	33,596.356	37,252.238	
非本会			
第一工厂	37.000	37.000	100%
第三工厂	2,250.977	2,250.977	100%
第二十工厂	478.830	478.830	100%
第二十一工厂	2,954.386	2,954.386	100%
第二十三工厂	1,068.350	1,068.350	100%
第二十四工厂	2,946.453	2,946.453	100%
汉阳兵工厂	2,070.302	2,070.302	100%
陕西兵工厂	1,018.900	1,018.900	100%
岳州三库	4,106.220	4,106.220	100%
炮兵研究处	2,567.539	2,567.539	100%
航技处	1.000	1.000	100%
资委会电业处	27.000	27.000	100%
天原厂	40.000	40.000	100%
合　计	19,566.957	19,566.957	100%
总　计		56,819.195	

[钢铁厂迁建委员会档案]

12. 兵工署第五十工厂迁移经过[①](1939年)[②]

查本厂自廿六年起,迭遭敌机轰炸后,即奉署令择地迁建。当于同年十二月间,先后派员前往滇、桂、湘省履勘厂址,初勘得湖南辰溪地方,颇为适宜,正筹迁中。又于廿七年四月七日奉令改迁四川,并经勘得江北县郭家沱一带地方,适合建厂条件,当即部署迁运事宜,于漵江、株洲、重庆三处分设联

---

① 此件系节录自1939年兵工署第五十厂《迁移经过及现在设施报告书》。
② 该时间系编者估计时间。

运组,于岳阳、宜昌两地分设通讯处,将所有器材,由粤装车运至株洲,改用民船运宜,再行转轮运渝。计自廿七年四月间开始起运,截至现在,除留置秭归、万县、巴东一带器材约计百余吨,尚待运渝外,计已运到者共计器材2,886吨,而湛江原址之器材已告运馨,此本厂迁移至经过也。

[第五十兵工厂档案]

13. 重庆炼铜厂总务课长王钤关于长沙冶金室运渝器材情况的说明(1939年2月6日)

查前冶金室存有机械仪器229件,共重约29公吨,于二十六年冬雇用民船由长沙运往湖南益阳酢埠镇,存放后于二十七年六月又雇民船运回长沙,该年六月底即将该货交怡和轮船公司包运重庆,不料该货至宜昌后以货运过忙停留数月,近始陆续到渝。计由长沙至渝运费共需运费国币7,655元;又二十七年七月底由长沙分厂交怡和轮船公司运往宜昌器材600件,共重约70吨,计需运费国币3,543.33元;又二十七年八月中旬,由香港运至长沙器材296件,共重约19公吨,于该年月底交由怡和公司运往汉口,计需运费国币339元1角7分;又二十七年九月初由长沙分厂交怡和公司器材24件,计重约4公吨,运往汉口共需运费国币147元2角5分;又二十七年十月初由长沙分厂交怡和公司运往宜昌硫酸49瓶,计重约8公吨,共需运费国币870.85元,又二十七年十月底由香港运长沙火砖及口料1,085件,计重约100公吨,由长沙雇拖轮运宜昌,沿途由王钤报运共需国币拖费3,500元。

王钤

二十八年二月六日

[资源委员会电化冶炼厂档案]

14. 兵工署炮兵技术关于迁移经过的报告[①](1939年3月17日)

本处于去年4月间奉到汉造(二七)字第二〇七三号训令:着将二公分及

---

① 此件节录自1937年3月17日兵工署炮兵技术处送军政部的《迁移经过及现在设施工作报告书》。

三公分七炮弹机器运川安装后,当即集中员工先将株洲临时枪弹厂机器逐一拆卸装箱,与炮弹厂新机于五月间开始运输,总重计3,600余吨,分三条运输路线。凡机器重笨,需用吊车上下者概自株洲经粤汉路运武昌装船,为数约千余吨,嗣由交通部拨到海洋轮一艘泊长沙待命,本处大部材料及小型机件均由株洲运长沙转装该轮运宜,计重又约千余吨。此后抗日战线接近鄂东、武汉一带,军运拥挤,情势紊乱。本处为求机料安全起见,特招雇民船20余艘,用小轮3艘拖驶宜昌,历尽艰危,所有拆迁各机件本均安全到达,全无损失。惟因江水枯浅,尚有一小部分材料分存宜昌、新滩、奉节、万县,一俟沿途畅利,当不难一举廓清也。

[第十兵工厂档案]

15. 钢铁厂迁建委员会迁移经过①(1939年)

本会系于廿七年三月奉令在汉阳钢铁厂内组织成立,当即进行拆迁工作,兹将经过情形分述如次:

甲、拆卸

1. 炼铁炉　兵工署去岁购六合沟公司之100吨炼铁炉一座,由该公司拆卸后饬本会运川装建使用,一面本会在汉阳钢铁厂拆卸250吨,及100吨炼炉机件之一部运川为补充料件。

2. 炼钢厂　拆卸汉阳30吨碱性马丁炉三座、炉气发生炉六座,运注铁液之35吨电气高架起重机二部,注运熔钢之50吨电气高架起重机二部,其他尚有钢锭、模锭、模车、铸锭底板及铸锭漏斗等附属品。

3. 轧钢厂　拆卸汉阳钢轧机、钢板机及钢条机与所有附带之设备如汽炉房、水力房、整货房、车辘厂及钩钉厂等。

4. 动力厂　拆卸汉阳与大冶二厂汽炉房内装置之水管汽炉13座,机器房内装置之透平发电机三座,变流机四部,又汉阳厂原有之蒸汽直流机三部暨一切配电供电设备及六合沟之鼓风机三部。

---

①此件系节录自1939年《钢铁厂迁建委员会迁移经过及现在设施工作报告书》。

5. 机器修理厂及翻砂厂等　拆卸汉阳大冶机器修理厂、翻砂厂、打铁厂、锅炉厂等之各项工具机械。

6. 铁路及车辆　拆卸汉阳大冶二厂之路轨及各种车辆,并由修理机车之各项工具。

乙、运输

1. 到达地点　迄本年三月上旬为止,运输机件到达地点计有宜昌、小青滩、青滩、巴东、巫山、奉节、万县、重庆等处。

2. 运输工具　汉、宜、岳等处利用之运输工具计海轮有三兴等11艘,铁驳有第十三、十四、十五、十七四号,拖轮有美咸等17艘,木驳有自雇及远东公司经雇之218只,川江柏木帆船有川江帆船公司云开帮等7,000只。

3. 附带运输　本会奉命附带运输其他各机关机件,计有兵工署所嘱之各厂处库与厂商陶馥记等各单位。

4. 运输吨位　自廿七年六月五日本会机件开始运输,迄本年三月上旬止,到达各处吨位如下表:

运达地点	运达重量(单位公吨)
三斗坪	681.160
小青滩	973.000
青滩	413.574
巴东	667.116
巫山	7,414.879
奉节	796.498
万县	7,683.242
重庆	6,660.292
宜昌	10,898.214
宜昌以下	94.244
战事损失	1,073.759
合计	37,355.988

[钢铁厂迁建委员会档案]

16. 翁文灏等为萍乡煤矿拆迁请密令江西省府等预作必要准备致蒋介石代电稿(1939年3月27日)

代电

　　委员长钧鉴:查江西萍乡煤矿,为华中最大煤矿,且因汉冶萍公司关系,向为暴敌注意。本会奉命整理,自上年二月迄今,积极产煤,供给路用,维持军运,幸未陨越。现以赣北战事转紧,该处自不得不及时准备,庶免临事张惶,资为敌用。前次湖北大冶石灰窑各厂矿于江防吃紧中,曾由军长密令武汉卫戍总司令部召集有关各方会议决定各项紧急处置办法要点如此:

　　(一)各厂矿可以拆迁之机器设备,由各厂矿负责限期拆迁,不能拆迁者,由军事机关组织爆炸队于必要时彻底破坏之。

　　(二)必须随各厂矿迁移之技工,由各厂矿继续雇用。

　　(三)壮丁而非必须随各厂矿迁移之技工,由兵站总监部编组运输队,或由附近管理兵役机关,接受补充新兵。

　　(四)老弱工人由各厂矿给资遣散。

　　(五)拆迁时之运输,由各运输机关切实负责办理。

　　(六)以上各条,执行如有困难,由当地最高军事局督令办理。

　　嗣后执行结果,颇称妥适。兹萍乡煤矿逼近战区,为缜密处理计,可否仍由钧长依照大冶石灰窑各厂矿拆迁前例,密令江西省政府及当地最高军事当局预作各种准备之处,敬乞密令祇遵。职翁○○、钱○○叩。感。

[资源委员会档案]

17. 经济部等关于迁移萍乡煤矿处置办法有关文件(1939年4月8—10日)

(1)经济部训令(4月8日)

经济部训令　矿字第25325号　中华民国廿八年四月八日发

令资源委员会

案奉军事委员会委员长蒋二十八年四月虞日侍秘渝字第五二一六号代

电开:关于迁移萍乡煤矿一案,兹据薛代司令长官江已仁电复称遵拟处置办法如下:(甲)所有机件光运祁阳。(乙)已采炭全数西运。(丙)壮丁除必需随厂迁移之技工外,余均编成运输队,老弱者资遣。(丁)派本部高级参谋赵铁公先往督办。(戊)由周线区司令即派得力爆破队,携带器材开萍待机彻底破坏,并恳拨10万元作应急处置及编队给资等费。等语。除复准照办,并嘱与该部随时洽商办理,暨分电军政部迅予核拨。编组运输队应需经费外,特电知照。等因。合亟令仰知照,并转饬萍矿知照。此令。

部长 翁文灏

(2)资源委员会密电稿(4月10日)

(5439)安源。王专员野白:密。(4011)、(4022)、(4031)、(4062)、(4071)电均迟到。奉部令转委员长代电,据薛代司令长官电复拟具萍矿迁移办法五项:……[略者与(1)同]。除复准照办,并嘱与该部随时洽办,暨分电外,特电知照,合亟转合知照。等因。仰切实遵办,并迅洽照高级参谋体铁公办理。兹再就迭电请示各点指复如下:(1)公庄煤洽路局先运,货主随车押运至堆存处所看守,用时付价。(2)即日停工,技术人员及必需随迁技工统退桂林候命。(3)可用器材统仰拆运祁阳或桂林,旧机件难以修复者,应彻底破坏。(4)遣散职工需车,当即商交部饬办。仰将办理情形随时具报为要。资。(410)。

[资源委员会档案]

18. 王野白陈报萍乡煤矿整理局撤迁经过情形及有关文件(1939年4月26日—6月30日)

(1)王野白密电(4月26日)

翁主任委员、钱副主任委员钧鉴:密。查本局奉第九战区前敌总司令罗电转委员会长蒋世侍秘渝电示:萍矿从速准备迁移一案,当经遵照附示紧急处理办理。六项范围商同罗副参谋长拟定撤迁之准备及实施两步骤各项办法,并以(4031)电请钧会核示:(1)请电示停工日期。(2)电请铁道运输司令部拨车赶运自产煤,续运土煤;惟起运土煤,煤商、井商求付现款,路局及本局均无力垫付,应请与交部商决示遵。(3)原有员工已随同撤退,设法安插其不随行壮丁,由兵站总监部收编,老弱残废遣散,拟将随同撤退者登记送往后方,余均照钧会(2612)电四项办理,但撤退职工应在何处集中,分配何处,听候核示。(4)机件分别拆迁破坏,如时间许可及后方需要,拟将透平电机、蒸汽机电机各两部,锅炉十余部,马达数件,撤运桂林,余均破坏。若无受主,似应统行破坏,以免耗损运费。(5)遣散及撤退之职工及其眷属,需至株洲车一列,至衡零车两列,可否由钧会转部商交部令路局拨本,并免收车费。以上五点未奉复示,实施一切事务,即无从着手,兹恐前电有失,特再电陈。又第九战区司令长官薛高级参谋赵铁公,本日抵矿,督促撤退,并派宪兵一连及工兵一排到矿,分别担任镇摄[震慑]及爆炸工作。闻仍有陆军一营开来,并闻。职白叩。(4051)。[萍乡]

(2)王野白呈(6月30日)

资源委员会萍乡煤矿整理局呈　中华民国二十八年六月三十日发

案查本局此次奉令撤迁,所有经过情形,迭经先后电呈。迨职最后率领随迁员工全部离矿,及改在广西全县办公,亦于本月二日电呈各在卷。兹将撤迁各项详情,分陈于后:

一、职员遣散与随迁情形。查本局局内职员在停工日共计193名,经四月十六日遣散105名,均按照原薪,连同上年预借紧急费一月,共发三个月遣散费。其余人员,因撤迁时生产工作虽停,而拆卸、上箱、抢运各事较平时尤为紧张,计指挥拆卸、督率上箱、接洽运输、负责押运暨办理文件、会计及日常事务,共计留用88名,迨至五月底撤迁完竣,复照前例给资遣散25名,计局内职员,共遣散130名。旋感负责押运人员不敷,复于首次遣散人员中,择其年轻体健,堪资造就者,留用12名,邦同押运机料,计局内职员随同撤迁者共75名。至职工医院,原共职员8名,经资遣书记1名,余7名,因随迁员工,数达500以上,嗣后长途旅行,天气酷热,难免不发生疾病,除悉数令其随迁外,另拟添用医师一二名,以备沿途诊治。职工补习学校及职工子弟完全小学,共教职员21名，除留用3名，拨任局内事务外，余均给资遣散。土井煤栈及第一分栈，因事务业经结束，除随迁2名，拨任局内事务外，其余9名，亦均给资遣散。株长办事处存煤3000余吨，仍需脱售，暂先遣散职工4名，留用6名，继续工作，限于七月底扫数售罄，届时拟留2名保管该处财产，余4名即令其随同撤退。衡阳办事处及郴县冷水滩两煤栈，计共职员8名，因存煤尚待路局接收，且机料运输，与粤汉、湘桂两路时有交涉，均暂留用，以后即随同撤退。汉口办事处职员，除上年资遣外，下余3名，因有账册器具，尚须继续保管，仍拟留用。以上各附属机关职员，共遣散32名，随同撤迁及留用保管共29名，连同局内随迁职员，共计104名。上项人员，均经职考查有素，或学有专门知识，或在矿历练多年，或在整理期内，异常出力，或年青体健，有可造就之资，均愿随职撤迁，继续努力生产事业。惟其家属非随同迁往，即安置适当地点口在均需款应用亦经准照遣散人员例发给三个月薪资，作为安家之用，以后扣还与否，容请示后遵办。

所有随迁人员，除原在株洲、衡阳、郴县、冷水滩、汉口任职，仍令其照旧服务外，其余各员，经于本月二日到达全县，分在全桂两处，担任清理煤焦、机料、结算账项及日常事务。又因煤机运输，与路方时有接洽，兼以大批机料，运至全县，须有熟悉当地情形之人，代为布置，经另增用甘立扬、孙善宏二名，分任其事。附随迁职员清册[略]。

二、退休与残废职员及故员遗族遣散情形。查本局退休职员计12名，残废职员1名，前江西省政府管理处时期，故员遗族24名，及该处早经核准有案之长沙五金号债主遗族朱黄氏1名。向按月发给津贴，或伙食费。此次撤迁，渠等生活忽告继绝，情殊可悯，经照职工例名照原领金额，连同上年预借紧急费一月，共发给三个月伙食费，一律遣散。

三、工人及勤务遣散与随迁情形。查本局停工日，在矿从事矿厂工作人员计3,576名。内七名按照各支工价，发给一月遣散费，其余均连同上年预借一月紧急费，共发给三个月工资，先后遣散。旋奉（4101）电饬，将技术工人，带往桂林待命。经在安源、株洲分别登记，择其在矿多年，技能较优，身体强健，性行忠实者，集合编组，随同迁徙。前领遣散费，即改作安家费用，另每名按日给予伙食费二角,计第一批由安株两处出发工人315名,内227名,经直抵全县,50名道经衡阳时,自行转赴观音滩寻觅工作,旋复来全,38名经衡阳转赴观音滩,尚未来全。第二批由株出发工人18名。共计业抵全工人295名,惟抵全后,或因病请准长假,或因故开革,计已先后离全25名,现实在全工人270名。初抵全时,因当地物价较昂,按日加给伙食费一角。迄煤焦机料清理处成立,作工时按日给资五角,技能较优,工作勤奋者,酌量增加,休息时概给二角,作为伙食之费。至残废工人59名,亦因撤迁后生活无着,经照工人例,一律给资遣散。又勤务一项,局内共计55名。遣散44名,留用12名。职工医院、职工补习学校、职工子弟完全小学、土井煤栈,共计14名。除留用1名外,余均遣散。其他附属机关,除汉办事处仅留勤务1名,余均遣散外,如株洲、衡阳两办事处、郴县、冷水滩两煤栈,原有之勤务,因事务尚在继续办理,均暂留用。又汽车司机2名,助手2名,除司机遣散1名外,余均留用。所有遣散与留用各名,均照工人例分别发给遣散费或安家费。此项随迁工人及勤务等之安家费用,以后获有工作,扣还与否,容请示遵办。附随迁工人勤务清册[略]。

四、矿警队编遣情形。查本局矿警队,原共官警312员名。除奉调36员名,借拨钨锑运输处20名,缺额2名,截至停工时,计共官警254名。经重新改编,计裁汰老弱,及不愿随迁,共遣散官警员60名。其余官警194员名,仍编为两中队,直属于大队部。所有枪弹、被服、装具,除旧马枪40支,奉令经交江西第二区游击司令驻赣西区司令部保管,取有会印清册外,余均带至后方。至遣散与随迁之官警,均经照职工例,分别发给遣散或安家费。此项安家费,将来扣还与否,亦俟请示后遵办。附改编矿警官兵清册[略]。

五、撤迁机料废铁及运卸与处置情形。查本局机件,原系汉冶萍公司早年设备,种类繁多,中多年久未用,朽坏过半。肖前专员移交册内,并未作价,且有多件竟未移交。此次撤迁,除可用机件悉数运出外,其余朽坏机件,为便于船运起见,多拆作废铁运出。至材料一项如五金电料,炸药杂料,及化验药品等类,除账存外,其存放年久,为旧时汉冶萍之物,未准肖前专员移交者,亦一并运出。其不堪使用之废料,所值无多,因路轨已拆,无法搬运,经悉数捐赠当地机关。以上运出机料，除遵令业将一部分机件运至桂林，价让平桂矿务局外，其余大部分，经运存桂林、全县两处。惟因衡阳铁桥近有损坏，不堪载重，尚有十余车厢停滞途中。再每批机料由矿运出，因各路运输拥挤，到达指定地点，恒在半月以上，甚有迟至月余尚未运到者，途中常遇敌机空袭，难免损毁；且押运人员于避空袭时，难保无被人偷漏零件机料情事；更因全县车站轨道颇少，同时起卸工人亦不易觅，每大批机料到站，限时起卸，少数工人，仓猝之间，实难按号搬运，因之准放遂多凌乱，其笨重机件，人力起卸尤易损坏。现为清理起见，经在全县车站附近，设立煤焦机料清理处，内分煤焦、机件、材料、钢轨管料、废铁、起卸、总务等七组，组以上设置正副处长董其事，均由随迁人员中遴派，分别督率随迁工人，实施搬运、除锈、装置等事。并搭盖房屋多间，作为存放机料及临时办公与员工食宿之用。俟清理完竣，查明煤焦、机料有无损失毁坏，再造册详报。附运出机料清单。[略]。

六、抢运煤焦数量及卸存情形。查本局奉令停工之日，自产煤焦记账存安源洗粉二千一百二十六吨四百七十九公斤，洗块六百六十一吨九百七十七公斤，大块一百六十六吨五百三十三公斤，统煤一千五百二十九吨七百二十五公斤，机焦五百六十吨九百四十公斤，焦丁六十五吨八百零二公斤。除机焦自行运存冷水滩一百四十吨，及自用二十四吨八百八十公斤，又自用焦丁六十五吨八百零二公斤外，余均连同磅余售交湘桂路局运出，至煤业公庄土焦七百三十三吨，土煤二万一千六百八十二吨，亦经先后悉数运存全县，设机保管。

七、抢运医药器材用具及测量仪器情形。查本局职工医院现存之药品器材用具以及测量仪器，均经抢运。惟医院药品内尚存有前汉冶萍公司时所购置之件，是否陈坏，撤迁时未经清理，经一并运出。附运出清单[略]。

八、处置窿巷情形。查本矿窿巷，除八方井早被水淹外，近年煤触，多由东平巷之三夹礌、南大巷大礌、北大巷产出。此次奉命撤迁，第九战区司令长官部派有工兵两连驻矿，经由该两连将上述各巷，及八方井四周，掘凿洞口，安放引线炸药，准备撤迁完毕，实施爆炸。旋奉第九战区司令长官部奉转委员长蒋电令：窿巷暂行保留。迄至职离局时，该工兵连尚驻矿待命。

九、处置各项器具情形。查本局各处科股及在矿各附属机关并职员宿舍之器具，多系历任递交旧物，使用年久，大半损坏。肖前专员移交，并未作价。即职任内添置各件，亦无价值高贵之品。一年以来，时有损坏，为免耗运费起见，除将肖前专员移交旧物及职任内业经损坏已失使用效能各件，遵照令发报废暂行规则第四条第五项规定，概行破坏外，其差可使用之件，均已运至全县应用。将来结束事竣，如不便继续搬运，再行专案报废。

十、处置存留废件及各项不动产情形。查本局所有可用机件，均已扫数拆运后方，其损坏无使用效能已成废料者，亦尽量设法搬运。房屋亦拟于撤迁完竣后并同窿巷悉予破坏。旋因浙赣路萍乡以西路轨，急待拆除，经交涉一再延期，迨五月二十八日，开始拆除，尚有损坏较重之机件一小部分，无法运出。复查此项机件，多未经肖前专员移交，或列入交册，亦未作价，似不属于本局固定资产范围。在未届拆轨之前，仰体钧座提倡地方教育之意，拟将猝难拆运完竣之废件，捐赠萍乡县各级学校，作为补助经费，经电呈请示在案。及届拆轨未获示遵，一般员工，因路轨已拆，急需离矿，委实未便候示，除将八方井铁烟筒、发电厂、大洗煤台两处全部房屋铁架，暨炼焦炉烟筒两座，交由萍乡县政府保管外，其余各件，捐与该县政府作为县立中学、安源第四保联中心小学及紫家岭南区中心小学补助经费。又用剩木料数千株，因原系采自祁阳茶陵等处，若向南运，运费过巨，殊不经济，亦作同样处置。关于矿山房屋，亦随窿巷暂行保留，经连同地皮山场田产，交由萍乡县政府保管。所收租金，概作县立中学补助经费。嗣后本矿复工，此项产业，无条件照数交还。以上各项，本局拨交萍乡县政府后，同时该县政府成立接管安源路矿公有财产委员会负责接收。至株洲房屋地皮码头，肖前专员亦未移交，经职任内清查登记有册，将来株处结束，拟派员保管。

十一、撤迁用费项目及概数。查本局此次撤迁事属紧急，动支较巨。计其项目，约如下列：

1.员工警兵及勤务遣散费；2.员工警兵及勤务安家费；3.拆卸机件工资；4.煤焦上箱工资；5.煤焦运费；6.机料运费；7.押运煤焦用费；8.押运机料用费；9.煤焦起卸费；10.机料起卸费；11.拆运机件奖金；12.撤迁交际费；13.员工撤迁旅费；14.撤迁各项杂支。现因机料尚未完全运达指定地点，关于运输、押运、起卸等费,不能预定若干。合计各项费用,约四十万元,一俟运输完矣,再行专案呈核。至煤焦机料清理处临时用费,经饬主管人随时撙节开支,亦俟清理竣事,再行报核。

以上所陈,为本局此次撤迁经过,惟关于撤迁各项用费,系属特殊开支,当不在经营费之内。因事属紧急,经在营业收入及利润内动支。查运出机料,多有未经肖前专员移交,即列入交册,亦未作价,似不能作为本局接收资产。将来售得价款,尽可列为特别收入。职拟俟此项机料售价后,仍将垫用之款,照数收回。本局现时关于撤迁各项账册,亦拟另行登记,是否有当,除连同撤迁情形呈报江西省政府外,理合呈请鉴核示遵。谨呈

经济部、资源委员会　主任委员　翁
　　　　　　　　　　副主任委员　钱

附呈随迁员工、矿警、勤务名册及运出机件、材料、医疗药品、测绘仪器清册各一份。[略]

资源委员会萍乡煤矿整理专员王野白

[资源委员会档案]

19. 王野白陈报安源煤矿机件迁运情形密电(1939年5月12日)

翁主任委员、钱副主任委员钧鉴:密。电谅达。撤迁机件,首批装车19辆,昨今运出,尚需车1列,可运毕。交平桂矿务局机件,除锅炉尚有一部分外,俱已起运,二批已闻开始拆运,下月灰(十)可完。因军运车来往甚少,土煤养(廿二)止,运出3,602吨,尚有1.8万余吨待运。谨闻。职白叩。(4231)。[安源]

[资源委员会档案]

20. 资源委员会所属企业因战时迁移及空袭损失简表(1945年)

因抗战所受迁移及空袭损失简表 （工业部分）

厂别	迁移损失	空袭损失	备考
中央机器厂	二十七年二月局势紧张,奉令由湖南湘潭下摄司该厂原址迁滇昆明,至二十八年九月开工	三十年八月十二日被炸损失惨重,计全毁者有厂房5所,仓库2所,办公所1所,住宅1所,宿舍10间;半毁者,计厂房二所,住宅5所,公舍及总办公所损毁过半,其他房屋及水管电线均遭波及,连同被炸材料总计各项损失可予计算者不下300余万元(该厂被炸四次,本次最重)	详细损失数字,拟俟该厂查报后列
中央电工器材厂	二十七年奉令迁移,第一、二厂及第四厂大部分迁设昆明。第一厂由湘迁滇至二十八年七月正式开工;第二厂于二十七年由湘迁桂,二十八年四月开工;第三厂于二十七年一月迁昆明,因材料大部来自国外,运输困难,延至二十九年七月开工;第四厂于二十六年九月由沪移鄂,二十七年转湘,二十八年初复迁设桂林,原拟设柳州之一分因局势改观,现设昆明。辗转迁移,历时年余,损失重大,三十三年六月湘桂战事紧张,奉令迁移,由桂而柳而金而独,由独而筑而渝,辗转二千余里,历时约十阅月,其所受公私损失实非浅鲜	二十九年十月十七日第一厂在昆明被炸,机件厂房颇多受损,并炸死工人一名,三十年八月十日再度被炸,碾压及铁丝工场中弹,房屋及拉线纱包编织等机件被毁,损失甚重,全部停工一月有余	详细损失数字,拟俟该厂查报后列
中央无线电机制造厂	该厂原设湖南长沙黄土岭,二十七年十月因战事迁移桂林,三十三年秋复因敌人进攻湘桂,全部拆迁途中被毁器材为数甚巨		详细损失数字,拟俟该厂查报后列
中央电瓷制造厂	该厂原设长沙黄土岭,二十七年冬敌军进犯拆迁沅陵,于二十八年六月开始复工	二十八年八月十二日及二十一日两度被炸,毁厂房三座,电台全部机件及其余房屋亦多损坏,九月十八日三次被炸,死警卫及小孩各一名,各厂房机件尤多损失	详细损失数字,拟俟该厂查报后列
资中酒精厂	该厂原设陕西咸阳,名陕西酒精厂,二十七年秋冬间敌人进犯,奉令拆卸机件迁建四川资中,计损失拆运费等约共贰拾万元		详细损失数字,俟该厂查报后列

续表

厂别	迁移损失	空袭损失	备考
化工材料厂	二十九年九月,敌军进攻海防,损失粉石机1具,生铁考克12只,约值国币15,000余元,又三十一年四月敌军进攻仰光,损失铜丝38公斤,计值国币16,197.80元(原值美金809.89元,按每百元折合美金五元计算)		详细损失数字,俟该厂查报后列
江西机器厂	该厂原设江西太和,三十三年敌人进攻湘桂乃分迁冠朝及兴国县器材厂房颇多损失	三十一年该厂器材车在金华途中次被炸,损失3,696元,又历年防空停工工资损失计1,213.46元	详细损失数字,拟俟该厂查明报会后列
动力油料厂		重庆历次空袭该厂均受停损失且曾被炸多次,厂房机件颇多损失	详细损失数字,拟俟该厂查报后列
江西硫酸厂	该厂原设江西大庚,三十三年湘桂战事几经迁移,器材厂房损失殆尽		详细损失数字,拟俟该厂查报
江西车船厂	该厂原设江西泰和,三十三年敌人进攻湘桂,乃迁避兴国,所有器材厂房损失甚重		
云南钢铁厂		二十九年该厂被炸一次,损失零件机件彼时估价约值数万元	确数俟该厂查报后列
昆明电冶厂		二十九年十月及三十年八月前后,被炸二次,死员工多名,厂房损失尤重	详细损失数字,俟该厂查报后列
钢铁厂迁建委员会			据该会呈已汇报兵工署
江西电工厂	该厂原设江西太和,三十三年敌人进攻湘桂,乃迁避宁都,器材厂房损失极重		

续表

厂别	迁移损失	空袭损失	备考
江西炼铁厂	情形同上,现迁兴国县复工		
中央钢铁厂保管处	该处系中央钢铁厂筹备委员会之后身,该会原设湖南湘潭,因抗战后厂房全毁,器材分运湘西电厂及资渝钢铁厂		
钨铁厂	主要器材运存香港,内运时在仰光遗失甚多,剩余部分分拨电化冶炼厂及天原电化厂		

[资源委员会档案]

21. 为筹建钢铁厂拆迁六合沟炼铁等厂概况报告(1942年)

钢铁厂拆迁概况

厂址:钢铁厂地址之选择,因机件迁运及原料供给等问题关系,现经决定重庆上游之大渡口地方相距约十八公里,面临大江,三面小山环抱,又有成渝铁路线行经其前,水陆交通颇为便利。

原料:(1)铁路可由綦江县属各矿区供给,惟储量不甚多,矿层又至薄,交通困难,尚需设法解决。现拟先办小规模之矿三处,每日共出矿砂约二百吨。(2)炼焦用煤拟先自商矿采购,以嘉陵江一带出产者为宜,大约用二叠纪煤四成,侏罗纪煤六成配合之,如有必要,需先施以洗煤方法,俾得减轻硫分及灰分之量。迁建会拟在桐梓县之桃子荡地方自办煤矿,开采二叠纪煤,可以配供炼焦或作汽炉燃料,炼钢厂煤气发生炉所需之煤拟暂取之嘉陵江各矿。(3)炼铁所需灰石可取之大江两岸。(4)锰矿曾发见于涪陵,质量若何尚无确实报告,现拟先运湖南锰矿五六百吨,以备无患。(5)制造耐火材料用之黏土及砂质岩石,闻重庆附近尚有出产,惟炼钢炉所需之镁石及白云石至今未曾发见,目前需用各种耐火材料,均自汉口运去。

工程材料:钢铁厂由所需各种工程材料至多繁多,大半非能在国内制造。在承平时代沪汉市场亦难全部供给,须向海外定购,现当非常时期,困难更甚。各项材料除一部分取之汉冶萍存货外,尚需设法购求。

技能工匠:炼钢厂内须用各种技能之工匠,而以直接关系钢铁生产者为尤要，我国工业幼稚，熟练技工本不多得，而重庆僻处内地，对此困难较之沪汉各地尤甚焉。

炼铁厂：目前原料供给不能充足，故拟先建每日产铁壹百吨之炼铁炉壹座，所需设备尽就六合沟公司炼铁厂所拆下者利用之，惟仍斟酌情形施以适宜之更改，如炼铁炉基础之升高，起料机地位之迁移，热风炉格砖架之改造及鼓风机之附设凝气机等是也。六合沟炼铁厂已拆九成，惟运出只及三成半。汉阳钢铁厂之二百五十吨炼铁炉已全部拆卸，运出约及五成，该炉需用巨量原料难于供给，故目下无所用之。汉阳老式炼铁炉亦在拆卸，如能运去，可供各项材料之用。

炼钢厂：拟先建三十五吨马丁炉三座，利用汉阳旧有厂屋及炉子及其他设备，而酌予适宜之调节。现在所需要之炼钢炉及煤气发生炉已全部拆卸运出八成，惟各项电气起重机现只拆得四成，高大钢屋拆得三成，如二者不能拆卸运出，则原来计划难得成就也。

轧钢厂：汉阳轧钢厂原有四部分，拟迁建其三，已经拆卸约及九成以上，惟除钢条厂已经运出六七成外，凡属钢轨厂及钢板厂者多笨重机件，苦难搬运，现已运出者只有较轻之件，约及二厂总数之二三成耳。

动力厂：一部分取自大冶，已运出约八成半。一部分取自汉阳，重要者已拆卸完竣，惟运出来及半数。如欲配成相当能力之整个动力厂，尚须赶急搬运。

机器修理厂及翻砂厂：机件已拆卸至九成，尚待运出，惟厂屋尚未着手拆除。

[资源委员会档案]

22. 兵工署驻宜昌办事处、钢铁厂迁建委员会拟定运费解决办法（1939年7月3日）

廿八年七月三日奉属核实

一、凡在宜领得运费八成五之署拨船只，及在汉宜领得八成五至九成之川江公司帆船船户未开抵巴东即行弃船潜逃或藉口无力续航淹滞不前者，由本股呈会转请署渝处依照合同及保证责成木船业公会及担保人履行责任,清缴其已领未航一段之运费及附带之损失。

二、在巴东以上万县以下淹滞,中途及奉令提裁之木船,其已领未航一段之运费以八成五为限,无力清缴者从宽免追,以示体恤。其八成五以外之透借除失吉船支准予核销者外,仍由本股沿江各办事处暨由本会押运员工先行尽力押追。

三、在万渝途中除非接济巨额无法续航之木船予以下放万县提裁者外,概照置宜处发给木船运费补充办法办理,听令继续上溯,其下放提裁无力缴回溢领运费者,免追仅以运费十成外加奖金一成为限。

四、船产业已弃船潜逃者由本股沿江各办事处暨押运员工暂将船扣留,俟提裁后交由当地联保看管,木船无保证人或保证人行踪不明或居住沦陷区域时,得呈明将木船拍卖以资补偿。

[第二十四兵工厂档案]

23. 第二十三兵工厂迁建经过概述①(1948年6月)

……

本厂自开始筹备,以迄全部出品顺利,为时不足三年,技术方面初由美籍工程师领导工作,嗣以任务达成先后回国,由本厂训练之技术人员自行接替负责,当时全部人员埋头苦干,与勇往迈进之精神,至堪敬佩。讵工程正告顺利,各项新战剂、新化学品之研究试制,正在逐一进行之中,而卢沟桥事变突起。本厂于二十六年十一月六日午夜奉到急电饬令迁川,当即召集重要人员夤夜决定迁运办法,次日动员全体员工赶办拆迁工作,并决定设留守处于孝义厂址,派徐秘书凤超负责,设办事处于汉口、宜昌、万县、重庆等地,派方主任志远、马主任绍援、蒋库长国华、黄处长啸峰分别主持各该地转运工作。二十七年一月择定泸县罗汉场为厂址,二月泸县办事处成立,派制造处长黄朝辉为办事处主任,负责复工进行事宜。查本厂全部机件、材料、仪器以及文卷

---

①此件节录自1948年6月联勤总部兵工署第二十三厂厂史资料。

簿籍等等,总重逾8,000吨,且化学机件一部分异常精密,拆卸运输均须十分谨慎,一部分体积庞大笨重,不能分割,车船装卸在在须有高度技术。本厂员工运用其智慧,日夜苦干,全部机件竟能毫无损失,于二十七年二月份起陆续到达厂地,全厂员工奋勇努力,实堪称道。

……

[第二十三兵工厂档案]

24. 军事委员会水道运输管理处关于在万县以木船接运器材问题函(1938年2月17日)

径启者:查自将宜渝运输分为宜万、万渝两段以来,运输量虽小有增加,但待运之类太巨,运输之力仍微。近据本处万县转口办事处报告略称:万渝段船少量小,除轮船接运外,尚需借助木船,方可与宜万段之运输量相符合。为此,公物器材方能卸接转运,不致囤积。但万县既乏货栈,又缺囤船,不独在万囤积为一严重问题,损失堪虞,并间接影响积宜公物之疏散工作等语。查该报告所称各节确系实情,并查值此枯水时期,万渝段行驶木船并无危险。兹为解决上项困难起见,拟请查照,同意在万以木船接运,并希见复,俾便转知本处万县转口办事处早为配备木船为荷。如贵处有押运人员,则由本处代为介绍木船,否则即由本处代为办理一切雇船事宜,合并声明。此致
军政部武昌制呢分厂

主任委员会卢作孚

廿七·二·十七

[军政部制呢厂档案]

25. 兵工署关于兵工器材迁运办法并检发运输合同的训令(1938年5月19日)

军政部兵工署训令　汉造字第3414号

令重庆炼钢厂筹备处

查本署各属汉渝间器材运输办法案,经决定除迁建委员会器材汉宜运输

已由该会与长江航业联合办事处签订合同另行办理外，其余各属器材汉宜段运输，由属根据各部分所报数量电达船舶运输司令部拨船装运。惟各部分仍须自行派员来汉，随时接洽负责办理，本署于可能范围内予以协助。至宜昌以运输经与民生公司订立合同，并由驻宜办事处统筹支配船只，以期进行无阻。除分令外，合行检发运输合同，令仰查收，遵照办理，并将应运器材名称、数量及起运日期，暨派驻汉宜两地负责办理运输人员姓名列表具报，以凭核办为要。此令。

附发本署与民生公司订立合同一份。

署长　俞大维
中华民国二十七年五月十九日

附合同

立合同

军政部兵工署民生实业公司及国营招商局、三北公司（以下简称甲方）。乙方。

兹因甲方有机器材料等约8万公吨，由汉口运至宜昌后，委托乙方由宜昌转运至重庆，尚有一小部分由宜昌运至万县后，不再转渝，由民生实业公司为乙方领衔负责承运，国营招商局、三北公司参加协助。双方接洽事项，概由军政部兵工署、民生实业公司主办之。兹经双方同意，商定条款列左：

第一条　遵照军委核准之船只分配率，以乙方船只之总吨位为标准，按期分派船只装运甲方器材，而以其余船只装运其他公物或商品。但本年内倘若双方均无意外阻碍，乙方最少限度应将6万吨运渝；如实际所运公物不多之时，仍应加装甲方器材，已达到年内将8万吨运到为目的。乙方应予订约后即将船只支配计划，拟交甲方审查同意。

第二条　[略]

第三条　运费以每公吨净价计算（见下表）

段别	洪水期间	枯水期间
宜渝段	30元整	37元整
汉宜段	12.5元	15元整

宜万段枯洪水均照宜渝段之运价九折计算,按照上例,凡遇段与段间联运时准。

第四条、第五条[略]

第六条　运费付给方法　每月十日及二十五日,由甲方在重庆地方付款两次,每次按照半月内实运器材之吨数,付给运费。器材运毕时,运费亦照付清。

第七条　如装运危险品或爆炸品,由甲方按照乙方实装数量,按每吨酌付船壳爆炸保险费津贴3元,甲方尽量利用船只之吨位,每次装运须不少于100吨,在一个月内只专用一船装运之。再此项爆炸品或危险品依照关章,应在关外装卸,以防危险。如必须驶入关内,则须由甲方明文通知乙方,乃可照办。

第八条　乙方承运器材之轮船,每次由甲方派定押运员一人,押运兵四人随船同往。押运员只负指挥装卸及押运之责,不得干涉船主权限以内之事。

第九条、第十条[略]

第十一条　甲方职责、工人及直系眷属搭船之办法:

一、甲方每轮所派押运员兵,均须照付票价,惟其舱位须由乙方固定备妥之。

二、职员、工人及其家属搭船,一律须持有甲方所出之购票凭证,以现款购票上船,甲乙等特舱及官房各舱均按八折优待。统舱有铺位及无铺位,各按六折优待,货舱特价汉宜4元,宜渝9元,宜万5元,工人及眷属在50人以上之集团,持有甲方之特许证者,得以记账法与运费同时付给票价。

三、□□乘客拥挤之时,乙方须以全船各级舱位之半数备供甲方之用(特舱不必预留);惟此项预留舱位办法,仅限于轮船到埠前二十四小时内生效,过时乙方不再等候,惟货舱位置须全部尽先供给甲方工人及眷属之用,但仍以装货后有余地为限。

第十二条　乙方因运甲方器材,对外如感受困难,而必需甲方解决者,甲方当视力量之所及,予以协助。

第十三条、第十四条[略]

第十五条　本合同自签字及装运之日起,发生效力。

[第二十四兵工厂档案]

26. 军事委员会委员长行营召集运输会议记录摘要(1938年8月25日)

日期:二十七年八月二十五日下午三时

地点:本行营会议室

出席人员:贺副主任、卢次长、俞国成(交部航政处)、敬鹿笙(兵工署)、黄钟声(迁建会)、何庆澜(陕厂迁渝筹备处)、史心如(船舶管理所)、刘香浦(三北公司)、范众渠(协大公司)、宋室庆(炼钢厂)、汪积慈(船舶总队部)、吴大遒(炮技处)、张兴培(航兵器技术处)、李恩庆(炮技处)、李邦典(民生公司)、杨成质(民生公司)、徐德宽(第三工厂)、王集斋(第二十工厂)、李承干(第二十一工厂)、邹序亭(第三十一工厂)、黄啸峰(第二十三工厂)、龚积成(第二十五工厂)、宋绍文(第二十五工厂)、江杓(第五十工厂)、胡玉川(交通处)、胡敬(军械处)、陈凤韶(一厂三组)、袁业会(一厂三组)

主席:贺副主席

记录:陆春龙

开会如仪。

一、主席报告事项

本次会议邀请各位前来参加,其宗旨是为宜昌方面积压的公物太多,我们要集思广益来商讨一种妥当的办法实施赶运。现在宜昌积存的和汉宜段途中暨在短期内可以起运的兵工、航空、交通以及一般器材、各种油料共有7.3万余吨之巨,且只有增加、不会减少,而急待运川者甚多。我们知道现有的输力极薄,时间和水位方面尤多限制,如不及早加强输力,尽量利用经济时间,节省消耗,那未到冬季水枯大轮停航的时候,那许多重要的东西便无法运川。我们不能坐视国家损失,绝对的要群策群力,来想法子挽救。

(一)积宜公物应如何不失时机的运川

现有输力刚才已经说过,是非常薄弱,而今在汉宜途中及积压在宜昌的公物约有7.3万吨,其他1.5万吨。这样巨量的公物如果专靠轮运来输送,万不可能。所以我们要决定一个原则,决不能全恃轮船运输,要以木船来协运。木船运输虽然比较危险或者困难一些,但只要能够及时送到安全地区,终比较长久积压在常有空袭危险的宜昌强得多了,如运钢条和搬运轻便而无时间性的材料等,即运水道危险,亦不至影响其他都要以木船来装运笨重机器和其他有时间性的军运。至木船输送的航程运监护等诸问题,有待各关系机关商讨,详加规定。

(二)输力分配

现在担任宜渝段运输的本国轮船有民亢、民本、民权、民风、民俗、民贵、民主、民康、民政、民俭、民苏、民熙、富华、协庆等14艘(民勤担任差运)。除此以外,约有木船34只,其分配方法:

1. 轮船运输——(1)以元、本、权、风等4轮由宜直航重庆;(2)民俭轮(有起重机者)在万县起重设备尚未完成以前,仍由宜航渝;(3)其余俗、贵、主、康、政、苏、熙、华、族等9轮均由宜航万县,而以元、本、权、风、俗、贵、康、俭(或政)等8轮专运兵工器材,以民熙、民苏专运航委会及交通司器材库之汽油,民生、公生其余3轮分运航空器材及一般器材,至华庆两轮则以60%载量运兵工材料,40%载量运航空器材及一般材料。

2. 木船运送——现在重庆方面约有木船300至400只,不久就要加入宜渝段航线,其主要任务在以积宜轻便而无时间性,且近似材料的公物,先运到安全地区,再徐图设法或间以小轮分段接运入川。

规定三个半月以内(即本年十一月底以前)轮船应运4.6万吨,民船应运2.7万吨。

(三)各方面联系合作

此外，各方面应谅解者即差轮应愈少愈好，现在上水差轮有同德、同心两炮监，暨勤、俭两轮，嗣后安华到川或可减少1艘。至于下水则因情况需要不能一定，但部队械弹军品前送时各有关机关须注意下列四项原则：第一，要集中装载，尽量利用输力，毋零星分批搭载；第二，应缩短装载时间，不要船来等人，宁可人员公物去等船，在过去装卸时间多很经济。最近两个月下水轮船常常有在渝停泊两天以上者，有为发饷或其他纠纷延误行期；第三，码头设备力求完善，以予装卸之便利，亦足以经济时间；第四，事前要有密切联系，彼此事先妥商互相合作，则一定能使工作效能活泼，如每次轮船到渝需要多少力夫，驳船都要预先准备妥当，以便轮船到埠可随到随卸随装随开，藉免虚耗停泊时间，影响整个运输计划，否则指挥不能统一，往往发生纠纷延误时间。更望大家切实注意，以免无谓摩擦，交通处尤应设法改善。

二、卢次长报告事项

关于现在运输情况暨今后输力配备，刚才贺副主任已经说得很详细。本人以前在汉口曾与各方面接洽，总计已运到宜昌的，已由汉向宜昌输送在途中的和积存汉口短期内可以上运的兵工、航空、交通暨一般器材，约有7.3万吨。其中兵工器材4.8万吨（粗笨重要的机器约占3.3万吨，此项器材搬运起卸是极感困难的，其余轻便容易起卸的约1.5万吨，而以4.6万吨比较重要的器材用轮船输送，以2.7万吨轻便容易起卸的约1.5万吨），航空器材1万吨，交通暨一般器材1.5万吨，而以4.6万吨比较重要的器材用轮船输送，以2.7万吨轻便容易装卸的材料分配民船协运。今后运输的安全时间最迟到十一月底以前，因为十二月以后水位渐落，大轮不能行驶，乙级轮虽继续航行，但载量差不多要减2/3，自八月半至十一月底计尚有三个半月，在此时期空袭的危险也比较少些，故望各方面能极力设法来赶运，以减少国家的损失。在本年五月份起至八月份止，轮运进口约3万吨，此后（自八月半起至十二月底止）三个半月还想赶运4.6万吨，于是不得不加强输力和经济使用。前奉委座手谕，限七月底以前要把积宜的公物清运，最低限度或者先运到巴东、巫山等处比较安全的地区。但重庆方面的驳船和小工虽感不敷，而万县方面更觉困难，在此洪水涨落无定的时候，河干不能囤积公物，必须设置相当库房。

因为不论兵工、航空、交通暨一般器材都是很重要的,所以不得不以民船来协运一部分轻便的东西到巴东、巫山……,否则在这三个半月期内要想把积宜公物运完殊不易办到。只有缩短航程,增加输力,或者可以运完,再陆续设法转运入川。此后川江各轮以两种运输办法分配运输。

第一,宜渝航线分段航行。将川江各轮分为宜万、宜渝两段运输。此种分配办法计分三期。第一期在万县起重设备未完成水未枯以前,元、本、权、风、俭等五艘有起重设备之船直航重庆,其余各轮航宜万;第二期万县起重设备完成以后,权、风、俭三轮亦参加宜万航线,只元、本两轮直航重庆;第三期水渐枯时元、本亦难畅行宜渝,即统航宜万段。

第二,待运物品分配装运。以元、本、权、风、俗、康、政(或俭)专运兵工署器材,以苏、熙两轮专运航委会油、弹,航行宜万间,并顾虑危险,绝不搭客,其余以贵、主、政(或俭)三轮装其他公物及器材。此外,富华、协庆两轮每轮每次规定装兵工署器材60%,装普通器材40%。

此外,为加强运输效能起见,希望各有关机关力图遵守贺主任所说之四项原则,其中关于事前密切联络更要注意。查最近轮船到达宜昌平均要停泊一天以上,到达重庆有停泊两天以上者,如果每轮航行一次要停泊三四天,则计标时间与多行一次相仿佛。如能将此项停泊日数力求缩短,是不啻直接增加输力,今假定此项增加之输力作1/3计标,那末现有轮船14艘便可以作21艘使用,所以希望各有关机关事前密切联系,使宜渝或宜万两端的装卸时间力求减者。各轮船公司亦应彻底合作,不分彼此,相互讨论以增完善。以后各乙级轮航行宜万段当然要比较行驶宜渝吃亏得多,我们当设法将重庆的下货食盐、蔗糖等尽量用民船运万再转轮东下,以资救济万县方面之力夫。驳船现正设法增加,但亦须节省使用,如驳船应随装随驳随卸,不能作临时栈房,船上岸上力夫须与驳船呵成一气,方克应付。此外,交运机关在可能范围内应当设法增加码头力夫费,因外商水脚均已增高,力夫无知,当然唯利是图。此后,征雇夫恐更感困难,因公家所发之力夫费实在太低,致力方极感不满,所以随时随地取巧规避。……至于差轮方面,上水尚盼继续减少,除安华轮已交船舶所试用外,并拟将民治更换民苏下水,以集中使用为原则……

出席人员提案

（一）兵工署方面从本年五月间即有若干材料用木船运输,但时间运费均较轮运为大,请核定官价较为一律,而免争执。

（二）如轮到埠装卸货物均不分昼夜以利运输,近宜昌帷栈至下午五时即将栈门关锁不准装卸,妨碍运输甚大,请予纠正。

（三）请行营以各轮装载数量为比例,规定装卸时间及奖惩办法,以便遵守。

（四）重庆市各码头力夫均系固定,彼此不能通融使用,往往有甲码头装卸拥挤而乙码头力夫毫无所事,以致甲码头之装卸时间无法缩短,请设法纠正。

（五）运输公司向各机关租轮时洽妥某日某时交用,而公司方面有迟至半日之久,招有交用者致碍运输整个计划,请纠正。

（六）应请民生公司负责将各码头装卸夫驳及工具等加以组织训练及设备,以增进装卸能力及时间。

（七）川江各轮停泊地点除有码头及囤船设备外,其余未设码头囤船之处均须视当时水势及两岸河底情形为转移,上下相差数里事属常有,请交运各机关原谅事实,稍为迁就。

（八）轮船到埠后时有士兵公役在轮上过夜,藉口上岸无住宿之处不肯下轮,以致妨碍装卸,请各机关及办事处设法改善。

上列诸提案经由贺副主任、卢次长分别答复,由交运运输各机关及各轮公司在可能范围内酌量改善,并分别监督实行以达成输力增进之主旨,并请各出席人员对于运输交通如有改良意见应随时用书面通知本行营第一厅第三组或交通处转呈核办。

三、散会

[第二十四兵工厂档案]

27. 兵工署驻重庆办事处关于统一征船事宜函(1938年12月5日)

处二七出字第1991号

案准四川省船舶总队部船总字第244号公函开:案查本月13日在交通部汉口航政局举行征集木船运输会议,凡有关机关均派代表出席。本部为应付目前紧张状况征集船舶迅速起见,提出加强四川省船舶总队部统制力量一案,经决议:一、所有川省船舶,无论盐船、煤船以及各项船只均归总队部统一征调,凡各军事机关需船由行营核定后,通知船舶总队部拨交,但盐船得于其急需时尽先拨用,嗣后任何机关不得自行封扣;二、前项办法由船舶总队部呈请委员长行营通令有关机关遵照等语记录在案。本部当依第二项议定办法录案,电请委员长行营核示。兹奉行营交四字第0161号径代电开:筱代电悉。查所称各节自属可行,除准分电有关各机关查照办理外,仰即知照。等因。奉此。除分行外,相应函达贵署,查照为荷等由。准此。除分函外,相应函达查照。

此致

重庆炼钢厂筹备处

军政部兵工署驻重庆办事处启

十二·五

[第二十四兵工厂档案]

28. 兵工署炮兵技术处关于迁移经过的报告[①](1939年3月17日)

本处于去年四月间奉到汉造(二七)字第二〇七三号训令:着将二公分及三公分七炮弹机器运川安装后,当即集中员工先将株洲临时枪弹厂机器逐一拆卸装箱,与炮弹厂新机于五月间开始运输,总重计3,600余吨,分三条运输路线。凡机器重笨,需用吊车上下者概自株洲经粤汉路运武昌装船,为数约

---

① 此件节录自1939年3月17日兵工署炮兵技术处送军政部的《迁移经过及现在设施工作报告书》。

千余吨,嗣由交通部拨到海祥轮一艘泊长沙待命,本处大部材料及小型机件均由株洲运长沙转装该轮运宜,计重又约千余吨。此后抗日战线接近鄂东武汉一带,军运拥挤,情势紊乱。本处为求机料安全起见,特招雇民船20余艘,用小轮3艘拖驶宜昌,历尽艰危,所有拆迁各机件本均安全到达,全无损失。惟因江水枯浅,尚有一小部分材料分存宜昌、新滩、奉节、万县,一俟沿途畅利,当不难一举廓清也。

[第十兵工厂档案]

八、民营工厂的拆迁运输

1. 关于分拨运输工具以备上海工厂内迁应用有关文书(1937年8月26日—9月8日)

(1)潘公展致实业部呈(8月26日)

呈　特字第164号

　　查本市为我国沿海通商要埠,各种工业何以供给运输之便利,类多设立工厂于本市区域内。自敌人横施侵略以来,沿海口岸感受骚扰,不克安然从事生产。际兹全面应战长期抵抗之中,各种主要工业,尤不容任其停顿,以致减损战斗实力。本市铜铁机器业方面因有迁移汉口及内地生产之议。本市战事发生以前,该业公会曾奉军事委员会密令该会负责办理迁汉生产事宜。由政府酌贴运输费40万,在汉口划地千亩,建筑厂房。至建筑厂房各费亦由政府免息贷给各厂,分十年摊还。并由军事委员会饬令京沪、沪杭甬铁路管理局及招商局分拨车轮应用。不料未及运输,战事猝起,军用浩繁。益以遣送难民,车轮不敷分配,暂改用民船或小轮拖带。第一批业已备妥,不日即可起运。现查该业对于迁汉生产,均已准备妥当,但车轮不敷,运输困难。除呈报市政府外,为特备文呈请,仰祈钧部鉴核,迅赐分别转咨铁道、交通部分[门]拨车辆或大批船只,俾得早日起运,迁地生产。谨呈
实业部

上海市社会局局长潘公展
中华民国二十六年八月二十六日

(2)实业部致上海市社会局指令(9月4日)

实业部密指令　工字第　号

令上海市社会局

二十六年八月二十六日特字第164号呈一件,为铜铁机器业迁汉生产请

分咨铁道、交通两部门拨车轮,俾得早日起运由,呈悉。业予分咨铁道、交通两部,转饬路局、轮局分拨车轮供用。惟需用车辆、船只若干及由何地起卸,仰由该局向该业查明。径与各路局、轮局接洽,以便起运为要。此令。

中华民国二十六年九月四日

(3) 实业部致铁道部,交通部咨(9月4日)

实业部密咨　工字第21376号

案据上海市社会局呈称:查本市为我国沿海通商要埠,云云(录全文)。至俾得早日起运迁地生产,等情。据此,查上海工厂迁移内地工作一案,前经行政院分别函令有关各部会,组织监督委员会,严密监督,克日迁移在案。现据称铜铁机器业迁汉生产,经已准备妥当,请分咨拨发车轮,以便早日起运,各情。目前时机紧迫,应早为设法,以利运输。除令饬该局向该业查明所需船只车辆数量及起卸地点等,径向各路局、轮局接洽外,相应咨请贵部查照,转饬京沪、沪杭甬、浙赣各路局、招商局分拨车辆、船只以供该业迁移运输之用为荷。此咨

铁道部、交通部

中华民国二十六年九月四日

(4) 交通部致实业部咨(9月8日)

咨　航司密1070号

案准贵部二十六年九月四日工字第21376号咨开:以上海铜铁机器业迁移汉口,经已准备妥当,请转饬分拨船只,以供该业迁移运输之用。等由。准此。查现值非常时期,船舶需要迫切,非施行统制,妥筹支配,不足以增进运输力量。爰于南京、上海两处,督饬各航业机关,先后组设长江航业联合办事处及上海内河航业联合办事处,并拟将此项统制办法推行及于其他内河各埠。亦经通令各航政局处,援照组织在案。准咨前由。除令长江及上海内河两航业联合办事处遵办外,相应咨复查照为荷。

此咨

实业部

附开航业联合办事处地点:长江航业联合办事处,南京下关招商局内;上海市内河航业联合办事处、上海苏州路745号上海市内河轮船业同业公会内。

交通部长俞飞鹏
中华民国二十六年九月八日
[实业部档案]

2. 关于天原、天利等厂运输机件受阻情形有关文件(1937年10月6日—11月9日)

(1)资源委员会密函稿(10月6日)

案据上海天原电化厂股份有限公司呈称:窃查公司工厂照叙至准予放行装运,等情到会。查该公司出产,系属国防所需,此次由港运粤转汉之蒸发机,尤为重要物资,除另函粤汉、广九两路局外,相应函请贵府分行广东省及广州市境内有关之军政各机关,予以便利,随时放行,予以便利,并发给必要证明文件为荷。此致

广州省政府

(2)吴蕴初函(10月20日)

咏霓、乙藜先生赐鉴:昨为康成酒厂事,曾肃寸笺,谅邀台察。敝厂迁移内地,虽经多方努力,而困难仍复重重,尤以舟车之不能如愿通行,为不克立刻迁出之最大原因。前敝厂在苏州河内雇定空船四只,拟通过乌镇路桥而至敝厂搬运机件。当驶经乌镇路桥时,即为水警扣留,虽将第三战区第九集团特发之护照交验,仍不允放行。嗣敝厂又在松江方面雇定官船七只,拟驶至陈家渡敝厂,而在泗江口又被该处驻军扣留,且将敝厂所向迁移委员会领得之淞沪警备司令部舟车通行证章一并扣去。如此,非特目前敝厂包装完竣之机器唯于全数运出,且该项证章设不幸流入汉奸之手,将来益恐涉及责任问题,谨将经过情形奉陈,有无妥善处置,还乞不吝赐示为感。专此顺颂勋祺。

吴蕴初转启
廿六年十月二十日

(3) 吴蕴初密呈（10月30日）

窃公司等以出品之绿[氯]气及硝酸有关国防,故于上海战祸发生后,即漏夜赶工着手迁移。所有重要机件,逐渐拆卸装箱,同时并设法觅船备运。虽经雇得空船,屡遭军队扣留,困难丛生,延至十月二十日左右,始得先后将空船开抵厂门码头,随将运件装船。惟日间敌机频袭,夜则军队禁止工作,以致进行异常困难。及二十六日已将重要小件机器装就十一船,陆续报关,开船起运,乃二十七日晨,即有大队敌机前来轰炸,天原工厂全毁,方幸重要机件,已有运出。讵二十八日晨押运人员,纷纷由船逃回报告,因至北新泾附近,即遭军队阻留,将前行数船排作浮桥,后行数船则迫令靠岸,不准开行,虽经押船人员示以通行护照,一再婉商,详述遵案迁移理由,均置不理,所雇船夫等处此状态,遂均离船他适。以致此项机器,迄今尤在火线以下,但天原虽被敌毁,前因交通较便,曾将电机及其他材料一部分装车运至租界,自应转运汉口,为复工之准备。至天利业经运出之机件,现时存毁莫卜,其余在厂中者,虽尚完好,惟适当火线,不知能否保全。除详情俟查明续陈外,理合先将装运困难事实,及损失情形,报请鉴核备案,实为公便。谨呈
军事委员会资源委员会

天利淡气制品厂、天原电化厂股份
有限公司总经理吴葆元
中华民国二十六年十月三十日

(4) 军事委员会密电稿（11月1日）

上海。探投顾副总司令长官祝同、朱总司司绍良公鉴:密。查上海天利、天原两厂,系制造淡气及电化各国防工业出品,供给兵工厂硝酸炸药之用。此次行政院通过特案,以该两厂关系重要,指定迁移内地。近于十月二十七日用天厨厂名义,装有重要机件船只拾壹艘,随带运输护照,行经北新泾罗别根路口之时,为驻军阻留。特电令仰迅饬该地驻军速予放行,嗣后遇有此项制造国防工业各工厂,均应切实保护,俾抗战物资得以增加产量,并盼转知遵

照为要。军事委员会。资。东。印。

(5) 翁文灏等密电稿(11月9日)

上海菜市路一七六号。吴蕴初兄鉴：密。顷奉军事委员会交下顾副司令官祝同微日由苏复电,文曰：上海天利、天原两厂所运机件船只,已电八十八师孙师长查明放行,并制止不再发生前项事件,等语。特电奉达。弟翁○○、钱○○。苏。佳。

[资源委员会档案]

3. 吴葆元等为请发迁移费用陈述天原等三厂拆卸机器途中遭遇及从欧美补充机件情形呈(1937年11月—1938年6月)

(1) 吴葆元致军委会第三部等呈(1937年11月24日)

窃公司等以出品之绿[氯]气及硝酸有关国防,故于上海战祸发生后,即漏夜赶工着手迁移,复蒙钧会提出补助迁费国币40万元,由行政院通过在案。公司等仰体政府提携之至意,益觉努奋,虽迭遭军队扣船种种困难,至受损失,其情形曾于十月三十日呈报在案。然仍继续奋斗,除已将损失者电欧美补充外,其已运存租界安全地带者,仍继续装运来汉,业已经过镇江,不日可以到达。惟公司等在此紧急状况之下,已垫迁移费用为数颇巨,又值金融呆滞之秋,并须购补已损之件,自不能继续再垫。敬恳先行拨付半数20万元,将来由公司据实报销,如有余款,仍当缴还,以重国帑,实为德便。谨呈
军事委员会第三部
军事委员会资源委员会
军事委员会工矿调整委员会
天原电化厂
天利淡气制品厂股份有限公司总经理　吴葆元
天盛陶器厂
中华民国二十六年十一月二十四日

(2) 吴蕴初致工矿处等呈(1938年6月10日)

为呈请续发迁移等费事：窃公司等自去年奉令迁移后，即着手内迁，一部分业将到渝，其不及迁出及中途被沉之件，亦已向外洋补充，陆续到港，已有二批运抵广州，待车北运。此项运费为数颇多，而将来装置地脚等费益为巨大，惟恐钧处根据目下到川吨数，或以为无需多款，故为钧处陈之。去年奉令迁移时，工厂已近战线，日间则敌机往来如织，夜间则军队禁止灯火，拆卸工作已极困难。及大场失陷，则轻小部分虽已拆下，而重笨之部已无法搬动矣。惟要件业已卸下，留下重笨之部装配为难，已成废铁，敌人得此无法开工，幸未以完整之机资敌，此则公司所引以自慰者也。然运出重量吨数已较预算为轻，加以运出后又经军队扣船，被敌击沉，亦曾呈报有案，而运出之吨数益轻矣。公司等因迁移时重要之件或毁或沉，整个工厂已经销毁而受重大损失，惟以国民职责之重，复感政府提倡之殷，故不自量力，将被沉及不及搬运而需要之件，已酌量速向欧美补充，现已陆续到港，由粤待车北运，此则粤海关及港资委会栈房可以复按者也。此项补充之件，其价值较拨给之运费轻重奚若，谅为钧处所洞鉴。而在此敌机肆虐之际，以血本用高汇率赶提机料，冒险运广州，候车北上，私人利害绝未权衡，公司等公而忘私之苦衷，亦乞钧处鉴谅。谨将目下四川设厂所需之运费等胪陈如左：

一、迁移费及旅费

甲、已入川机件计共276吨，所付各款如左：

天利厂名下已付3.174,4万元。

天原、天盛厂名下已付5.568,3万元。

在途机件到渝时，应付船费及起岸各费约3万元。

乙、存港机件约255吨，应付各款：

港渝运费约8.67万元(运费起岸费等每吨约计340元，依环境情形恐尚不敷)。

保险及栈租约3.6万元(目下车辆缺乏，存栈已久，保险率亦甚大，故约如上数)。

关税约4万元。

运旅费约计 28 万元。

二、地皮

自流井购地费 1.291,8 万元。

重庆购地费 2.158,3 万元。

两项共计约 31.4 万元。

照上情形,则所拨迁移、地皮、装置等费 40 万元,除去迁移、地皮两项外,所余之数作装置地脚等费已不敷甚巨,尚须另行筹措。敬请俯察公司困难情形,速将行政院核准之迁移等费余数 20 万元一次拨给,实为德便。谨呈

经济部工矿调整处处长翁

     天利淡气厂

  具呈人 天原电化厂股份有限公司总经理 吴蕴初谨呈

     天盛陶瓷厂

         中华民国二十七年六月十日

[经济部工矿调整处档案]

4. 关于解决豫丰纱厂机料运输问题有关文件(1938 年 2 月 19—23 日)

(1) 翁文灏至何竞武密电稿(2 月 19 日)

郑州何副司令竞武兄勋鉴:戈密。查郑州地近战区,敌机肆扰。该处豫丰纱厂函应迅移,以免毁于敌手。除令将所有机料约计 4,000 吨限于一个月内分批拆迁外,即希饬拨货车 10 列,俾在最短期内陆续运汉。事关保护生产,尚希迅予协助办理电复为荷。翁文〇。效。

(2) 平汉路局致工矿调整委员会代电(2 月 23 日)

汉口军事委员会工矿调整委员会勋鉴:效代电敬悉,承嘱饬拨货车 10 列,陆续装运郑州豫丰纱厂机器来汉一节,经已饬属拨运矣。特电复,请查照为荷。平汉路局印。梗。平运。

[经济部工矿调整处档案]

5. 关于减半核收郑州豫丰纱厂内迁运费有关文电（1938 年 2 月 22—28 日）

（1）豫丰纱厂致工矿调整委员会呈（2 月 22 日）

敬呈者：前奉贵会令开，以郑州逼近战区，值兹豫北寇氛益炽，该厂设不及早迁移，殊有被毁之虞。为保全残余工业，国家元气计，着敝厂于三月十五日以前将所有纱布机器及附件、原料、成品扫数南移。并蒙分电豫省程主席、郑州何运输司命【令】及平汉路局，赐予协助，迅拨车辆。仰见维护工业之至意，曷胜感纫。敝厂遵即日夜拆装，以期如限南运。惟敝厂计有纱线机 6 万余枚，布机 200 余台，连同原动附属各机及原料成品在内，不下 6,000 余吨。值兹军运倥偬，运输困难，对于拨平装运，固须恳求设法，而运费一项，估计甚巨，且平汉路郑州车站必须收现，几经交涉，未允通融。设再迁延，恐致遗误。至敝厂近虽稍获利润，以之偿还过去宿债，相差甚巨。兹以时势迫切，遵令南移，对于员工之解散费及机器之拆卸装箱费，在在需款。经竭力筹划，尚有不敷之虞，若再筹巨额运费，实非力之所能，为此恳求贵会迅赐转咨交通部，令行平汉路局，准予援照铁道部以前通令，对于战区迁移工厂应需运费，减半核收，准予记账，以资救济，不胜迫切待命之至。此呈经济部工矿调整委员会

豫丰和记纱厂
驻汉口办事处　谨呈
中华民国二十七年二月廿二日

（2）翁文灏致平汉铁路局代电稿（2 月 25 日）

平汉铁路局颜局长、邹副局长勋鉴：查郑州豫丰和记纱厂前经本会核令南迁，并于本月十九日电请贵局拨车 10 列在案。兹据该厂报称，以所运资料必须在郑十足付现，方允拨车，等情前来。查关于迁移厂矿之机器，半制品及现有材料，前于上年十一月十九日曾准铁道部 4382 号快邮代电，特准照半价收费，并业经电令各路遵照办理在案。兹准前由，相应电请贵局查照，希即电

令郑州站，对于该厂所运机料，准予按照半价收费，以恤商艰，而利运输，至纫公谊。弟翁文○。印。

中华民国廿七年二月廿五日

(3) 翁文灏致钱宗泽等密电(2月27日)

郑州钱司令慕霖①、何副司令兢武勋鉴：戈密。郑州豫丰纱厂本会核令南迁，曾于效电请拨车10列在案。兹据该厂报称，以所运机料必须在郑十足付现，方允拨车，等情前来。查关于迁移厂矿机器、半制品及材料，前于上年十一月十九日曾准铁道部4382号代电，特准照半价收费，并经电令各路遵照办理在案，兹准前由，除已代电平汉路局查照外。特再电请查核协助，迅赐拨车10列，俾便运输为荷。弟翁文○。矿整。感。

(4) 钱宗泽复翁文灏电(2月28日)

翁部长赐鉴：矿整感电奉悉。豫丰纱厂南迁，已饬半价收费装运。谨复。钱宗泽叩，何兢武代。俭午运秘。印。

[经济部工矿调整处档案]

6. 工矿调整处关于迁川保险费训令(1938年4月10日)

经济部工矿调整处训令　矿整字第六二八号

令本处重庆办事处主任汪泰经

查内迁各厂机料白宜运渝，所需兵险及平安险费率一案，经电准中央信托局张副局长复电，允将兵险及全损险减轻至每百元壹元贰角五分。嗣本处以平安险与全损险性质稍有不同，而在渝所商保险方法，系属平安险，并请查核转饬办理各在案。兹准中央信托局张副局长灰港电开：自宜运渝机器兵险兼平安险，已另定单行费率每百元壹元五角，虽较全损险略高，但承保范围颇为扩展，未便再减。至原料部分与普通货物性质相同，拟照普通费率计算，以

---

①钱宗泽，字慕霖。

免轻重厚薄之分,统祈鉴察。等由。准此。除令知本处宜昌施助理员等转饬各厂家分别请保,并函请四川省政府财建两厅查照备案外,合行令仰知照,并通知各厂家商酌分别请保平安险及全损险为要。此令。

处长　翁文灏
中华民国二十七年四月十日

[工矿调整处档案]

7. 宋明德关于中国实业机器厂迁川物资遇险请出示证明借款呈（1938年4月20日）

敬呈者:窃吾国自全面抗战发动后,为补助后方生产起见,敝厂遵令由沪迁汉。嗣又奉钧会令饬,再行迁川,并蒙借给运费壹万元在案,敝厂当即遵命迁川。不料自宜昌起运后,于本月五日接押船员童阿鼎电告:船货运至秭归县属浅滩地方,被急流冲沉一只。查该船装载大部主要机器,并向中央信托局保有兵险及平安险国币叁万元,但该局未曾查明确实情形前,未能付款。敝厂以需要生产机器为原则,当即派人雇工前往打捞。兹据报称,已有大部捞起,惟急需款项,以便拨付打捞费用及另雇木船运费等开支。查敝厂经济因自战事发生至今,迄已九月,既不能营业,复辗转迁移,耗费殆尽。今捞起各货亟待起运,以免搁置多受锈坏及水涨时再被冲毁之损失,特向兴华保险公司商借国币贰千元,以便急用,并约以两个月为期,俟向中央信托局索得赔款后缴还。惟该公司以敝厂迁移系属钧会监督主持,故需要钧会保证后即可借给。查敝厂初次来川,人地两疏,并无他处可供借贷,惟有敬恳钧会俯予保证,俾得将货运渝,早日生产,既符迁川原旨,职工生活亦能维持公私两便,至纫公谊。

敬呈

经济部工矿调整处重庆办事处汪主任

中国实业机器厂经理宋明德呈
廿七年四月二十日

[工矿调整处档案]

8. 颜耀秋关于迁川物资保险费呈(1938年5月20日)

案查属会迁川各厂所保木船兵险及平安险,原定保限为五十天,现因洪水暴涨,上驶困难,多数已逾原定期限。按照保险公司定章,逾限以后,每千元须加收保费二元五角。各厂自苏迁鄂,自鄂迁宜,再以木船运渝,久已筋疲力尽,是项逾限保费实属力唯负担。复查成案,是项保险费用,原为每千元二十元,工厂担任四元五分,其余五元九角五分,荷蒙四川省政府津贴。嗣奉钧处第六二号令,抄发经济部工矿调整处第六二八号训令,以商准中央信托局张副局长,关于自宜运渝机器之兵险及全损险,允减至每百元一元二角五分,其兵险兼平安险,已另定单行费率,每百元一元五角,至原料部分,照普货物计算,令仰遵照。等因。仰见总处体恤厂商之至意。关于原定费率,已减四分之一,惟各厂仍照最初成案,每千元缴四元五分,是总处商准减轻费率之数,乃属于四川省政府津贴之内。而厂商方面,并未照减,若果无意外负担,各厂原来便锱铢必较。兹以木船装运,水涨逾期,保险公司又须加收保费每千元二元五角,实属力有不逮。为此备文仰祈鉴核,俯念内迁工厂艰难困苦,准予转请四川省政府,将是项逾限保费每千元二元五角,一同津贴,以示体恤,实为公便。谨呈

经济部工矿调整处重庆办事处

迁川工厂联合会主席委员颜耀秋
中华民国二十七年五月二十日

[工矿调整处档案]

9. 庞赞臣关于迁川物资保险事呈(1938年5—6月)

(1)5月28日呈

案奉五月二十五日第一三八号令,以各厂迁川物资,延期保费每千元二元五角,请商由四川省政府一同津贴一节,业经向川建厅驻渝办事处人员商洽。惟在办法未定以前,各厂如逾保期,应将延期保费照付,以防设遇危险,保险公司借口卸责,令饬知照办理。等因。奉此。饬分函知照遵办外,理合备文呈请鉴核,并乞赓续施行。谨呈

经济部工矿调整处重庆办事处

迁川工厂联合会代理主席委员庞赞臣

中华民国二十七年五月二十八日

(2)6月21日呈

案准属会会员、工厂、中国实业机器制造厂、上海龙章造纸公司、中央化学玻璃厂、康元制罐厂、天原电化厂、天利淡气制品厂、豫丰和记纱厂会函。内称：吾国自全面抗战发动后，敝厂等为辅助后方起见，遵令迁川，原冀早日抵渝，极力生产，不料川江险恶，在宜渝途中产物遭受损害。查该项产物，经向中央信托局保有兵水险，故于遭受损害时，均经随时通知该局，要求赔偿。现敝厂等除向该局交涉外，拟恳由贵会用本会名义，向保险人催促早日赔偿，一面并恳呈请经济部商准中央信托局，于接到遇有危险损害通知后，赶速办理查勘给付手续，俾敝厂等得以早日筹备复工，以符辅助后方生产之原则。用特会函奉恳，尚祈俯予办理，至纫公宜。等由。准此。查各厂器材迁运遇险，已大不幸，关于保险公司查勘赔偿等手续，若复迟延时日，影响复工生产，至深且巨。准函前由。除径函中央信托局请其分别迅速办理外，理合转呈，仰祈鉴核，准予施行，实为公便。谨呈

经济部工矿调整处重庆办事处

迁川工厂联合会代理主席委员庞赞臣

中华民国二十七年六月二十一日

[工矿调整处档案]

10. 工矿调整处为武汉尚未迁移各厂再请拨让部分华轮运输迁厂器材公函稿(1938年6月16日)

公函

查本处由各战区迁至武汉原有工厂，除一部业已迁至川、湘、桂各省外，尚有60余家继续在武汉区域工作，计有机料1.5万余吨。上述工厂在抗战期内，大部分均承造军需用品，本处前经编造报告，呈报委员长鉴核在案。现以时局关系，本处业已令饬各该厂即日再行内迁，以固国防。惟以大部轮只

均经规定专运贵部所属各机关物资,承拨让各民营工厂装运者,仅属外轮1/10,此项数量为数殊微,实不足以承运全部迁厂器材之什一。若任其弃置,难免有损失之虞,不独有碍民营工业之发展,抑且影响抗战实力。即如布机一项而论,每月产量有十万匹之多,自不忍坐视弃置。为兼筹并顾计,务请于全部华轮运输力量内再拨让10%,专备运输迁厂器材之用,以免损失而增国力。兹附送各工厂承制军需品调查表一份,即希惠于同意,见复为荷。此致
军政部

附各工厂承制军需品调查表一份[缺]

中华民国二十七年六月十六日
[经济部工矿调整处档案]

11. 上海龙章造纸公司为恳请临时借款陈机器转辗运输困难船只遇险情形呈(1938年6月30日)

呈为在厂机件运费浩大,超出预算,恳请临时拨借3万元,以济急用,并准俟于保险赔款领到后尽先归还事:窃查本厂机器833件,共计896吨,自汉运宜,自宜迁渝,曾由钧处先后借给运费国币8万元在案。当时预计全程水脚、驳力、保险费等所少不过万元,无如本厂机器大件居多,转辗驳运,困难异常。兼之本年二月间江水枯竭,机件搁在民船上候运计100天,所费又属不资。现在机器陆续到渝,尚缺少运费及驳力、上坡、平地搭棚等费计3万元左右,无法应付,不得已商恳钧处体念本厂处境困难,特别通融,再借3万元以济急用。再本厂所雇木船,截至本日止,不幸有两船遇险,抢救机件不多,该局已派益中公证前往估计,约可得赔款4.5万元。此笔3万元临时借款,俟领到此项赔款时,尽先归还,不胜迫切待命之至。谨呈
经济部工矿调整处重庆办事处

上海龙章造纸公司代表
庞赞臣谨呈
中华民国廿七年六月卅日
[经济部工矿调整处档案]

12. 华成电器制造厂陈述迁湘途中被敌机轰炸致遭损失等情呈
（1938年12月3日）

谨启者：窃敝厂自奉命南迁，所有全部机器暨材料等，业经由汉口雇帆船装载运来衡阳，大部陆续到达，惟后批船只内中，有装弹子培令17箱暨模子钢在制品文件簿据等，共15吨左右，讵料航至衡山附近被敌机投弹轰炸，致沉没湘江之中。敝厂闻得消息后，当即派员前往办事地点察勘一切，设法打捞。惟仅获得半数箱件及生铁等物。按培令为敝厂制造马达最重要之原料，共6,000余只，价值数万金。今被损失诚属不幸之至。现在一面将捞获半数之物品从事整理，一面再设法打捞其他零件，俟后损失如何，再为详细报告耳。敝厂在黄巢岭自建临时厂房，已告竣，机器亦布置完毕，正拟即日先行恢复开工。无如因日前长沙大火，时局复趋严重，而衡阳地方亦入惶恐状态。敝厂目击此种状况，不得不准备再将机器拆下，从事装箱，以便迁移内地，冀获安全。惟目前运输诸多困难，雇觅船只尤属不易，实无其他妥善方法。在敝厂私意以为此间既耗费数千金建造房屋，且各事稍具头绪，又不忍遽行放弃。所以仍拟努力继续布置复工。未识尊处高见，以为然否？再，敝厂前次在汉承委拆汉阳钢铁厂机件，所有该厂之废小铁房并蒙尊处允准予拆下时，暂借敝厂运衡架屋之用，曾于九月三十日奉上器字第793号函，呈请台核在案。乃以敝厂后批职工奉令离汉之时，异常匆促，所有该项铁件俱未能及时运出，殊为遗憾。爰特专函陈明概况，务祈察照，是所至荷。此上
经济部工矿调整处

华成电器厂衡阳办事处谨呈
中华民国二十七年十二月三日

［经济部工矿调整处档案］

13. 吕焕廷等陈述船户黎元顺由渝放空来宜装运器材途中遭遇情形请免予缴还津贴的报告（1939年1月4日）

报告　二十八年元月四日

窃查船户黎元顺前曾在渝钧处领用津贴200元，预支300元，放空来宜

运输迁川器材回川。由渝下行至巴东,经该县政府扣封20余日,复具函证明释放来宜。又被驻防南津关33师扣封,囤运军品两月有余,提卸频仍,竟将该船损伤过重。迫至二十八年一月一日报请运输司令部查明,始函知该师发还,曾往职处报到。殊各项器材已先后起运而该船已经受损。船户黎元顺又兼年老,无力负此重任,一船数口嗷嗷待哺,无法谋生。是以卖船偿债,竟无余资返川,流离异地,情殊可悯。故特报请钧处俯念下情,除缴还预支300元外,伏乞将津贴200元恳予幸免,用示体恤而济途穷,不胜感戴之至。谨呈

经济部工矿调整处宜昌办事处专员盛　公鉴

四川民船业同出公会联合会驻宜办事处代表吕焕廷、常伯壎
中华民国二十八年元月四日
[经济部工矿调整处档案]

14. 永利电机厂陈报迁移途中经过情形函(1939年1月10日)

具呈人永利电机厂厂主刘振声,住桂林北路235号。

呈为迁移谨将途中经过情形,仰祈鉴核事。窃商民自奉令南迁后,即遵于六月杪结束厂务,七月上旬用帆船装赴长沙。至湘后,其时湘桂路车尚未通,故在长沙等候月余,因维持生活起见,在该处设厂开工,九月一日至十月杪,惟时2月,长沙又告变剧,只得忍痛牺牲,又行结速[束],复用帆船装运衡阳。但因运输器不足,在衡又等月余,业于二十八年一月二日到桂,现在建设,即日开工。等情由,理合具文报告,伏乞鉴核。谨呈

经济部工矿调整处处长翁

永利电机厂厂主刘振声呈
中华民国二十八年一月十日
[工矿调整处档案]

15. 船户贺福顺等陈述载运内迁机料被炸等情请求善后解决办法致工矿调整处呈(1939年5月20日)

呈为载运电机被炸损失堪虞事:窃民贺福顺,杜尚荣两船一帮90、70吨于

客岁九月间由武汉华成电汽厂代为经手承租。民船载运电机当日三面言明轮船拖带，每月每吨租金洋三角六分，按吨推算。于九月十七日开始装船，二十二日其载装毕，三十六日时局紧张，无轮拖带。命民多雇伙友自行驾驶航行，凤夜奔避不遑，披星戴月如丧家之犬，于十月十一日航至城陵矶，大批船只同行，十二日晨八点寇机来袭，各船纷纷逃避。民船开至城陵下游十二里江北岸地点被炸，将贺福顺船炸沉，杜尚荣船重伤，每船炸毙一人，贺福顺全家救获，杜尚荣船合并帮同驾驶逃避。当日将船炸坏卅余艘，弹药、军火、军需、米面、机器各船等等不一。民船舱面机件完全炸掷江中，下存舱内之货件。两船双帮无轮拖带，碍难航行。至石首县境内条关镇停泊，封锁线阻隔，不能通行。民赴宜昌报告，请求通行证，返封锁机关，无效。第二次赴宜昌请求得正式公文验明放行。航至中途遇匪洗劫一空。航至沙市上游 60 里又遇军筏开枪示威，检察为名，诈期取财。将贺福顺侄男打伤，由大腿后股中弹，入肾部前方。当时晕绝流血不止，命在旦夕。于四月二十二日，航至沙市上游 60 里袁氏保生医院诊治。医云内伤肾部，难以治疗，不能保险又无有医药调养之费，日夜呼嚎，惨不忍闻。第三次赴宜昌报告，经过种种出险情形，有案可稽，请求放轮船拖带，延至五月十四日下午到宜，十六日卸见六吨四角[？]有零。奉命以来，迄今已达七月有奇，所领伙食费无几，不敷开支。杜尚荣船领洋 336 元，贺福顺船领洋 432 元，两船驾驶伙友廿余名，每日两餐不饱，具家数口嗷嗷待毙，无以聊生。逢此乱世之秋，薪桂米珠，百货昂贵，生活程度已达极点，典卖度生，外受敌寇侵略，内受盗匪摧残。枪林弹雨两炮火之下，民等均将血肉维护公物。电机系国家重器，民不得不拼命奔避不遑，亘古以来从无污服从公之理相[想]。民两船六七千元价值，亦旦抛弃，一沉一伤，营业停止，断绝生计。民等由江苏来此宜昌，人地生疏，举目无亲，借贷无门。已将贵部机件运到宜昌平稳区域。虽处无功，总告无罪。素仰我主任仁慈，明镜高悬，洞鉴民情。下情上达，代转层峰。应如何赈济，谅我主任不忍视民等袖手待毙，伏乞恳恩赏准施行善后办法，早为批示解决。饮水思源，永感大德，结草衔环，公德两便，不胜待命之至。为此理合上呈

经济部工矿调整处

主任白　鉴核

　　　　　　　　　贺福顺
　　　　　驳船户　　　　　同具
　　　　　　　　　杜尚荣

　　　　　　中华民国廿八年五月廿日

　　　　　　　　　　［经济部工矿调整处档案］

16. 南京美兴印务局经理邹宝璋陈述迁川过程遭遇函（1939年6月24日）

　　呈。为呈报迁移经过及复工情形请予备案并乞指导由。窃属厂原设南京国府路。自沪战爆发，国府西迁。商民因欲保全物资勿资敌用起见，于万分困难中，设法雇民船迁移武汉。不幸于民二十六年十二月十七日舟抵小孤山附近被风浪击沉于江边。经三次打捞起岸，所有机件全告遗缺不全，计损失肆万余元。殆抵汉口，积极整理，雇工装配缺件，费时累月，方期克日复工。不料武汉又告紧急，属厂不得已乃西迁重庆。抵渝后，租定中一支路神仙洞新街三十、三十一号市房两栋，共六大间，作为厂房。一再整顿，方克粗具规模。复工未及半载，又遭敌机惨炸。属厂遵令疏散，遂择定小龙坎鼎丰厂左近荒地，自建厂房一栋，现已全部完成，即日开工，以符政府减少无谓牺牲及努力后方生产之旨。理合将迁移经过暨复工情形一并备文，呈请鉴核，准予备案并乞钧处不时加以指导，赐予协助，实为德便，专此。谨呈
经济部工矿调整处

　　　　　　　　　美兴印务局经理邹宝璋谨呈
　　　　　　　　　民国二十八年六月二十四日

　　　　　　　　　　［经济部工矿调整处档案］

17. 工矿调整处驻陕办事处为大新面粉公司迁厂运费请咨商交通部转饬平汉路减半收费呈（1939年8月31日）

　　案据宝鸡大新面粉公司经理杨靖宇代电呈称：经济部工矿调整处驻陕办事处主任刘钧鉴：查敝公司上年十月在漯河奉命西迁之际，厂中存有烟煤406吨，因平汉路需煤孔急，经全数交平汉路局接受备用，订明每吨作价13元，共计作

价5,278元，所有敝公司机器零件，由漯河运至郑州，应须运费，即在煤价内扣除。当时因限期迫促，敝公司要求援照汉口申新各厂减半收费之案，尚未核准，当与路局方面订明暂按全费4,599.14元，在煤价内扣抵，俟核准减半收费时，再如数退还。迨至敝公司机件完全运抵陕西，所有陇海段内运费已经核准减半收费以后，敝公司即一再函电，向平汉路要求退回半费，计洋2,299.57元，但始终未得一字答复，亦不知该局负责人究在何处，无从接洽。现在敝公司尚欠陇海路局运费2,000余元，与平汉路溢扣之煤价相符，一再催促，不容延缓。而敝公司甫经复工，则奉令承制军粉，经济困难万状，实在无力代垫。再四思维，惟有恳请钧处转呈经济部，咨商交通部转饬平汉路局，从速清理结束，或令陇海路局准予作抵，勿再催索，不胜感激之至。大新面粉公司经理杨靖宇叩。艳。等情。据此。查去岁武汉各厂拆迁，两路同时减半收费，大新一厂自不能例外，陇海、平汉同隶于交通部，若由交通部分令转账，以有余补不足，在路方无损失，而精疲力竭迁移之工厂，藉得少苏矣。理合具文呈请钧处，乞转呈经济部咨商交通部转饬平汉路并减半收费，实为公便。谨呈

工矿调整处处长翁、张

驻陕办事处主任刘益远

中华民国廿八年八月三十一日

[工矿调整处档案]

18. 经济部为交通部咨复关于大新面粉公司请退半价运费案俟查明后核办仰即转知的训令（1939年11月30日）

经济部训令　工字第39400号

令工矿调整处

前据该处呈为大新面粉公司请退回平汉路半价运费，抵付陇海路运费一案，经转咨交通部核办，兹准咨复。内开：案准贵部九月廿七日工字第35181号咨，略以据工矿调整处呈，关于大新面粉厂请咨商转饬平汉路局退回半价运费，转拨陇海抵付运费一案，嘱查照，转饬办理。等由。准此。当即转饬平汉铁路保管处及陇海路局查明办理具报去后，兹据平汉铁路保管处呈复略称：上年十月初间，本路郑汉间交通业已中断，所有信阳以北路务，当经责成前车务总段长

陈生璋主持。大新公司所称要求减半收费,并当时商定暂按全费,由煤价抵扣各节,迄未据总段长呈报。查该总段长上年十月以后,报销账内列有该公司价让本路烟煤406吨,计共作价5,278元,业于廿七年十一月七日,由站款内拨付,取具收据有案,核与该公司所称吨数、价款,均尚相符。惟查该段上年十月以后货票,并无运输该公司机器零件。该公司所称由漯河运郑机器零件,曾商定暂按全费,由煤价扣抵,俟核准减半收费时,再如数退还各节,本处无案可稽。惟时值军事紧张之际,该项货票辗转寄递,或有遗失,除由本处径函该公司,请将有关货票号码、日期详细抄送,以凭核办外,理合先将办理情形各文呈复鉴核。等情。据此。大新公司特请退费一节,应俟平汉铁路保管处将有关货票查明后,再行核办。除饬仍将办理结果呈报外,相应咨复,即请查照转知该公司为荷。等由。准此。合行录案,令仰转知。此令。

部长翁文灏

中华民国廿八年十一月卅日

[工矿调整处档案]

19. 资源委员会为补助上海各工厂迁移费请迅拨配用密函稿(1937年8月23日)

案准行政院本年八月十日第三四一〇号函,以补助上海各工厂迁移内地工作,专供充实军备,以增厚长期抵抗外侮之力量案。经第三二四次会院务会议决议:奖金暂从缓议,余通过,由资源委员会、财政部、军政部、实业部组织监督委员会,以资源委员会为主办机关,严密监督,克日迁移。关于印刷业之迁移,由教育部参加监督。已照案分令财政、军政、实业、教育四部遵照办理,并嘱查照办理。等因到会。经于本月十日(星期二)下午五时,召集有关各机关代表,开会讨论。决议案中,对于补助上海各工厂迁移费,用定为国币伍拾陆万元,当晚即由本会林专门委员继庸,会同贵部会计司庞司长松舟,军政部装备科王上校科长祢、实业部工业司欧阳司长岑赴沪,与各工厂接洽办理。相应函达,即希查照,迅将上项补助迁移费国币伍拾陆万元,拨交本会配用为荷。此致

财政部

[资源委员会档案]

20. 财政部关于上海工厂迁移经费与资源委员会往来函（1937年8月26—31日）

（1）财政部致资源委员会函（8月26日）

财政部公函　库字第33472号

　　案准贵会二六密字第五三六三号函：以关于补助上海各工厂迁移内地工作一案，经决议补助56万元，请迅将上项补助迁移费56万元拨交配用。等由。查此案前经贵会召集军政、实业两部暨本部派员会和商议决办法六项，其第二项：各工厂迁移事宜即派林主任委员会同军实两部代表，率领技术人员即晚赴沪接洽办理。等语。现在对各工厂实际迁移事宜接洽情形如何，是否迁移计划均已拟定，即可实行，应请贵会先行见示，以便核办，相应函复，即希查照办理为荷。此致

资源委员会

　　　　　　　　　　　　　　　　　　　财政部长孔祥熙

　　　　　　　　　　　　　　　　　　政务次长邹琳代拆代行

　　　　　　　　　　　　　　中华民国二十六年八月二十六日

（2）资源委员会致财政部函稿（8月31日）

　　接准贵部本年八月二十六日库字第三三四七二号函，以现在对于各工厂实际迁移事宜，接洽情形如何，是否迁移计划均已拟定，即可实行，并嘱先复核办。等因到会。此事本会林专门委员继庸偕同各机关赴沪人员，经与上海各工厂正式接洽，其愿迁移者，约六十厂，正在着手迁移者有大鑫、康元等二十厂。所有预定经费国币伍拾陆万元，尚烦贵部筹足的款，随时陆续拨用，相应函复，即希查照为荷。此致

财政部

[资源委员会档案]

21. 林继庸请准拨各费以资吴蕴初迁厂内地而应国防之需密电（1937年9月5日）

钱秘书长钧鉴：密。吴蕴初君决四全厂齐迁内地，请求拨给各费据开预算：天利淡气厂搬运费16.3万，职工旅费3,000万，装置及地脚费16.8万，地皮120亩，又借建筑费31万，材料费5万，流动金15万，电量2,300千瓦，每日可产无水安[氨]气3.5吨及49度硝酸7吨，十四至十八个月可出货。天盛陶瓷厂搬迁及装置地脚等费4.2万，又借建筑费5万，流动金3万，需地50亩，电量100千瓦，每月出耐酸陶器40吨，六个月可出货。天原电化厂搬迁及借建筑费50万，流动金30万，十个月可出货，月出烧碱280吨，及氯气250吨或漂白粉700吨，电量2,000千瓦。天厨厂电量650千瓦，请拨地皮100亩，借建筑费20万，流动金10万，不受其他津贴，五个月可出产。查该厂平常可维持天原、天盛之生存，其设备均为化工所需之基本机械，战时可改制国防化学品，尤宜于改制军粮或炸药，天盛、天利制品，均函急需，天原可产，则为国防化学重要原料，均有迁移必要，请提议并准予保息，如有须酌改者，乞即电复再商。职林继庸叩。微。[上海]

[资源委员会档案]

22. 钱昌照为沪物资迁汉管置与行政院议决原案外各厂迁移经费问题致林继庸密电（1937年9月10—13日）

(1) 钱昌照9月10日电

上海马浪路41号。林继庸兄鉴：资密。庚电悉。财部拨款改由京行付给。机件堆置武汉办法，早派二员往觅隙屋及空地，昨复电汉口特三区扬子街九号本会委员三佐臣先生主持交涉，同时并有专门委员，支秉渊兄担任上海工厂联合迁移委员会代表径往接洽。至沪市警察局方面，已电其遇事协助，希即晤商办。弟昌照。蒸。

(2) 钱昌照9月13日电

上海马浪路41号。林继庸兄鉴：资密。尤电悉。原料及制成品减贴运费办法甚是，制成品尤应限定范围，关于印刷业及纸张等事，因不在行政院原案所准伍拾陆万元之内，可由教育部人员筹划接洽整个迁移方案后，会同本会提出行政院为宜。吴蕴初兄一案,尚未奉准。各造船厂案,须与原案外之各工厂同时提出,一次解决,较为适当。时机虽极紧迫,非此则经费无所根据,盼早列表寄京,现财政部仅拨到拾五万元,用款情形希详细函知,以便交涉为企。弟昌照。元。二。

[资源委员会档案]

23. 钱昌照关于迁厂用款问题致林继庸密电稿(1937年9月13日)

上海马浪路四一号林继庸兄鉴:资密。尤电悉。原料及制成品减贴办法甚是,制成品尤应限定范围。关于印刷业及纸张等事,因不在行政院原案所准56万元之内,可由教育部人员筹划接洽整个迁移方案后,会同本会提出行政院为宜。吴蕴初兄一案,尚未奉准。各造船厂案,须与原案外之各工厂同时提出,一次解决,较为适当。时机虽极紧迫,非此则经费无所根据,盼早列表寄京。现财政部仅拨到15万元,用款情形,希详细函知,以便交涉为企。弟钱○○。元。

[资源委员会档案]

24. 实业部工业司司长刘荫茀提请补助迁移经费致实业部部次长签呈(1937年9月18日)

谨签呈者:谨查工业生产在长期抗战中至关重要。前经拟具沿海各省市工厂迁移内地办法大纲、战时工厂生产管理办法大纲及推进手工纺织造纸业办法大纲签呈,鉴核在案。兹谨就该项大纲,拟具沿海各省市重要工厂迁移内地经营办法十一条及战时后方工厂生产管理办法十一条。又查战区各有关军用民生各重要工厂迁入内地,给予补助经费一案,前经资源委员会提经行政院核准,补助上海各厂迁移费56万元,指定为上海机器业各厂及大鑫钢铁厂、中国炼气公司、大中华橡胶厂、康元制罐厂、民谊化学工业社等数厂迁移之用。其余各厂则不在其内。现全面抗战业已开始,在沿海城市有关军用民生之重要工厂为数甚多,亟待迁入内地,惟迁移工厂必须指定专款,斟酌实际情形,量予补助,方克收效。拟由本部提请行政院核准,在原有工业保息及补助经费内提拨100万元或另行指拨经款,以供此项补助迁移经费。是否有当,理合检同所拟办法两件及根据工厂登记表册,抄到沿海各城市资本在20万元以上之工厂名册一份(行

政院令饬迁移各厂未到在内），呈请鉴核示遵。谨呈
部长、次长、次长

　　附呈沿海各省市重要工厂迁移内地经营办法一件［缺］、战时后方工厂生产管理办法一件［缺］、沿海各省市资本在20万元以上之工厂名册一份［缺］。

职刘荫茀谨呈
二十六,九,十八
［实业部档案］

25. 上海市各界抗敌后援会为非国防工厂迁移请酌予补助呈（1937年10月17日）

　　案准本会设计委员会函开：案查本会实业组第四次会议决议,关于工厂迁移内地所费迁移费用,酌予补助或饬令四行扩大放款范围,酌予借贷,以促其成记录在卷。查非国防工厂亦属生产建设之一部,自应一视同仁,酌予补助,以示政府宽大扶植工厂之主旨。万一使此一部分生产工具因无力迁移,毁于敌人炮火之下,或竟为敌人窃运而去。虽直接为厂商之损失,但□□亦即为国家之损失。为此录案函达,至希查照核转为荷。等由。准此。查该会所陈,尚有见地,为特备文转呈,仰祈钧部鉴核示遵谨呈
实业部长吴

　　上海市各界抗敌后援会主席团杜月笙、张寿镛、金润庠、王晓籁、潘公展、黄炎培、钱新之、童行白、柯干臣

中华民国廿六年十月十七日
［实业部档案］

26. 关于院议通过之天利等四厂内迁补助费商洽中国银行垫借办理证明手续有关密电（1937年10月21—22日）

（1）吴蕴初致翁文灏等密电（10月21日）

　　翁咏霓、钱乙藜先生赐鉴：密。天利迁厂胥赖钧会扶助,前通过之费自须经过相当时期方能发给,为迅赴事机计,拟请中国银行垫借,商洽已有眉目。惟奉令迁厂及补助40万元各情形,须请钧会电知上海四行联办处霍亚民君,

以资证明,乞俯赐办理。吴蕴初印。[上海]

(2) 翁文灏等致霍亚民密电稿(10月22日)

上海杜美路七十号四行联合办事处。霍亚民先生大鉴:查吴蕴初兄所办天利等四厂迁移内地及给予补助迁移费用40万元,系根据行政院第三二〇次会议,由工矿调整委员会与主办机关议决通过,特电证明,希即察照。弟翁〇〇、钱〇〇。养。

[资源委员会档案]

27. 林继庸等请对内迁各工厂予以金融救济并附送流动资金调济办法等件有关呈函(1937年11月1—5日)

(1) 林继庸签呈(11月1日)

签呈　二十六年十一月一日

谨呈者:案据上海工厂联合迁移委员会主席委员颜耀秋呈称:呈为[衍]拟具流动资金调济办法,敬祈鉴核,迅予实施事。窃查流动资金之办法,对于迁移各厂最为切要,否则各厂迁移损失殊巨,若不予以流动资金之协助,势必成无米为炊之局,兹特拟具办法,附呈鉴核,转呈资源委员会转咨工矿调整委员会商请银行办理。等情。附其流动资金救济办法,及中国工业原料购料委员会革章各件。同时又据该主席委员呈称:呈为请求拨付借款,以资建筑而利复工。窃此次各厂遵令迁移,一以谋繁荣内地,一以谋后方工作为长期抵抗之准备,兹谨拟具拨款办法、借款办法,分别列后,敬祈鉴核,迅予施行,实为公便。等情。并附拨借建筑厂屋款项办法,及迁移厂家建筑费借款办法等件。据此,查工厂迁移,事关重要,若不予以金融救济,恐致影响国防,惟兹事体大,未敢擅办,理合将职会第三次会议讨论议案抄填一份,检同上海工厂联合迁移委员会原呈并附件两件,一并签请察核,伏乞批示祇遵。谨呈

军事委员会资源委员会

秘书长翁

副秘书长钱

附抄呈议案一纸,上海工厂联合迁移委员会原呈附办法两份

上海工厂迁移监督委员会
主任委员林继庸谨呈

呈为拟具流动资金调济办法,敬祈鉴核,迅予实施事。窃查流动资金之办法,对于迁移各厂最为切要,否则各厂迁移损失殊巨,若不亟予以流动资金之协助,势必成无米为炊之局,为特拟具办法附呈钧鉴,敬祈转呈资源委员会转咨工矿调整委员会商请银行办理,是为公感。谨呈

上海工厂迁移监督委员会

上海工厂联合迁移委员会主席委员颜耀秋

流动资金调济办法

一、流动资金应请政府令之银行设立放款部,专供迁移各厂流动金之需求。

二、利息以不超过周息七厘为原则。

三、设立购料委员会,凡属迁移内地各厂应用之原料,须向国内外订购者,应由政府及银行,厂家三方面共组一购料委员会,加以审查,如得核准,其款项可由银行垫付各厂分批取货,其利息、栈租等,概归应用该物料之厂家负担,若已定之货到达,而厂方无力出时,经政府之证明,应请银行协助,代为出货押存于银行货企,由厂家随时借款出货,其栈租及利息亦归厂家负担(附抄细则)。

四、不论原料机器制品等,凡已经抵押于银行,而押数在原值八成以下者,应请银行予以便利,押足八成,因物价日涨,银行仅以原值估计,故在银行方面不虞亏折也。

五、凡各厂所有全部动产之财产,应请银行予以协助,尽量受押,亦以八成为原则。

六、各工厂迁移内地,在此非常时期,经济转周不灵,所有政府机关曾向工厂订购货物,订有合同,且交货收据或回单及证明,而政府机关尚未付款者,应请国立银行先行如数代付,以资转周,惟其合同责任仍由工厂负责。

七、工厂制成之品运往他处者,应请银行予以抵押之便利。

八、凡属工厂订有合同缺乏垫款,未能进行工作者,应请银行审查合同之状况,借给垫款,以资协助。

九、应请银行设立经济研究所，以接受各迁移厂家之咨询及探讨。

中国工业原料购料委员会草章

一、定名　本会定名为中国工业原料购料委员会。

二、宗旨　本会以集中力量保全实业，尽力协助迁移内地之各工厂购办应用原料，以谋发展工业为宗旨。

三、组织　（甲）本会设委员九人，由政府指派（　）人，银行业推派（　）人，各实业厂家公推（　）人，组织之，由政府所派之委员中一人为当然主席，银行业及各厂家所推之委员中各推副主席一人。（乙）本会分设下列四组，分掌职务：（一）审核、（二）调查、（三）计划、（四）总务（文书、会记、庶务三科）。每组由会推定委员一人主持组务，并得准用职员若干人办理各项事务。

四、权限　（甲）督促指导及协助各工厂尽量制造原料之生产。（乙）计划及提倡设立各项工业原料制造厂。

五、任务　本会秉承政府意旨，主持任务列后：（甲）调查各厂家事实上需要之各项原料，分别向国内外定购。（乙）调查国内外工业原料之产销状况。（丙）审核及代购各厂家请求之各项原料（请求购办原料手续另订之）。（丁）调查各项原料之价格。（戊）计划各项原料之堆放及运输。

六、经费　本会经常开支，暂由政府拨发，将来在购料中提取手续费百分之一以充之，预购原料之款项，由本会委托银行垫付。

七、会期　每星期开常会一次，有重要事件得由主席委员临时召集或经委员（　）人以上之请求召集之。

八、会址

附则　本案程有未尽事宜，得随时讨论修改之。

中华民国二十六年十月二十七日

呈为请求拨付借款以资建筑而利复工事。窃此次各厂遵令迁移，一以谋繁荣内地，一以备后方工作，为长期抵抗之准备。兹拟具拨款办法、借款办法，分别列后，敬祈鉴核，迅予施行，实为公便。谨呈

上海工厂迁移监督委员会

上海工厂联合迁移委员会

主席委员颜耀秋

拨款建筑厂屋款项办法

一、数额　根据二十六年八月十日行政院议决案,借给建筑费定为国币叁佰贰拾玖万元。

二、拨付　请政府即将第一条内额定借给之建筑费国币叁佰贰拾玖万元拨交迁委员会,以便存储银行分别检查借给。

三、利息　利息周息七厘(此款由奖励项下返还之)。

四、保管　该款拨付时,由迁委员会全体委员负责存交银行保管之。

五、保证　此项借款借给迁移各厂时,除借款人、担保人当然负其全责外,凡属借款厂家,均有共同连带负责之义务,将来该项放款设有任何工厂(即借款人)及其保证人无力归还,而致有损失者,可将奖励项下之余款抵补,再有不足,应视各厂借额之多寡,以百分法分配负责偿还之。

迁移厂家建筑费借款办法

一、数额　每厂应借之数额,应根据该厂之实际需要量及其原有机件之价值,原有厂屋之地位,分别研究,经审查而核定之其总额以不超过国币叁佰贰拾玖万元为限。

二、审查　推定审查委员审查,经迁移委员会会议之通过后,方可供给,其审查之要点列后:

甲:保证人是否合格;

乙:呈报之机器等是否准确;

丙:呈报需要量之是否必需。

三、手续　凡借款各家须备具下各件之手续:呈请借款书两份,保证书两份,借款契约三份,经审查委员之审查,委员会之通过,借给之。

四、契约　借款契约一式三纸,迁委会及借款厂家各抄一纸外,其余一纸呈送政府保管之。

五、保证　每家借款须先具有迁委会所审查合格之殷实铺保,备具保证书一式两份,方可借给,该保证书除一份存会保存外,其余一份呈送政府保管之。

六、返还　本借款自供给之日起,每年归还十分之一,以十年还清之,利息概以周息七厘计算。

七、监督　借款各厂建厂计划之进行,资产抵押之成立,均应呈报迁移委员会,经委员会之审核与同意,方可进行,并对于工作、管理、经济三项,应接受迁移委员会随时之审查监察。

八、义务　借款各厂应有绝对服从迁委会议决各案之义务。

说明　款项之借出有本人,保证人及全体借款各厂之保证,且先经迁委会之审查,复由迁委会随时监察,则借款是无不能清偿之虞,将来正式会之成立。应由全体迁移厂家公举之委员组织之,现在迁委会不过因过度时之需要,而代行其职务,设审查委员以专责任,经委员会通过,以示大公,可无流弊。

中华民国二十六年十月二十七日

(2)资源委员会密函稿(11月5日)

据上海工厂迁移监督委员会主任委员林继庸呈送上海工厂联合迁移委员会主席委员颜耀秋拟具拨借建筑厂屋款项办法、迁移厂家建筑费借款办法、中国工业原料购料委员会草章及流动资金调济办法,并附该监督委员会第三次会议记录,请救济迁移工厂金融。等情前来。查上海工厂迁移内地,所需搬运、购地、建筑、设备等款项,拟由政府转商银行以低息借给一节,前经行政院第三二四次会议决定在案,兹据前情,相应抄同原办法及记录,送请查照,转商银行切实洽办,并希见复为荷,此致
财政部

　　[附件略]

[资源委员会档案]

28.资源委员会请依决议照拨上海工厂迁移补助费以便转发密函(1937年11月7日)

案查本会前向行政院提议上海工厂迁移内地扩充范围请增经费一案,经行政院第三三〇次决议:请工矿调整委员会召集军政、财政、实业、教育四部及资源委员会审定办理。旋经工矿调整委员会于九月廿七日召集会议,议决

原提议所请补助各款,除吴蕴初所办各厂迁移补助费应减为 40 万元外,其余应予通过,即共补助迁移费 52.6 万元。最近此项决议,已奉军事委员会核准,且吴蕴初所办各厂及各造船厂与文化印刷厂,已在迁移,经向江海关填具报关单,由海关审核免税免验放行在案。现此项迁移费,亟待应用,且以后迁移厂矿,已经军事委员会核定,由工矿调整委员会设置厂矿迁移监督委员会主持办理。本会主办上海工厂迁移一案,亦待早日结束。相应函请贵部根据决议,将迁移补助费全部 52.6 万元,扫数提交本会,转交上海工厂迁移监督委员会发给各厂,实报实销,以请手续为荷。此致
财政部

[资源委员会档案]

29. 翁文灏等为内迁厂筹划复工准备请中国银行汉分行照商定数额借拨至王佐臣密电稿(1937 年 11 月 10 日)

7526 汉口。王佐臣先生:印密。烦饬译转中国银行汉分行鉴:顷据本会林专门委员继庸转陈,迁厂各代表颜耀秋、支秉渊、余名钰、吕时新、周锦水等微日电述,已与经与贵行商洽,承允暂借拾万元,为筹划复工各项准备,并指定在核准建筑借款内,由颜代表等负责拨还,等语。事关维持国防工业,希即如数借拨,仍盼复。翁○○、钱○○。蒸。

[资源委员会档案]

30. 苏锡常工厂内迁经费问题的有关文件(1937 年 11 月 11—15 日)

(1)蒋介石致工矿调整委员会训令(11 月 11 日)

国民政府军事委员会训令　会经轻字第 41 号

令工矿调整委员会

案据江苏省政府主席陈果夫阳电称:苏州、无锡、常州等处工厂向内地迁移事,数日前高惜冰君等自镇返京后,已拟定办法并组织厂矿迁移监督委员会。惟闻迁移经费尚无着落,现在情势愈急,务请迅令财部发给,以便立即迁移。等情。据此,除电复并令行财政部迅速筹拨迁移补助经费外,合行令仰该会迅即

与财政部接洽,并协同该省政府办理,仍将办理情形具报为实。此令。

委员长蒋中正

中华民国二十六年十一月十一日

(2) 孔祥熙致工矿调整委员会公函(11月15日)

财政部公函　税字第35163号

　　案奉国民政府军事委员会二十六年十一月十一日会经转字第41号训令开:案据江苏省政府主席陈果夫阳电称:……等情据此。除电复并令行工矿调整委员会与该部接洽协同办理外,合行令仰该部迅速筹拨迁移补助经费,并将筹拨情形具报。此令。等因。奉此。查关于工厂迁移善后及以后各工厂迁移事宜,业经贵会依照行政院会议,召集有关各机关会议议决,统为贵会主持办理。此项迁移经费系关工厂迁移事宜,似应根据议决成案,由贵会统筹酌拨。奉令前因,相应函请查照办理为荷。此致

国民政府军事委员会工矿调整委员会

部长孔祥熙

中华民国二十六年十一月十五日

[经济部工矿调整处档案]

31. 孔祥熙关于内迁各厂之补助费与挪借款项之办理经过密函(1937年11月15日)

财政部公函　税字第35154号

　　案准贵会二十六年十月二十三日(二六)密字第六八三二号函:以补助上海工厂迁移内地一案,关于迁移补助费,业经陆续拨交,其由政府代商银行抵息挪借之款尚未动借,现在上海迁出之工厂已到武汉者甚多,亟待建筑复业,请根据决议先向银行商借200万元,以应急需。等由。并抄送行政院议决案及原提案一件。准此,正核办间。嗣准二十六年十一月五日(二六)密字第七一一五号函同前案,附抄拨借建筑厂屋款项、迁移厂家建筑费借款、流动资金调济等办法及中国工业原料购料委员会革章、监督委员会第三次会议记录各

件,过部。查代商银行息借款项,为各厂商移设建筑之需,系经院会决议有案,自应依照办理,业由本部照录原送拨借建筑厂屋款项及迁移厂家建筑费借款两办法,密函中中交农四行联合办事处商洽,一俟见复,当即奉达。再查阅抄送行政院议决案内,对于拨给奖金一项,已经决议从缓,核拨借建筑厂屋款项办法第三款利息项下有:此款由奖励项下返还之;第五款保证项下有:可将奖励项下之余款抵补;等字句,核与行政院议决案不符,自应删除。相应先行函复,即希查照为荷。此致
国民政府军事委员会资源委员会

部长孔祥熙
中华民国二十六年十一月十五日

[资源委员会档案]

32. 林继庸为大鑫钢铁厂所领迁移费请俟搬抵重庆后专案造报与资源委员会来往文件(1937年12月24—28日)

(1) 林继庸签呈(12月24日)

敬签呈者:查上海工厂迁移事宜,前经奉令改由工矿调整委员会主持办理,并着早日结束,将移迁经过详情,及财部所拨之迁移补助费五十六万元支出细数,连同账目单据,分别具报,以便移交,并转报行政院查照。等因。奉此。经即转知各内迁工厂查照,分别迅速办理,以便早日结束在案。顷据上海大鑫钢铁工厂经理余名钰呈称略谓:本厂由沪内迁辗转运驳,所有账单细目多数留沪,现以交通梗阻,未能递到,无凭核算。嗣又因奉令再迁重庆,即将全部机件西运,所领之补助费10万元除已开支者外,其所余之款拟请继续作迁渝转运之用,并恳俟本厂到达重庆后检同前项迁移用费全数细目连同单据专案造报。等情前来。查该厂所称各情形,尚属实情,惟职会现即办理结束,而前所发之补助费,系以到达武汉为终点,现该厂即奉令迁渝,事实上选报却有困难,查该厂所领之迁移补助费原系专案拨发,似可准予俟抵重庆后另行专案造报,以免有碍其他结束工作,惟由汉迁渝手续,系归工矿调整委员会负责办理,并请转函工矿调整委员会查照,以清责任,而符原案,是否有当,

理合检同该厂原呈抄件,恭请鉴核示遵。谨呈

秘书长翁

副秘书长钱

上海工厂迁移监督委员会主任委员林继庸

附抄原呈一件

敬复者:本月十五日准驻汉上海工厂联合迁移委员会奉转主任函开:案奉委员长蒋密字第七五〇八号令开:查迁移一案经奉军事委员会核定,由工矿调整委员会设厂矿迁移委员会主持办理,上海迁移善后事宜,一并由其接办,所有本会主办之上海工厂迁移各事,亟应早日结束,合行令仰该员将上海迁移经过详情及财政部所拨之迁移补助费56万元支出细数,连同账目单据,分别具报,以便移交,并转报行政院查明为要,仰即查照办理。等语。正拟复间,续奉主任本月十八日通知,语同前由并称:查大鑫钢铁工厂所有物资抵汉已久,其未迁出者,已无法起运,该厂前在本会所借领迁移补助费10万元,应即将所支各账连同单据各项送会,以凭核转,并在本会奉令结束后,所有余款亦须克日缴回,以清手续。各等语。奉准前由,各厂事同一律自应遵照办理。查商厂自本年八月七日奉令后,迅速着手迁移,徒以厂址在沪东战区中,自八月十三日开战后,敌人封锁虹口交通,华人无法前进,厂中机件物料正在拆卸待运,经多方设法,以重资假手外籍人工伺机逐步转运租界安全区。最初经内河转镇江遇轮运汉,复因内河阻塞,又改从南通转驳,直俟南通运道不通。中间自虹口转运至租界之工作,迄未停顿,而大部资产迄以特殊环境,不得不抛弃于敌境,一切困苦艰难具在洞见之中。奉函造报账目,以迁运工作经在沪辗转运驳,手续频繁,账单细目多数存留在沪,节经电催寄递来汉,以交通梗阻,未能如期递到,以致无凭揭造计算报告,此其一。商厂自经行政院议决领到迁移补助费十万元,原以迟到指定地点为归束,到汉后,辗转择定武昌播箕山为厂址,赶速开山填土购料庀工,着手建筑间,旋于十月廿三日奉军事委员会第三部机密第六号训令:着将已运汉之炼钢炉速迁大冶,限于文到一日内装置完竣,开始炼钢。等语。在接洽进行中,复以军事关系,将重要工业安置于后方,于十一

月廿八日奉军事委员会第三部汉字第六号训令：再令商厂迅将全部机件另迁重庆，以应要需。各等因。查上海工厂迁移，最初以武汉为目标，俟到达后，任务似告终了。惟厂商既因工作地点变更，奉令前进，自应以指定地点之重庆为终点，现在迁移工作正在继续进行前项补助费，应继续请求为前途转运之用，此其二。商厂在沪全数职工人数达五百左右，因转地继续工作需要多数熟练之工人，不得不留用给养，虽不得已解除一部，现仍收容三百人左右，计自八月迄今亘四个月，以每人被服给养计，为数以属不资。今前途运输航行更形困难，必非旬日间所能到达，到达后，一切建筑需时，开工当在何日，则此后给养维持所需必累巨万，以前已领之款迄今所余能有几何，是否足以应付环境，殊少把握。在经理以私人事业既与国家共安危，自当勉竭绵薄，以图报称，而主任自任事以来，热心毅力维护生产不遗余力，夙为同人所共仰，于心力交瘁之余，凡私人力所不逮者，又不得不仰仗公谊维护到底者，又其三。以上谨将商厂迁移经过情形及今后困难各点据实直陈，在经理责任所在深知公款丝毫为重，岂容牵延造报，并明知贵会办理结束，理应清理手续，以便移交转报。无知事实所限，只得沥情申请，恳请主任将商厂迁移造报专案移交，并将上述各端，据情转呈，请于到达重庆之日，将前项"迁移补助费"全数细目连同单据分别造报。同时分呈工矿调整委员会及军事委员会第三部，以清责任之处，实为公便，是否请予裁夺施行。敬复

上海工厂迁移监督委员会主任林

          大鑫钢铁工厂经理余名钰
          中华民国廿六年十二月廿日

（2）资源委员会指令稿（12月28日）

令上海工厂迁移监督委员会主任委员林继庸

二十六年十二月二十四日呈报大鑫钢铁厂迁移补助费，拟俟机件运抵重庆后，再行专案造报，并请转函工矿调整委员会查照由，呈悉。大鑫钢铁厂所领迁移补助费，准俟机件运抵重庆后，再行专案造报，并已函工矿调整委员会

查照,仰即知照,此令。

[资源委员会档案]

33. 林继庸办理上海各工厂迁移支付经费情形致翁文灏钱昌照签呈(1938年1月18日)

谨签呈者:查此次奉令办理上海工厂迁移内地事宜,计共领到迁移经费国币56万元整。计支付:(一)各机器厂运输及工人津贴等费,以及上海工厂联合迁移委员会办公费国币396,098.16元。(二)大鑫钢铁厂预支运输及工人津贴等费国币10万元整。(三)各文化机关及造船厂等运输及工人津贴等费,国币203,901.84元。以上三项共国币52万元整。另又由职缴还钧会国币30万元整,驻沪国外贸易事务所存余国币1万元整,以上共计国币56万元整。所有各厂报销,均经迭次催促呈报,因一部分厂商将所有单据留存沪上,故迄未缴齐,其确支数目,未能查得,惟其中当尚有余存也。除再行严催外,理合将此次迁移经费支付情形签请鉴核。谨呈

秘书长

副秘书长

职林继庸

二十七年一月十八日

[资源委员会档案]

34. 上海达昌铁工厂陈述迁渝困难情形请增借运费呈(1938年10月20日)

呈为呈请急援借款事:敝厂在沪,自日寇侵略后,承蒙贵部援济,敝厂机料及全体员工跟随迁移汉口。全体员工在汉住间6个多月,坐吃山空,山穷水尽。到本年四月间,由金陵兵工厂发给敝厂82迫击炮弹,才开工维持工人生活,赶做到四个月的工作。武汉大局紧急,又接到贵部指令,搬迁重庆,又承蒙贵部援助借款迁移费。敝厂指令接到时,连日速办搬迁手续,报的机料40余吨,由公会专呈贵部。公会即派员来敝厂调查,并不认可敝厂所报告之吨位,与敝厂打

一对折,自给小厂报到贵部20吨,贵部就照20吨机料,65名工人,共计借款洋4,000元整。敝厂一盘,装箱妥当,共计机料47吨。敝人以合算款项不够,自可将重要机料装箱运渝,余者零铁料放在汉口,记[寄]存在厂内,净要紧的机料31吨。因款项不足,我又到贵部,请求李组长;再借11吨费洋1,000元。李组长言说,到宜昌时,装民船的运费大约二三十元1吨即可。敝人到宜以[一]看,工人65名,预先在长江航业联合办事处登记,两个余月才有通知,每次准走10位,敝厂员工60余名,在宜损失3个余月房饭千余元之谱。再者,在汉口所装民船,大约有一个多月,准可到宜,不略[料]在途中,又赶上涨水下雨,走了80天整才到宜。两只民船上,押运员20名,光吃的饭钱300余元。再者,船到宜,承蒙盛专员当即将木船派好,吾到贵部,同盛君订立合同,宜渝段每吨运费,明着订立每吨洋55元,民船不装的,暗着就得60余元。装妥,将合同订立好,以计算款子不足,又不能装船走了。敝人速与李组长连去航空快函两件,报告款项不足,请求再补借10吨运费洋1,000元整,以助到渝,以免在宜再往,损失重大。李组长接信后,令敝人在宜就近与盛专员接洽办理,盛专员又令吾再与李组长去信交涉,办理妥善,才能在宜照办。信件回来数次,并未头绪,实无法可想。敝人与盛专员二人相商,别法无有了,自可与林委员台前报告在宜一切之困难,笔下难叙,肯祈台前援助燃眉之急,请求设法,暂借洋1,000元,手续听命照办,以助早日到渝,达到目的地,早日开工,一助后方工作,二提员工之精神,敝厂现在宜贵办事处,除支工人膳费外,存洋1,000元整,在宜机件材料共计31吨。以上屡屡困难经过之情形,一切特专呈上

经济部工矿调整处

林委员台前鉴核

上海达昌铁工厂驻宜昌临时办事
张震春呈
中华民国二十七年十月二十日

以上等盼指示,着手办理。

[经济部工矿调整处档案]

35. 申新第四纺织厂为存宜机件急须转运西上恳请拨借运费呈（1938年11月17日）

呈为搬运机件，恳请准予拨借运费事。窃商厂在汉迁移至宜，曾蒙钧顾恤商困，借拨运费，以资运输，所有各项机件，已经运抵宜昌，现在时局急迫，存宜之机件1,000吨，急须设法转运西上，以备装置生产，接济前方军需及后方之需要。无如需款项孔亟，特再具文恳请钧处拨借运费20万元，以应急需，迫切陈词，无任盼切急切，待命之至。谨呈

经济部工矿调整处

汉口申新第四纺织厂谨呈

中华民国廿七年十一月十七日

[工矿调整处档案]

36. 经济部关于上海工厂迁移补助费照实支数核定的训令（1939年4月26日）

经济部训令　会字第6493号　　　　中华民国二十八年四月廿六日发

令工矿调整处

查上海工厂迁移补助费56万元一案，曾据报由资源委员会移交该处接管有案，嗣准财政部咨，以二十六年度国库收支结束期限已将届满，嘱将该款补办法案手续，经照数补编概算呈院核转在案。兹奉行政院二十八年四月二十日吕字3910号训令内开：案奉国民政府二十八年四月十二日渝字第200号训令开：为令饬事：案准国防最高委员会二十八年四月七日国议字第33号函开：案准政府核转经济部造送战区工厂迁移补助费追加二十六年度岁出概算一案到会，经交财政专门委员会审案，据报告称：查沪战发生，各工厂尽量西迁，俾今日后方保有一部分生产基础，关系极为重大，当日各工厂之得敏捷迁移，不怀观望，多由此项补助奖励之推动。兹据该主管（经济）部按财政局原拨款56万元，造报是项补助费概算，计接受补助之工厂100余家，实支54.581,45万元，拟请依实支数核定，以资结束。等语。复经本会第三次常务会议决议：照审查意见

通过。相应录案,函达查照饬遵。等由。准此。自应照办。除函复并分行外,合行令仰该院非别转饬遵照。此令。等因。奉此。除分令财政部外,合行令仰遵照。此令。等因。奉此。合行令仰编具计算书表各3份(计算书预算数栏列此次核定数,计算数栏列实支数,收支表实领数栏,列56万元),连同单据粘存簿呈部核办,其溢领1.418,55万元,并仰缴部转库,以资结束。此令。

部长翁文灏
[经济部工矿调整处档案]

37. 工矿处驻陕办事处等关于申新四厂及福新面厂请求展缓还款期限有关呈(1939年11—12月)

(1)驻陕办事处致工矿调整处呈(11月11日)

案奉钧处矿整字第6053号暨6065号训令,饬查申新纱厂暨福新面厂请求展期归偿借款情形,并就近严予督促,应还借款及酌定展缓日期一案,仰呈复备核。等因。奉此。查汉口申新第四厂自由汉口将其机器分运重庆与宝鸡两处,现虽均已次第恢复一小部工作,而重庆方面则以开工过早,经济尚敷周转,故将转欠第一期应还款项,勉强呈缴。至宝鸡,则以年余以来,既感煤炭缺乏,又以各项器材购置艰难,以致未能兴起大规模之建筑顺利而进行。现又感于后方纱布需要孔急,遂又决定将纱布粉各厂一并同时全部复工,各厂建筑更需再筹大批款项,因此经济一时尚属无法周转。故对前所协助之款,应请展期归偿。至展期限度,拟定一年以后,以便全部开工,自当按期筹还无误。理合具文呈复钧处,鉴核备查,谨呈
经济部工矿调整处处长翁、张

经济部工矿调整处驻陕办事处谨呈
中华民国廿八年十一月十一日
[工矿调整处档案]

(2)陈邦彦签呈(12月16日)

查申新四厂迁移借款两笔，（一）152,500元，（二）10万元，按约于本年八九月，应还本金1/2。又福新第五面厂迁移借款43,800元，应于本年八月还本1/2。前据该二厂请求展缓归偿，经饬驻陕办事处就近查报，并酌定展缓日期在卷。兹据呈称，以后方需要纱布、面粉，该二厂复工后，尚须筹款扩充建筑，周转困难属实，拟请予展期一年筹还。等请前来。拟准予展期一年，并饬该办事处就近严加督促。

陈邦彦
十二、十六
［工矿调整处档案］

38. 工矿调整处列报第二次上海迁厂补助费呈稿（1940年7月1日）

呈

　　案奉钧部会字第57528号训令略开：案准财政部渝字第6806号咨，以第二次上海迁厂补助费，既经前工矿调整委员会暨工矿调整处先后在基金项下拨付，似可准其列报，无庸由国库拨还等由，合行令仰知照。等因。奉此。自应遵办。查第二次上海迁厂补助费中，包括天原、天利、天盛三厂补助费40万元，及厂矿迁移监督委员会办公费0.318,299万元，合计为40.318,299万元正。兹将上列实支数编具支出计算书、收支对照表各三份，暨单据粘存簿4册，理合一并随文呈请鉴核，并予分别存转。谨呈

经济部

　　附呈：一、第2次上海迁厂补助费支出计算书3份［略］；二、第2次上海迁厂补助费收支对照表3份［略］；三、单据粘存簿4册［缺］。

处长翁〇〇
［经济部工矿调整处档案］

39. 工矿调整处编1941年6月底止迁移放款表[①]（1941年9月11日）

1. 迁移放款业别分类表

民国三十年六月三十日

业别 编号 名称	机械五金	电器工业	化学工业	纺织工业	印刷工业	其他工业	总计
放款金额	251,518.70	57,400.00	14,350.00	520,992.00	40,400.00	6,000.00	890,660.70
实付金额	249,488.70	57,400.00	14,350.00	520,992.00	40,400.00	6,000.00	888,630.70
签约日期							
期限							
利率							
保证人							
收回本金	70,565.50	8,680.00	2,075.00	11,100.00	7,700.00	2,000.00	102,120.50
已收利息	16,676.33	2,468.12	514.94	53.67	977.97		20,685.03
净欠本金	178,923.20	48,720.00	12,275.00	509,892.00	32,700.00	4,000.00	786,510.20
应收本金	83,709.20	7,920.00	5,750.00	152,750.00	23,300.00	4,000.00	277,429.20
备注							

2. 迁移放款报表[②]

民国三十年六月三十日

业别	编号	名称	放款金额	实付金额	签约日期 年	月	日	期限	利率	收回本金	已收利息	净欠本金	应收本金
机械五金	2	大公铁工厂	5,620.00	5,620.00	26	12	23	3年	6%	1124.00	323.53	4,496.00	4,496.00
	4	上海机器厂	10,000.00	10,000.00	27	1	7	3年	6%	2,000.00	591.78	8,000.00	8,000.00
	4	上海机器厂	1,600.00	1,600.00	27	1	21	3年	6%	320.00	94.69	1,280.00	1,280.00
	4	上海机器厂	18,000.00	18,000.00	27	2	13	3年	6%			18,000.00	18,000.00
	4	上海机器厂	2,750.00	2,750.00	27	7	6	3年	6%			2,750.00	
	5	达昌机器厂	1,687.00	1,687.00	27	1	14	3年	6%			1,687.70	1,687.70
	5	达昌机器厂	4,000.00	4,000.00	27	7	6	3年	6%			4,000.00	4,000.00
	5	达昌机器厂	700.00	700.00	27	11	10	3年	6%			700.00	700.00

---

① 此件系由工矿调整处编1941年6月底止各种放款明细表中抽出。
② 原表"保证人"、"备注"栏因无内容，略去。

续表

业别	编号	名称	放款金额	实付金额	签约日期 年	月	日	期限	利率	收回本金	已收利息	净欠本金	应收本金
机械五金	6	精一科学机械厂	3,447.00	3,447.00	27	1	19	3年	6%	1,723.50	368.31	1,723.50	1,723.50
	6	精一科学机械厂	1,000.00	1,000.00	27	7	4	3年	6%	500.00	95.24	500.00	
	9	复兴铁工厂	7,000.00	7,000.00	27	4	5	3年	6%	3,500.00	725.76	3,500.00	3,500.00
	9	复兴铁工厂	1,500.00	1,500.00	27	6	18	3年	6%	750.00	159.04	750.00	750.00
	10	中兴铁工厂	2,000.00	2,000.00	27	6	16	3年	6%	1,000.00	207.45	1,000.00	1,000.00
	15	广利机器厂	1,000.00	1,000.00	27	6	25	3年	6%	200.00	59.18	800.00	800.00
	16	毓蒙联华公司	3,000.00	3,000.00	27	6	25	3年	6%	1,500.00	405.27	1,500.00	1,500.00
	16	毓蒙联华公司	1,000.00	1,000.00	27	8	2	3年	6%	200.00	58.68	800.00	300.00
	17	福泰翻砂厂	1,300.00	1,300.00	27	6	25	3年	6%	260.00	76.50	1,040.00	1,040.00
	18	新民机器厂	7,650.00	7,650.00	27	6	25	3年	6%	3,825.00	753.59	3,725.00	3,825.00
	20	姜孚第一厂	1,400.00	1,400.00	27	6	26	3年	6%	700.00	182.14	700.00	700.00
	22	大来机器厂	464.00	464.00	27	6	27	3年	6%	232.00	63.10	232.00	232.00
	25	姚顺兴机器厂 周锦昌翻砂厂	4,600.00	4,600.00	28	8	16	3年	6%			4,600.00	920.00
	27	萧万兴铜器厂	750.00	750.00	27	7	1	3年	6%	150.00	37.04	600.00	225.00
	22	恒顺制造机器厂	45,000.00	45,000.00	27	7	1	3年	6%	22,500.00	4,734.25	22,500.00	
	31	协昌机器厂	2,500.00	2,500.00	27	7	8	3年	6%			3,500.00	1,250.00
	32	陈信记翻砂厂	1,500.00	1,500.00	27	7	14	3年	6%	750.00	161.36	750.00	
	33	大新机器车木厂	600.00	600.00	27	7	15	3年	6%	300.00	63.52	300.00	
	34	华中铁厂	900.00	900.00	27	7	15	3年	6%	450.00	95.28	450.00	
	36	韩云记	150.00	150.00	27	7	17	3年	6%	75.00	15.88	75.00	
	37	慎昌铸铁厂	2,400.00	2,400.00	27	7	18	3年	6%	1,200.00	254.47	1,200.00	
	38	华丰机器造船厂	1,000.00	1,000.00	27	7	18	3年	6%			1,000.00	500.00
	39	强华机器铁工厂	200.00	200.00	27	7	20	3年	6%	100.00	20.91	100.00	
	39	强华机器铁工厂	250.00	250.00	28	2	9	3年	6%	125.00	31.97	125.00	
	40	徐顺兴铁厂	300.00	300.00	27	7	22	3年	6%	150.00	33.23	150.00	
	41	精益铁工厂	1,000.00	1,000.00	27	7	22	3年	6%	200.00	57.12	800.00	300.00
	42	仁记机器厂	600.00	600.00	27	7	22	3年	6%	300.00	35.21	300.00	
	43	山泰翻砂厂	1,000.00	1,000.00	27	7	22	3年	6%		83.67	1,000.00	500.00
	44	建华机器造船厂	1,250.00	1,250.00	27	7	23	3年	6%	625.00	147.33	625.00	
	45	洪发利机器长	2,200.00	2,200.00	27	7	23	3年	6%	1,100.00	242.96	1,100.00	
	46	和兴机器厂	380.00	250.00	27	7	23	3年	6%	125.00	29.03	125.00	
	47	张鸿兴机器厂[①]	1,000.00	480.00	27	7	24	3年	6%	500.00	107.00	500.00	
	48	亚洲制刀厂	480.00	600.00	27	7	25	3年	6%	240.00	51.60	240.00	

①与71系属一家。

续表

业别	编号	名称	放款金额	实付金额	签约日期 年	签约日期 月	签约日期 日	期限	利率	收回本金	已收利息	净欠本金	应收本金
	50	希孟氏历钟制造厂	2,400.00	2,400.00	27	7	29	3年	6%			600.00	300.00
	51	周复泰机器厂	620.00	620.00	27	7	31	3年	6%	310.00	66.15	310.00	
	52	秦鸿记机器厂	720.00	720.00	27	7	31	3年	6%	360.00	75.87	360.00	
	53	湖北机器厂	180.00	180.00	27	7	31	3年	6%			180.00	90.00
	53	湖北机器厂	5,600.00	5,600.00	28	11	30	3年	6%			5,600.00	2,240.00
	53	湖北机器厂	200.00	200.00	27	7	31	3年	6%	100.00	23.51	100.00	
	54	周义兴机器厂	150.00	150.00	27	7	31	3年	6%	75.00	15.51	75.00	
	55	汉阳洪顺机器厂	4,500.00	4,500.00	27	8	1	3年	6%	900.00	507.00	3,600.00	1,350.00
	62	广西中华铁工厂	10,000.00	10,000.00	28	5	1	3年	6%	5,000.00	1,311.78	5,000.00	5,000.00
	63	无声记	2,720.00	2,720.00	28	7	1	3年	6%	544.00	160.96	2,176.00	
	64	振华机器厂	47,600.00	47,600.00	28	7	1	3年	6%	952.00	274.00	3,808.00	
	65	福顺机器厂	1,500.00	1,500.00	28	8	17	3年	6%	300.00	85.07	1,200.00	
	69	中国油灯公司	31,000.00	31,000.00	29	3	25	3年	6%			31,000.00	6,200.00
	70	华兴铁工厂	10,000.00	10,000.00	29	4	1	3年	6%	2,000.00	557.26	8,000.00	
机械五金	71	德记翻砂厂	110.00	110.00	29	7	24	3年	6%			110.00	
	71	陶国记翻砂厂	480.00	480.00	29	7	24	3年	6%			480.00	
	71	自强翻砂厂	80.00	80.00	29	7	24	3年	6%			80.00	
	71	周兴硬胎翻砂厂	70.00	70.00	29	7	24	3年	6%			70.00	
	71	漆鸿盛铁工厂	220.00	220.00	29	7	24	3年	6%			220.00	
	71	宝丰机器厂	380.00	380.00	29	7	24	3年	6%			380.00	
	71	民实机器厂	320.00	320.00	29	7	24	3年	6%			320.00	
	71	张乾泰机器厂	220.00	220.00	29	7	24	3年	6%			220.00	
	71	湖北机器厂第二工厂	590.00	590.00	29	7	24	3年	6%			590.00	
	71	张鸿兴机器厂	300.00	300.00	29	7	24	3年	6%			300.00	
	71	云龙机器厂	70.00	70.00	29	7	24	3年	6%			70.00	
	71	建国机器厂	340.00	340.00	29	7	24	3年	6%			340.00	
	71	隆泰工厂	590.00	590.00	29	7	24	3年	6%			590.00	
	71	仁昌机器厂	700.00	700.00	29	7	24	3年	6%			700.00	
	71	周义兴机器厂	580.00	580.00	29	7	24	3年	6%			580.00	
	71	李锦泰五金机器厂	140.00	140.00	29	7	24	3年	6%			140.00	
	71	瑞生机器厂	600.00	600.00	29	7	24	3年	6%			600.00	
	72	善泰铁工厂	500.00	500.00	29	10	9	3年	6%			500.00	
	73	协兴铁工厂	1,000.00	1,000.00	29	10	12	3年	6%			1,000.00	
	11	新昌机器厂	2,800.00	2,800.00	27	6	18	3年	6%	1,400.00	381.80	1,400.00	1,400.00

续表

业别	编号	名称	放款金额	实付金额	签约日期 年	签约日期 月	签约日期 日	期限	利率	收回本金	已收利息	净欠本金	应收本金
电器工业	12	合作五金公司	13,000.00	13,000.00	27	6	24	3年	6%	6,500.00	1,395.45	6,500.00	6,500.00
	21	鼎丰制造厂	800.00	800.00	27	6	27	3年	6%	400.00	85.74	400.00	400.00
	26	美艺钢铁厂	10,000.00	10,000.00	27	6	28	3年	6%	5,000.00	1,370.14	5,000.00	5,000.00
	19	中国蓄电池厂	4,000.00	4,000.00	27	6	25	3年	6%			4,000.00	4,000.00
	66	成都启明电气公司	20,000.00	20,000.00	28	11	20	3年	6%	4,000.00	1,127.67	16,000.00	
	67	永华贸易公司	10,000.00	10,000.00	29	3	15	3年	6%			10,000.00	2,000.00
	68	馥亚电机公司	21,000.00	21,000.00	29	3	25	3年	6%	4,200.00	1,208.22	16,800.00	
	13	永利电机厂	2,400.00	2,400.00	27	6	25	3年	6%	480.00	132.23	1,920.00	1,920.00
化学工业	30	中兴赛璐珞厂	5,200.00	5,200.00	27	7	6	3年	6%			5,200.00	2,600.00
	30	中兴赛璐珞厂	2,000.00	2,000.00	28	1	18	3年	6%			2,000.00	1,000.00
	35	华中制药厂	850.00	850.00	27	7	16	3年	6%	425.00	91.24	425.00	
	61	汉中制革厂	5,000.00	5,000.00	27	10	28	3年	6%	1,000.00	288.82	4,000.00	1,500.00
	23	科学仪器馆化学药品厂	1,300.00	1,300.00	27	6	27	3年	6%	650.00	134.88	650.00	650.00
纺织工业	7	震寰纱织公司	34,292.00	34,292.00	27	1	25	3年	6%	9,000.00		25,292.00	
	24	迪安针织厂	500.00	500.00	27	6	27	3年	6%	250.00	53.67	250.00	250.00
	56	民康公司药棉纱布厂	3,000.00	3,000.00	27	8	6	3年	6%	1,500.00		1,500.00	
	58	申新第四纺织厂	152,500.00	152,500.00	27	8	20	3年	6%			152,500.00	152,500.00
	59	国华红及布厂	500.00	500.00	27	8	29	3年	6%	250.00		250.00	
	60	林裕丰	200.00	200.00	27	9	29	3年	6%	100.00		100.00	
	75	西安裕泰纺织有限公司	330,000.00	330,000.00	30	5	15	3年	6%			330,000.00	
印刷工业	3	中国标准国货铅笔厂	20,000.00	20,000.00	27	6	13	3年	6%	4,000.00		16,000.00	16,000.00
	8	时事新报	6,000.00	6,000.00	27	1	25	3年	6%	1,200.00	343.23	4,800.00	4,800.00
	14	时代印报印刷所	600.00	600.00	27	6	25	3年	6%	300.00	64.00	300.00	300.00
	29	科学印刷厂	6,000.00	6,000.00	27	7	4	3年	6%	1,200.00	360.00	4,800.00	1,800.00
	49	汉口大东分局印刷厂	2,000.00	2,000.00	27	7	28	3年	6%	1,000.00	210.74	1,000.00	
	57	七七印刷工厂	800.00	800.00	27	8	16	3年	6%			800.00	400.00
	74	通俗印刷厂	5,000.00	5,000.00	29	11	26	3年	6%			5,000.00	
其他	1	中央工业试验所	6,000.00	6,000.00	26	12	15	3年	6%	2,000.00		4,000.00	4,000.00
		总计	890,660.70	888,630.70						102,120.50	20,685.03	786,510.20	277,429.20

[经济部所属单位档案]

40. 林继庸拟停迁厂登记增加经费致翁文灏密电（1927年9月23日）

秘书长钧鉴：密。顷晤庞会计长松舟，商洽拨还本会垫款，庞允即电财部续拨30万元。又查职会收出款项截至今日止，支出38厂，共29.8万元，已核准支款待领者70厂共22.4万元。故原案余款已不多，可否截止登记。又闻虹口战区已有开放外商搬运物资消息，华厂托外商往搬者当亦不少，将来该区厂家请求搬运者，必多伏□此项工业界企业人材均是国力精华，若不予以救济，恐致丧志沉沦，将来不得其用，可否援照上次原案机器化学等厂之顷，请再提预算津贴四十万元，以事补救。此举庞松舟先生极力赞同催促，是否有当，均乞示遵。职林继庸印。漾。〔上海〕

〔资源委员会档案〕

41. 商务印书馆重庆分厂迁建经过概述（1942年2月）

"八一三"战后，本馆为了贯彻"为文化而奋斗，为困难而牺牲"的素旨，在既定计划下由沪厂分出一部分铅石印机器内迁湖南长沙。当时因交通尚无大阻，由沪宁路而镇江，由镇江而汉口，再由粤汉路直下长沙，路上虽经敌机不断袭乱，但大体尚称顺利，全部于二十六年十月间迁竣，十二月间开工，这就是本馆长沙分厂，也就是本厂的前身。

二十七年双十节后，武汉战事一天吃紧一天，不久广州被迫弃守，时局急剧地在变化，使长沙的地位起了很大的动摇。那时候，长沙已人心惶惶，十室九空，敌人亦开始由粤汉路向南推进，敌机更不断地飞长沙上空窥扰，这些证明长沙不久将成为战场。本厂迁川计划虽早已决定，但并没有急急地进行，主要原因是由于交通困难，因水路运输既被统制，陆路运输又受汽车商人高抬运价，而时局一天紧张一天，战争的火焰已燃着了眉梢，似乎一刻也不容等待。

我们除在2个月前由水路运出一些纸张，由公路运出一部英式印刷机器外，其他大部分重要的机器及材料都无法搬运。这时候摆在面前有两个迫不及待的问题——搬运机器材料,调遣工人,最严重的还是机器搬运问题,因为活的人还可以靠着脚走,几十吨机器却没办法使他装上翅膀飞到重庆。于是第一步先把不必留的工人全部遣走,每人随身带了一些便于携带的零件工具,剩下的便是笨重的机器,只有等待汽车装运。

长沙原无汽车可租,不得已,连夜赶到桂林,因为那里尚有车行数家,或可租到。

到了桂林,就四出找寻汽车,但因困难又来了:第一,汽车公司说,广西汽车向不做省外交易,虽是运费可以加高,但长沙如此吃紧,放出车子,怕收不回来;第二,广西的交通工具,早由军事当局严厉统制,无论如何,不准出者。这无疑是在满腔热望上浇了一勺冷水,似乎已绝无希望,且眼看着把后方最可宝贵的生产机器及物质都送于敌人之手,我岂甘愿?在这时长沙留守的同人,又接二连三不断地来了几次告急电话。

可是不管局势如何险恶,环境如何艰难,我们只有努力,把这些难关打破。那时第一道难关先须打通交通统制当局,设法办妥出省护照。第二道难关应以高价催到汽车,使汽车公司愿意放车出省,当时就想起与我们比较有关系的,是广东教育厅,就呈请广东省教育厅救助,由教育厅备文转请交通统制机关签发护照,费尽多少气力,这道难关总算通过。有了出省护照,再出高价催车,第二道难关也算通过了。但汽车公司还是慎重从事,车子不肯多放,结果只租到两辆汽车。

有了护照,有了汽车,我们迁厂目的,不久快要达到了。但湘桂路程,汽车须走两天,往返一次,至少需时四天,预计要3个星期方能全部运竣。但局势一天紧张一天,只得临时改变计划,在湘桂的中途湖南祁阳设立一个临时运输站。先将全部机器材料,由长沙抢运至祁阳,俟运竣后,再运往桂林,这样分段抢运,时间可节省一半,当时又和汽车司机约好,如能于一星期内抢运完毕,当有重赏。

谁也没料到,这个计划正执行了3天,长沙还没有见到敌蹄,却被误国者误之于火,把长沙烧得一干二净,全部机器只运出1/2,可惜又复可叹!

在无可奈何,总算尽了最后最大的努力,保了一部分机器,也是不幸中之小幸,如果再迟三天的话,恐怕全部机器都将付之一炬!

这一部分仅存的机器材料,在运输途中,也并没一帆风顺,在桂林待运的时候,适逢敌机狂炸,险遭牺牲,最后于二十八年二月中旬全部安抵重庆。但这时又传来恶耗,由长沙经宜水路运出的一部分材料——白报纸——驶过秭归时撞沉了。又牺牲了一大批的纸张,真太可惜!

在重庆经过1个多月的筹备部署,本厂始于二十八年三月在重庆全部开工。

综观此次本厂由湘迁渝,所以不能按预定目的完成的原因,主要是由于交通工具的困难,以至迁出略迟。本厂能在重庆再生,这个失败中的小成功,是全靠沿途热心协助的人士——尤感谢前广西教育厅邱昌渭先生和本公司同仁的协力同心,才有这点收获,至今思之,不尽感愧!

[迁川工厂出品展览纪念册,1942年2月]